STADT IN DER GESCHICHTE

Band 14

Stadt in der Geschichte

Veröffentlichungen
des Südwestdeutschen Arbeitskreises
für Stadtgeschichtsforschung

Band 14

Begründet von
Erich Maschke und Jürgen Sydow

Jan Thorbecke Verlag Sigmaringen
1988

Stadt und Bischof

24. Arbeitstagung in Augsburg
15.–17. November 1985

Herausgegeben von
Bernhard Kirchgässner und Wolfram Baer

Jan Thorbecke Verlag Sigmaringen
1988

CIP-Titelaufnahme der Deutschen Bibliothek

Stadt und Bischof: in Augsburg, 15.–17. November 1985 / hrsg. von Bernhard Kirchgässner u. Wolfram Baer. – Sigmaringen: Thorbecke, 1988

(... Arbeitstagung / Südwestdeutscher Arbeitskreis für Stadtgeschichtsforschung; 24) (Stadt in der Geschichte; Bd. 14)
ISBN 3-7995-6414-4

NE: Kirchgässner, Bernhard [Hrsg.]; Südwestdeutscher Arbeitskreis für Stadtgeschichtsforschung: ... Arbeitstagung; 2. GT

Gesamtherstellung: M. Liehners Hofbuchdruckerei GmbH & Co., Sigmaringen
Printed in Germany · ISBN 3-7995-6414-4

Inhaltsübersicht

Vorwort

Es sind jetzt schon mehr als dreißig Jahre vergangen, seit die epochemachenden Werke von Edith Ennen, Roger Mols und Hans Planitz – um nur drei der wichtigsten übergreifenden Publikationen zur Geschichte des europäischen Städtewesens zu nennen – erschienen sind. Die Forschung hat es seitdem nicht mehr ruhen lassen, das Problem zwischen Stadtherrn und Stadtgemeinde, näherhin also die Entwicklung bürgerlichen Rechtes und bürgerlicher Freiheit immer erneut aufzugreifen; zahlreiche Monographien über die Entwicklung einzelner Städte und Landschaften haben unser Wissen zusätzlich in beträchtlichem Umfang erweitert. Natürlich stehen in einer solchen Problematik die alten Bischofsstädte an Rhein und Donau sowie an ihren Nebenflüssen im besonderen Brennpunkt des Interesses, wobei die Frage nach topographischer wie institutioneller Kontinuität oder Diskontinuität nur eine der vielen Fragen beleuchten mag, die sich hierbei stellen.

Es hat sich deshalb glücklich gefügt, daß der »Südwestdeutsche Arbeitskreis für Stadtgeschichtsforschung« im Spätjahr 1985 seine Jahrestagung mit dem Thema »Stadt und Bischof« gerade in einer Stadt abhalten konnte, die für dieses Thema besonders prädestiniert war und zudem in diesem Jahr ihr 2000. Gründungsjubiläum feiern konnte, nämlich in Augsburg. Hier war das Verhältnis des langjährigen Stadtherrn, des Bischofs, zur Bürgerstadt seit dem hohen Mittelalter bis in die Neuzeit immer besonders spannungsgeladen: Obwohl sich Augsburg schon frühzeitig emanzipieren konnte, gab der Bischof seinen Anspruch als Stadtherr nie auf, auch wenn dieser zuletzt nur noch in der Aufrechterhaltung leerer Formeln existierte.

Eine weitere glückliche Fügung war darüber hinaus, daß wir in den Referenten der Tagung sowohl hervorragende Sachkenner fur raum- und zeitübergreifende Darstellungen einzelner Probleme gefunden haben, daß aber auch ergänzend ortsgeschichtliche Problematik aufgegriffen werden konnte. Allen Referenten, die zum Teil in sehr langwieriger Arbeit ihre Vorträge zum Druck ausgestaltet haben und ausreifen ließen, sei hier aufrichtiger Dank gesagt.

Organisation und Finanzierung einer solchen Tagung wie auch des Tagungsbandes können nicht zu einem guten Ziel geführt werden ohne die tatkräftige Mithilfe zahlreicher Behörden, Institutionen und natürlich auch von Einzelpersonen. Der erste Dank gebührt dabei der gastgebenden Stadt Augsburg, die nicht nur die Tagung und das Erscheinen des Tagungsbandes durch einen namhaften Zuschuß förderte, sondern auch – nicht zuletzt durch die tatkräftige Unterstützung des Stadtarchivs und seiner Leitung für den Erstunterzeichneten – in Vorbereitung und technischer Durchführung der Tagung wertvolle Hilfe leistete. Finanzielle Unterstützung gewährten uns darüber hinaus der Württembergische Sparkassen- und Giroverband, die Arbeitsgemeinschaft historischer Kommissionen und landesgeschichtlicher Institute in Münster i. W. sowie das Ministerium für Wissenschaft und Kunst Baden-Württemberg. Schließlich darf hier auch an all diejenigen Städte der Dank gerichtet werden, die unsere Arbeit kontinuierlich durch ihre Hilfe fördern. Dank schulden wir aber auch Herrn Diplom-Soziologen Klaus Meister für die Erstellung des Registers, das die rasche Erschließung des reichen, hier zusammengestellten Stoffes ermöglicht.

Fast ein halbes Jahrhundert Distanz zu den Erscheinungen der oben genannten Werke ermöglichen natürlich auch eine differenzierte Betrachtungsweise. So mögen die einzelnen Beiträge dieses Sammelbandes Denkanstöße geben für Probleme, die ja bis zur Stunde sicherlich nicht in ihrer politischen Schärfe, wohl aber in ihrer geistig-geistlichen Dimension auch heute noch akut werden, wenngleich das Verhältnis von Staat und Kirche in der Bundesrepublik Deutschland in einer wohltuenden Weise entkrampft ist. Da wir aber Erben dieser historischen Entwicklung sind, haben wir allen Grund, dieses Spannungsfeld sowohl in seinen fruchtbaren wie in seinen spannungsgeladenen Beziehungen immer wieder neu zu durchdenken.

Mannheim/Augsburg

Bernhard Kirchgässner *Wolfram Baer*

Die spätantike Stadt und ihr Bischof

VON WILHELM GESSEL

1. *Augsburg*

Die Quellenlage zum römischen Augsburg ist dürftig. Dies spiegeln auch die von G. Rupprecht zusammengestellten 474 Titel zur spätantiken Geschichte Augsburgs wider[1]. Die einer römischen Stadt eigenen öffentlichen Bauwerke: Forum, Kapitol, Kurie, Theater, Amphitheater und Praetorium konnten bisher nicht nachgewiesen werden[2]. Unter Kaiser Hadrian erhielt vermutlich um 121 n. Chr. Augsburg den Namen Municipium Aelium Augustum oder Aelia Augusta[3]. Für den *municeps*, den Vollbürger einer Stadt, waren drei Dinge kennzeichnend: Die *municipes* waren zum einen *cives Romani*, also römische Bürger, die zweitens in ihrem *municipium* eine eigene, von der *res publica Romana* getrennte und verschiedene *res publica* hatten – und die drittens den römischen *munera* unterworfen waren[4]. Das heißt, der Augsburger Vollbürger hatte das Recht, das eigene Gemeinwesen zu finanzieren, dem Römischen Staat seine Steuern zu bezahlen und dafür die Ehrenrechte eines römischen Bürgers zu genießen, ohne allerdings in Rom das aktive und passive Wahlrecht ausüben zu dürfen.

Das schon im ersten Jahrhundert als Provinzhauptstadt von Rätien figurierende Augsburg erlebte im 2. und 3. Jahrhundert n. Chr. seine Blütezeit. Als dann im 4. Jahrhundert Rätien geteilt wurde, mußte sich Augsburg als Hauptstadt der Raetia secunda zufrieden geben. Während der ersten Hälfte des 5. Jahrhunderts wurde Augsburg offengelassen. Erst im 6. Jahrhundert entwickelte sich ein neuer merowingischer Siedlungskern im Süden der ehemaligen Römerstadt[5].

Die Anfänge des Christentums in Augsburg werden mit dem Märtyrertod der hl. Afra verbunden, deren Grab nicht entdeckt worden ist. »Doch hat sich im Bereich von St. Ulrich und Afra so ziemlich alles eingestellt, was wir als archäologischen Beweis

Anmerkung der Herausgeber: Die hier vorliegende Fassung des Aufsatzes wurde im Februar 1986 abgeschlossen.

1 Bibliographie (47–78) bei Günther GOTTLIEB, Das römische Augsburg. München ^{2}1984.
2 Wolfgang KUHOFF, Augsburg in römischer Zeit. Quellenlage und Forschungsstand. In: Geschichte der Stadt Augsburg von der Römerzeit bis zur Gegenwart. Hg. von Günther GOTTLIEB u. a. Stuttgart 1984 (= AR) S. 11–17.
3 Günther GOTTLIEB (wie Anm. 1), S. 25.
4 Michael HUMBERT, Municipium et civitas sine suffragio. L'organisation de la conquête jusqu' à la guerre sociale. Paris–Rom 1978. Vgl. dazu die Rezension von Wilhelm SIMSHÄUSER in: Zeitschrift der Savigny-Stiftung für Rechtsgeschichte, Romanistische Abteilung, 1983, 583–608, S. 584.
5 Lothar BAKKER, Die Provinzhauptstadt Rätiens: Augusta Vindelicum. In: Die Römer in Schwaben. Hg. vom Bayerischen Landesamt für Denkmalpflege. München 1985, S. 86–90.

einer ungebrochenen Verehrung der Märtyrerin Afra seit der spätrömischen Zeit verlangen können«[6].

Insgesamt braucht es nicht zu verwundern, daß die archäologische Forschung bisher in einer nicht sehr bedeutenden Provinzhauptstadt vor dem konstantinischen Frieden noch keine dem Christentum typische Funde an das Tageslicht brachte. Aus diesem Defizit an monumentalen Quellen auf das Fehlen eines augsburger Christentums zu schließen und eine Kontinuität des Christentums von der Spätantike zum Mittelalter abzulehnen, verbieten die anfanghaft interpretierbaren archäologischen Befunde der jüngsten Zeit[7] und der Vergleich mit Städten wie Regensburg und Passau[8]. »Und so dürfen wir als vorläufiges Ergebnis festhalten, daß sich nun doch wieder mit Grund die Frage stellen läßt, ob nicht der Augsburger Dom unmittelbar auf frühchristliche Wurzeln zurückreicht und ob nicht jene Kultanlage – besonders, wenn ein Baptisterium mit ihr verknüpft war – auch der Sitz eines spätantiken Bistums Augsburgs gewesen ist«[9]. So ist es legitim, unser Thema an Hand von anderen städtischen Beispielen des Römischen Reiches abzuhandeln und dann erneut die Frage zu stellen, ob sich auch in Augsburg die Verhältnisse ähnlich gestaltet haben könnten. Da das Munizipium Augsburg nicht gerade eine überaus bedeutende Metropole war, empfiehlt es sich, Analogien mit den großen Zentren Rom, Antiochien, Alexandrien und Konstantinopel außer Betracht zu lassen.

2. *Christentum als Stadtreligion*

Das Christentum ist ursprünglich eine Stadtreligion. Die ersten christlichen Ortskirchen mit ihren Bischöfen finden sich in Städten des Römischen Reiches und werden von deren Struktur mitgeprägt, adaptieren deren Kultur und leisten im Lauf der Zeit ihren eigenen kulturellen Beitrag[10]. Die Christen und ihre Bischöfe waren in erster Linie nicht Bauern oder Landarbeiter, sondern Städter. Sie übten die in der Stadt üblichen Berufe aus, waren Handwerker, Gewerbetreibende, Kaufleute, Verwaltungsfachleute, auch Soldaten und Gelehrte. Mit Stolz wiesen die Christen auf die Ergebnisse ihrer fleißigen Arbeit hin, auf ihre Redlichkeit als Geschäftsleute und ihre pünktlichen Steuerzahlungen[11].

6 Walter SAGE, Frühes Christentum und Kirchen aus der Zeit des Übergangs. In: AR 100–112, S. 102. Vgl. zum Ganzen: Joachim WERNER (Hg.), Die Ausgrabungen in St. Ulrich und Afra in Augsburg 1961–1968. München 1977.

7 Wolfgang HÜBENER, Siedlungskontinuität und Bedeutungswandel zwischen Spätantike und Mittelalter im Augsburger Raum. Eine archäologische Problemskizze. In: Jahrbuch des Vereins für Augsburger Bistumsgeschichte e.V. 18 (1984), S. 162–198, bes. S. 195f. Lothar BAKKER, Ein frühchristlicher Friedhof bei St. Ulrich und Afra in Augsburg. In: Die Römer in Schwaben, S. 291–294.

8 Hans-Jörg KELLNER, Augsburg. Provinzhauptstadt Raetiens. In: ANRW II 5,2. Hg. von Hildegard TEMPORINI und Wolfgang HAASE. Berlin–New York 1976, S. 690–717.

9 Walter SAGE, Der Augsburger Dom – eine frühchristliche Kirchenanlage? In: Die Römer in Schwaben, S. 290–291.

10 Vgl. Frank KOLB, Die Stadt im Altertum. München 1984, S. 269. C. Joachim CLASSEN, Die Stadt im Spiegel der Descriptiones und Laudes urbium. Hildesheim 1980, S. 36.

11 Tertullian, Apologeticum 42.

Im Unterschied zum Griechen[12] mit seiner Bevorzugung des Begriffs »Polis« fehlt dem Römer eine einheitliche Bezeichnung für das städtische Gemeinwesen. Der allgemeinste Ausdruck für die Stadt außerhalb Roms wurde »oppidum«, eine Bezeichnung, die in der Kaiserzeit von dem Begriff »municipium« abgelöst wurde. »Colonia« bezeichnet zunächst die durch eine gemeinschaftliche Ansiedlung von Bauern oder Veteranen von Rom aus geschaffene, der Mutterstadt als Tochterstadt nachgebildete und von ihr abhängige Stadt. Die ursprünglichen Kolonisten beziehungsweise deren Nachkommen zählten dann zur Oberschicht einer Kolonie, besonders in der Zeit, als »colonia« ein begehrter Ehrentitel geworden war. Seit Kaiser Caracalla (211–217) gleichen sich die Unterschiede zwischen den einzelnen Stadtkategorien aus. Die farblose Benennung »civitas« oder »res publica« wird allgemein üblich[13].

Für die Wahrung aller kommunalen Aufgaben erschien dem Römischen Reich für seine etwa 2000 Städte eine Rom nachgebildete Organisationsform am geeignetsten[14]. So ist in der Regel eine Stadt im Imperium Romanum die ein bestimmtes Territorium umfassende, von einem Zentralort aus verwaltete Bürgergemeinde, deren politische Leitung einer lokalen Elite zukam, die sich aus den reichen und angesehenen Mitgliedern des Gemeinwesens zusammensetzte[15]. Diese waren verantwortlich für die Leistungen gegenüber dem Römischen Staat wie die Einziehung von Steuern, die Gestellung von Rekruten, die Garantie für den Betrieb der öffentlichen Post, die Reparatur von Straßen und Brücken und für die öffentlichen Angelegenheiten der eigenen Stadt wie die Errichtung und Instandhaltung von Tempeln, Thermen, Wasserleitungen usw. Die weniger begüterte Bevölkerung hatte ihren Anteil an den *munera* durch ihre Arbeitskraft aufzubringen.

In den *civitates* gab es keinen pensionsberechtigten Beamtenapparat, sondern jährlich wechselnde ehrenamtliche Magistrate, also kommunale Amtsträger, die von den *decuriones*, den Stadträten, gewählt wurden. Die *decuriones*, insgesamt *curia* genannt, war das wichtigste Organ, welches alle die Stadt betreffenden Beschlüsse faßte und den Magistraten Weisungen erteilte. In der Regel standen zwei *(duoviri)* oder vier *(quattuorviri)* Magistrate an der Spitze der Verwaltung. Ihre Hauptaufgabe war die Rechtsprechung für die Stadtbewohner, eine Aufgabe, die seit der Privilegierung der Kirche durch Konstantin I. den Bischöfen zuwuchs aus der Überzeugung der Kaiser, daß ein bischöfliches Gericht wegen der hohen moralischen Autorität des Richters mehr Gerechtigkeit gewährleiste[16].

Zwei *aediles* führten als oberste Polizeibehörde vor allem die Aufsicht über die

12 Leonardo BENEVOLO, Die Geschichte der Stadt. Frankfurt–New York 1982, S. 91–170: Beschreibung zahlreicher griechischer Städte mit der Wiedergabe von Stadtplänen, Stadthäusern ect.

13 Siehe dazu die Artikel unter den Stichwörtern: »Städtebau«, »oppidum«, »municipium«, »coloniae«, »civitas« in Paulys Realencyklopädie der klassischen Altertumswissenschaft. Neue Bearbeitung von Georg WISSOWA und Wilhelm KROLL (mit Karl MITTELHAUS), Stuttgart 1983 – einschließlich der Supplementbände.

14 Beispiele mit Stadtplänen bei BENEVOLO (wie Anm. 12), S. 171–290.

15 Jochen BLEICKEN, Verfassungs- und Sozialgeschichte des Römischen Kaiserreichs. Paderborn 1978, Bd. II, S. 14–34. Géza ALFÖLDY, Römische Sozialgeschichte. Wiesbaden ²1979, S. 118–121. Zu Augsburg: GOTTLIEB (wie Anm. 1), S. 26–29.

16 Wilhelm GESSEL, Monumentale Spuren des römischen Christentums in Nordafrika. Feldmeilen 1981, S. 16.

Straßen, die öffentlichen Bäder, die Märkte und leiteten die öffentlichen Spiele. Die Finanzverwaltung unterstand dem *Quaestor*. Alle Magistrate wurden nach Ablauf ihres Pflichtjahres Mitglieder der *Curia*, des Stadtrates.

Die *Dekurionen* waren bis zum Ausgang der Antike theoretisch die politisch und sozial führende Gruppe in den Gemeinwesen des Römischen Reiches. Ihre Stellung – und das ist besonders hervorzuheben – beruhte auf ihrem Vermögen, das aus Grundbesitz, aus Handel und Geldgeschäften oder aus beidem zusammen resultierte.

Der Plan einer römischen Stadt lebte in der Regel vom klassischen System des Hippodamus. Die hellenistischen Herrscher haben den Römern vorgeführt, wie man die Vervielfältigung eines bestimmten Stadtbildes als vorzügliches Instrument einer raschen Verbreitung urbaner Zivilisation einsetzen kann. Der Gitternetzplan oder das Schachbrettmuster mit den beiden Hauptachsen *decumanus* und *cardo maximus* bot bemerkenswerte Vorteile: rascher Aufbau, gute Erweiterungsmöglichkeiten, Übersichtlichkeit und Zweckmäßigkeit. Die Kolonnadenstraßen prägten das Stadtbild. Große Verkehrsadern fügten die einzelnen Viertel zu einem Ganzen zusammen und führten als breite Alleen auf monumentale öffentliche Bauten zu. Kolonnaden, Tor- und Triumphbögen sowie Podiumstempel betonten die Prinzipien der Axialität und Frontalität[17].

3. Stellung des Bischofs in der Stadt

Nach Ernst Kirsten ist der Bischof seit dem Zerfall der Zentralgewalt auch das politische und militärische Oberhaupt der spätantiken Stadt[18]. Da der zweite Teil dieser These meines Wissens nur an dem Fall des nordafrikanischen Bischofs Optatus von Tamugadi, der an der Spitze einer paramilitärischen Organisation, den Circumcellionen, im Jahre 398 n. Chr. als Aufrührer hingerichtet worden ist[19], verifiziert werden kann, genügt es, den ersten Teil dieser These zu hinterfragen beziehungsweise zu ergänzen.

Der von der Ortskirche gewählte und von den bischöflichen Kollegen – es müssen seit 325 mindestens drei sein – ordinierte Einzelbischof ist im weitesten Sinne mit Verwaltungsaufgaben betraut. Der Einzelbischof an der Spitze einer Ortskirche beruft die kirchlichen Versammlungen ein und leitet sie, er überwacht das Katechumenat, er führt den Vorsitz bei der Eucharistie, er verwaltet die finanziellen Mittel der Ortskirche[20], er sorgt für die rechte Lehre und die Ordnung des christlichen Lebens und leitet das Caritaswesen. Ignatius von Antiochien schärft schon zu Beginn des 2. Jahrhunderts der Kirche von Philadelphia ein: *Haltet zum Bischof ... Tut nichts ohne den Bischof*[21]. Den Christen von Ephesus schreibt derselbe Ignatius: *Denn jeden, den der Hausherr in*

17 Vgl. die bei Kolb (wie Anm. 1), S. 169–238 vorgeführten Beispiele.

18 Ernst Kirsten, Nordafrikanische Stadtbilder. Heidelberg 1966, S. 34.

19 Wilhelm Gessel, Der nordafrikanische Donatismus. In: Antike Welt 11 (1980), S. 3–16, bes. S. 14.

20 Reinhard Staats, Deposita pietatis – Die Alte Kirche und ihr Geld. In: Zeitschrift für Theologie und Kirche 76 (1979), S. 1–29.

21 Ignatius, Philadelphier 7.

die Verwaltung seines Hauses schickt, müssen wir so aufnehmen wie den Sendenden selbst. Den Bischof müssen wir also offensichtlich wie den Herrn selbst ansehen[22].

Der Bischof bekleidet jedoch im Rahmen eines städtischen Gemeinwesens kein öffentliches Amt[23], auch dort nicht, wo wie in Bulla Regia die Zahl der Christen einen hohen Bevölkerungsanteil bildete. Der Bischof war und blieb grundsätzlich ein Privatmann[24]. Als 368 das Amt des *defensor plebis* oder *civitatis*, der die einfache Bevölkerung vor Übergriffen mächtiger Personen schützen sollte, eingeführt worden war, beschränkten sich die Bischöfe als zu den lokalen Honoratioren gehörende Persönlichkeiten darauf, ein Wahlrecht bei der Aufstellung des *defensor plebis* zu fordern. Caritative Motive waren die Ursache für dieses Verlangen, das durch Kanon 75 einer karthagischen Synode vom Jahre 401 belegt ist[25]. Die einzige Ausnahme bildete das in seinen Auswirkungen noch umstrittene Institut der *episcopalis audientia*[26]. Im Jahre 318 wird durch Konstantin I. die *audientia episcopalis* in den römischen Zivilprozeß eingefügt[27]. Wenn eine Zivilstreitsache vom staatlichen an das bischöfliche Gericht verwiesen worden war, ist der Bischof Richter kraft kaiserlicher Autorität. Gegen seinen Spruch kann nicht appelliert werden, er wird von Staats wegen vollstreckt. Soll ein Verfahren von Anfang an beim Bischof anhängig gemacht werden, ist das Einverständnis beider Prozeßgegner verlangt[28].

Im Oktober 313 befreite Konstantin I. alle Kleriker vom Amt des Stadtrats. Nach Nordafrika schrieb er folgende Anweisung: *Es ist darum mein Wille, daß jene Männer, die innerhalb der Dir anvertrauten Provinz in der katholischen Kirche, der Caecilian vorsteht, ihre Dienste dieser heiligen Religion widmen, und, die sie Kleriker zu nennen pflegen, von allen staatlichen Dienstleistungen (munera) ein für allemal völlig frei bleiben sollen, damit sie nicht durch einen Irrtum oder eine unheilige Handlung von dem der Gottheit schuldigen Dienst abgezogen werden*[29]. Der Bischof war also weder Stadtrat, noch Polizist, noch Steuereintreiber. Von jeder öffentlichen-kommunalen Aufgabe war er als Kleriker, obwohl Vollbürger einer Stadt, durch Gesetz freigestellt. Und dennoch wurde der Bischof teilweise schon vor dem konstantinischen Frieden, bereits zu Zeiten von Verfolgungen *de facto* der Oberbürgermeister einer Stadt, ohne Oberbürgermeister zu sein.

Wie kam das? Hier ist auf das alte römische, gewissermaßen automatisch wirksame Prinzip zurückzugreifen, nach dem die Stellung der führenden Elite eines Gemeinwesen auf ihrem Ansehen und ihrer finanziellen Kraft beruhte. In dem Maße, in dem die geistige, politische und wirtschaftliche Elite eines Gemeinwesens in sich selbst zurücksank, in dem Maße trat an ihre Stelle der Bischof mit seinem Klerus und übernahm das

22 Ignatius, Epheser 6.
23 Claude Lepelly, Les cités de l'Afrique Romaine au Bas-Empire. Paris 1979, Tome I, S. 371–376.
24 Jean Gaudemet, L'église dans L'Empire Romain. Paris 1958, S. 351.
25 Reg. eccl. Cartag. excerpta (Corpus Christianorum 49, S. 202).
26 Lepelly (wie Anm. 23), Tome I, S. 389–395.
27 Codex Theodosianus I 27, 1.
28 Codex Theodosianus I 27, 2. Codex Justinianus I 4,7. Vgl. A. Steinwenter: Audientia episcopalis. In: Reallexikon für Antike und Christentum Bd. 1, S. 915–917.
29 Eusebius von Caesarea, Kirchengeschichte X 7,2.

Erbe dieser Elite. Die aufkommende Zeit der Völkerwanderung und das allgemeine Sich-Zurückziehen vom politischen Geschehen, sowie der einsetzende Niedergang am Ausgang der Antike mögen das Ihre dazu beigetragen haben.

4. Finanzielle Situation der Ortskirchen

Die noch einmal geballte Kraft der ausgehenden Spätantike schien sich auf den Bischof als den eigentlichen Leiter eines Gemeinwesens zu konzentrieren und das, obwohl dem Bischof dazu kein kommunales Amt übertragen worden war. Ausschlaggebend wurde hierfür die Umsicht und Tatkraft der bischöflichen Persönlichkeit, nicht ihre gesellschaftliche Herkunft und Einbindung[30]. Dies mag an zwei Komplexen erläutert werden, nämlich an der altchristlichen Bautätigkeit und am kirchlichen Sozialwesen. Beides allerdings setzte etwas Profanes voraus: Geld, besser Finanzen, noch besser, den klugen und erfahrenen Umgang mit dem kirchlichen Vermögen.

In der Mitte des 3. Jahrhunderts schreibt Cyprian von Karthago in dem kleinen Werk »Über die Arbeit und das Almosen« wörtlich: *Das Vermögen, das man Gott anvertraut, reißt weder der Staat an sich, noch vergreift sich der Fiskus an ihm, noch wird es durch ... gerichtliche Machenschaften zerrüttet. Sicher ist das Erbe angelegt, das unter Gottes Obhut steht*[31]. Man könnte vermuten, daß Johann Wolfgang von Goethe dieses Prinzip Cyprians sarkastisch kommentieren wollte, als er im Faust Mephisto sprechen läßt: »Die Kirche hat einen guten Magen, hat ganze Länder aufgefressen und doch noch nie sich übergegessen; die Kirche allein, meine lieben Frauen, kann ungerechtes Gut verdauen.«

Das Thema »die Kirche und ihr Geld« war damals keineswegs ein Tabu. Nicht die Tatsache, daß die einzelnen Kirchen über meist beträchtliche Vermögen verfügten, wurde diskutiert. Dies war selbstverständlich. Wie zuverlässig und glaubwürdig es verwaltet wurde, das war von Anfang an ein wichtiges Anliegen. So kam lediglich bei Mißständen die innerkirchliche Kritik an der Vermögensverwaltung auf, Bischöfe wurden wegen unzureichender Geldverwaltung abgesetzt. Erstaunlich ist, daß auch von außerhalb der Kirche der Reichtum der Kirche nicht gerügt wurde. Staatliche Behörden und Kaiser wählten lieber den Weg des direkten Zugriffs, vor allem an den kirchlichen Immobilien während der Verfolgungsperioden.

Kirchliche Bautätigkeit und kirchliches Sozialwesen in einer Stadt setzten eine solide finanzielle Grundlage voraus. Jede Ortskirche besaß eine *arca*, eine Kirchenkasse, die an die Kasse heidnischer Tempel anknüpfte und die hauptverantwortlich der Bischof verwaltete. Nicht von ungefähr dürfte es kommen, daß der Name Bischof, *episkopos*, dem griechischen Vereinswesen[32] entnommen war und dort Aufseher,

30 Vgl. Werner Eck, Der Episkopat im spätantiken Nordafrika. In: Jahres- und Tagungsbericht der Görresgesellschaft 1980. Köln 1981, S. 120f.

31 Cyprian, de op. et el. 19 mit 10, 16–18. Vgl. Martin Hengel, Eigentum und Reichtum in der frühen Kirche. Stuttgart 1973, S. 85.

32 Erich Ziebarth, Das griechische Vereinswesen. Stuttgart 1896 (Nachdruck Wiesbaden 1969). Franz Poland, Geschichte des griechischen Vereinswesens. Leipzig 1909.

Wächter, Kassenwart, Schatzmeister hieß[33]. Die arca beinhaltete das Barvermögen und umfaßte zugleich den gesamten ertragbringenden Besitzstand. Ein Jahresetat nach den Prinzipien des heutigen Finanzwesens wurde wohl nicht erstellt. Jedoch sind Investitionen in Handwerksbetriebe zu mäßigem Zinssatz, auch Spekulationen kirchlicherseits nicht unbekannt. Es war durchaus üblich, daß eine Rechnungslegung erfolgte und zum Jahresabschluß Einnahmen und Ausgaben gegenübergestellt und vom Bischof überprüft wurden. So war es jedenfalls in der Kirche von Hippo Regius, der Aurelius Augustinus vorstand. Sein Biograph Possidius berichtet: *Die Sorge für das Kirchenhaus und das gesamte Vermögen überwies und vertraute er befähigten Klerikern an als seinen Stellvertretern. Er selbst hatte niemals einen Schlüssel, niemals einen Ring an der Hand, sondern von jenen Hausvorstehern wurde jede Einnahme und Ausgabe notiert. Zum Jahresschluß wurde ihm das Aufgezeichnete vorgelesen, damit er die Einnahmen und Ausgaben kenne ... Häuser, Äcker, oder Landgüter wollte er niemals kaufen. Aber, wenn jemand der Kirche aus freien Stücken so etwas schenkte oder als Legat überließ, wies er es nicht zurück, sondern befahl, es anzunehmen*[34]. Bei der Annahme von landwirtschaftlich nutzbaren Grundbesitz sorgte Augustinus dafür, daß dieser – bevor er in den kirchlichen Besitz überging – schuldenfrei war. Augustinus steht hier in der Linie der syrischen Didaskalie, einer Schrift aus dem 3. Jahrhundert, die allgemein die sorgsame und diskrete Vermögensverwaltung durch den Bischof als Hauptverantwortlichen voraussetzt.

Die *arca* einer Ortskirche wurde gespeist aus Geldzuwendungen der Gläubigen, aus Sachspenden, aus rentierenden Stiftungen und aus den Erträgnissen von landwirtschaftlichen Mittel- und Großbetrieben in kirchlichem Besitz. Zudem hatte Konstantin I. die Städte angewiesen, bestimmte Summen als kommunale Zuwendungen an den Klerus zu zahlen. Hinzu kommt ein durch das Christentum in der Spätantike initiiertes Novum: die christliche Einstellung zur Arbeit. Die Verpflichtung zu gewissenhafter Arbeit, die auf ein hohes ethisches Niveau gestellt wurde, diente zwei Zielen: dem Versuch einer weitgehenden ökonomischen Unabhängigkeit von der heidnischen Umwelt und der organisatorisch möglichst perfekten Institutionalisierung eines altkirchlichen Fürsorgesystems[35].

Nimmt man alle Einnahmemöglichkeiten einer Ortskirche zusammen und berücksichtigt den verantwortungsbewußten Umgang mit dem kirchlichen Vermögen, dann zeigt sich, daß die einzelnen Ortskirchen, vermutlich gestuft nach der jeweiligen Bedeutung einer Stadt, durchaus über beträchtliche Mittel verfügten, die sie in die Lage versetzten, genügend Kult- und Zweckbauten zu finanzieren, die den Architekten, Werkstätten und Handwerkern Arbeit gaben und das Stadtbild ab spätestens der Mitte des 4. Jahrhunderts zu prägen begannen. Damit erklärt sich die Existenz zahlreicher kirchlicher Bauten, die die verfallenden städtisch-paganen Repräsentativbauten immer mehr in den Schatten stellten, zumal auch zahlreiche Tempel und profane Repräsentationsgebäude in altchristliche Basiliken oder sonstige kirchliche Zweckbauten umge-

33 H. W. Beyer: επίσκοπος im außerbiblischen Griechisch. In: TWNT II, S. 604–610.

34 Possidius, Vita Augustini 24.

35 Hans-Joachim Drexhage, Christentum und Wirtschaft in den ersten drei Jahrhunderten. In: Jahres- und Tagungsbericht der Görresgesellschaft 1982. Köln 1983, S. 86.

staltet wurden. Jan Vaes erbrachte im Rahmen einer umfangreichen Forschungsarbeit den Nachweis, daß allein in Italien über 735 meistens isoliert publizierte frühchristliche, frühbyzantinische und frühmittelalterliche Kultbauten in beziehungsweise auf antiken Bauten errichtet worden sind. In den übrigen Provinzen des Orbis Christianus Antiquus konnten von J. Vaes bisher über 800 solcher Umbauten eruiert werden. Bei der Prüfung dieser Bausubstanzen war festzustellen, daß zwar die altchristliche Baukunst ein eigenes Gesicht kreierte, zugleich aber buchstäblich und figürlich sich an die bestehende pagane architekturale *Koine* anlehnte, wobei die Architektursymbolik in vielen Fällen eine christianisierte Form der bestehenden paganen Architektursymbolik ist[36], sodaß der altkirchliche Beitrag zur Urbanistik auch dem Bewahren baulicher Traditionen diente.

5. *Bischöfliche Bautätigkeit*

Es ist zunächst verwunderlich, daß eine Hafenstadt mit 30 bis 40000 Einwohnern wie Hippo Regius – und keineswegs alle Christen – über mindestens folgende bisher mit Sicherheit literarisch oder archäologisch nachgewiesene christliche Kultbauten verfügte: Die kleine Basilika des heiligen Theogenes; die Basilika Leontiana; die Gedächtnisstätte der 20 Märtyrer; die Große Basilika, auch Friedenskirche genannt; die Basilika der Donatisten in der Nähe der Friedenskirche; die Kapelle des Erzmärtyrers Stephanus; die Basilika der acht Märtyrer, der eine bescheidene Kapelle zu weichen hatte. Zu diesen Kultgebäuden kamen eine Reihe von Zweckbauten, wie das Bischofshaus, die bischöfliche Audienzhalle, Magazine, Thermen, mindestens eine Halle für den Taufunterricht, Baptisterium, sowie wenigstens ein Haus für die Kleriker[37] und weitere Häuser für Christen, die ähnlich unseren Orden als Männer- oder Frauengemeinschaften lebten. So gab es in Hippo Regius mindestens vier klosterähnliche Anlagen und ein Pilgerhaus, das die Funktion eines Hotels erfüllte.

In Bulla Regia, dessen Gelände zum größeren Teil noch unausgegraben ist, wurde immerhin schon eine Südkirche, der eine kleinere Basilika angebaut ist – wahrscheinlich Sitz eines Bischofs – und die Kirche des Presbyters Alexander entdeckt, welche möglicherweise eine caritative Funktion hatte[38]. Besonders erwähnenswert ist, daß die Tatsache christlichen Lebens in Bulla Regia, abgesehen vom archäologischen Befund, lediglich zwei recht bescheidenen literarischen Notizen entnommen werden kann, den einzigen Bemerkungen in der gesamten nordafrikanischen patristischen Literatur zur Colonia Aelia Hadriana Augusta Bulla Regia[39]. Auch von dieser Seite her fällt ein bezeichnendes Licht auf das nicht sonderlich ungewöhnliche altchristliche Quellendefizit Augsburgs.

36 Jan Vaes, Nova construere sed amplius vetusta servare. Christliche Wiederverwendung antiker Bauten. Ein Forschungsbericht. Im Druck.

37 Erwan Marec, Monuments chrétiennes d'Hippone. Ville épiscopale de Saint Augustin. Paris 1958. Thomas W. Phelan, St. Augustine and the recent excavations of the christian monuments of Hippo. In: Theological Studies 20 (1959) S. 422–431. Saïd Dahmani, Hippo Regius. Alger 1973.

38 Erwin M. Ruprechtsberger, Bulla Regia. In: Antike Welt 16, 1 (1985), S. 13–34, bes. S. 30f.

39 Augustinus, de bapt. ctr. Donat. (PL 43, S. 233). Augustinus, Sermo Denis 17, 7–9 (PL 46, S. 879f.). Vgl. Lepelly (wie Anm. 23) Thome II. Paris 1981, S. 87–90.

Die kleine Hafenstadt von Myra, Andriake, zeigt wie an einer Perlenkette, dem Hafen entlang aufgereiht, die Ruinen von sechs Kirchen in unmittelbarer Nachbarschaft. Wer auf dem Schiff in den Hafen einlief, der sah zuerst die Silhouette der Kirchen, ehe er am Ende des Hafens zur großen Lagerhalle aus Trajanischer Zeit kam, um dort seine Waren anzulanden beziehungsweise neue Waren und Passagiere wieder aufzunehmen.

Sinn, Absicht und Zweck des Kirchenbaues formuliert Eusebius von Caesarea in seiner »Festrede über die Erbauung der Kirchen, gewidmet Paulinus, dem Bischof der Tyrer« so: Nach außen befestigte er den Bau in seinem ganzen Umfang mit einer rings umlaufenden Mauer. Der Ort, an dem die Eintretenden zuerst verweilen, dient dem ganzen zugleich zu Schmuck und Zier. Diesen Anblick noch überbietend, brachte er an dem zuinnerst gelegenen und breiteren Hallengange die Zugänge zum Tempel an, indem er drei Pforten nebeneinander errichtete, von denen die mittlere die beiden seitlichen an Höhe und Breite weit übertreffen sollte. Er schmückte sie mit Bronzeplatten, die mit Eisen befestigt wurden, und buntem Zierrat in erhabener Arbeit. Im gleichen Sinne ordnete er auch die Hallengänge zu beiden Seiten des Tempelhauptraumes an und ersann in der Höhe darüber, damit zusätzliches Licht in das Gebäude eindringe, verschiedene Öffnungen und schmückte sie zierlich mit feiner Holzarbeit[40]. Eusebius führte in Anlehnung an Psalm 47,9 wörtlich aus: *Durch Taten sozusagen und mit eigenen Augen sehen wir die Glaubwürdigkeit und Wahrheit dessen, was aus alter Zeit uns überliefert ist, und wir dürfen ein neues Siegeslied anstimmen und mit lauter Stimme rufen: ›Wie wir es gehört haben, so schauten wir es in der Stadt des Herrn der Heerscharen, in der Stadt unseres Gottes.‹ Kann diese Stadt eine andere sein als die, die eben neuerrichtet und von Gott erbaut ward?*[41] Und schließlich sagt Eusebius seinen Zuhörern: *Welcher König ist so stark und befehligt nach dem Tode noch ein Heer und errichtet Siegeszeichen wider die Feinde und füllt bei Griechen und Barbaren jeden Ort, Dorf wie Stadt, mit den Weihegaben seiner königlichen Paläste und göttlichen Tempel an, wie wir es in den kostbaren Schätzen und Gaben dieses Heiligtums sehen?*[42]

Diese älteste uns überlieferte Kirchweihrede stellt ein Grundsatzprogramm zu Sinn und Zweck des Kirchenbaues auf. Das Bauwerk Kirche ist ein repräsentiver Tempel, ein königlicher Palast, in dem Gott der Herr wohnt und von dort seine Scharen leitet. Auf Erden wird er vom Bischof vertreten. Jede Kirche ist ein Siegesdenkmal, sie ist die »Stadt unseres Gottes«. Diese Stadt Gottes ist an jedem Ort, in jeder Stadt errichtet. Wie eine wohlgeschützte Stadt, so ist jede Kirche mit einer vollständigen Mauer umgeben. Es kommt wohl nicht von ungefähr, daß Augustinus sein Hauptwerk »De civitate Dei« (= »Über die Stadt Gottes«) betitelt.

Man hat die eusebianische Kirchweihrede als überflüssigen, ja ärgerlichen Ausdruck kirchlichen Triumphalismus eingestuft. Man kann aber auch ein solches Vor-Urteil beiseite lassen und unbefangen fragen, ob ein Kirchenkomplex eine Stadt in der Stadt wurde, ob die spätantike Stadt durch das Christentum neue Akzente erhielt und ob sich der Bischof mit seinen Christen gewissermaßen durch eine hohe Mauer ausgrenzte von jedem üblichen kommunalen Geschehen.

40 Paraphrase nach EUSEBIUS VON CAESAREA, Kirchengeschichte X 4, S. 37–42.
41 EUSEBIUS VON CAESAREA, Kirchengeschichte X 4,6f.
42 EUSEBIUS VON CAESAREA, Kirchengeschichte X 4,20.

Soweit die archäologische Forschung Stadtpläne zu rekonstruieren vermochte, ist es möglich, topographische Erkenntnisse zu unseren Fragen vorzulegen. Hier zeigt es sich, daß nach dem konstantinischen Frieden kaum mehr neue Städte gegründet worden sind. Spätestens Ende des 2., Anfang des 3. Jahrhunderts lagen die Städte des Römischen Reiches fest. Größere Veränderungen innerhalb der Städte im 4./5. Jahrhundert waren durch bestehende Besitzverhältnisse an Grund und Boden im Weichbild einer Stadt kaum mehr möglich. So errichteten die Christen ihre Komplexe in der Regel am Rand eines Stadtgebietes oder außerhalb einer Stadt. In Nordafrika zum Beispiel ist nur eine Ausnahme bekannt: Hippo Regius. Hier konnte sich das kirchliche Zentrum um eine ehemalige Hauskirche herum aus vorkonstantinischer Zeit ausgruppieren. Man kaufte Gebäulichkeiten und Gelände im Weichbild des Stadtkernes dazu, überbaute Zisternen und bezog andere Gebäude unter Verwendung ihres ursprünglichen Fußbodens in den kirchlichen Baukomplex mit ein. So stellt der Erwerb der Stadtvilla des Julianus durch Bischof Augustinus die letzte Phase einer Entwicklung dar, die das kirchliche Raumprogramm in Hippo Regius an die wachsenden funktionalen Bedürfnisse anpaßte. Im Laufe der Zeit war also aus einer ursprünglichen Hauskirche ein kirchliches Zentrum, gewissermaßen ein christliches Stadtviertel geworden.

An dieser Stelle sei darauf aufmerksam gemacht, daß es ein Irrtum wäre, wenn der Tourist in einer spätantiken Stadt lediglich eine altchristliche Basilika, ein Kultgebäude suchen würde. Wenn man einen heutigen Vergleich wählt, dann gleicht ein spätantikes kirchliches Zentrum einem modernen Pfarrzentrum der letzten 20 Jahre mit Kirche, Kindergarten, Sozialstation, Pfarrhaus und Anlagen für Zusammenkünfte der Jugendlichen und Erwachsenen, allerdings mit dem Unterschied, daß sich unsere modernen Pfarrzentren in den Städten relativ bescheiden gegenüber den spätantiken kirchlichen Ensembles einer Stadt von durchschnittlicher Einwohnerzahl ausnehmen.

Und nun zur »ringsumlaufenden Mauer« um den Kirchenkomplex. Dies war eine problemlose Übernahme vom Tempelbau. Die Mauer markierte den heiligen Bezirk, den von der profanen Umgebung ausgegrenzten sakralen Bereich. Dieser stand wie beim paganen Tempel unter dem Schutz des Sakralrechtes und war damit Bestandteil des Asylrechts. Die nicht eindeutigen und teilweise regional verschiedenen Bestimmungen zum kirchlichen und staatlichen Asylrecht lassen sich grob so zusammenfassen: Dem Staat wird die Befugnis zuerkannt, die Grenzen zu bestimmen, bis zu welchem Umkreis eines Gotteshauses das Asyl reichen soll. Mördern, Ehebrechern und Jungfrauenräubern wird das Asyl kirchlicherseits verweigert. Im Jahre 392 legt der Codex Theodosianus fest, daß der Bischof asylbegehrende Staatsschuldner auszuliefern habe, andernfalls muß der Bischof persönlich für die Schulden des Asylanten aufkommen[43].

Nach kirchlicher Auffassung soll der Schutz der heiligen Stätten nicht Straftätern zugute kommen, sondern nur denen, die Unrecht leiden, etwa durch Schikanen der städtischen Behörden. Ob jemand Unrecht erlitten hat und daher kirchliches Asyl erhält, entscheidet der Bischof. Daß hier ein Konfliktfeld zwischen Behörden und Bischof vorprogrammiert war, liegt auf der Hand. Dies dürfte wohl ebenso bei der *manumissio*, dem Akt der Freilassung von Sklaven, der Fall gewesen sein. Offensicht-

43 Leopold WENGER, Asylrecht. In: Reallexikon für Antike und Christentum, I, S. 836–844.

lich durfte der Bischof seit 321 eine *manumissio* nur vornehmen, wenn die üblichen Voraussetzungen, vor allem die Zustimmung des Sklaveneigners vorlag. Der Unterschied zwischen behördlichem und bischöflichem Freilassungsakt lag in der Gebührenfreiheit beim bischöflichen Vollzug. Es fällt allerdings auf, daß nach Ausweis der Quellen die bischöfliche manumissio nicht allzu häufig vollzogen worden zu sein scheint[44].

Kehren wir nochmals zur Architektur eines kirchlichen Ensembles zurück. Als Musterbeispiel erscheint die Anlage von Cuicul, weitab von der Küste Nordafrikas. Die von Kaiser Nerva im 1. Jahrhundert gegründete Stadt dehnte sich im Laufe der Zeit immer weiter nach Süden aus. Die chronologische Entwicklung ist gut feststellbar. Am Rande der Stadt liegt das spätantike Christenviertel, gebildet aus einer Reihe von *Insulae*. Die fünfschiffige Basilika ist von mehreren Gebäuden umgeben. Ihre Erbauungszeit läßt sich ziemlich genau zu Beginn des 5. Jahrhunderts n. Chr. datieren. Das Kirchenzentrum liegt hoch über einem Flußtal und ist von weitem gut sichtbar. Obwohl sich die Anlage am Stadtrand befindet, bildet sie den optischen Schwerpunkt von Cuicul. Eine 15 Meter breite, von Portiken eingefaßte Allee führt zu einem 8 Meter breiten, apsisförmigen Tor. Es gibt den Weg zu einer 8 Meter breiten und 25 Meter langen Säulenstraße frei. Es folgt ein Peristylhof, der zu Unterkünften für Mensch und Tier und zur Vorhalle der fünfschiffigen Basilika Zugang gibt.

Nördlich dieser Kirche steht eine dreischiffige Basilika mit einer schmalen Vorhalle. Sie ist durch einen Gang von der größeren Kirche getrennt. Je sechs Säulen und ein Wandpilaster gliedern das Langhaus. Die Apsis ist mit einer vorgezogenen Umschrankung umgeben. Über den Säulenbögen erhob sich eine von Fenstern durchbrochene Obergadenwand. Der Raumquerschnitt betrug vermutlich 13 Meter. Beide Basiliken erscheinen als einheitliche Konzeption. Sie waren in ihrer Firsthöhe einander angeglichen.

Die Fußböden waren mit Mosaik verziert. In der fünfschiffigen Kirche bestand der Boden des Mittelschiffes aus einem von Flechtbändern gebildeten Sternmuster. In deren Zentren waren Tierfiguren dargestellt und Namen der Spender festgehalten. Eine Inschrift im Chorbereich der fünfschiffigen Basilika gibt über die Pracht der Bauten Auskunft: *Hier, wo man die Basiliken mit ihren gleißenden Dächern rühmt, hast Du die glänzenden Firstbekrönungen und die heiligen Altäre vor Augen. Nicht das Werk der Mächtig-Reichen, sondern der Name Cresconius, des Vorstehers, steht für immer durch den Ruhm bedeutsamer Tat … Cresconius, nachgerade geboren für die Gesetze und Altäre, ist in hohem Alter ehrenvoll in der katholischen Kirche verstorben. Er war ein Wächter der Sittlichkeit. Er hatte sich der Nächstenliebe und der Kirchengemeinschaft gewidmet. Durch seine Lehre blüht das zahlreiche Volk von Cuicul. Er liebte die Armen und war zu jedem Almosen bereit. Niemals versäumte er ein gottgefälliges Werk*[45].

Westlich der dreischiffigen Basilika, der Feierkirche von Cuicul, schließt sich das Baptisterium an. Es ist ein rundes Gebäude mit einem Taufbecken in der Mitte. Das

44 Lepelly (wie Anm. 23), Tome I 393.

45 Die volle Inschrift ist abgebildet unter Nr. 73 bei Wilhelm Gessel, Monumentale Spuren des Christentums im römischen Nordafrika, S. 48. Zu Bischof Cresconius siehe: Gesta I 121 (Sources Chrétiennes 195, S. 712).

Taufhaus hat einen Durchmesser von 12 Meter. Um das quadratische Taufbecken verläuft ein Umgang. Er weist in der Außenmauer 24, innen 12 muschelförmige Nischen auf. Im Umgang finden sich in Kopfhöhe Leuchtenhalter. Gegenüber dem Eingang liegt eine kleine Apsis, die den Umgang abschließt. Die darüberliegende Kuppel ließ durch ein Rundfenster Licht ein. Inmitten des Rundganges erhebt sich auf vier Säulen das Ziborium, ein baldachinartiger Überbau. Zwischen den Säulen waren Vorhänge als Sichtblende angebracht. Vor dem Baptisterium wurde eine kleine Thermenanlage ergraben.

Neben diesem Taufhaus befindet sich südlich eine kleinschiffige Kapelle, die mit ihrer Apsis in die Vorhalle der fünfschiffigen Basilika hineinreicht, also später errichtet worden ist, vermutlich in einer Zeit, als das Kirchenzentrum bereits verfiel und Cuicul im Zuge des Niedergangs der nordafrikanischen Städte in seiner Bedeutung zurückging.

Vor den Stadtmauern von Theveste in Algerien findet sich ein umfriedeter heiliger Bezirk, der das Grab der heiligen Crispina und ihrer Gefährten, die der diokletianischen Verfolgung zum Opfer gefallen waren, umschließt: Der Grundriß der Anlage ist deutlich erkennbar. Eine dreischiffige Basilika mit der für Nordafrika charakteristischen Doppelsäulenstellung ist umgeben von Kammern und flankiert von einem kleeblattförmigen Anbau. Über den Zweck der Kammern werden verschiedene Ansichten vorgetragen. Eine These besagt, daß es sich um Klosterzellen handelt. Es ist jedoch eher anzunehmen, daß sich das Kloster im Ostareal befand. Die Kammern um die Basilika dienten Pilgern, die in der Nähe des Märtyrergrabes Trost und Hilfe finden wollten, eine christliche Fortsetzung der schon in der Vorgeschichte feststellbaren Inkubation[46].

Über dem Grab der heiligen Crispina und ihrer Gefährten wurde ein Trikonchos (Dreinischenbau) errichtet, gleichsam Kristallisationspunkt der Anlage und Ziel der Pilgerreise. Die Basilika und das dazugehörige Atrium mit einem Brunnen erhebt sich auf einem Podium, das dem Tempelbau nachempfunden ist. Eine Freitreppe führt von der dem Heiligtum in Nord-Südrichtung vorgelagerten Allee zum basilikalen Komplex hinauf. Das Westareal bedeckt ein Garten mit 4 Teichen, ein großes und ein kleines Troggebäude. Die Gebäude mit den Futtertrögen dienten den Pilgern und deren Tieren als Unterkunft. Der Pilger betrat das Heiligtum durch das Südtor: Der Weg führt durch das Südtor über die Allee die Freitreppe empor durch das Atrium zur Basilika, hinab zum Trikonchos und schließlich wieder zurück zum großen Troggebäude. Die triumphbogenartigen Tore und die repräsentative Allee verleihen dem Weg einen erhabenen, feierlichen Charakter[47].

Es war Zweck der gesamten Anlage, Herz und Empfinden des Pilgers zu bewegen. Dazu diente die Kulissenhaftigkeit einzelner Bauteile, wie etwa die Sockelprofile der Tore und die reliefierten Türstürze. Dieser Bezirk, gleichsam als eigene Stadt der Stadt Theveste vorgelagert, hat zahlreiche Pilger angezogen. Wenn auch der heilige Bezirk seine eigene Pilgerhotellerie hatte, so dürften Handel und Gewerbe der spätantiken Stadt Theveste für die größeren Bedürfnisse der Pilger zur Verfügung gestanden haben. Umgekehrt dürfte die Bevölkerung der Binnenstadt Theveste gern die in der Spätantike

46 Vgl. die Terrakottastatuette einer »schlafenden Frau« aus dem Hypogäum von Hal Saflieni im Nationalmuseum von Malta. In: Bernardo NANTEL, Malta (o. J.), S. 54.

47 Jürgen CHRISTERN, Das frühchristliche Pilgerheiligtum von Tebessa. Wiesbaden 1976.

hochgeschätzten Fische aus den Teichen des Heiligtums erworben haben, sicher eine willkommene Einnahme zum Unterhalt des Heiligtums, vor allem dann, wenn die Spendenfreudigkeit der Pilger nachließ. Solche Heiligtümer fanden sich überall im Römischen Reich. Als weitere Beispiele seien die Menasstadt in Ägypten oder die Stadt des heiligen Sergios in Resafa (Syrien) genannt.

Vom Theveste-Heiligtum ausgehend läßt sich eine bedeutende Beobachtung machen. Altchristliche sakrale und profane Bauten weisen in der Architektur und Bauornamentik eine solche Anzahl von Gemeinsamkeiten auf, daß die Produktion einer einzigen Werkstatt vorliegen muß. Die Koinzidenz der architektonischen und ornamentalen Formen in Theveste, Henchir Deheb, Henchir Touta, Morsott, Thelepte, Cuicul, Theveste-Khalia und Henchir Faraoun läßt den Begriff einer Bau-Gruppe beziehungsweise einer einzigen Bauhütte berechtigt erscheinen. Diese Gemeinsamkeit erstreckt sich auch auf Stil und Motive der Bauplastik[48]. Daraus darf gefolgert werden, daß sich die Bischöfe der genannten Orte vereinigten, um einer Werkstatt Aufträge zur Gestaltung kirchlicher Bauten zu erteilen. Oder ist es zu kühn, zu vermuten, daß Bischöfe in der Spätantike Einrichtungen gründeten, deren Tradition von der mittelalterlichen Dombauhütte fortgesetzt wurde? Jedenfalls waren Bischöfe der Spätantike so in der Lage, die Architektur und Bauornamentik von Repräsentationsbauten einer Region mitzubestimmen und eine Vorform altchristlicher Urbanistik und Landschaftsgestaltung in die Wege zu leiten[49].

Tipasas Stadtanlage, westlich von Alger gelegen, erstreckt sich entlang einer steil abfallenden, mäßig hohen Felsküste. An dieser landschaftlich sehr reizvollen Küste wurde eine vielschiffige, überdimensionale Kirche errichtet. Um ein planes Gelände zu gewinnen, mußte eine mächtige Substruktion erbaut werden, so daß die Apsis der Kirche über das Meer hinauszuragen schien. Wenn ein Schiff die Bucht von Tipasa ansteuerte, hatte es an diesem Bauwerk nicht nur einen herausragenden Navigationspunkt, sondern Mannschaft und Passagiere erkannten schon von weitem: Sie näherten sich einer christlichen Stadt, deren repräsentativstes, den ganzen Meeresbusen beherrschendes Gebäude eine altchristliche Basilika war. In dem ebenfalls am Meer gelegenen Nordwestfriedhof Tipasas stehen die Ruinen einer trapezförmigen Zömeterialkirche. Ein im Nationalmuseum von Alger aufbewahrter Mosaikepitaph des Bischofs Alexander[50] aus dieser Friedhofskirche rühmt den Bischof ähnlich wie Cresconius von Cuicul als »Wächter der Nächstenliebe« und »Freund der Armen« neben seiner Tätigkeit als Bauherr. Beide Inschriften, die des Cresconius und die ältere des Alexander, dürften auf einen Archetyp[51] eines Inschriftenformulars zurückgehen, das den verstorbenen Bischof einer Stadt standardisiert als soziale Persönlichkeit schildert. Das heißt, es gehört genauso zum Wesen eines Bischofs in einer

48 Ebd., S. 130–157.

49 Wenn auch die nachfolgend aufgeführten Werke sich dieser allgemeinen Schlußfolgerung enthalten, so stützt bereits die Enumeration und Beschreibung altchristlicher Städte Kleinasiens und Syriens nach dem damaligen Kenntnisstand unsere These: Victor SCHULTZE: Altchristliche Städte und Landschaften. Band 1: Konstantinopel. Leipzig 1913; Band 2,1: Kleinasien. Gütersloh 1922; Band 2,2: Kleinasien. Gütersloh 1926; Band 3: Antiocheia. Gütersloh 1930.

50 GESSEL (wie Anm. 45), Abb. 70, S. 46.

51 CHRISTERN (wie Anm. 47), S. 142.

Stadt, sich der notleidenden Bevölkerung anzunehmen, wie ihm die Sorge um den Kirchenbau obliegt. Kirchenbau und Sozialwesen scheinen zu den herausragenden Aufgaben des spätantiken Bischofs gezählt zu haben.

6. *Bischofshaus und Basilika*

Wolfgang Müller-Wiener hat das Verhältnis von bischöflichem Haus (Episkopeion) und Bischofskirche untersucht und sowohl ihre Lage im jeweiligen Stadtplan bestimmt, als auch ihre Zuordnung zueinander erforscht[52]. Greifen wir aus der Reihe von Milet, Priene, Ephesus, Side, Philippi, Stobi, Caričin Grad, Salona und Aphrodisias die erstere und letztere Stadt heraus.

In spätantik-frühbyzantinischer Zeit war Milet wegen der lebensbedrohenden Verschlammung des Golfes und der Verlandung der Häfen auf den Rang einer einfachen Bischofsstadt abgesunken[53]. Der zunächst am Stadtrand wohnende Bischof erbaute gegen Ende des 6. Jahrhunderts im Zentrum von Milet auf dem Gelände eines vorchristlichen Dionysos-Tempels die Michaelskirche und unmittelbar daneben sein Wohn- und Verwaltungsgebäude. Die Kirche ist dreischiffig und mit einer Galerie ausgestattet, davor eine quergelegte Vorhalle errichtet. Im Süden ist ein Zugangsraum (Vestibül) zum Baptisterium vorhanden. Der Taufanlage schließt sich ein *Consignatorium*, eine Art Firmsaal an. Das Bischofshaus ist um einen Hauptsaal (20,45 Meter lang und 11,7 Meter breit) angeordnet. Im Westen liegt eine langgestreckte Halle mit einer Apsis im Norden. Unmittelbar an die nördliche Seite der Haupthalle grenzt eine weitere, sehr schmale rechteckige Halle. Insgesamt säumen die Haupthalle im Norden 4 Räume und ein Wirtschaftsraum, im Süden finden sich angrenzend 5 nahezu gleiche Zimmer. Zwischen Kirche und Bischofshaus ist ein Säulenhof eingebracht.

In Aphrodisias, dessen Heidentum lange dem Christentum widerstanden hatte, wird das Bischofshaus von dem restaurierten Aphroditetempel, der in eine Kirche umgebaut worden war, und vom Odeion auf zwei Seiten umrahmt. Das Episkopeion wurde teilweise mit dem Baumaterial der Agora erbaut. Die Hauptteile des Gebäudes gruppieren sich um einen offenen Säulenhof. Der repräsentativste Raum des Hauses ist ein Trikonchos (Dreinischenbau), dessen östliche Apsis vermutlich eingewölbt war. Den Norden des Perystilhofes nimmt ein rechteckiger Saal mit einer Apsis ein. Eine Reihe von Räumen im Westen scheinen der bischöflichen Verwaltung zur Verfügung gestanden zu haben. Ein weiterer zweiapsidialer Saal liegt parallel zur Agora. Soweit Säulen, Kapitelle und Palmetten im Innern verwendet wurden, sind sie aus handelsüblichem Marmor.

Faßt man mit Müller-Wiener die von ihm untersuchten bischöflichen Komplexe zusammen, darf man feststellen: Im Sinne der Urbanistik fand sich kein Bischofshaus als repräsentatives Bauwerk, das durch Anlage von Freitreppen oder durch seine Lage am Anfang oder Ende einer Straße von außen besonders hervorgehoben gewesen wäre. Die

52 Wolfgang MÜLLER-WIENER, Riflessioni sulle caratteristiche dei Palazzi Episcopali. In: Felix RAVENNA. Quarta serie Fascicolo 1/2 (1938), S. 103–145.

53 DERS., Ausgrabungen in der Hafenstadt Milet. In: Der tiefere Grund. DFG Forschungs-Almanach 1985, hg. von Hubert SCHÖNE. Bonn-Bad Godesberg 1985, S. 33–37.

Innengestaltung entsprach ihrer Funktion als Wohnung, Verwaltungsgebäude und Empfangsmöglichkeit für größere und kleinere Personenzahlen. Die Ausstattung war von maßvoller Eleganz. Die Bischofshäuser unterschieden sich demnach nicht von den bekannten profanen Stadtvillen. Der Standort wurde nach Möglichkeit in der Nähe, beziehungsweise unmittelbaren Nähe der Bischofskirche festgelegt. Man war offensichtlich besorgt, daß das bischöfliche Haus die Kathedrale mit ihrer prunkvollen Ausstattung nicht überbot.

7. Kirchliche Friedhöfe

Zu jeder Stadt gehörten ein oder mehrere Friedhöfe. Eine geschätzte Möglichkeit für ein würdiges Begräbnis boten die *collegia funeratricia*, die Begräbnisvereine. Mit Hilfe dieser Organisationsform war es den Ortskirchen schon frühzeitig möglich, eigene Friedhöfe anzulegen und zu verwalten. Diese Aufgabe übertrug der Bischof in der Regel einem Diakon oder Presbyter, der dem Bischof Rechenschaft über seine Verwaltung abzulegen hatte. Das älteste altchristliche Dokument, das sich mit der Bestattung befaßt, ist eine Art Gebührenordnung und legt zugleich das Recht des unbegüterten Kirchenmitglieds auf ein würdiges Begräbnis fest: *Niemand möge bei der Beerdigung eines Menschen in den Zoemeterien Beschwerde empfinden, wie dies auf jeden Armen zutrifft. Sondern es soll der Lohn des Arbeiters bezahlt werden, dem der aufgräbt und der Preis für die Ziegel. Welche an jenem Ort sind und die Arbeit verrichten, möge der Bischof ernähren, damit niemand von denen, die zu diesen Stätten kommen, belastet wird*[54]. Das recht eindrucksvolle Beispiel eines altchristlichen Friedhofs ist die Salsa-Nekropole[55] bei Tipasa. Hunderte von Freilandsarkophagen drängen sich – aufgelockert durch Mausoleen – um die Kirche der Märtyrerin Salsa. Allerdings konnte bald schon ein Grab in unmittelbarster Nähe zum Heiligtum nur noch besonderen kirchlichen Wohltätern zugebilligt werden, ganz zu schweigen von einer Grabstätte in der Märtyrerkirche selbst.

Durch Anlage und Betreuung von Friedhöfen erfüllte der Bischof nicht nur eine soziale Aufgabe, sondern er betätigte sich auch als Landschaftsgestalter, so wie auch aus kirchlichem Vermögen die lebenswichtigen Wasserleitungen repariert und gelegentlich öffentliche Bäder instand gehalten wurden. Ein Beispiel für letzteres wäre Bischof Epiphanius von Salamis auf Cypern.

8. Caritaswesen

Die Bischöfe beseitigten weder die Sklaverei noch die traditionellen sozialen und ethnischen Spannungen. Sie betonen aber die soziale Verpflichtung des Eigentums. Da Gott die Güter dieser Welt zum Wohl aller bestimmt hat, sind die derzeitigen Besitzer nur deren Verwalter. Das Privateigentum ist nur dann legitim, wenn es im Blick auf

54 Hippolyte de Rome. La tradition apostolique d'après les anciennes versionnes. Introduction, Traduction et Notes par Bernard Botte. Paris ^{2}1968, S. 122.

55 Jürgen Christern, Basilika und Memorie der heiligen Salsa in Tipasa. In: Bulletin d'Archéologie Algerienne 3 (1968), S. 193–256.

seine soziale Bindung verwaltet wird[56]. Der Bischof als Verteidiger der Schwachen und die christliche Caritas brachten eine neue sozialpolitische Komponente in die spätantike Stadt. Während das pagane Wohltätertum sich hauptsächlich auf die Bürger einer Gemeinde oder einer Stadt beschränkte und nicht an der tatsächlichen Bedürftigkeit des Empfängers orientiert war, bemühten sich die Bischöfe um alle Notleidenden und wurden damit, auf die Stadt bezogen, ein einigendes Band für die Angehörigen der unterschiedlichen sozialen Gruppen.

Im einzelnen zeigte das Caritaswesen folgende Gestalt: Die ersten caritativen Anstalten hießen Xenodochien oder Nosokomien und waren Herbergen für durchreisende Fremde, für die zu sorgen als *officium hospitalitatis* jeden Bischofs galt[57]. Für Gregor I. ist der Mangel an Gastfreundschaft ein Hindernis für die Erhebung zum Bischofsamt[58]. Neu ordinierten Bischöfen gibt Gregor I. die Anweisung, daß ihre Einkünfte wie folgt aufzuteilen sind: ein Viertel für die Übung der Gastfreundschaft, ein Viertel für die Armen, ein Viertel zum Unterhalt des Klerus und ein Viertel für den Kirchenbau[59]. Als das Wallfahrtswesen aufkam, wurde zwischen Pilgerherbergen, Armenhäusern und Krankenanstalten kein strenger Unterschied gemacht, da diese Einrichtungen hauptsächlich von Bedürftigen in Anspruch genommen wurden[60].

Das erste bekannte Xenodochium, das schon 356 in Sebaste bestand, nahm bereits Kranke und Aussätzige auf[61]. Während einer Hungersnot in Edessa rüttelte der Diakon Ephräm der Syrer im Auftrag seines Bischofs die Reichen aus ihrer Teilnahmslosigkeit auf und richtete mit deren Spenden ein Nothospital mit 300 Betten ein[62]. Das in organisatorischer Planung und Ausführung bedeutendste Unternehmen ist mit dem Namen des Bischofs Basilius von Caesarea verknüpft. Er ließ am Stadtrand eine Anlage errichten, die außer einem Kloster und Wohnungen für den Klerus ein Fremdenhospiz und ein Armenhospital umfaßte, denen alle notwendigen Dienste wie Ärzte, Krankenpfleger, Werkstätten und Transportmittel angegliedert waren. Die Größe der Anlage führte im Laufe der Zeit zu einer Verlagerung des Stadtzentrums von Caesarea um diese Neugründung[63]. Pilger- und Seniorenheim zugleich war das Hospiz in Nola, das Bischof Paulinus beschreibt. Besuche der Bischöfe in den Gefängnissen waren schon fester Brauch, als Kaiser Honorius den Bischöfen im Jahre 409 die Kontrolle der Führung der Strafvollzugsanstalten und der Behandlung der Gefangenen übertrug[64]. Für die Unterstützung und den Loskauf von Gefangenen, die bei Überfällen verschleppt worden waren, wurden auf bischöfliche Initiative hin

56 Paul CHRISTOPH, L'usage chrétien du droit de propriété. Paris 1964.

57 Otto HILTBRUNNER–Denys GORCE–Hans WEHR, Gastfreundschaft. In: Reallexikon für Antike und Christentum Bd. VIII, S. 1061–1123.

58 I. GREGOR, Brief 14, 11.

59 I. GREGOR, Brief 11, 56a.

60 Bernhard KÖTTING, Peregrinatio religiosa. Wallfahrten in der Antike und das Pilgerwesen in der alten Kirche. Münster ^{2}1980, S. 375–386.

61 EPIPHANIUS VON SALAMIS, Adv. haeres. 3, S. 55.

62 SOZOMENUS, Kirchengeschichte III 16, S. 12–15.

63 BASILIUS VON CAESAREA, Briefe 94; 143; 176. GREGOR VON NAZIANZ, Rede S. 43. SOZOMENUS, Kirchengeschichte VI 33, S. 4.

64 Codex Theodosianus IX 3, S. 1–6 und S. 7.

beträchtliche Summen aufgewandt[65] und so den städtischen Familien ihre Angehörigen wieder zurückgeführt.

Lukian von Samosata aus dem 2. Jahrhundert n. Chr. verspottet die Christen wegen ihrer Bruderliebe in seinem Roman Peregrinus Proteus sarkastisch: *Peregrinus zog zum zweiten Mal aus und begab sich auf die Wanderschaft. Einen hinreichenden Unterhalt bezog er von den Christen..., so daß er in Hülle und Fülle lebte. Eine zeitlang fütterte er sich auf diese Weise durch*[66]. Die Figur des Peregrinus in der bitterbösen Schilderung des Satirikers Lukian macht einerseits auf den möglichen Mißbrauch des *officium hospitalitatis* der Bischöfe durch gewissenlose Gammler aufmerksam, bestätigt aber andererseits von nichtchristlicher Seite einen Aspekt des bischöflichen Caritaswesens, der offensichtlich über kirchliche Kreise hinaus bekannt war und gewissermaßen dem Bischof das Ansehen eines *patronus civitatis* zubilligte.

9. Stadtbischof im Gegenlicht

Möglicherweise noch deutlicher zeichnet sich die Rolle des Stadtbischofs im Gegenlicht ab. Als Kaiser Julian (361–363), der sogenannte Apostata, die Bedeutung der Bischöfe erkannt hatte und gleichzeitig die Unwirksamkeit seiner Restaurationsmaßnahmen des antiken Heidentums erahnte, zielte er auf profilierte Stadtbischöfe. Zunächst versuchte er es mit einer auf den ersten Blick positiven Anordnung: Er gestattete den durch Kaiser Konstantius verbannten orthodoxen Bischöfe die Rückkehr in ihre Städte, wohl wissend, daß damit die Streitigkeiten zwischen Arianern und Orthodoxen wieder auflebten. In den betroffenen Städten gab es dadurch zwei Bischöfe, die sich den Rang streitig machten und so insgesamt die Kräfte spalteten. Die gegeneinander kämpfenden Bischöfe mit ihrem jeweiligen Anhang sorgten damit für die Schwächung der Kommune, der unmittelbare Einfluß des Kaisers auf die Geschicke der Stadt sollte zunehmen. Ähnliches beabsichtigte das Julianische Schulgesetz vom Jahre 362, das verfügte, daß künftig alle Ernennungen an einer Schule von den städtischen Behörden gebilligt und vom Kaiser ausgesprochen werden müßten. Ziel dieser Maßnahme war unter anderem, den Einfluß des Bischofs auf das städtische Bildungswesen auszuschalten.

Als zum Beispiel der aus sechsjähriger Verbannung nach Alexandrien zurückgekehrte Athanasius eine Politik der Versöhnung und nicht der harten Kontroverse mit seinen arianischen Gegnern einleitete, verfügte Julian erneut dessen Ausweisung. Die Christen Alexandriens wandten sich daraufhin an den Kaiser mit der Bitte, das Verbannungsdekret zu annulieren. Die Antwort des Kaisers an die Stadtbewohner enthüllte die Furcht des Kaisers vor dem Einfluß des Bischofs: Sie, führt er aus, die Herren Ägyptens, hätten sich zu Sklaven der Hebräer gemacht, dies beweise ihr Einsatz zugunsten der aufgeblasenen Mißgeburt Athanasius. Julian verjagte auch Bischof Eleusius aus Kyzikos mit der Begründung, er beeinflusse die heidnischen Bewohner der Stadt, entweihe Tempel und lasse für Witwen und Jungfrauen Häuser bauen. Bischof Titus von Bostra hatte bei Julian Klage geführt, weil seine Kleriker von den Magistraten

65 Ambrosius, Brief 18, S. 16.
66 Lukian von Samosata, Peregrinus Proteus 16.

der Stadt zu Unrecht benachteiligt und gequält würden. An Stelle einer Antwort an den Stadtbischof erhielten die Bürger von Bostra den kaiserlichen Bescheid in schroffer Form: Die christlichen Bischöfe seien die Geißeln der öffentlichen Ordnung. Gleichzeitig forderte er die Bürger von Bostra auf, ihren Bischof aus ihrer Stadt zu werfen[67].

Aus dem kurzen julianischen Zwischenspiel von 361–363 geht hervor:

1. Verbannung beziehungsweise Aufforderung zur Vertreibung eines Bischofs ist nur dann sinnvoll, wenn der Kaiser in einem Stadtbischof einen ernstzunehmenden Gegner seiner Politik erkennt.
2. Der Kaiser kann es nicht wagen, in jedem Fall selbst ein Verbannungsdekret zu verfügen, er muß den Weg zu seinem Ziel über die Unzufriedenen, gegebenenfalls über den Pöbel einer Stadt suchen.
3. Offensichtlich war in der zweiten Hälfte des 4. Jahrhunderts die Stellung des Bischofs in der Stadt stark, was gerade ein im Christentum intensiv unterrichteter Kaiser, wie dies bei Julian der Fall war, am besten wissen mußte. Daher war Julian konsequent, wenn er seine Politik der Restauration des Heidentums auch durch die Erschütterung der Stellung der städtischen Bischöfe forcierte.

10. Kirche als Staatskirche

In der Zeit des unaufhaltsamen Aufstiegs der Kirche in der zweiten Hälfte des 4. Jahrhunderts wurde das Römische Reich häufig von Usurpatoren geschüttelt. Das Verhalten der Bischöfe zu den legitimen Kaisern und den Usurpatoren war durch die im Neuen Testament begründete Tradition bestimmt, nach der alle Obrigkeit von Gott eingesetzt sei[68]. Daher erkannten die Bischöfe in der Regel – eine Ausnahme war wohl Ambrosius[69] – die tatsächlichen Machtverhältnisse nach Usurpationen unverzüglich an. Eine selbständige Rolle in den Machtkämpfen spielten sie kaum. Auch zu aktiver Unterstützung der rechtmäßigen Herrscher gegen die mit den religiösen Gegnern verbündeten Usurpatoren durch die orthodoxen Bischöfe scheint es nicht gekommen zu sein. Man begnügte sich mit verbaler Kritik an der Politik der Gegenkaiser. Allerdings hatten die Bischöfe großen Mut zur Eigenständigkeit, wenn sie Anhängern und Familien der Usurpatoren und zuletzt auch gestürzten Gegenkaisern selbst Zuflucht und Rettung anboten[70]. Offensichtlich waren die Bischöfe bestrebt, ihre Kirchen und Städte ungefährdet durch die Fährnisse ungesicherter Herrschaftsverhältnisse, gewissermaßen zwischen Scylla und Charibdis, hindurchzusteuern.

67 Karl Baus–Eugen Ewig, Die Reichskirche nach Konstantin dem Großen. Freiburg–Basel–Wien 1973, S. 52–60. Zu Julian siehe: Joseph Bidez, La vie de l'empereur Julian. Paris 1930.

68 Adolf Wilhelm Ziegler, Religion, Kirche und Staat in Geschichte und Gegenwart. Bd. 1. München 1969, S. 101–123.

69 Wilhelm Gessel, Kirchenpolitik des Ambrosius von Mailand im Lichte von Konfliktsituationen zwischen Bischof, Kaiser und Senatspartei. In: Klerusblatt 57 (1977) S. 249–252. Vgl. zum Ganzen: Ders., Kirche und Staat in der Alten Kirche. In: Kirche und Staat auf Distanz. München 1977, S. 29–41.

70 Stephan Elbern, Kirche und Usurpation – das Verhalten kirchlicher Würdenträger gegenüber illegitimen Herrschern in der Spätantike. In: Jahres- und Tagungsbericht der Görresgesellschaft 1984. Köln 1985, S. 125.

Die Regierungserklärung Kaiser Theodosius I. vom 28. Februar 380, das Gesetz *Cunctos populos* ist an die Einwohnerschaft Konstantinopels adressiert. Hier wird festgelegt, daß alle von den Kaisern regierten Völker in der Religion zu leben haben, zu der sich der Pontifex Damasus von Rom und der Bischof Petrus von Alexandrien bekennen[71]. Abgesehen von den bedeutsamen dogmatischen Aspekten dieses Edikts und seinen politischen Implikationen, wird aus der Sicht des Kaisers der rechte Glaube an herausragende Städte mit ihren Bischöfen geknüpft. Das wird wohl meinen, die Bischöfe der genannten Städte sind in ihrer Stadt die Garanten des rechten Glaubens. Die Städte Rom und Alexandrien sind darüber hinaus der sakral-politische Ort, an dem sich die Bischöfe und Einwohnerschaften aller Städte zu orientieren haben. Anders ausgedrückt: Der jeweilige Bischof irgend einer Stadt hat, was den rechten Glauben aus religionspolitischer Sicht des Kaisers betrifft, mit Rom und Alexandrien konform zu sein, wenn er dem Willen des Kaisers entsprechen will. Die Einwohnerschaft einer Stadt zeigt ihre Loyalität zum Kaiser, ihre Loyalität gegenüber dem Staat, wenn ihr Bischof und die Einwohnerschaft durch ihren Bischof den Glauben gemeinsam mit den Bischöfen von Rom und Alexandrien haben. So liegt es in der Logik dieses Edikts, fortzufahren: Nur die Anhänger dieses Bekenntnisses von Damasus und Petrus sollten den Namen katholische Christen tragen, die übrigen seien infam, sie dürften ihre Konventikel nicht Kirchen nennen und hätten außer der göttlichen auch die kaiserliche Strafe zu erwarten.

11. Zusammenfassende Thesen

Ohne jetzt die damaligen Verhältnisse mit den heutigen vergleichen zu wollen und ohne aus heutiger Sicht eine Wertung versuchen zu wollen – das wäre eine andere Themenstellung –, seien die exemplarisch vorgelegten Beobachtungen zusammengefaßt:

1. Der spätantike Bischof übt in der spätantiken Stadt kein öffentliches, kommunales Amt aus. Er ist ex officio Bischof, nicht Bürgermeister.
2. Spätestens im 4. Jahrhundert tritt der Bischof auf als Bauherr, als Betreuer öffentlicher Einrichtungen, als Leiter des Sozialen, als Chef des Bestattungswesens, als Kreditgeber für das Handwerk und für die Landwirtschaft des städtischen Territoriums, sowie punktuell als Organisator des Bildungswesens.
3. Der Bischof übernimmt im Laufe der Zeit subsidiär die Leitung einer Stadt einschließlich der zivilen Gerichtsbarkeit.
4. Alle Komponenten ließen die Bischöfe geeignet erscheinen, zusammen mit den Magistraten oder an ihrer Stelle innerstädtische Aufgaben zu erfüllen, die früher die Stadtpatrone meist als Privatmänner übernommen hatten. Seit dem Rückzug der städtischen Elite auf das Land oder deren Aufstieg in die Reichsverwaltung und seit der Verquickung des offiziellen Stadtpatronats mit außerstädtischen Magistraturen war der Bischof aufgrund seiner moralischen Autorität und der kirchlichen Besitzverhältnisse wie kein anderer geeignet, dieses innerstädtische Vakuum zu füllen[72].

71 Codex Theodosianus XVI 1,2 = Codex Justinianus I 1,1.

72 Elisabeth HERRMANN, Vom ›pater patriae‹ zum ›pater ecclesiae‹ – der Bischof als Erbe staatlich-städtischer Schutzfunktionen. In: Jahres- und Tagungsbericht der Görresgesellschaft 1981. Köln 1982, S. 93.

5. Im Bischof konkretisiert und konzentriert sich die Loyalität der Stadtbevölkerung und ihrer Territorialbewohner gegenüber dem Kaiser, gegenüber dem Staat.
6. Die sozialen und kommunalen Tätigkeiten besonders angesehener Bischöfe wurden später in den Hagiographien teilweise ins Wunderbare überhöht. Sie ließen den Bischof als Beschützer und Vater einer Stadt oder Provinz erscheinen, an den die Bevölkerung nach seinem Tode als heiligem Patron (Stadtpatron) ihre Gebete um Fürbitte bei Gott richtete und von seinem Grab Öl, Staub (Phylakterien) oder an seinem Grab aufgelegte Tüchlein (Brandea) nach Hause trug. Phylakterien und Brandea wurden auch als Amulette gebraucht, die Personen und Sachen vor Schaden schützen sollten. Nicht selten wurden solchen Bischöfen sogar innerhalb der Stadtmauern prächtige Memorien (Gedächtnisstätten) errichtet und die Bevölkerung war nicht sicher, daß sie solch kostbare Gabe für ewige Zeiten in ihren Mauern festhalten konnte, wie das das Beispiel des hl. Nikolaus von Myra zeigt, dessen Gebeine heute in Bari ruhen.

12. Zurück nach Augsburg

Fragen wir noch einmal: Findet sich das beschriebene Verhältnis von Stadt und Bischof auch in Augsburg? Die Antwort lautet – statistisch hochgerechnet – ja, wenn es in Augsburg in der Spätantike einen Bischof gegeben haben sollte. Das kirchenamtliche Verzeichnis der Bischöfe von Augsburg aus dem Jahre 1985 führt folgende Bischofsnamen für die Spätantike auf: S. Dionysius, Zosimus, Perwelf, Dagobert, Manno, Wicho, Piricho, Zeizo, Marchmann[73]. Diese Bischofsnamen halten der historischen Kritik nicht stand. Erstmals im Jahre 738 erscheint ein Bischof Wikterp (Wigo) in den Quellen. Ein vergleichbares Quellendefizit bieten sämtliche bayerischen Bistümer. Natürlich vermuten wir im Blick auf die archäologischen Funde und die Vita Severini diesseits der Alpen eine Kontinuität der kirchlichen Organisation von der Spätantike zum Mittelalter, wie dies Peter Stockmeier in seinem Artikel: »Die spätantike Kirchen-Organisation des Alpen-Donauraumes im Licht der literarischen und archäologischen Zeugnisse« darzustellen versucht hat. Seine Vermutung: »Auf Grund seiner städtischen Bedeutung sowie durch Erhellung der Baugeschichte seiner Kirchen darf Augsburg sicher als Bischofssitz gelten«[74], berechtigt zu dem Schluß: Augsburg war in der Spätantike Bischofsstadt. Wenn dem so war, dann ist die Frage zulässig, warum das Verhältnis von Bischof und Stadt in Augsburg eine andere Gestalt aufgewiesen haben sollte als eine Stadt in den Provinzen Kleinasiens, Syriens oder Nordafrikas?

73 Schematismus der Diözese Augsburg 1985. Augsburg 1985, S. 13.
74 In: Jahrbuch 1963 für altbayerische Kirchengeschichte. Hg. von Adolf Wilhelm ZIEGLER. München 1963, S. 40–76, 70. Weit vorsichtiger urteilt Peter STOCKMEIER, Aspekte zur Frühgeschichte des Christentums in Bayern: In: Bavaria Christiana, hg. von Wilhelm GESSEL und Peter STOCKMEIER. München 1973, S. 11–35, 20.

Bischof und mittelalterliche Stadt
Die Entwicklung in Oberitalien, Frankreich und Deutschland

VON EDITH ENNEN

Bewußt habe ich bei der Formulierung meines Themas nicht von der Bischofsstadt gesprochen; es geht mir um das Verhältnis des Bischofs zur Stadt schlechthin, nicht nur zu der Stadt, in der seine Kathedrale steht, sondern gegebenenfalls auch zu anderen Städten seines weltlichen Herrschaftsbereiches.

Ich beginne mit einer Statistik[1]: Das Regnum Teutonicum umfaßte im 11. Jahrhundert 45 Bistümer, das damals halb so große französische Königreich 77[2] und das Regnum Italiae, flächenmäßig kleiner als Frankreich, 117. Die unterschiedliche Zahl ist begründet in der früheren und stärkeren Urbanisierung und der dichteren Besetzung Italiens und Galliens mit spätantiken civitates, die Bischofssitze wurden. Eine Konsequenz dieser Zahlenverhältnisse war, daß die bischöflichen Sprengel im Regnum Teutonicum zwei bis dreimal so groß waren, wie die der italienischen und französischen Bischöfe im allgemeinen. Das hatte einschneidende Folgen für das Verhältnis von Bischof und Stadt. Auch wenn es in Italien einige »Neustädte« gab, so überwogen doch bei weitem die alten Städte, die in die Antike zurückreichten, und fast jede alte Stadt war Bischofsitz; im deutschen Reich sind die weit voneinander entfernt liegenden Bischofsitze, die nur an Rhein und eventuell Donau in die Römerzeit zurückgehen, bei weitem nicht die einzigen Keimzellen mittelalterlicher Städte. In Italien bestand, wie Sestan[3] es formulierte, die »tendenziale identificatione di diocesi e comitatu«. Die Stadt besaß wie in der Antike ein ihr kultisch und politisch-administrativ zugehöriges Territorium. Die Stadtbewohner waren in diesem Territorium begütert, auch die Bischöfe, auch die Laiengewalten, aber sie wohnten und amtierten in der Stadt. Im deutschen Reich hatte und bewahrte das Land politische Eigenbedeutung.

Für die Entstehung und Behauptung mittelalterlicher Stadtherrschaft der Bischöfe waren damit die Weichen sehr unterschiedlich gestellt. In Italien ging es um die Herrschaft des Bischofs in der Bischofsstadt; im deutschen Reich stellte sich das Problem bischöflicher Stadtherrschaft auf mehreren Ebenen: erstens in der Bischofs-

1 Herbert ZIELINSKI, Der Reichsepiscopat in ottonischer und salischer Zeit (1002–1125). Wiesbaden–Stuttgart 1984. Carlrichard BRÜHL, Die Sozialstruktur des deutschen Episcopats im 11. und 12. Jahrhundert, in: Le istituzione ecclesiastiche della »Societas Christiana« dei secoli XI–XII. (Misc. del centro di studi medioevali 8) Mailand 1977.

2 Bernard GUILLEMAIN, Les origines des évèques en France aux XIe et XIIe siècles, in: Le istituzione (wie Anm. 1).

3 Ernesto SESTAN, La città comunale italiana dei secoli XI–XIII nelle sue note caraterristiche rispette al movimento comunale Europeo, in: Comité International des Sciences Historiques. XIIe Congrès International des Sc. Hist. Rapports III Moyen Age. Göteborg–Stockholm–Uppsala 1960, S. 86.

stadt, zweitens in den in der Entwicklung zur Stadt begriffenen Orten seiner Machtsphäre und drittens als Stadterhebungs- und Gründungspolitik in seinem Territorium im Wettstreit mit den benachbarten Laiengewalten. Immer und überall spielte das Verhältnis zur Zentralgewalt eine Rolle: Verbot, gestattete oder begünstigte sie die bischöfliche vor der gräflichen Stadtherrschaft? Aber nicht nur mit Königen, Herzögen, Grafen müssen sich die Bischöfe in ihren Städten auseinandersetzen, sondern auch mit den Stadtbewohnern. Dabei kommt es sehr darauf an, welchen rechtlichen und sozialen Status diese Bewohner hatten, ob adlig, frei oder unfrei; ob den Bischöfen ständisch gleichrangig oder nicht, ob sie ihnen, wenn auch ständerechtlich geringer, mit großer Wirtschaftsmacht gegenüberstehen oder nicht.

Meine Darstellung möchte ich beginnen mit einer kurzen Schilderung der oberitalienischen Entwicklung. Ich bin der Meinung, daß vor dem Hintergrund der mediterranen Verhältnisse sich die französischen und deutschen Verhältnisse in ihren Besonderheiten klarer fassen lassen.

In gotischer Zeit sind die italienischen Bischöfe Führer und Beschützer der städtischen katholischen Bevölkerung; sie übernehmen viele Verantwortlichkeiten auf zivilem, auch auf militärischem Gebiet. In der Langobardenzeit, die in Italien den tiefsten Einschnitt zwischen Antike und Mittelalter bringt, zeigen Lücken in den Bischofslisten die Erschütterung der urbanen Strukturen an. Langobardische Herzöge und Gastalden nehmen allerdings ihren Sitz in den Städten, deren fortifikatorische Funktion sie erkennen und nutzen. Auch die karolingischen Grafen residieren in den Städten, den administrativen Zentren des *contado*, der oft deckungsgleich ist mit der Diözese. Für die einheimische Stadt- und Landbevölkerung bleibt der Bischof mit seiner Kathedrale der Mittelpunkt, »il simbolo« – ich zitiere Gina Fasoli[4] – »della colletività cittadina, religioso e civile. La città si identificava con la sua chiesa cattedrale, con il suo santo patrono, con il suo vescovo, alla cui elezione dirittamente o indirittamente partecipara«. Auch in Oberitalien haben die deutschen Herrscher die Stellung der Bischöfe durch Privilegien gestärkt[5]. Einzigartig ist aber die Mitwirkung und Teilhaberschaft des *populus*, der *concives* und ihres *conventus* am Privilegienstand der Kirche. Auf die »proclamatio episcoporum et populi« ergehen 882 auf dem Reichstag in Ravenna die Privilegien zugunsten einer Reihe von Bischofskirchen. Karlmann bestätigt der Kirche zu Parma den Königshof in der Stadt mit »omni officio suo«, weiter »omne ius publicum et teloneum atque districtum eiusdem civitatis«, die gesamte Stadtmauer und die Königswiese vor der Stadt. Ähnliche Privilegien erhalten Modena und Cremona. Die Bischöfe ziehen weitgehend die Regalien in der Stadt an sich, gewinnen die Kontrolle über den Markt, den Verkehr und über die Stadt als Festung. Entsteht hier eine Stadtherrschaft des Bischofs, wird unter ihm die Stadt als Gebiet eigenen Verfassungsrechtes abgesetzt vom umliegenden Land? So fragt Dilcher und stützt sich dabei vor allem auf den Begriff des districtus, des Gerichtsbannes. Er fügt aber auch hinzu,

4 Gina Fasoli, Francesca Bocchi, La città medievale italiana. Firenze 1973, S. 19.

5 Gerhard Dilcher, Die Entstehung der lombardischen Stadtkommune. (Untersuchungen zur deutschen Staats- und Rechtsgeschichte N.F. Band 7) Aalen 1967. Hermann Jakobs, Stadtgemeinde und Bürgertum um 1100, in: Bernhard Diestelkamp (Hg.), Beiträge zum hochmittelalterlichen Städtewesen (= Städteforschung A 11) Köln–Wien 1982.

man dürfe nun Oberitalien nicht als Gebiet ansehen, in dem sich unter bischöflicher Herrschaft stehende Städte aneinander gereiht hätten; er betont, daß sich noch weite ländliche Gebiete unter adliger Herrschaft befanden. Hiervon geht Hagen Keller[6] aus und deutet seinerseits die Privilegien als »Schutz des unmittelbaren Stadtgebietes vor dem Eindringen immunitärer Adelsherrschaften«. Ich möchte ebenfalls in diesen Privilegien einen von den deutschen Herrschern begünstigten, aber nicht zur Reife gekommenen Ansatz einer bischöflichen Stadtherrschaft nach deutschem Muster sehen. Der Unterschied besteht in der von Anfang an gegebenen Mitwirkung der »concives«. Sie wird ausdrücklich genannt, als König Berengar I. 904 den Wiederaufbau von Bergamo dem Bischof und seinen concives anvertraut. Bergamo ist 1098 Kommune, die ersten Konsuln werden 1108 genannt, es wird also keine Bischofsstadt. Im Jahr 945 bestätigt Lothar II. dem Bischof von Mantua *publicam monetam ipsius civitatis* mit dem Zusatz, daß diese Münze in Mantua, Verona und Brescia umlaufen soll unter der Aufsicht der Bürger: *volumus tamen, ut secundum libitum et conventum civium predictarum urbium constet atque permaneat mixtio argenti et ponderis quantitas.* Mit anderen Worten: In dieser wirtschaftspolitisch wichtigen Frage der Münze hat der *conventus civium* das Recht entscheidender Mitwirkung; in ihm befanden sich Leute, die etwas von Geldwirtschaft verstanden. In Italien hat sich auch eine größere Laienschriftlichkeit erhalten als nördlich der Alpen – alles Voraussetzungen eines erfolgreichen Mitwirkens der concives. (Zum Vergleich: Die Stadt Köln setzt das Recht der Münzprobe 1252 durch.)

Die *cives* sind im *conventus* organisiert. Als der Bischof von Modena 998 dem Kloster San Pietro eine Schenkung macht, betont er die Zustimmung *eiusdem civitatis militum et populorum.* Häufig werden *cives maiores, mediocres et minores*, also drei *ordines*, unterschieden. Die Stadtgesellschaft ist ständisch-sozial geschichtet. Rechtlich sind die Stadtbewohner überwiegend freie Leute und die Führungsschicht ist adlig. Die noch vor der Stadt auf ihren Burgen sitzenden Adligen sollten später, gelockt durch die in der Stadt mögliche Grundstücksspekulation und andere wirtschaftiche Vorteile, in die Stadt ziehen oder von den Kommunen in die Stadt gezwungen werden. Beides ist entscheidend für den besonderen Typus der mediterranen Stadt: die von Keller herausgearbeitete Freiheit der Stadtbewohner mit führender Adelsschicht von Anfang an, die sich später insgesamt durchsetzende Stadtsässigkeit des Adels, die aus Oberitalien ein Gebiet aneinandergereihter Stadtstaaten macht. Es fehlt nicht an Unstimmigkeiten zwischen Bischof und Stadt. So in Cremona: Die *Cremonenses liberos divites et pauperes* erhalten von Otto III. 996 ein umfassendes Privileg, das ihnen die freie Verfügung über die Allmenden wie die Ungestörtheit ihrer Handelsgeschäfte garantiert[7]. Der Kaiser muß dieses Privileg widerrufen[8], der Bischof sichert seine Rechtsstellung – 1031 kommt es zu einer *coniuratio* gegen den Bischof und 1098 handeln *homines Cremonenses* sowohl für die Kirche wie für das *Comune* der Stadt. Diplome Heinrichs V. für Turin, Cremona, Mantua, Bologna, Novara bestätigen die städtische

6 Hagen KELLER, Der Übergang zur Kommune: Zur Entwicklung der italienischen Stadtverfassung im 11. Jahrhundert, in: DIESTELKAMP (wie in Anm. 5), S. 58f.
7 MG DO III. Nr. 198, 996 Mai 22.
8 MG DO III. Nr. 222, 996 August 3.

Autonomie. Der Investiturstreit beraubte den schismatischen Bischof auch seiner Autorität im politisch-administrativen Bereich, verstrickte den vom Papst ernannten rechtgläubigen in solche Mühen um Behauptung seiner geistlichen Suprematie, daß er sich den weltlichen Geschäften entfremdet. So ist in Reichsitalien bischöfliche Stadtherrschaft nur ein Zwischenzustand, der die Zeitspanne überbrückt, in der die urban und frei gebliebene italienische Bevölkerung zu Gemeinwesen heranwächst, die ihre Geschicke selbst in die Hand nehmen, einen Stadtstaat aufzubauen vermögen. Dies ist eine durch die Friedens- und Freiheitsbewegung des 11./12. Jahrhunderts sich sprunghaft durchsetzende Entwicklung.

Nicht überall in Italien kommt es zu diesem Zwischenzustand. Genua zum Beispiel wird 958 von den Königen Berengar II. und Adalbert privilegiert, ohne daß vom Bischof die Rede ist. Zu den genuesischen Grundbesitzern gehörte vor allem die viskontile Familie in ihren vielen Verzweigungen. Sie besaß einen Teil des Stadtbodens und zog den städtischen Wohnturm dem ländlichen Kastell vor, sie hatte auch Rechte an den Toren, Ufern, Fleischbänken, Maßen und Gewichten. Sie geriet in Konflikt mit dem Bischof; der Konflikt wurde 1052 beigelegt, als ein Mitglied der viskontilen Familie Oberto Bischof wurde, der Episkopat wurde zur Apanage stadtsässigen Adels. Es bestand eben keine Standesgrenze zwischen Bischof und adliger städtischer Führungsschicht. Der Bischof bleibt in der Stadt eine prominente Persönlichkeit. Es trägt zum Prestige bei, den Bischofsstuhl mit einem Mitglied der eigenen Familie zu besetzen. Die Sieneser Magnatenfamilie der Malavolti, die wie alle Magnaten keinen Zugang zum höchsten spätmittelalterlichen Gremium der Stadt, zum Rat der Neun, hatte, besetzte von 1282 bis 1370 mit Ausnahme der Dekade von 1307 bis 1317 den Bischofsstuhl von Siena[9]. In Venedig stellt sich das Problem bischöflicher Herrschaftsansätze überhaupt nicht. In den Dukaten von Venetien, Rom und Neapel baut nach dem Zusammenbruch der byzantinischen Herrschaft die lokale Aristokratie ihre Autonomie auf und sucht weltliche und geistliche Ämter in der Hand einer Familie oder gar einer Person zu vereinen[10].

In Gallien war der merowingische Episkopat bis zum Ende des 6. Jahrhunderts »eine Art Reservat der gallorömischen Aristokratie« (Prinz)[11]. Der Vorsprung dieses Senatorenadels an Bildung, seine Einbindung in eine klar abgeschichtete Elite mit ausgeprägtem Selbstbewußtsein, aber auch sein Verständnis für die romanischen Unterschichten und seine Fähigkeit – bei Gregor von Tours sehr ausgeprägt – ausgleichend zu wirken, führten zu der senatorisch-aristokratischen Bischofsherrschaft über Generationen hinweg, vor allem im südgallischen Bereich, wo die *comites* aus vielen Städten

9 William M. Bowski, A medieval Italian Commune. Siena under the Nine 1287–1355, Los Angeles–London 1980.

10 Peter Classen, Italien zwischen Byzanz und dem Frankenreich, in: Nàscita dell'Europa ed Europa Carolingia: Un' equazione da verificare, in: Settimane di studio del Centro Italiano di studi sull' alto medioevo VIII, 2. Bd. Spoleto 1981.

11 Friedrich Prinz, Die bischöfliche Stadtherrschaft im Frankenreich vom 5. bis zum 7. Jahrhundert, in: Franz Petri (Hg.), Bischofs- und Kathedralstädte des Mittelalters und der frühen Neuzeit (Städteforschung Reihe A Bd. 1) Köln–Wien 1976. Ders., Der fränkische Episkopat zwischen Merowinger- und Karolingerzeit, in: Nàscita dell' Europa ed Europa Carolingia: Un' equazione da verificare (Settimane di studio del Centro Italiano di studi sull' alto medioevo 27), Spoleto 1981.

deshalb verschwanden, weil es zu einer Mediatisierung des comes-Amtes durch den bischöflichen Stadtherrn kam, bis zu dem Recht des Bischofs, den *comes* zu ernennen[12]. Die Bischöfe bemühen sich um Errichtung und Erneuerung von Stadtmauern, sonstiger militärischer Anlagen, von Brücken, Bädern, um die Lebensmittelversorgung der Stadt. Zeitgenössische Quellen nennen ihre Herrschaft *dominium* oder *principatus*. Die gallischen Städte werden zur *ville sainte*. Es gibt Bischofsdynastien: Gregor von Tours konnte von sich sagen, daß mit Ausnahme von fünf Bischöfen alle seine Amtsvorgänger mit ihm verwandt waren, daß die Familie seines Onkels väterlicherseits das Bistum Clermont innehatte, während die Familie seiner Mutter das Bistum Langres vom Vater auf den Sohn vererben konnte. Ich greife einen weiteren Fall heraus: den des Bischofs Desideratus von Verdun. Er entstammte einer mächtigen Familie des Umlandes, war aber seiner eigenen Besitztümer beraubt worden und wandte sich um 540 an König Theudebert mit der Bitte um eine Anleihe von 7000 Goldgulden an die Bürger der Stadt zur Belebung ihres Handels. Er versprach *cumqui hi (cives nostri) negutium exercentes responsum in civitate nostra, sicut reliquae habent, praestiterint, pecuniam tuam cum usuris legitimis reddimus*[13]. Tatsächlich werden die Verduner Kaufleute reich; der König verzichtet auf die Rückzahlung. Welcher Art Handelsgeschäfte kommen in Frage? Die Vorbedingungen für den später belegten Sklavenhandel waren zu dieser Zeit nicht gegeben; Weinhandel scheidet, wie Yvette Dollinger-Leonard dargelegt hat, aus[14]. Ingrid Heidrich[15] hat daraus, daß Verdun – damals eine aktive Münzstätte – denselben Münzmeister Bertoaltus hat wie Dieuze im lothringischen Salzgebiet auf Handelsbeziehungen Verduns mit Dieuze geschlossen; das kann dann nur Salzhandel gewesen sein. Der Nachfolger des Desideratus Agerich stammte aus der civitas selbst[16]. Ihn rühmt Venantius Fortunatus »Du Stadt Verdun, zwar umfriedet auf engem Geviert« – offenbar war also die Kathedrale auf dem Felsenplateau über der Maas befestigt – »und doch groß durch deines Bischofs Verdienst, Du gefällst mir ... Agerich, durch deinen Ruhm nimmt sie immer noch zu«. Ich schließe die Beispiele – weitere sind bei Prinz nachzulesen – mit einer erinnernden Notiz an den bekannten Bischof Nicetius von Trier, südgallischer und senatorischer Herkunft, der das Bistum erneuerte und u.a. ein Kastell an der Mosel errichtete, also auch eine Regionalherrschaft ausübte[17]. Die spätmerowingischen Bischofsherrschaften waren regionale Herrschaften mit einem starken städtischen Zentrum.

Im 7. und 8. Jahrhundert dringt die fränkisch-burgundische Oberschicht vielfach über den monastischen Bildungsweg in den merowingischen Episcopat ein. Damit ist

12 Dietrich CLAUDE, Untersuchungen zum frühfränkischen Comitat, in: ZRG, Germ. Abt. 81, 1964, S. 26f.

13 Gregor von Tours, Bd. I, lib. III, c. 34.

14 De la cité romaine à la ville médiévale dans la région de la Haute Meuse, in: Vorträge und Forschungen Bd. IV, Lindau Konstanz 1958, S. 211.

15 Die merowingische Münzprägung im Gebiet von oberer Maas, Mosel und Seille, in: Rhein Vjbll. 38, 1974, S. 89f.

16 *quidam e civibus:* Gregor von Tours, Bd. 1, lib. III, c. 35.

17 Ernst WINHELLER, Die Lebensbeschreibungen der vorkarolingischen Bischöfe von Trier (Rhein. Archiv 27) Bonn 1935. Eugen EWIG, Trier im Merowingerreich, Civitas–Stadt–Bistum, Trier 1954.

der Episcopat nicht mehr ein Relikt der Spätantike. Die karolingischen Hausmeier setzen mit einer rigorosen Personalpolitik eine Wende durch. Mit Ausnahme von Trier und Chur erlagen die Bischofsherrschaften bis zur Mitte des 8. Jahrhunderts dem Zugriff der weltlichen Machthaber[18]. In Chur hatten die Viktoriden entweder die Ämter des *praeses/comes* und des Bischofs unter sich geteilt oder sie in einer Hand vereinigt. Unter Karl dem Großen erscheint der ortsfremde Remedius ebenfalls noch im Besitz weltlicher und geistlicher Gewalt; nach seinem Tod verliert Viktor III., vielleicht wieder ein Viktoride, sicher ein Einheimischer, die doppelte Position. In Trier schränkte Karl der Große die Machtstellung des Bischofs vorübergehend ein; die Urkunde Ludwig des Kindes für Erzbischof Ratbod von 902 restituiert sie wieder.

In nachkarolingischer Zeit geht die Entwicklung in Frankreich und Deutschland eigene Wege. Über die französischen Verhältnisse orientiert exakt und umfassend die neue Arbeit von Reinhold Kaiser »Bischofsherrschaft zwischen Königtum und Fürstenmacht«. Noch im fränkischen Gesamtreich erhielt unter Ludwig d. Fr. die Immunität ihre endgültige Gestalt. Sie verstärkte die Herrschergewalt des Königs über die Bischofskirchen. Für die Stellung des Bischofs innerhalb der Stadt wurde die Ausbildung einer engeren Immunität, der späteren Domimmunität, wichtig, in topographischer Hinsicht, aber auch für die Rechtsverhältnisse der Bevölkerung. Als Immunitätsherr, vertreten durch den Vogt, war der Bischof Gerichtsherr seiner unfreien Hintersassen. Allein oder mit dem Grafen übte er die Aufsicht über Markt, Münze und Zoll aus.

Die Capetinger verfügen um 1000 über etwa 20 der 77 französischen Diözesen. Hier müssen sich die Bischöfe nicht nur mit dem Königtum, sondern ebensosehr mit den übrigen Laiengewalten auseinandersetzen, deren Macht mitunter die des Königs übersteigt. Dazu kommt die größere Stadtsässigkeit der Könige, Fürsten, Grafen usw. in den alten gallischen civitates; sie oder ihre Amtsträger verfügen oft über eine *turris*, einen Wehrbau in der Bischofsstadt. Hochmittelalterliche bischöfliche Stadtherrschaft hat sich in der Bretagne und in der Normandie überhaupt nicht entwickeln können. In der Bretagne führten die seit der Mitte des 5. Jahrhunderts einwandernden Inselkelten – abgesehen von den gallofränkisch gebliebenen civitates Vannes, Rennes und Nantes – Klosterbischöfe ein; hier wurden die frühmittelalterlichen Großklöster Kristallisationskerne späterer Städte. Es ist das Verdienst der Dubliner Professorin Anngret Simms, uns diese Besonderheit auch der irischen Stadtentwicklung nachdrücklich vor Augen gerückt zu haben[19]. In Vannes und Rennes setzen sich die Herzöge, in Nantes die Grafen durch, denn sie, nicht die Bischöfe hatten die Normannenabwehr geleistet. In der Normandie waren durch die Wikingereinfälle mit Ausnahme von Rouen um die Wende vom 9. zum 10. Jahrhundert alle Bischofssitze mehr oder minder verwaist. Die karolingerzeitlichen Ansätze einer bischöflichen Stadtherrschaft gingen verloren. Es entstand eine den Herzögen unterstehende Mediatkirche auf streng lehnsrechtlicher

18 Reinhold KAISER, Bischofsherrschaft zwischen Königtum und Fürstenmacht. Studien zur bischöflichen Stadtherrschaft im westfränkisch-französischen Reich im frühen und hohen Mittelalter (Pariser Historische Studien 17) Bonn 1981.

19 Howard CLARKE and Anngret SIMMS, The Comparative History of urban origins in Non-Roman Europe: Ireland, Wales, Denmark, Germany, Poland and Russia from the ninth to the thirteenth century. (British Archaeol. Records, Series 255) Oxford 1985.

Basis. Hochgerichtsbarkeit, Befestigungsrecht, Münze, Zölle haben die Herzöge nie aus der Hand gegeben. Ihre Präsenz in den frühen Residenzstädten Rouen und Bayeux, die ihrer lokalen Verwaltungsorgane, der Grafen, Vizegrafen usw. in den übrigen Städten verhinderte jede bischöfliche Stadtherrschaft.

Im Herrschaftsbereich des Hauses Auvergne-Poitou konnten die Bischöfe in Le Puy und Clermont Stadtherrschaft gewinnen. Der Bischofssitz des Velay lag schon lange auf dem steilen Mont Anis, schon in keltischer Zeit ein *locus sacer*. Die bischöfliche Stadtherrschaft begründete das von König Rudolf ausgestellte Privileg von 924 für Bischof Adalard von Le Puy. Das *praeceptum immunitatis* gewährt dem Bischof *omne burgum ipsi ecclesiae adiacentem et universa que ibidem ad dominium et potestatem comitis hactenus pertinuisse visa sunt: forum scilicet, teloneum, monetam et omnem districtum cum terra et mansionibus ipsius burgi*. Der Ort Anicium bei der Bischofskirche wird hier als *burgus* bezeichnet; die *civitas vetula* war die im Tal gelegene Ruessio/St. Paulien; erst Ende des 10. Jahrhunderts wird auch Anicium/Le Puy (podium beatae Mariae) *civitas* genannt. Die Kapetinger haben die bischöflichen Rechte in Le Puy regelmäßig bestätigt; 1146 ist von *firmitates* und *fortalitia* die Rede; die Domimmunität war schon 1134 befestigt. 1192 und 1214/19 kommt es zu Aufständen der seit 1173 erwähnten *burgenses Anicii* gegen den Bischof, der seine Hochgerichtsbarkeit behauptet, den Bürgern aber eine Mitwirkung bei der städtischen Verwaltung einräumt und Vergünstigungen gewährt. Seit 1277 hat Le Puy eine Konsulatsverfassung. Im 15. Jahrhundert hat Le Puy 23000 Einwohner. Die Stadt ist der berühmteste mittelalterliche Marienwallfahrtsort Frankreichs: Von 1188 bis 1533 sind alle französischen Könige nach Le Puy gepilgert. Der Einzugsbereich der Pilger reichte bis London. Die Altstadt umfaßt rund 5 ha, das suburbium 60 ha. Le Puy wurde ein künstlerisches, literarisches und Handelszentrum. Die Versorgung der Pilger in dem kargen Land war schwierig, davon profitierte der Handel; die Stadt zog die Fernstraßen an sich heran. 1408 gab es in Le Puy 44 Goldschmiede und 40 Wollweber. Im 16. Jahrhundert werden 100 Herbergen beziehungsweise Wirtshäuser genannt. Vororte entwikkelten sich im Anschluß an die Klöster und Ausfallstraßen. Die Religionskriege des 16. Jahrhunderts brachten einen starken Rückgang[20]. Der spätmittelalterliche wirtschaftliche Aufschwung wird eindeutig der Wallfahrt verdankt, der kleine Bischofssitz wäre niemals in der Lage gewesen, ihn zu tragen. Nicht so geradlinig verlief die Entwicklung in Clermont; erst seit 1202 war hier der Bischof alleiniger Stadtherr. In den fünf westaquitanischen civitates Poitiers, Saintes, Angoulème, Limoges und Périgueux wurden die Bischöfe im 9. Jahrhundert mediatisiert, die Städte blieben unter der Herrschaft des Grafen, der die Normannen abgewehrt hatte. Allerdings wurden Limoges und Périgueux Doppelstädte: dem Bischof unterstand jeweils die kleine und wirtschaftlich unbedeutende *cité*; die genossenschaftlichen Zusammenschlüsse der Bürger entstanden außerhalb der cité. Bordeaux stand stets unter weltlicher Herrschaft. In der Gascogne bildeten sich bei einigen alten civitates infolge der Kirchenreform gefreite Domimmunitäten, auch kam es zu Doppelstädten mit Pariageverträgen.

20 Edith Ennen, Stadt und Wallfahrt in Frankreich, Belgien, den Niederlanden und Deutschland, in: Ges. Abh. zum europäischen Städtewesen und zur rheinischen Geschichte. Bonn 1977, S. 248 f.

Im Herrschaftsgebiet des Hauses Toulouse wurden sämtliche Bischofssitze im Lauf des 10. Jahrhunderts dem Patrimonium der Grafen beziehungsweise Vizegrafen einverleibt; verwandtschaftliche Beziehungen der Bischöfe mit gräflichen beziehungsweise vizegräflichen Familien führten zu einer Vermengung der Rechtssphären. Seit der Mitte des 12. Jahrhunderts stellten sich die südfranzösischen Bischöfe unter Königsschutz. In den Albigenserkriegen erlangte eine Reihe von Bischöfen endgültig die Herrschaft über ihre civitates. In manchen Bistümern kam es zur Realteilung der Stadt. Ein Beispiel: In Narbonne wurden die Herrschaftsverhältnisse zwischen dem Grafen, dem Erzbischof und der vizegräflichen Familie 1066 vertraglich abgegrenzt. In der Folgezeit verfestigten sich die Herrschaftsrechte des Erzbischofs zur Bann- und Lehnsherrschaft, wobei dem Vizegrafen seine lehnsrechtliche Bindung an den Erzbischof auch die Ausübung von Herrschaftsrechten in der erzbischöflichen Stadthälfte ermöglichte. Die Stadtgemeinde bildete sich unter der Doppelherrschaft von Vizegraf und Erzbischof; 1132 schlossen die Konsuln von Narbonne selbständig einen Vertrag mit Genua. Im Herzogtum Burgund und in der Grafschaft Champagne bildete sich keine bischöfliche Stadtherrschaft. Auch Chartres, Tours, Angers und Le Mans sind keine Bischofsstädte geworden; das entschied sich allmählich und in unterschiedlicher Weise im Ringen zwischen Grafen und Bischöfen. In Chartres zum Beispiel haben die Bischöfe in karolingischer Zeit eine bedeutende Position: Sie allein traten den normannischen Angriffen 856/58 und 911 entgegen und führten vermutlich auch in der zweiten Hälfte des 9. Jahrhunderts den Mauerbau durch. Aber Ende des 10. Jahrhunderts tritt neben den Bischof das Grafenhaus der Tetbalde, es residiert in einer auf Kirchengut errichteten *turris*. Vor dem Grafenturm legte jeder Bischof bei Amtsantritt einen Sicherheitseid ab: Er versprach, den Grafen nicht im Besitz des comitatus Carnotensis zu stören; Stadtherr wurde der Graf.

Die Bischofssitze in der kapetingischen Krondomäne – Paris, Senlis, Orléans, Sens und Bourges – wurden keine Bischofs-, sondern Königsstädte.

Anders enwickelten sich die Verhältnisse in Ostfrankreich, in der Kirchenprovinz Reims. Für Reims und Beauvais sowie für Langres ist eine formelle Übertragung des Komitats überliefert. Wie in Chartres und Orléans übernahmen die Erzbischöfe in Reims beziehungsweise die Stiftsvasallen die Verteidigung der Stadt gegen die Normannen. Erzbischof Fulco (882–922) baute die teilweise niedergelegte Stadtmauer wieder auf. Im 10. Jahrhundert geriet der Erzbischof zwar in die Auseinandersetzungen der regionalen Gewalten, wurde aber nach dem Rückkauf des *comitatus* im Jahr 1023 alleiniger Stadtherr. Eine selbständige Stellung behielten der *burgus* von St. Remi unter dem Abt der berühmten Abtei, der auch mit Wochen- und Jahrmärkten ausgestattet war, ebenso das Domviertel mit den Kanonikerkurien und den *servientes* des Kapitels. Die Verwaltung der erzbischöflichen Stadt oblag dem Viztum, einem unbequemen Amtsträger, dem seit Ende des 11. Jahrhunderts ein geistlicher Viztum zur Seite stand, und erzbischöflichen Ministerialen. Während der langen Vakanz nach dem Tod Erzbischof Rainalds kam es 1139 zu einem Aufstand der Bürger[21], die mit Unterstützung des französischen Königs eine städtische Schwurgenossenschaft bildeten. Sie wurde – dank

21 Pierre DESPORTES, Reims et le Rémois aux XIIIe et XIXe siècles. Paris 1979.

päpstlicher Intervention – unterdrückt. Dann aber erstrebte Erzbischof Wilhelm mit den weißen Händen (ab 1181), eine der bedeutendsten Persönlichkeiten der Kapetinger Familie, Regent während der Kreuzzugsfahrt Philipp Augusts, den Ausgleich: Er war zwar wie viele französische Bischöfe ein Gegner der Communen, aber bereit, den Bürgern eine gewisse Selbstverwaltung zuzugestehen. Im Jahr 1182 gab er seiner Stadt Reims ein für Jahrhunderte gültiges Stadtrecht, das den führenden Bürgerfamilien Teilnahme am Stadtregiment ermöglichte, und stellte die Charte de Beaumont zur Regelung privilegierter Ortschaften im ländlichen Bereich aus. Die gleichen Prinzipien (Begrenzung der Herrenrechte, Gewährung einer Selbstverwaltung) zeichnen beide Statute aus; beide haben sich außerordentlich bewährt. Die Gleichzeitigkeit der Regelung im städtischen und im ländlichen Bereich war damals einzigartig.

In Langres entwickelt sich die bischöfliche Stadtherrschaft auf Grund des 967 von König Lothar erteilten Privilegs, hier ist ottonischer Einfluß – schon allein durch die verwandtschaftlichen Beziehungen Lothars – im Spiel. In Châlons sur Marne entspricht um 1150 die Herrschaft des Bischofs in der Stadt, deren Amtsgraf nicht stadtsässig war, der Position königsunmittelbarer Fürsten der französischen Krone. Die Bildung einer Schwureinung vereitelt der Bischof Wido 1164; Noyon und Tournai werden hochmittelalterliche Bischofsstädte, aber beide Städte werden im 12. Jahrhundert Kommunen, Noyon mit bischöflicher Unterstützung; der Bischof vermag nur durch die Kommunebildung und ihre Unterstellung unter seinen königlichen Lehnsherrn den Frieden zu erhalten. In Beauvais ist 1015 der Bischof Stadt- und Territorialherr. In der Auseinandersetzung mit seinen Lehnsleuten sichert er sich die Unterstützung der Stadtbewohner durch Anerkennung der städtischen Eidgenossenschaft. Nach der Erteilung einer königlichen Charte blieb in Beauvais ein *prévôt* des Bischofs, der Bischof blieb Gerichtsherr. – Um die Herrschaft über die uneinnehmbare Festung Laon kämpften im 9. und 10. Jahrhundert Könige, Grafen und Bischöfe. De iure war Laon eine königliche Stadt: Der Bischof besaß die Zölle und den Bergfried auf dem Civitasmarkt als königliches Lehen. Bischof Gaudry mit seiner Brutalität, die Bedrückungen der Kaufleute, Handwerker und Winzer durch seine milites und den Klerus führten zum Aufstand von 1112 und einem Massaker, dem auch der Bischof selbst zum Opfer fiel. Wohl erließ Ludwig VI. 1128 die *institutio pacis*, aber Laon blieb eine Stadt voller politischer Unruhe. 1293 schworen Kommune und Bischof, den Frieden von 1128 zu halten; 1295/96 kassierte König Philipp der Schöne die Kommune. In Soissons und Amiens waren die Bischöfe seit dem 12. Jahrhundert Lehnsherren der Grafen, hier förderten sie die städtische Schwureinung. In Amiens trat die Kommune in die Grafenrechte ein, der Bischof blieb auf wenige fiskalische Rechte und das Recht, eine Person zu bannen, beschränkt. Als Philipp August 1185 die Hand auf Amiens legte, setzte er dort einen *prévôt* ein. In der umfangreichen Charte Philipps Augusts von 1190 für seine *Freunde und getreuen Bürger von Amiens* ist nur noch an drei Stellen vom Bischof die Rede[22]. Der Schlußsatz des Dokuments bestimmt, daß Amiens immer zur königlichen Krone gehören solle, *(regie inheriat coronae)*. Zu den bürgerlichen Kontin-

22 Eli Berger und François Delaborde, Recueil des Actes de Philippe Auguste, roi de France, I Paris 1916 Nr. 319.

genten, die an der Schlacht von Bouvines teilnahmen, gehörten auch die Milizen von Beauvais und Amiens. Die königliche Kommune ist in den meisten Fällen – nicht in Reims – das Endglied in der Entwicklung dieser nordostfranzösischen Bischofsstädte, die im Hochmittelalter reichsdeutschen Verhältnissen entsprechen.

Im deutschen Reich entstand eine Reichskirche, die in ottonisch-salischer Zeit in einer konsequenten Politik zur Stütze der königlichen Herrschaft wurde. Ihre Leistungen für das Reich haben wir hier nicht zu erörtern. Zielinskis prosopographisches Werk[23] belegt die Herkunft der Reichsbischöfe. In vielen Fällen waren sie Ortsfremde; in allen Fällen durch eine ständische Kluft von der Stadtbewohnerschaft, in die zudem viele Unfreie und Halbfreie einwanderten, geschieden. Nach dem Investiturstreit entstammen sie dem benachbarten Hochadel und wurden geistliche Reichsfürsten. – Rechtlich verankert war ihre Stellung in den Privilegien, die damals einen Gesetzesersatz darstellen konnten; eine Zusammenstellung der ottonisch-salischen Privilegien hat kürzlich Köbler geliefert[24]. Kaiser hat die älteren Immunitätsprivilegien behandelt, sie gibt es außer für französische Städte für Utrecht, Speyer, Worms, Trier und Metz[25]. Eine Marktaufsicht der Bischöfe wird 744 im Kapitular Pippins festgesetzt; rechtsrheinisch bedurfte es besonderer Marktrechtsverleihung. Die Gleichstellung des Hochvogtes mit dem Grafen machte die Hochstifts- zur Bannimmunität. So entstanden exemte städtische Gerichtsbezirke unter dem Burggrafen, vielfach einem erzbischöflichen Beamten. An Maas, Mosel und Rhein sind die Bischöfe im 10. Jahrhundert im Besitz der gräflichen Rechte. Mit der Privilegierung der bischöflichen Kirche von Toul durch Heinrich I. 927 beginnt die Reihe der erhaltenen ottonischen Privilegien. Salzburg erhält 996 Münze und täglichen Markt, im selben Jahr erhält der Bischof von Freising Münze und Zoll; der Kirche von Passau wird 999 *civitatis mercatum, monetam, bannum, teloneum* und *totius publice rei districtum* übertragen[26]. Eine Sonderstellung nimmt Regensburg ein, wo die ostfränkischen Könige residierten und der Herzog präsent bleibt[27]. Herzog Arnulf verband 917 die *urbs nova* der *mercatores* mit dem alten Römerkastell. Der Bischof trat an die Stelle des Königs. Die durch Herzog und Burggraf vertretene Laiengewalt zog sich aber nicht aus der Bischofsstadt zurück. 1030 übertrug König Konrad Bischof Megenhard von Würzburg *monetam publicam, naulum, mercatum cottidianum et totius civitatis eiusdem districtum*. Eine Privilegiengrundlage für die bischöfliche Stadtherrschaft besteht auch in Hamburg–Bremen,

23 Josef FLECKENSTEIN, Zum Begriff der ottonisch-salischen Reichskirche, in: Erich HASSINGER/Heinz MÜLLER/Hugo OTT (Hg.), Geschichte–Wirtschaft–Gesellschaft. Festschrift für Clemens BAUER zum 75. Geburtstag, Berlin 1974. ZIELINSKI (wie Anm. 1) meint, daß man von einer »institutionalisierten Organisationsform« nicht sprechen könne; das gilt auch für andere Erscheinungen des öffentlichen Lebens jener Zeit, siehe dazu auch die Rezension von Rudolf SCHIEFFER in Rhein. Vjbll. 49, 1985.

24 Gerhard KÖBLER, Mittelalterliches Städtewesen in salischer Zeit. Die Ausgliederung exemter Rechtsbezirke in mittel- und niederrheinischen Städten, in: Beiträge zum hochmittelalterlichen Städtewesen, hg. von Bernhard DIESTELKAMP (Städteforschung Reihe A, Bd. 11) Köln–Wien 1982.

25 Reinhold KAISER, Karls des Großen Immunitätsprivilegien für Trier (772) und Metz (775), in: Jahrbuch für westdeutsche Landesgeschichte, 2. 1976.

26 MG DO III Nr. 306.

27 Klaus HEFELE, Studien zum hochmittelalterlichen Stadttypus der Bischofsstadt in Oberdeutschland (Augsburg, Freising, Konstanz, Regensburg) Phil. Diss. München 1970.

Osnabrück, Halberstadt, Merseburg, Verden, Minden und Magdeburg. In Münster ist ein Privileg vermutlich beim Stadtbrand von 1121 mitverbrannt[28]. Jenseits der Elbe spielt der Bischofssitz bei der Stadtwerdung keine Rolle mehr, so zum Beispiel in Lübeck. Die städtischen Frühformen Posen und Gnesen sind *sedes ducis principales*. Einem bedeutenden Teil der alten Bischofsstädte gelingt es, freie Reichsstadt zu werden, nämlich Basel, Straßburg, Speyer, Worms, Regensburg, Augsburg, Metz, Toul, Verdun; Mainz verliert diese Chance 1462. Lüttich, Utrecht, Münster, Osnabrück, Paderborn werden im 14. Jahrhundert Vororte der bischöflichen Territorien[29].

Daß die großen königlichen Pfalzen – Aachen, Goslar, Kaiserswerth, Ulm, Hagenau – keine Bischofsorte sind, war eine günstige Voraussetzung für die Stabilisierung der Bischofsherrschaft in den Bischofssitzen. In den deutschen Bischofsstädten sind auch kaum noch Grafen nachweisbar.

An den Beispielen Köln und Trier möchte ich das Verhältnis Bischof–Stadt näher erläutern. Die Karte »Rheinisches Städtewesen bis 1250« aus der ersten Lieferung des neuen geschichtlichen Atlas der Rheinlande[30] verzeichnet im Kartenausschnitt von Bingen bis Emmerich diese beiden Bischofsstädte. Von den 52 Städten der Karte insgesamt sind neben Köln Andernach, Ahrweiler, Bonn, Deutz, Neuss, Rheinberg, Xanten, Rees, Soest, Attendorn, Recklinghausen, Werl also 12 und damit fast ein Viertel erzstiftisch-kölnisch, während 1250 im Erzstift Trier außer Trier selbst nur noch die eine Stadt Koblenz bestand. Diese beiden Erzbistümer – das städtereiche und das städtearme – möchte ich miteinander vergleichen. Wie haben die Erzbischöfe auf die unterschiedliche natürliche Ausstattung ihres Territoriums reagiert? Die Bischofsstädte selbst verfügen über eine gute Lage: Trier an der Moselfurt in der Trierer Talweite, Köln bündelnder Mittelpunkt der niederrheinischen Tieflandbucht. Allerdings – die Wasserstraße des Rheins ist der Mosel weit überlegen. Das Umland, die kargen Mittelgebirge Westerwald, Hunsrück und Eifel bei Trier, die fruchtbare Tiefebene Kölns unterscheiden sich wesentlich. Im 10. Jahrhundert sitzen auf beiden Kathedralen nahe Verwandte Ottos I.: sein Bruder Bruno in Köln[31], sein Vetter Heinrich in Trier. Beide haben ihre Bischofsstadt entscheidend gefördert. Beide Städte blühten nach der Beseitigung der Normannennot auf. Vor allem war Köln, als Bruno von hier aus wie ein Vizekönig über den Westen herrschte, schon ein wichtiger Handels- und Messeplatz. Bruno vermehrte die vorhandenen geistlichen Institute, errichtete Klöster bei den Kirchen St. Pantaleon und St. Maria im Kapitol, gründete die Stifter St. Andreas dicht vor der römischen Nordmauer und St. Martin in der Rheinvorstadt. Er hat wahrscheinlich die noch stehenden Pfeiler der längst nicht mehr begehbaren Römerbrücke über den Rhein abtragen und das rechtsrheinische Brückenkastell Deutz entfestigen lassen,

28 Josef PRINZ, Mimigernaford – Münster. Die Entstehungsgeschichte einer Stadt. ²1976 = Ver. d. Hist. Kom. Westf. 22.

29 Edith ENNEN, Landeshauptstadt und landständische Verfassung im Westen des alten Deutschen Reiches, in: Ges. Abh. S. 480f.

30 Geschichtlicher Atlas der Rheinlande (Publ. d. Ges. f. Rhein. Geschichtskde 12. Abt. 1b Neue Folge) Lief 1. Beiheft VI/1. Köln 1982.

31 Edith ENNEN, Erzbischof und Stadtgemeinde in Köln bis zur Schlacht von Worringen (1288), in: Ges. Abh. Bonn 1977.

um die zum Strom offene Rheinvorstadt und den Rheinverkehr zu schützen. Er lenkt auch die Siedlungstätigkeit in der Rheinvorstadt, wo das Marktgebiet erwächst. Er hat nach ansprechender Vermutung Steinbachs den Burgbann, den Bezirk der städtischen Hochgerichtsstätte, aus dem Kölngau eximiert. Diese Auffassung wird durch die Urkunde Ottos II. von 979 für Bischof Hildebold von Worms gestützt. Diese Exemtion des städtischen Gerichtsbezirks steht am Beginn der Stadtgemeindebildung; aus den Hochgerichtsschöffen entwickelt sich das älteste städtische Organ. Für die Stadt Trier traf Erzbischof Heinrich 958 eine für die wirtschaftliche Entwicklung grundlegende Entscheidung mit der Anlage des Trierer Hauptmarktes in unmittelbarer Nähe der ummauerten Domimmunität; das Marktkreuz steht heute noch. Ein gutes Jahrhundert später kommt es zum ersten Aufstand der Kölner Bürger gegen Erzbischof Anno, eine Welle von Aufruhr geht damals durch die westdeutschen Bischofsstädte: Worms 1073, Köln 1074, Mainz und Cambrai 1077, Metz 1119. Der Kölner Aufstand wird blutig niedergeschlagen. Das Verhältnis der Stadt zum Bischof bleibt gespannt; die Auseinandersetzung kulminiert unter Konrad von Hochstaden. Dann benutzt die Stadt den großen Kampf zwischen Brabant und Kurköln und ergreift die Partei des Brabanters. Ab 1288 sind die Erzbischöfe nicht mehr Herren von Köln.

Die Kämpfe Köln contra Köln bedeuten aber nicht, daß die Erzbischöfe dem Städtewesen feindlich gegenübergestanden hätten[32]. Auf Annos Vorgänger Hermann aus pfalzgräflichem Hause geht wahrscheinlich die großzügige Anlage des Bonner Marktes zurück. Anno selbst hat dafür gesorgt, daß die Marktsiedlung unterhalb der von ihm auf dem Michelsberg gegründeten Abtei Siegburg sich so rasch zur Stadt entwickelte, die allerdings keine kurkölnische Stadt wurde. Durch die Bewidmung anderer Städte mit Neusser und Soester Recht anerkennen die Erzbischöfe die Rechtsverhältnisse in diesen Städten. In Andernach, der Schenkung Barbarossas, gewannen sie einen bedeutenden Handelsplatz und den südlichen Eckpfeiler ihres Territoriums; hier förderte Philipp von Heinsberg das kaufmännische Element, auch als Gegengewicht gegen die in Andernach stark vertretene erzstiftisch trierische und Reichsministerialität[33]. Im 13. Jahrhundert erfaßt die erzbischöfliche Städtepolitik systematisch die rheinischen und die westfälischen Besitzungen, also das Vest Recklinghausen und das Herzogtum Westfalen. Am folgenreichsten war die Förderung Bonns, die Konrad von Hochstaden begann, sie legte die Grundlage dafür, daß Bonn einmal Haupt- und Residenzstadt Kurkölns werden sollte. Nach 1250 gewann das Erzstift noch 17 Städte hinzu. Im Norden gingen Rees und Xanten verloren; Köln besaß dann 27 Städte. Von Burgen und Städten geht in Kurköln die Einrichtung der landesherrlichen Lokalbehörden, der Ämter aus. Die Städte schließen sich zu Bündnissen zusammen, schließlich bilden sie – aber nicht alle – eine Kurie in den Landständen, die 1463 ihre endgültige Organisationsform erhalten, sie sind in mancher Hinsicht zu Partnern der Erzbischöfe geworden.

Im Erzstift Trier kommt es im 12. Jahrhundert in Trier zu Aufständen gegen den

32 Edith Ennen, Stadterhebungs- und Stadtgründungspolitik der Kölner Erzbischöfe, in: Festschrift für B. Schwineköper, Sigmaringen 1982; jetzt auch in: Ges. Abh. II. Bonn 1987, S. 53 ff.
33 Manfred Huiskes, Andernach im Mittelalter. Von den Anfängen bis zum Ende des 14. Jahrhunderts. (Rhein. Archiv 111) Bonn 1980.

Erzbischof unter Führung der Ministerialität[34]. Der Erzbischof fand dabei Rückhalt bei Barbarossa, der zweimal, 1157 und 1161, eine Trierer *coniuratio* verbot. Die wirtschaftliche Grundlage war in Trier nicht so sehr der Fernhandel – er hält keinen Vergleich mit dem Kölns aus –, sondern Grundbesitz – Weingärten – der reichen Schöffengeschlechter und das Gewerbe. Eine gewisse »Dienstbindung« der aus der Ministerialität stammenden Schöffengeschlechter an den Erzbischof bestand weiter. Bis zum Aufruhr der Trierer Gewerbetreibenden 1303 wurde die Stadt von 14 Schöffen verwaltet, die aus dem etwa 30 bis 40 Familien starken Patriziat kamen. Der Erzbischof Dieter von Nassau genehmigte die Ratsverfassung, aber auch die neuen Ratsherrn wurden auf ihn vereidigt. Derselbe Erzbischof bestätigte Koblenz den in einer Schwurgenossenschaft durchgesetzten Stadtrat. Ihm gehörten sechs Ritter, sieben Dienstleute, acht Schöffen und acht Bürger an. Beide Städte blieben erzbischöflich, der Erzbischof blieb Gerichtsherr, der Rat leistete ihm einen Treueeid, er mußte sich aber mit den Selbstverwaltungsrechten und dem Satzungsrecht seiner Städte abfinden[35]. Mit Boemund von Warsberg (1286/80–1299) beginnt eine aktive Stadterhebungspolitik mit Hilfe der deutschen Herrscher. Die trierischen Stadterhebungen erfolgen in der Zeit der reichsrechtlichen Überformung der landesherrlichen Städte- und Freiungspolitik. Die Einschaltung des Reichsoberhauptes, der – oft rein formalistische – Bezug auf eine Reichsstadt entspricht der seit Rudolf von Habsburg wieder straffer gehandhabten Königsherrschaft. Erzbischof Boemund (1289–1299) erwirkte bei König Rudolf mehrere Freiheitsbriefe für Städte seines Gebietes. Als der große Erzbischof Balduin 1307 die Regierung antrat, fand er außer den Altstädten Trier und Koblenz zehn weitere Städte in unterschiedlichem Entwicklungsstand beziehungsweise Stadtrechtsorte vor. Balduin entwickelte nun für alle Städte seines Territoriums, für dessen Erweiterung und innere Konsolidierung er viel zuwegebrachte, ein einheitliches Konzept. Er erwirkte 1332 bei Ludwig dem Bayern eine Freiungsurkunde für alle bedeutenderen Orte seines Territoriums. Die Urkunde ergeht an Balduin – nicht an die darin genannten Städte. In ihr bekundet der König, daß er die *civitas* (Trier), die *oppida* (Koblenz, Saarburg usw.), die *villae*, die *valles et castra sua*, insgesamt 30 Orte, befreie beziehungsweise in ihren Freiheiten bestätige; er gewährte ihnen und jedem ihrer Bewohner – entsprechend dem unterschiedlichen Rechtszustand der Orte spricht die Urkunde von *cives*, *burgenses*, *oppidani* und *incolae* – die Rechte und Gewohnheiten, mit denen das oppidum Frankfurt ausgestattet ist. Frankfurt wurde aber weder Oberhof für diese Mosel- und Saarorte, noch bestehen irgendwelche Übereinstimmungen in verfassungsrechtlicher Hinsicht in der Zukunft. Denn der König gewährte dies *ita tamen*, daß dem Erzbischof und seinen Nachfolgern hieraus kein Praejudiz erwachsen solle, daß er volle Gerichtsbarkeit behalten solle. Die Urkunde war ein Blankoscheck; sie gestattete dem Erzbischof sowohl die betr. Orte in ihrem jetzigen Rechtszustand zu belassen, reichsstädtischen

34 Knut SCHULZ, Ministerialität und Bürgertum in Trier. (Rhein. Archiv 66) Bonn 1968.

35 Dietmar FLACH, Stadtrecht und Landesherrschaft in Kur-Trier unter Erzbischof Balduin, in: Balduin von Luxemburg 1285–1354. Mainz 1985. DERS., Verfassungsentwicklungen kurtrierischer Städte im Lichte der Stadtrechtsprivilegien des 13. und 14. Jahrhunderts für die Trierer Kirche. In: Helmut MAURER und Hans PATZE (Hg.), Festschrift für Berent SCHWINEKÖPER: zu seinem 70. Geburtstag, Sigmaringen 1982.

Ambitionen Triers entgegenzutreten, wie auch geeignet erscheinenden Orten Freiheiten zu gewähren, ohne den König noch einmal einschalten zu müssen. Dietmar Flach hat am Beispiel der Pfandstadt Boppard gezeigt, wie gut Balduin es verstand, diese Reichsstadt in seinen Territorialstaat zu integrieren. Im Bestätigungsprivileg von 1346 wurde der Katalog der Stadtrechte auf 54 Orte erweitert. Die Sammelprivilegien umfassen alle kurtrierischen Amtsburgen. Sein Freiungskonzept dient Balduin zum Ausbau des Territorialstaates, es ist keine Städtegründungs-, sondern Freiungspolitik, wie sie das 13. und 14. Jahrhundert charakterisiert; auch die kleinen Herren auf dem Hunsrück haben so gehandelt[36]. Lebensraum für 54 Städte bestand in Kurtrier nicht, das wußte Balduin.

Was haben – jetzt allgemein betrachtet – die Bischöfe auf dem weltlichen Sektor für die Städte getan? Die Stadt ist für sie vor allem eine Festung. Ihre größten Verdienste um die Städte liegen auf defensiv-militärischem Gebiet. Sie waren große Bauherren – natürlich besonders kirchlicher Bauten –, das kam aber auch der jeweiligen Stadt zugute. Sie haben eine funktionierende Verwaltung geschaffen und Markt- und Gewerbeaufsicht im allgemeinen angemessen gehandhabt. Am schwersten fiel es ihnen, einen vernünftigen Kompromiß zu finden zwischen Wahrnehmung ihrer wohlerworbenen Herrenrechte und Anerkennung ebenso berechtigter Wünsche der aufsteigenden Bürgerschaften nach politischer Mitwirkung.

36 Rudolf Feld, Das Städtewesen des Hunsrück-Nahe-Raumes im Spätmittelalter und in der Frühneuzeit. Untersuchungen zu einer Städtelandschaft. Phil. Diss. Mainz–Trier 1972.

Das Verhältnis von Stadt und Bischof in Augsburg und Konstanz im 12. und 13. Jahrhundert*

VON GEORG KREUZER

Es geschah vor 853 Jahren in Augsburg Ende August des Jahres 1132. König Lothar III. (1125–1137) war am 26. August mit Gefolge auf dem Weg nach Italien nach Augsburg gekommen und von Bischof Hermann (1096–1133) und Klerus und Volk der Lechmetropole gebührend empfangen worden. Kurz vor der Ankunft des Königs hatten Bürger der Stadt den päpstlichen Legaten Azo von Acqui, der auf dem Weg zum Königshof war, beraubt. Gegen diese Bürger erhob nun Bischof Hermann vor dem König und den anwesenden Fürsten Klage.

Während der Beratungen über dieses Delikt der Augsburger Bürger entstand in der Vorstadt *(suburbium)* zwischen Verkäufern und Käufern aus geringfügigem Anlaß eine zunächst unbedeutende Auseinandersetzung, die von königlichen Schildträgern *(scutarios)* angezettelt wurde. Es entstand großes Geschrei, die Marktglocken wurden geläutet; daraufhin liefen Bürger und Bewaffnete des Königs zusammen. Alle richteten sich auf einen Kampf ein. Niemand kannte die Ursache der drohenden bewaffneten Auseinandersetzung. Der eine vermutete dies, der andere das.

Lothar III., der einen gegen ihn gerichteten Anschlag vermutete, machte sich, angetan mit einem Brustpanzer und umgeben von einer starken militärischen Abteilung, zum Kampf bereit. Als er Bewaffnete und Ministerialen der Augsburger Kirche kriegsmäßig ausgerüstet vor dem Dom versammelt sah, nahm er an, diese hätten sich gegen ihn verschworen. Sie waren jedoch nur in unvernünftiger Weise – wegen des allgemeinen Aufruhrs – zum Schutz der Bischofskirche zusammengekommen. Dazu kam noch ihre Befürchtung, sie würden aus irgendeinem Grund ebenfalls an den König ausgeliefert.

Es kam, was kommen mußte. Es wurde den ganzen Sonntag vor dem Dom und im Dom zwischen Bischofsleuten und dem königlichen Gefolge gekämpft. Bischof Hermann, der sich trotz seines Alters – gestützt von zweien seiner Kleriker – unbewaffnet, angetan mit den liturgischen Gewändern und einem Kreuz in den Händen, zwischen die Kämpfenden stellte, gelang es nicht, die bewaffnete Auseinandersetzung zu beenden. Schließlich mußten die Anhänger des Bischofs nach großen Verlusten die Waffen strecken. Innerhalb und außerhalb der Stadt waren große Verluste durch Totschlag, Raub und Brand entstanden, wobei auch Kirchen und Klöster betroffen waren. Der gebrechliche Bischof wurde aus seinem Haus vertrieben, fand jedoch bei Erzbischof Norbert von Magdeburg in dessen Herberge Unterkunft (28./29. 8.). Am nächsten Morgen (29. 8.) zog sich König Lothar aus der Stadt zurück und führte die gefangenen

* Im folgenden gebe ich weitgehend unverändert den Text meines Vortrags vom 16. November 1985 wieder. Die Anmerkungen wurden durch mittlerweile erschienene Literatur ergänzt.

Bischofsleute mit sich. Er errichtete in der Lechebene ein Lager. Einen Tag später kehrte er mit Bewaffneten in die Stadt zurück und ließ sämtliche Befestigungen der Stadt schleifen. Als Lothar III. am folgenden Tag abzog, ließ er eine total zerstörte Stadt zurück.

Dieser Bericht des Augsburger Bischofs Hermann, den er über die geschilderten Vorgänge an den Bamberger Bischof Otto I. (1102–1139) richtete[1], verdeutlicht, daß zumindest zunächst die Stadtentwicklung Augsburgs gehemmt wurde. Dieses Ereignis steht am Ende eines Episkopats, der von langen Auseinandersetzungen zwischen Bischof und vor allem seinem Domkapitel gekennzeichnet war, wobei nur vordergründig die unkanonische Wahl Hermanns zur Diskussion stand, während die erschließbaren Ursachen sich auf Streitigkeiten um Rechte und Nutzung von umstrittenem Besitz reduzieren lassen[2]. Ohne die zumindest stillschweigende Duldung der cives von Augsburg hätte sich Hermann wohl kaum in der Lechstadt halten können, er, der Heinrich IV. (1056–1106) seine Erhebung verdankte. Erst gegen Ende seiner Amtszeit scheint der Augsburger Bischof Schwierigkeiten mit seiner Bürgerschaft bekommen zu haben, die wahrscheinlich prostaufisch gesinnt war, während der Bischof in den Auseinandersetzungen zwischen Staufern und Lothar III. nicht Partei ergreifen wollte[3].

In Augsburg hatte während des Investiturstreits die Stadtbevölkerung – zumindest in ihrer Mehrzahl – immer auf der Seite des königlichen Bischofs (Siegfried [II.], 1077–1096) gestanden. Dies hatte zur Folge, daß Augsburg, obwohl es sechsmal von Truppen Welfs IV. und anderer Feinde Heinrichs IV. erobert oder besetzt wurde (1080, 1081, 1084, 1087, 1088, 1093), nie in den Einflußbereich der gregorianischen Partei geriet. Im Zusammenhang mit dem Eindringen welfischer Scharen in die Lechstadt in den Jahren 1087 und 1093 wird besonders das Verdienst der Bürger hervorgehoben, die die Angreifer jeweils unter großen Verlusten zurückschlugen[4]. Nicht zuletzt die cives der Lechstadt dürften einen entscheidenden Anteil daran gehabt haben, daß sich Wigolt (1077–1088), Siegfrieds Gegenkandidat, nie in Augsburg festsetzen konnte[5].

Die Konstanzer Bürgerschaft hat im Investiturstreit ebenfalls eindeutig Partei bezogen. Sie unterstützte den gregorianisch gesinnten Bischof, vor allem seit Geb-

1 Druck: Monumenta Bambergensia, ed. Philipp JAFFÉ, Bibliotheca Rerum Germanicarum 5, 1869 (Nachdr. 1964), S. 444–447. Vgl. dazu: Die Regesten der Bischöfe und des Domkapitels von Augsburg. Bd. 1. Von den Anfängen bis 1152. Bearbeitet von Wilhelm VOLKERT. Mit einer Einleitung von Friedrich ZOEPFL (†). Augsburg 1985. Nr. 475 (im folgenden zitiert: VOLKERT/ZOEPFL, Regesten, Nr. ...) sowie Georg KREUZER, Augsburg als Bischofsstadt unter den Saliern und Lothar III. (1024–1133). In: Geschichte der Stadt Augsburg von der Römerzeit bis zur Gegenwart. Hg. Gunther GOTTLIEB u. a. Stuttgart ²1985. S. 123.

2 Vgl. vor allem VOLKERT/ZOEPFL, Regesten, Nr. 379 (mit Nachtrag S. 358), 382 (mit Nachtrag S. 358), 383 (mit Nachtrag S. 358 f.), 389, 400 (mit Nachtrag S. 359), 419 (mit Nachtrag S. 360), 421 (mit Nachtrag S. 360).

3 Siehe KREUZER, Augsburg als Bischofsstadt, wie Anm. 1, S. 124.

4 Vgl. Annales Augustani a. 1080, 1081, 1084, 1087, 1088, 1093, ed. Georg Heinrich PERTZ. In: MG SS 3. Hannover 1839, S. 130–134.

5 Vgl. dazu besonders Raymund KOTTJE, Zur Bedeutung der Bischofsstädte für Heinrich IV. In: Hist. Jb. 97/98 (1978), S. 149 f.

hard III. (1084–1110) amtierte. 1092 vereitelten die Bürger von Konstanz einen Versuch des Patriarchen Ulrich von Aquileja, den von Heinrich IV. ernannten St. Galler Mönch Arnold als Bischof der Bodenseemetropole einzuführen, mit Waffengewalt[6].

Ob das Verhalten der Konstanzer Bürgerschaft als Rückgriff auf die von Walter Schlesinger für das Jahr um 1000 erschlossene coniuratio civium anzusehen ist[7], mag dahingestellt bleiben. Auf jeden Fall kann dies für die engagierten Bemühungen der Augsburger Bürger zur Rettung ihrer Stadt nicht angenommen werden. Sicher ist dieses bisher weithin unbeachtet gebliebene Faktum der Augsburger Stadtgeschichte als erstes nachweisbares Erwachen eines Zusammengehörigkeitsgefühls der Augsburger Bürger und als Verantwortungsbewußtsein für das eigene Gemeinwesen zu werten.

Ein Vergleich zwischen den beiden Bischofsstädten Augsburg und Konstanz ist schon mindestens zweimal – allerdings in einem etwas größeren Rahmen – versucht worden, 1970 von Klaus Hefele[8] und ein Jahr später von Gisela Möncke[9].

Anders als bei diesen beiden Arbeiten sollen topographische Gesichtspunkte stärker berücksichtigt werden. Allerdings ist mir für den Zeitraum, den ich behandeln will, keine direkte gegenseitige Beeinflussung bekannt geworden, wie sie Wolfgang Erdmann und Alfons Zettler für die Zeit Bischof Ulrichs I. von Augsburg (923–973) und Konrads von Konstanz (934–975) für Kirchenbauten zu erkennen meinten[10].

Ich hoffe, der beste lebende Kenner der Konstanzer Stadtgeschichte, Helmut Maurer[11], der hier anwesend ist, ist mir nicht gram, wenn ich für die zeitliche

6 Siehe hierzu Helmut MAURER, Die Konstanzer Bürgerschaft im Investiturstreit. In: Investiturstreit und Reichsverfassung. Hg. Josef FLECKENSTEIN. Vorträge u. Forschungen 17. Sigmaringen 1973, S. 367f. sowie KOTTJE, Bischofsstädte, S. 143.

7 Walter SCHLESINGER, Burg und Stadt. In: Aus Verfassungs- und Landesgeschichte. Festschrift zum 70. Geburtstag von Theodor Mayer. Bd. 1. Lindau/Konstanz 1954. S. 101ff. (Nachdr. DERS., Beiträge zur deutschen Verfassungsgeschichte des Mittelalters. Bd. 2. Göttingen 1963. S. 96ff.) sowie DERS., Stadt und Burg im Lichte der Wortgeschichte. In: Studium Generale 16 (1963), S. 433–444 (Nachdr. in: Die Stadt des Mittelalters. Bd. 1. Hg. Carl HAASE. Darmstadt 1969, S. 95–121). Kritisch zur These SCHLESINGERS vor allem Gerhard KÖBLER, Mitteleuropäisches Städtewesen in salischer Zeit. Die Ausgliederung exemter Rechtsbezirke in mittel- und niederrheinischen Städten. In: Beiträge zum hochmittelalterlichen Städtewesen. Städteforschung Reihe A: Darstellungen 11. Köln/Wien 1982. S. 3f. (mit Nennung weiterer Arbeiten SCHLESINGERS und KÖBLERS zu diesem Problem). Rudolf LAUDA, Kaufmännische Gewohnheit und Burgrecht bei Notker dem Deutschen. Rechtshistorische Reihe 34. Frankfurt a. M./Bern/New York/Nancy 1984. S. 13ff. versucht zwischen den Positionen SCHLESINGERS und KÖBLERS zu vermitteln.

8 Klaus HEFELE, Studien zum hochmittelalterlichen Stadttypus der Bischofsstadt in Oberdeutschland (Augsburg, Freising, Konstanz, Regensburg). (Phil. Diss.) München 1970.

9 Gisela MÖNCKE, Bischofsstadt und Reichsstadt. Ein Beitrag zur mittelalterlichen Stadtverfassung von Augsburg, Konstanz und Basel. (Phil. Diss.) Berlin FU 1971.

10 Wolfgang ERDMANN/Alfons ZETTLER, Zur Archäologie des Konstanzer Münsterhügels. In: Schrr VG Bodensee 95 (1977), S. 101–104.

11 Außer der in Anm. 6 genannten Arbeit können vor allem noch diese angeführt werden: Helmut MAURER, Palatium Constantiense. Bischofspfalz und Königspfalz im hochmittelalterlichen Konstanz. In: Adel und Kirche. Gerd Tellenbach zum 65. Geburtstag dargebracht von Freunden und Schülern. Hg. Josef FLECKENSTEIN und Karl SCHMID. Freiburg/Basel/Wien 1968. S. 374–388; DERS., Stadterweiterung und Vorstadtbildung im mittelalterlichen Konstanz. In: Stadterweiterung und Vorstadt. Hg. Erich MASCHKE und Jürgen SYDOW. Veröff. Komm. Geschichtl. LdKe BadWürtt B 51. Stuttgart 1969. S. 21–38; DERS., Die Ratskapelle. Beobachtun-

Gliederung die Augsburger Verhältnisse zugrunde lege. Ich möchte mich auf den Zeitraum von 1133–1276 beschränken. 1133 starb Bischof Hermann, und Walther (1133–1152)[12] aus dem Geschlecht der Grafen von Dillingen trat seine Nachfolge an, dem die Möglichkeit und Verpflichtung zum Wiederaufbau der zerstörten Stadt zufiel und der diese – soweit feststellbar – durchaus nutzte. Zudem fällt in seine Regierungszeit der Beginn der Herrschaft staufischer Könige, während der sich auch in Konstanz entscheidende Wandlungen vollziehen. Enden möchte ich vor dem Erlaß des Augsburger Stadtrechts von 1276[13]. Die Beschäftigung mit diesem Statut wäre zu aufwendig, und ich müßte die mir zugebilligte Redezeit von 45 Minuten erheblich überziehen. Zudem läßt man mit dem Tode Konradins (1268) in der Regel die staufische Zeit enden. Auch dessen Tod bedeutet für beide Bischofsstädte und deren Bischöfe eine bedeutende Zäsur.

Ich möchte meine Ausführungen so gliedern:
1) Elemente der Entwicklung auf dem Weg zur Bürgerstadt, sowohl baulicher als auch personeller Art;
2) Verankerung des Bischofs in der Stadt;
3) die Rolle der Stadtvogtei;
4) Initiativen zur Stadterweiterung oder anders formuliert: auf wen gehen die Initiativen zur Stadterweiterung zurück?

1) Zur Zeit des Bischofs Salomo III. von Konstanz (890–919) bestand der Bischofssitz Konstanz aus einem mit Mauern umwehrten Terrain, das den Münsterhügel umschloß. In dessen ungefährer Mitte befand sich die Bischofskirche und davor, nur wenig von der Ummauerung entfernt, die Kirche St. Stephan. Helmut Maurer vermu-

gen am Beispiel von St. Lorenz in Konstanz. In: Festschrift für Hermann Heimpel. Bd. 2. Veröff. Max-Planck-Inst. Gesch. 36/2. Göttingen 1972. S. 225–236; Ders., Fähre, Burg und Markt. Studien zum vorstädtischen Meersburg. In: Die Stadt in der europäischen Geschichte. Festschrift Edith Ennen. Hg. Werner Besch u. a. Bonn 1972. S. 259–269; Ders., Der Bischofssitz Konstanz als Hauptstadt in Schwaben. Ein Beitrag zur schwäbischen Verfassungsgeschichte des Hochmittelalters. In: Schrr VG Bodensee 91 (1973), S. 1–15; Ders., Konstanz als ottonischer Bischofssitz. Zum Selbstverständnis geistlichen Fürstentums im 10. Jahrhundert. Veröff. Max-Planck-Inst. Gesch. 39 = Stud. zur Germania Sacra 12. Göttingen 1975; Ders., Bischof Konrad – Bischof von Konstanz. Hg. Helmut Maurer u. a. Freiburger Diöz.-Archiv 35 (1975), S. 41–55; Ders., Kirchengründung und Romgedanke am Beispiel des ottonischen Bischofssitzes Konstanz. In: Bischofs- und Kathedralstädte des Mittelalters und der frühen Neuzeit. Hg. Franz Petri. Städteforschung Reihe A: Darstellungen 1. Köln/Wien 1976. S. 47–59; Ders., Konstanzer Stadtgeschichte im Überblick. Sigmaringen 1979; Ders., Die Bischofshöri. Studien zur Gründungsausstattung des Bistums Konstanz. In: Kirche am Oberrhein. Festschrift für Wolfgang Müller. Hg. Remigius Bäumer u. a. Freiburger Diöz.-Archiv 100 (1980), S. 9–25; Ders., Die Bischofsstadt Konstanz in staufischer Zeit. In: Südwestdeutsche Städte im Zeitalter der Staufer. Hg. Erich Maschke und Jürgen Sydow. Stadt in der Geschichte 6. Sigmaringen 1980. S. 68–94; Ders., Das Bistum Konstanz 1: Das Stift St. Stephan in Konstanz. Germania Sacra NF 15. Berlin/New York 1981.

12 Vgl. zu ihm neuerdings Volkert/Zoepfl, Regesten, Nr. 478–529.

13 Siehe dazu zuletzt Rolf Schmidt, Das Stadtbuch von 1276. In: Geschichte der Stadt Augsburg, wie Anm. 1, S. 140–144.

Absender:

Vor- und Zuname bzw. Firma

Straße oder Postfach

Postleitzahl Ort

Bitte frankieren

Jan Thorbecke Verlag
Postfach 546

D-7480 Sigmaringen

tet, dieser civitas sei im Süden schon die sogenannte Niederburg vorgelagert gewesen, eine im wesentlichen handwerkliche Siedlung, und der an der alten Straße nach dem Thurgau gelegene, erst im Hochmittelalter belegte bischöfliche Wirtschaftshof Stadelhofen[14]. Bischof Salomo habe zwei entscheidende bauliche Veränderungen vorgenommen, den Bau einer Bischofspfalz neben dem Münster und eine Erweiterung der Stadt. Diese entscheidende Vergrößerung bestand in der Anlage eines bald vielbesuchten Fernhandelsmarktes, den Maurer in der Nähe der Stephanskirche lokalisierte[15]. Dazu kamen noch im 10. Jahrhundert eine Mauritiuskirche (Rotunde)[16] an der Bischofsburg, die Kirchen St. Paul und St. Lorenz (beide an der Straße zum Thurgau gelegen) sowie vermutlich auch ein Spital und eine Kirche St. Johann Evangelist und Baptist in Richtung Niederburg und schließlich noch unter Gebhard II. (979–995) die Gründung des Klosters Petershausen[17].

In Augsburg beginnt der Prozeß einer sinnvollen Befestigungsanlage erst unter Bischof Ulrich zur Abwehr der Ungarneinfälle[18]. Durch ihn wird außerhalb des Mauerrings – im Nordosten – das Damenstift St. Stephan errichtet (968/69)[19] und ein

14 Vgl. dazu und zum folgenden MAURER, Stadterweiterung, wie Anm. 11, S. 22ff.; DERS., Konstanz als ottonischer Bischofssitz, wie Anm. 11, S. 32ff.; DERS., Stift St. Stephan, wie Anm. 11, S. 39f.

15 Siehe zu diesem Fernhandelsmarkt neben MAURER, Konstanz als ottonischer Bischofssitz, wie Anm. 11, S. 47ff. auch LAUDA, Kaufmännische Gewohnheit, wie Anm. 7, S. 128 u. 156.

16 Vgl. dazu neben MAURER, Bischof Konrad, wie Anm. 11, S. 45ff. (mit Zusammenstellung der älteren Literatur); DERS., Kirchengründung, wie Anm. 11, S. 50ff. u. ERDMANN/ZETTLER, Archäologie, wie Anm. 10, S. 31ff.; neuerdings auch Peter JEZLER, Gab es in Konstanz ein ottonisches Osterspiel? Die Mauritius-Rotunde und ihre kultische Funktion als Sepulcrum Domini. In: Variorum Munera Florum. Latinität als prägende Kraft mittelalterlicher Kultur. Festschrift Hans F. Haefele zu seinem sechzigsten Geburtstag. Hg. Adolf REINLE u. a. Sigmaringen 1985. S. 91–128.

17 Siehe hierzu Ilse-Juliane MISCOLL-RECKERT, Kloster Petershausen als bischöflich-konstanzisches Eigenkloster. Studien zum Verhältnis zu Bischof, Adel und Reform vom 10. bis 12. Jahrhundert. Forschungen zur oberrhein. Landesgesch. 24 = Konstanzer Geschichts- und Rechtsquellen 18. Freiburg/München 1973; Gebhard SPAHR/Anneliese MÜLLER, Petershausen. In: Germania Benedictina 5: Baden-Württemberg. Ottobeuren 1975. S. 484–502 und Helmut G. WALTHER, Gründungsgeschichte und Tradition im Kloster Petershausen vor Konstanz. In: Schrr VG Bodensee 96 (1978), S. 31–67.

18 Zur frühen Augsburger Stadtentwicklung vgl. Klaus FEHN, Probleme der frühen Augsburger Stadtentwicklung. In: Mitt. der geograph. Gesellsch. München 53 (1968), S. 361–375, hier bes. 366ff. (mit Nennung der älteren Literatur) sowie Detlev SCHRÖDER, Stadt Augsburg. Historischer Atlas von Bayern. Teil Schwaben H. 10. München 1975, vor allem S. 46ff.; Georg KREUZER, Augsburg in fränkischer und ottonischer Zeit (ca. 550–1024). Bischof Ulrich von Augsburg. In: Geschichte der Stadt Augsburg, wie Anm. 1, S. 119–121 und neuerdings auch Joachim JAHN, Topographie, Verfassung und Gesellschaft der mittelalterlichen Stadt – das Beispiel Augsburg. In: Miscellanea Suevica Augustana. Der Stadt Augsburg dargebracht zur 2000-Jahrfeier 1985. Augsburger Beiträge zur Landesgeschichte Bayerisch-Schwabens 3. Sigmaringen 1985. S. 9–41. Zur karolingisch-ottonischen Zeit siehe auch Wolfgang HÜBENER, Siedlungskontinuität und Bedeutungswandel zwischen Spätantike und Mittelalter im Augsburger Raum. In: Jb. des Vereins f. Augsb. Bistumsgesch. 18 (1984), S. 188ff.

19 VOLKERT/ZOEPFL, Regesten, Nr. 140 (mit Nachtrag S. 332). Zur Gründung von Klöstern, Stiften und Spitälern in Augsburg vgl. auch Wilhelm LIEBHART, Stifte, Klöster und Konvente. In: Geschichte der Stadt Augsburg, wie Anm. 1, S. 193–201 sowie Peter LENGLE, Spitäler, Stiftungen und Bruderschaften, ebd., S. 202–208.

nicht näher zu lokalisierendes Spital[20]. Außer dem Dombereich dürfte der früheste Siedlungskern St. Afra gewesen sein. Der Zwischenbereich wurde im 11. Jahrhundert durch die Gründung des Kollegiatstifts St. Moritz (1020)[21] und des Chorherrenstifts St. Peter am Perlach (1067)[22] verdichtet. Daß Augsburg zumindest seit Beginn des 11. Jahrhunderts einen Markt besessen haben muß, der durchaus in der Nähe oder am heutigen Perlach gelegen haben kann, geht aus einer Urkunde für Donauwörth aus dem Jahre 1030 hervor[23]. Wohl erst um 1060 (?) errichtete Bischof Heinrich II. (1047–1063) eine Bischofspfalz[24], die wir in der Nähe des heutigen Doms ansiedeln müssen.

Unter Bischof Walther ging es in der Erweiterung der Stadt rasch voran. 1135 bestätigte er die Gründung des Kanonikerstifts St. Georg durch Domkanoniker[25]. Um St. Georg, das nordwestlich des umwehrten Bereichs errichtet wurde, entstand ebenfalls ein neuer Siedlungskern. Praktischen Sinn verrät die Maßnahme Walthers, daß er das von seinem Vorgänger Ulrich gegründete, nunmehr Heilig-Kreuz genannte Spital an einen geeigneteren Ort in der Vorstadt verlegte[26]. Neben der Versorgung von zwölf armen Pfründnern sollte das Spital auch Pilger und arme Gäste unterstützen.

Hand in Hand mit der Ausweitung der Stadt entstanden neue Pfarreien, in der Regel in enger Verbindung mit bestehenden Klöstern und Stiften[27]. So bestand neben dem Dom als zunächst einziger Pfarrei etwa ab 1070 eine zweite Pfarrei bei St. Afra. Im 12. Jahrhundert entwickelten sich dann weitere Pfarrsprengel. Ein Streit um die Heilig-Grab-Kapelle im Jahre 1129, den Bischof Hermann schlichtete[28], zeigt, daß es damals

20 Volkert/Zoepfl, Regesten, Nr. 127 (mit Nachtrag S. 331).

21 Ebd., Nr. 233 (mit Nachtrag S. 343). Für die Behauptung von Schröder, Augsburg, wie Anm. 18, S. 136ff., daß St. Moritz vor allem mit Königsgut ausgestattet worden sei, gibt es keinen Beleg.

22 Volkert/Zoepfl, Regesten, Nr. 314 (mit Nachtrag S. 352).

23 MG DK II 144. Augsburger Händler (Fernhändler) sind nicht nur in MG DF I 147 faßbar, sondern auch in den bisher von der Augsburger lokalhistorischen Forschung nicht beachteten Fragmenten eines Pilgerbruderschaftsbuches von St. Matthias/Trier. Vgl. dazu Richard Laufner, Die Fragmente des ältesten Pilgerbruderschaftsbuches von St. Matthias, Trier, zwischen 1150 und 1230. Ein Beitrag zur Geschichte der St. Matthiasverehrung. In: Archiv f. mittelrhein. Kirchengesch. 7 (1955), S. 239, 246. Lediglich Jürgen Sydow, Stadtgeschichtliche Beobachtungen am ältesten Bruderschaftsbuch von Sankt Matthias zu Trier. In: Geschichtsschreibung und geistiges Leben im Mittelalter. Festschrift für Heinz Löwe zum 65. Geburtstag. Hg. Karl Hauck und Hubert Mordek. Köln/Wien 1978. S. 455–457 hat bisher die Bedeutung dieser für die Augsburger Stadtgeschichte noch zu erschließenden Quelle erkannt. Ferdinand Opll, Stadt und Reich im 12. Jahrhundert (1125–1190). Forschungen zur Kaiser- und Papstgeschichte des Mittelalters. Beihefte zu J. F. Böhmer, Regesta Imperii 6. Wien/Köln/Graz 1986, S. 35, stützte sich lediglich auf Sydows Ausführungen. – In einer zwischen 1166 und 1180 zu datierenden, bisher kaum beachteten Urkunde für das Kanonikerstift St. Georg tauchen ebenfalls *mercatores* auf (vgl. Peter Lengle, Handel und Gewerbe bis zum Ende des 13. Jahrhunderts. In: Geschichte der Stadt Augsburg, wie Anm. 1, S. 166 Anm. 8).

24 Volkert/Zoepfl, Regesten, Nr. 290 (mit Nachtrag S. 349).

25 Ebd., Nr. 488.

26 Ebd., Nr. 508, 524.

27 Vgl. hierzu die gedrängte Übersicht bei Rolf Kiessling, Gesellschaft und Kirche in Augsburg im Spätmittelalter. Abh. zur Gesch. der Stadt Augsburg 19. Augsburg 1971. S. 100f.

28 Volkert/Zoepfl, Regesten, Nr. 461 (mit Nachtrag S. 362f.).

schon eine Pfarrei St. Moritz gab. 1169 wird erstmals eine Pfarrei St. Stephan genannt[29], und 1183 wurde die Dompfarrei durch die Gründung der Pfarrei St. Georg verkleinert[29a]. 1199 wurde schließlich noch ein weiterer Bereich aus der Dompfarrei herausgelöst und die Pfarrei Hl. Kreuz geschaffen[30]. Der dicht gewordenen Besiedlung zwischen Dom und dem Bereich St. Ulrich und Afra ist es wohl zuzuschreiben, daß dieser vorstädtische Bereich einschließlich der Benediktinerabtei vor 1187 mit einem neuen Mauerring umgeben wurde[31].

Auch bei der Bischofsstadt Konstanz entstanden im 12. Jahrhundert vorstädtische Siedlungen. So wuchs am bischöflichen Fronhof Stadelhofen eine Hörigensiedlung, die Mitte des 13. Jahrhunderts mit dem 1125 gegründeten Chorherrenstift St. Ulrich und Afra (später Kreuzlingen genannt) eine eigene Vorstadt, das *suburbium dictum stadelhoven,* bildet[32]. Eine weitere Vorstadt entstand um das Kloster Petershausen im Norden jenseits des Rheins. Die im Umkreis der Abtei entstandene Siedlung von Klosterleuten erlebte einen Aufschwung, als sie um 1200 durch eine Brücke mit der damaligen Altstadt verbunden wurde. Allerdings blieb das entstehende Dorf noch lange eigenständig[33].

Um die Mitte des 12. Jahrhunderts hatte eine Stadtmauer die Niederburg und die südlich St. Stephan liegende Marktsiedlung in den städtischen Mauerring einbezogen. Innerhalb eines neuen Mauerrings, der in der ersten Hälfte des 13. Jahrhunderts bis nach St. Paul vorgeschoben wurde, lag ein neuer Markt[34].

Die bis 1268 entstehenden Klöster, vor allem die der Bettelorden, lehnten sich am äußersten Mauerring an[35]. Die Stadt war nun in ihren Ausdehnungsmöglichkeiten weitgehend erschöpft. Im Bereich der alten Marktsiedlung hatten vor 1271 die Salemer Zisterzienser ihren Stadthof errichtet[36]. Juden wohnten schon zu Beginn des 13. Jahr-

29 Die Urkunden des Reichsstiftes St. Ulrich und Afra in Augsburg 1023–1440. Bearb. von Richard HIPPER. Schwäb. Forschungsgemeinsch. Reihe 2a, 4. Augsburg 1956. Nr. 7 (künftig zitiert: HIPPER, Urkunden St. Ulrich und Afra, Nr. ...).

29a Friedrich ZOEPFL, Das Bistum Augsburg und seine Bischöfe im Mittelalter. Augsburg 1955. S. 147 mit Anm. 2.

30 ZOEPFL, Bistum Augsburg, wie Anm. 29a, S. 155 mit Anm. 2.

31 Annales SS. Udalrici et Afrae Augustenses a. 1187, ed. Philipp JAFFÉ. In: MG SS 17. Hannover 1861. S. 430.

32 Vgl. MAURER, Stadterweiterung, wie Anm. 11, S. 27; DERS., Bischofsstadt Konstanz, wie Anm. 11, S. 72.

33 Siehe dazu vor allem MAURER, Stadterweiterung, S. 29.

34 MAURER, Stadterweiterung, S. 24.

35 Vgl. dazu neben Ludwig BAUR, Die Ausbreitung der Bettelorden in der Diözese Konstanz. In: Freiburger Diöz.-Archiv 28 (1900), S. 29 ff. 129 (1901), S. 31 ff.; auch Brigitta HILBERLING, Das Dominikanerkloster St. Nikolaus auf der Insel vor Konstanz. Sigmaringen und München 1969 und MAURER, Stadterweiterung, wie Anm. 11, S. 26; DERS., Bischofsstadt Konstanz, wie Anm. 11, S. 91.

36 Martin R. SABROW, Der Stadthof des Zisterzienserklosters Salem in Konstanz seit seiner Gründung bis in das 15. Jahrhundert. In: ZGORh 94 (1976), S. 93–124. Vgl. neuerdings auch Judith OEXLE und Helmut MAURER, Der Salmannsweiler Hof und das hospitium des Abtes Frowin. Archäologische und historische Aspekte. In: Schrr VG Bodensee 105 (1987), S. 1–17, wo die Möglichkeit angedeutet wird, daß das zum Jahre 1271 genannte *domus monasterii de Salem in*

hunderts in Konstanz, und zwar am südöstlichen Ende der ältesten Ummauerung sowie im Bereich der heutigen Rosgartenstraße (früher Mordergasse)[37].

In Augsburg siedelten die Bettelorden, die hier seit 1221 nachzuweisen sind, in bereits bestehenden Siedlungskernen[38]. Die Dominikaner errichteten ihre Niederlassungen entsprechend ihrer Ausrichtung im Kaufleuteviertel, die Franziskaner im Gebiet der kleinen Gewerbetreibenden. Es ist bemerkenswert, daß diese beiden großen Bettelordensgemeinschaften durchaus von Bischof Siegfried III. von Rechberg (1208–1227) wohlwollend aufgenommen wurden. Wo die Juden in Augsburg ursprünglich sich ansiedelten, ist nicht sicher auszumachen. Es ist anzunehmen, daß sie sich ab Ende des 12. Jahrhunderts in der Nähe der Märkte und Handwerker, also etwa im Bereich Obstmarkt, Kesselmarkt und Schmiedberg niederließen[39].

Nach diesem kurzen Exkurs über die Stadtentwicklung von Augsburg und Konstanz, wie sie sich bis etwa zur Mitte des 13. Jahrhunderts topographisch fassen läßt, möchte ich darstellen, wie sich die Mitwirkung der Bürger an der Stadtherrschaft erkennen läßt.

In Konstanz erscheinen seit der Mitte des 12. Jahrhunderts *cives Constantienses* in Zeugenreihen bischöflicher Urkunden[40]. Im Jahre 1176 bedarf die Übertragung von Gütern an die Bischofskirche durch den Konstanzer Bürger Ulricus Rex der *concessio Constantiensium*[41]. Einen vorläufigen Abschluß dieser Entwicklung bedeutet das häufig diskutierte Diplom Heinrichs VI. (1190–1197) vom 24. 9. 1192, in dem die *civitas et burgenses Constantienses* von jeglicher Besteuerung durch Bischof und Vogt für frei erklärt wurden[42]. Freilich hatte dieses Privileg des Kaisers auch einen Pferdefuß, wie Helmut Maurer[43] feststellte. Es gab dem Kaiser, der sich zum Garanten dieser Freiheit von jeder *petitio seu collecta* (das heißt bisher unüblichen direkten Steuer) machte, die Möglichkeit zum Eingreifen. Seit etwa 1215 dürfte es in Konstanz einen Rat gegeben haben[44]. 1225 wird erstmals ein *consilium civitatis* erwähnt, dem zehn Mitglieder und der Amtmann angehören. Dieses consilium civitatis erhält das von zwei Konstanzer Bürgern gestiftete Heilig-Geist-Spital durch Bischof Konrad von Tegerfeld (1209–1233)

Constantia schon im 12. Jahrhundert einen bescheideneren Vorgänger gehabt haben könnte, der vor allem den Äbten des Klosters als Absteige diente.

37 Vgl. Berthold ROSENTHAL, s. v. Konstanz. In: Germania Judaica. Bd. 2. Tübingen 1968. S. 446.

38 Siehe dazu neben KIESSLING, Gesellschaft, wie Anm. 27, S. 38 auch SCHRÖDER, Augsburg, wie Anm. 18, S. 141 ff. und LIEBHART, Stifte, wie Anm. 19, S. 198 ff.

39 Siehe SCHRÖDER, Augsburg, wie Anm. 18, S. 104 f. und neuerdings auch Bernhard SCHIMMELPFENNIG, Die Juden als Randgruppe im mittelalterlichen Augsburg. In: Konstanzer Arbeitskreis für mittelalterliche Geschichte. Protokoll über die Arbeitssitzung am 21. Juni 1986. S. 3.

40 Vgl. vor allem Regesta Episcoporum Constantiensium. Bd. 1. Hg. Paul LADEWIG und Theodor MÜLLER. Innsbruck 1895. Nr. 874 (im folgenden zitiert: REC 1, Nr. ...).

41 Thurgauisches Urkundenbuch. Bd. 2. Hg. Friedrich SCHALTEGGER. Frauenfeld 1917. Nr. 52.

42 Vgl. RI 4,3, Nr. 253. Zur Interpretation dieser Urkunde siehe neben Heinrich BÜTTNER, Zum Städtewesen der Zähringer und Staufer am Oberrhein während des 12. Jahrhunderts. In: ZGORh 105 (1957), S. 83 ff. auch MÖNCKE, Bischofsstadt, wie Anm. 9, S. 41 ff. sowie MAURER, Bischofsstadt Konstanz, wie Anm. 11, S. 81.

43 MAURER, Bischofsstadt Konstanz, S. 81.

44 Vgl. zum folgenden MAURER, Bischofsstadt Konstanz, S. 85 ff.

zur Verwaltung übertragen[45]. Neben diesem Faktum, das die allmähliche Ausbildung einer bürgerlichen Selbstverwaltung dokumentiert, ist zu beachten, daß nur zwei Jahrzehnte später, im Jahre 1246, die Besiegelung einer Urkunde mit dem Stadtsiegel faßbar wird[46]. Trotz Intervention von Papst Innozenz IV. (1243–1254) im Jahre 1248, der den Bürgern verbot, neue consules zu wählen[47], fuhren die Konstanzer fort, Urkunden auszustellen. So nimmt es nicht wunder, wenn die Stadt – im Vollbewußtsein ihrer vermeintlichen Autonomie vom bischöflichen Stadtherrn – seit 1256 einen eigenen Stadtschreiber beschäftigte[48].

Es ist verständlich, daß sich in dieser Situation die Konstanzer Bischöfe nicht mehr gern in der Stadt aufhielten und sich außerhalb eine Bleibe zu schaffen suchten. So erwirkte Bischof Heinrich von Tanne (1233–1248) 1233 von König Heinrich (VII.) ein Marktprivileg, um im jenseits des Bodensees gelegenen Meersburg einen Markt anlegen zu können[49]. Etwa ab 1251 errichtete sein Nachfolger Eberhard II. von Waldburg (1248–1274) in der Nähe von Konstanz die Burg Gottlieben, wohin er sich künftig oft zurückzog[50].

Mit dieser neuen Wohnstätte wollten sich die Konstanzer Bürger offensichtlich nicht abfinden. Sie äußerten ihr Mißvergnügen mit Angriffen auf bischöfliche Rechte und Besitzungen in der Stadt und besonders auf den Mittelpunkt der bischöflichen Grundherrschaft Stadelhofen, wo auch das für diesen Bereich zuständige bischöfliche Gericht tagte, das mit Ministerialen, Konstanzer Bürgern und Hofleuten besetzt war. In diesem Bereich hatte die Stadt eine städtische Steuer von den curtes einzutreiben versucht, die zur bischöflichen Grundherrschaft gehörten. Diese städtische Steuer wurde auch von den bischöflichen Dienstmannen und von Domherren- und Chorherrenhöfen in der Stadt abgefordert. Als die bischöflichen Dienstmannen auch noch zu Wachdiensten im Bereich der Stadtmauer verpflichtet wurden, war für den Bischof das Maß voll.

Nach einem Schiedsspruch des St. Galler Abtes, den dieser im Jahre 1255 fällte[51], mußten die Bürger auf diese Rechte verzichten. Allerdings blieb ihnen die Schlüsselgewalt über die Zugänge zur Stadt. Dieser Schiedsspruch verdeutlicht allerdings auch, in welchem Maße aus der Bischofsstadt schon eine Bürgerstadt geworden war. Der Bürgerschaft wird nämlich zugestanden, eine städtische Steuer zu erheben, und zwar von den Amtsleuten des Bischofs, des Domkapitels und des Stifts St. Stephan für den Fall, daß einer dieser Amtsleute mit Leinwand, Wachs und Pfeffer handeln oder Eigengut in Konstanz besitzen sollte. Es läßt sich daraus unschwer erkennen, daß

45 Druck dieser Urkunde: Die Konstanzer Grundeigentumsurkunden der Jahre 1152–1371. Hg. Konrad BEYERLE. Heidelberg 1902. Nr. 10 (künftig zitiert: BEYERLE, Grundeigentumsurkunden, Nr. ...).
46 BEYERLE, Grundeigentumsurkunden, Nr. 22.
47 REC 1, Nr. 1695.
48 Zu diesem Datum siehe MAURER, Bischofsstadt Konstanz, wie Anm. 11, S. 87.
49 MAURER, Fähre, wie Anm. 11, S. 259–269.
50 REC 1, Nr. 1771, 1836, 1844, 1893 ff. Siehe dazu auch Wolfgang MÜLLER, Des Bischofs Pfalz-Burg-Schloß. In: Archiv f. mittelrhein. Kirchengesch. 29 (1977), S. 18.
51 Vgl. BEYERLE, Grundeigentumsurkunden, Nr. 36a. Zur Interpretation dieses Schieds siehe besonders MAURER, Bischofsstadt Konstanz, wie Anm. 11, S. 88 f. (mit älterer Literatur).

Handel treiben und der Besitz von freiem Eigen Steuerpflicht begründen und auch einen Beamten der Geistlichkeit zum Bürger machen konnten. Das größte Opfer, das den Bürgern im Schied von 1255 abverlangt wurde, auf einen eigenen Rat zu verzichten, dürfte kaum wirksam geworden sein, denn schon 1259 agiert der Rat gemeinsam mit Bischof Eberhard II. von Waldburg (1248–1274)[52]. Nur 25 Tage vor dem Schiedsspruch des St. Galler Abtes hatte nämlich König Wilhelm von Holland (1248–1256) den Bürgern von Konstanz erlaubt, einen eigenen Rat bilden zu dürfen[53]. Mit dem Schiedsspruch von 1255 hatte die Konstanzer Bürgerschaft einen großen Schritt hin zur Emanzipation vom bischöflichen Stadtherrn getan. Sie hatte eine eigene Selbstvertretungskörperschaft, einen Rat, erlangt. Sie hatte ein eigenes Recht ausgebildet. Sie hatte sich ein eigenes Siegel geschaffen. Der Rat verstand sich als eigenständige Gesetzgebungsinstitution und ließ durch einen eigenen Stadtschreiber seine Urkunden anfertigen. Die Bürgerschaft erhob eine eigene Steuer und zog die Bürger zu Wachdiensten an der Stadtmauer heran. Allerdings mußte die Bürgerschaft auch erkennen, daß es innerhalb der Stadt auch Bewohner gab, für die das von ihr gesetzte Recht nicht galt. Die rechtliche Verankerung des Bischofs und anderer geistlicher Institutionen in der Stadt blieb gegeben und diese unterlagen nicht – oder nur zum Teil – dem Stadtrecht.

Nun aber zu Augsburg. In Augsburg sind Bürger erstmals in einer oben[54] erwähnten Urkunde bezüglich der Heilig-Grab-Kapelle von 1129 in der Zeugenreihe faßbar[55]. Bischöfliche Ministerialen wie Burggraf und Kämmerer tauchen schon ab 1046 in bischöflichen Urkunden auf[56]. Den entscheidenden Schritt auf eine Bürgerschaft hin bedeutete das sogenannte 1. Stadtrecht vom 21. Juni 1156, eine Urkunde Friedrich Barbarossas, in der freilich auf ein älteres Weistum von 1104 Bezug genommen wird[57]. Der König ordnete hier auf Bitten von Bischof Konrad von Hirscheck (1152–1167), Klerus und Volk die Rechte der Stadt Augsburg neu. In dieser auch kulturgeschichtlich wichtigen Quelle (so ist genau geregelt, welche Fleischsorte der Burggraf am Martinsfest und an Weihnachten erhält – Schaffleisch am 11. November und Schweineschultern am Christfest) wird vor allem die Position des hochadeligen Vogtes gestärkt. Wichtig für eine freilich wesentlich weniger rasante Entwicklung hin zur Bürgerstadt als bei Konstanz sind folgende Bestimmungen: 1) auf Bitten der Ministerialen, Bürger *(urbanorum)* und Bevölkerung der Stadt *(totius populi)* ernennt der Bischof einen Burggrafen und einen Münzmeister *(prefectum unum tantum et monetarium)*; 2) auf Bitten des

52 Vgl. Thurgauisches Urkundenbuch. Bd. 3. Hg. Friedrich SCHALTEGGER. Frauenfeld 1925. Nr. 408.

53 RI 5,1, Nr. 5276.

54 Siehe Anm. 28.

55 Monumenta Boica. Bd. 33,1. München 1841. Nr. 21 (S. 18): *... ex concivibus ...*

56 Vgl. zum Burggraf VOLKERT/ZOEPFL, Regesten, Nr. 274 (mit Nachtrag S. 346) sowie neuerdings auch: Die Traditionen und das älteste Urbar des Klosters St. Ulrich und Afra in Augsburg. Bearb. von Robert MÜNTEFERING. Quellen und Erörterungen zur bayer. Gesch. NF 35. München 1986. S. 81*–83*. Zum Kämmerer siehe VOLKERT/ZOEPFL, Regesten, Nr. 438 (erst zum Jahr 1121).

57 Siehe MG DF I 147 und außerdem auch MG DH IV 484. Zur Interpretation des sogenannten ersten Augsburger Stadtrechts vgl. Wolfram BAER, Das Stadtrecht vom Jahre 1156. In: Geschichte der Stadt Augsburg, wie Anm. 1, S. 132–134 sowie zuletzt auch OPLL, Stadt und Reich, wie Anm. 23, S. 35 ff.

Domkapitels, der Bürger und des ganzen Volkes ernennt er einen der Domkanoniker zum Pfarrer (Dompfarrer); 3) wer ein Gut *(curtile)* Jahr und Tag ohne Widerspruch besitzt, darf von niemandem belangt werden; 4) Inhaber des Stadtrechts können nicht nach Eigen- oder Lehenrecht belangt werden, nur nach Bürgerrecht *(secundum urbanorum iusticiam)*.

Unangetastet blieb das bischöfliche Münz- und Zollrecht. Daß der Bischof noch eindeutig als Stadtherr anzusehen ist, zeigt auch die Tatsache, daß er zu Michaeli (also am 29. 9.) von allen Hofstätten einen auf insgesamt vier Pfund festgesetzten Betrag erhalten soll – eine Abgabe, die es, wenn ich recht sehe, in Konstanz nicht gegeben hat.

Wir machen einen zeitlichen Sprung von fast hundert Jahren. 1248 war Graf Hartmann V. von Dillingen (1248–1286), der letzte schließlich überlebende männliche Sproß seiner Familie (sein 3. Bruder Adalbert starb 1256 oder 1257), als Günstling von Papst Innozenz IV. zum Bischof erhoben worden[58]. Die staufisch gesinnte Bürgerschaft von Augsburg zerstörte im Jahre 1251 Häuser und Höfe des Domkapitels in der Stadt. Die Domkanoniker verließen die Stadt, und auch Hartmann dürfte sich auf die Burgen und Ansitze Mergen(s)tau und Gunzenlê zurückgezogen zu haben. Bei Hammel scheint es sogar zu einer Schlacht zwischen den Anhängern des Bischofs und städtischen Bewaffneten gekommen zu sein. In einem Vorfrieden am 9. Mai 1251 gelang es der Bürgerschaft, Hartmann wichtige Rechte abzutrotzen, so die Besetzung und Bewachung der Stadttore. Auch das Steuerrecht wurde der Bürgerschaft eingeräumt, wenn auch nicht für das Dienstgefolge des Bischofs, das Domkapitel und die Klöster. Hartmann übernahm sogar die Wiedergutmachung der Schäden, die das Domkapitel erlitten hatte[59]. Manches an dieser Vereinbarung erinnert an die Konstanzer Vorgänge des Jahres 1255[60]. Damit war die Bürgerschaft der Lechmetropole in ihren Unabhängigkeitsbestrebungen ein erhebliches Stück vorangekommen. Am 4. Mai 1254 wurden den Bürgern von Augsburg in einem Schiedsspruch noch einmal alle bisher zugestandenen Rechte bestätigt. Dem Bischof verblieb weiter die Zollhoheit. Die Stadt durfte aber von nun an an den Stadttoren ein Ungeld erheben[61].

Da die finanzielle Lage Hartmanns wegen des Ausbaus seines Stammsitzes Dillingen und nach der Übertragung von Burg und Stadt *(oppidum)* Dillingen an die Bischofskirche (29. 12. 1257)[62] immer prekärer wurde – er mußte nämlich seine Lehensträger aus seinem Hausgut entsprechend entschädigen –, war er gezwungen, Verpfändungen vorzunehmen. Am 2. Januar 1259 verpfändete der Bischof an den Augsburger Bürger Heinrich Schongauer die Wertachbrücke nebst Einkünften und den bischöfli-

58 Zu Bischof Hartmann immer noch grundlegend ZOEPFL, Bistum Augsburg, wie Anm. 29a, S. 183–221.

59 Monumenta Boica 33,1, Nr. 78 (S. 79f.) sowie Urkundenbuch der Stadt Augsburg. Hg. Christian MEYER. Bd. 1. Augsburg 1874. Nr. 9 (künftig zitiert: MEYER, Urkundenbuch, Nr. ...). Siehe dazu auch Wolfram BAER, Der Weg zur königlichen Bürgerstadt (1156–1276). In: Geschichte der Stadt Augsburg, wie Anm. 1, S. 136.

60 Siehe dazu oben S. 51f.

61 MEYER, Urkundenbuch, Nr. 13 (S. 12–14).

62 Die Urkunden des Hochstifts Augsburg 769–1420. Bearb. von Walther E. VOCK. Schwäb. Forschungsgemeinsch. Reihe 2a, 7. Augsburg 1959. Nr. 71 (im folgenden zitiert: VOCK, Urkunden Hochstift, Nr. ...).

chen Meierhof am Haunstettertor mit seiner Abgabe um insgesamt 285 Pfund Augsburger Pfennige[63]. Am selben Tag erhielt der nämliche Bürger mit seinen Söhnen den Stadtzoll zu Leibgeding für 100 Pfund Augsburger Pfennige zugewiesen[64]. Etwa 3½ Jahre später (am 26. 7. 1262) übertrug Hartmann sogar um 500 Pfund Augsburger Pfennige das Augsburger Burggrafenamt an Heinrich Schongauer und seine Söhne[65].

Etwa gleichzeitig hatte die Bürgerschaft von Augsburg weitere Rechte und Vollmachten erworben oder okkupiert, die ihre erneut gewachsene Selbständigkeit dokumentieren. Ab 1234 begann die Stadt ein eigenes Siegel zu führen[66]. 1257 sind erstmals *consules*, das heißt Ratsmänner, als Vertreter der Bürger faßbar, und zu 1260 wird schon ein *domus civium*, ein Rathaus, erwähnt. Im Jahre 1260 ist von einem bürgerlichen Stadtvogt (Leopold Stolzhirsch) die Rede. Ein *magister civium* (Bürgermeister) wird erstmals in einer Urkunde Konradins für die Benediktinerabtei St. Ulrich und Afra vom 23. 10. 1266 genannt[67]. Zusammen mit einem Siegelbewahrer und einem städtischen Notar, die Zeugen einer Urkunde von August 1268 sind[68], bilden die genannten städtischen Amtsträger schon eine rudimentäre städtische Verwaltung. Der Augsburger Bischof, von chronischer Geldnot geplagt, scheint diese Entwickung widerspruchslos hingenommen zu haben.

2) Kurz nach 1250 haben sowohl der Konstanzer als auch der Augsburger Bischof versucht, sich außerhalb ihrer nach Selbständigkeit drängenden Bischofsstädte dauernde Ausweichresidenzen zu schaffen. Auch andere Bischöfe sahen sich etwa gleichzeitig dazu veranlaßt[69]. In Konstanz begannen die Bischöfe damit, die Verbindung zu ihrer Metropole etwas zu lösen, in der sie mindest seit Bischof Salomo III. eine Pfalz südlich des Münsters mit einer eigenen St. Peter geweihten Pfalzkapelle besessen haben dürften[70]. Unter Bischof Hermann I. von Arbon (1138–1165) soll diese Pfalz niedergebrannt und dann wieder aufgebaut worden sein. Helmut Maurer konnte überzeugend nachweisen, daß die Konstanzer Pfalz mindestens seit der 2. Hälfte des 12. Jahrhunderts auch Königspfalz war[71]. Umstritten ist freilich, ob der deutsche König ein Miteigen-

63 Vgl. Vock, Urkunden Hochstift, Nr. 73 und 75.
64 Ebd., Nr. 74.
65 Ebd., Nr. 77.
66 Vgl. dazu und zum folgenden Baer, Weg, wie Anm. 59, S. 135–140 (mit allen Belegen).
67 Siehe Hipper, Urkunden St. Ulrich und Afra, Nr. 40.
68 Vgl. Meyer, Urkundenbuch, Nr. 37 (S. 29).
69 Siehe dazu Müller, Pfalz, wie Anm. 50, S. 9 ff.
70 Vgl. dazu vor allem Maurer, Palatium Constantiense, wie Anm. 11, S. 374–388 sowie Möncke, Bischofsstadt, wie Anm. 9, S. 36–41; Erdmann/Zettler, Archäologie, wie Anm. 10, S. 30 f.; Wolfgang Erdmann, Zur archäologischen und baugeschichtlichen Erforschung der Pfalzen im Bodenseegebiet. Bodmann, Konstanz, Reichenau, Zürich. In: Deutsche Königspfalzen. Bd. 3 = Veröff. Max-Planck-Inst. Gesch. 11/3. Göttingen 1979, S. 181–191; Maurer, Bischofsstadt Konstanz, wie Anm. 11, S. 73 und neuerdings auch Gerhard Streich, Burg und Kirche während des deutschen Mittelalters. Untersuchungen zur Sakraltopographie von Pfalzen, Burgen und Herrensitzen. Vorträge und Forschungen. Sonderbd. 29,1. Sigmaringen 1984. S. 217 f.
71 Maurer, Palatium Constantiense, wie Anm. 11, S. 374–388, vor allem S. 383 ff.

tumsrecht an der Pfalz hatte[72]. Auf jeden Fall wird die Konstanzer Pfalz in staufischer Zeit die Könige nicht nur beherbergt haben, sondern wird auch Ort zahlreicher Rechtshandlungen und Hoftage der Herrscher gewesen sein[73].

Außer dem eindeutig feststellbaren Eigentumsrecht des Konstanzer Bischofs an der Pfalz dürfte seine weitere besitzrechtliche Verankerung in der Stadt recht bescheiden gewesen sein. Die Urkunde Friedrich I. Barbarossas für Bischof Hermann I. vom 27. November 1155[74] dokumentiert zwar schon eine Trennung von domkapitlischem und bischöflichem Besitz, führt aber an innerstädtischem Besitz der Bischofskirche lediglich die Propstei des Stifts St. Stephan an. Allerdings lagen das bischöfliche Eigenkloster Petershausen und die *curtis in Stadelhowen* im vorstädtischen Bereich[75]. Im 13. Jahrhundert wurde der verbliebene geringe bischöfliche Besitz in der Bodenseestadt meist verliehen oder verpfändet[76].

In Augsburg erfahren wir erstmals von einer bischöflichen Pfalz, als Bischof Heinrich II. (1047–1063) einen Neubau seiner Bischofskirche veranlaßte[77]. Diese bischöfliche Pfalz war nur ein Teil einer größeren bischöflichen Hofanlage, zu der noch drei Kirchen (St. Michael, St. Peter, St. Laurentius) und weitere Gebäude gehörten[78]. Wie in Konstanz wurde auch in Augsburg die Bischofspfalz vom König mitgenutzt, allerdings ohne einen Hinweis auf ein königliches Miteigentumsrecht[79]. Am 29. 10. 1184 verlobte sich Heinrich VI. (1190–1197) mit Konstanze von Sizilien in der Augsburger Bischofspfalz[80]. Einer Urkundenausstellung des Swigger von Mindelberg wohnte Konrad IV. (1250–1254) im Jahre 1246 im *palacio Domini Episcopi* bei[81]. Ein

72 MAURER, Palatium Constantiense, wie Anm. 11, S. 386 äußerte sich positiv. MÖNCKE, Bischofsstadt, wie Anm. 9, S. 39 hielt ein Miteigentumsrecht des Königs für »höchst unwahrscheinlich«.

73 Zu den Aufenthalten der staufischen Herrscher im Bodenseeraum siehe die verdienstvolle Zusammenstellung bei Karl SCHMID, Königtum, Adel und Klöster am Bodensee bis zur Zeit der Städte. In: Schrr VG Bodensee 99/100 (1981/82), S. 571–74.

74 Vgl. MG DF I 128.

75 Zur Interpretation von DF I 128 siehe neben Otto FEGER, Das älteste Urbar des Bistums Konstanz angelegt unter Bischof Heinrich von Klingenberg. Untersuchungen und Textausgabe. Quellen und Forschungen zur Siedlungs- und Volkstumsgeschichte der Oberrheinlande 3: Oberrheinische Urbare 1. Karlsruhe 1943. S. 5ff. auch MAURER, Bischofshöri, wie Anm. 11, S. 10ff.

76 FEGER, Urbar, S. 51.

77 Augsburg, Archiv des Bistums Augsburg, Hs. 80, fol. 12r: *Iste nouam fecit ecclesiam sancte dei genitricis Marie cum porticibus et atrio et palacio.* Vgl. dazu VOLKERT/ZOEPFL, Regesten, Nr. 290 (mit Nachtrag S. 349).

78 Annales Augustani a. 1084, wie Anm. 4, S. 131: *In curte episcopali tres ecclesiae, sancti Michaelis, sancti Petri, sancti Laurentii, cum palatio alisque aedificiis concrematae sunt.*

79 Vgl. zur Augsburger Bischofspfalz Georg KREUZER, Die Hoftage der Könige in Augsburg im Früh- und Hochmittelalter. In: Bayerisch-schwäbische Landesgeschichte an der Universität Augsburg 1975–1977. Vorträge – Aufsätze – Berichte. Augsburger Beiträge zur Landesgeschichte Bayerisch-Schwabens 1. Sigmaringen 1979. S. 116f. und STREICH, Burg und Kirche, wie Anm. 70, S. 232–234 (dort S. 232 eine ansprechende Skizze mit Angabe der Lage der Bischofspfalz: westlich des Domes).

80 Annales Augustani minores a. 1185, ed. Georg Heinrich PERTZ. In: MG SS 10. Hannover 1852. S. 9. Vgl. dazu auch Heinz WOLTER, Die Verlobung Heinrichs VI. mit Konstanze von Sizilien im Jahre 1184. In: Hist. Jb. 105 (1985), S. 30 Anm. 1.

81 Vgl. Monumenta Boica. Bd. 8. München 1767, Nr. 18 (S. 28).

Königshof dürfte zwar in Augsburg existiert haben, wie eine zwischen 1122 und 1152 entstandene auf Otto I. (936–973) gefälschte Urkunde verdeutlicht[82] und ein Diplom vom 20. Juni 1264 nahelegt[83]. Es gibt jedoch keinen Hinweis darauf, daß dieser Königshof, der wohl als königlicher Wirtschaftshof diente, von einem deutschen Herrscher als Quartier oder Ort der Hofhaltung genutzt wurde. Alle bisherigen Versuche, diesen bislang nicht zu lokalisierenden Königshof durch Anhäufung von Vermutungen zu einer Königspfalz hochzustilisieren[84], sind deshalb als gescheitert anzusehen.

Ähnlich wie im Falle von Konstanz ist auch der Besitz der Augsburger Bischofsmensa mit Ausnahme des zentral im innerstädtischen Bereich liegenden bischöflichen Areals (Dom, Bischofspfalz) eher gering zu veranschlagen. Schon unter Bischof Walther, der der Augsburger Kirche Güter aus seinem Erbgut zugewandt hatte[85], dürfte

82 DO I 236. Siehe zu dieser Urkunde KREUZER, Hoftage, wie Anm. 79, S. 115f.

83 Die Urkunden des Klosters Oberschönenfeld. Bearb. von Karl PUCHNER. Schwäb. Forschungsgemeinsch. Reihe 2, 2. Augsburg 1953. Nr. 22 (S. 8): ... *Auguste in curia, que regis dicitur.*

84 SCHRÖDER, Augsburg, wie Anm. 18, S. 102ff., behauptete, gestützt auf Vorarbeiten von Walter GROOS: »Am Südrand der bischöflichen Domburg lag ein rechteckiger Königshof mit einem Wehrturm und einer bis in die Neuzeit belegten Kapelle St. Antonius und St. Pantaleon« (S. 103). JAHN, Topographie, wie Anm. 18, S. 24–27 deklarierte die bei Thietmar von Merseburg, Chronik 6,21. Hg. Robert HOLTZMANN. In: MG SS rer. Germ NS 9. Berlin 1935. S. 322f. erwähnte *capella Brunonis episcopi* zu einer königlichen Kapelle, obwohl hier doch an eine bischöfliche (Pfalz)-Kapelle zu denken ist. Diese Kapelle Bischof Brunos identifizierte JAHN mit einer Kapelle St. Johannes, in deren Nähe nach dem Necrologium Augustanum (entstanden nach ZOEPFL, Bistum Augsburg, wie Anm. 29a, S. 241 im 16. Jahrhundert!) die Schwester eines Domkanonikers bestattet wurde; vgl. Monumenta Boica. Bd. 35,1. München 1847, S. 116: *Sepulta est in gradibus iuxta publicam curiam sub lapide uersus sanctum iohannem.* Die hier genannte *curia publica* bezeichnete JAHN als Augsburger Königshof, behauptete, die zitierte Notiz stamme aus der Zeit um 1300 und meinte, der Kern des Königshofes sei der Vogtshof gewesen (JAHN, Topographie, S. 25). Wenn es schon höchst unwahrscheinlich erscheint, daß *publica curia* in einer Quelle, die dem 16. Jahrhundert zuzuordnen ist, nur Königshof bedeuten kann, so entbehrt die Verlegung des Vogtshofes in den Königshof jeder Quellennähe. Etwas verwirrend wirkt auch, wenn JAHN, Topographie, S. 26f. die *capella sancti Johannis Baptiste* (vgl. Die Urkunden des Reichsstifts Kaisheim 1135–1287. Bearb. von Hermann HOFFMANN. Schwäb. Forschungsgemeinsch. Reihe 2a, 11. Augsburg 1972. Nr. 163; VOCK, Urkunden Hochstift, Nr. 77) einfach mit der erstmals in der Vita Sancti Oudalrici c. 20 (ed. Georg WAITZ. In: MG SS 4. Hannover 1841, S. 407) genannten *aecclesia ... sancti Iohannis baptistae* identifiziert, die südlich des Domes auf dem Gräberfeld der Bischofskirche errichtet wurde (siehe zu dieser kaum sehr kleinen Kirche neben VOLKERT/ZOEPFL, Regesten, Nr. 125 auch HÜBENER, Siedlungskontinuität, wie Anm. 18, S. 171ff.). Es wäre möglich, daß die Johanneskirche zur Zeit Bischof Hartmanns als Kapelle bezeichnet wurde. Freilich könnte man auch vermuten, daß die Johanneskapelle von der Taufkirche südlich des Domes zu unterscheiden ist. Die Johanneskapelle könnte dann eventuell mit der oben zitierten *capella Brunonis episcopi* identifiziert werden. Die *curia iuxta capellam sancti Johannis Baptiste* (HOFFMANN, Urkunden Kaisheim, Nr. 163) wäre dann wohl als Bischofspfalz oder Teil derselben zu betrachten. Die Lokalisierung dieser Kapelle in der bischöflichen Pfalzanlage müßte dann freilich offen bleiben. Wohl kaum dürfte sie mit den bisher bekannten Pfalzkapellen St. Lambert und St. Veit (vgl. zu diesen neben SCHRÖDER, Augsburg, S. 117f. auch STREICH, Burg und Kirche, wie Anm. 70, S. 233) identisch sein. Die oben erwähnte *publica curia* dürfte dann doch eher bei der Johanneskirche gelegen haben.

85 Vgl. VOLKERT/ZOEPFL, Regesten, Nr. 528.

dieses kaum bedeutend gewesen sein[86]. Unter Bischof Konrad von Hirscheck, dem seine eigenen Domkanoniker vorwarfen, durch zu großzügigen Umgang mit dem Besitz der Domkirche deren materielle Grundlage zu gefährden[87], wird sich an der Besitzsituation der Bischofsmensa in Augsburg kaum etwas gebessert haben. Auch am Verlust innerstädtischer Einnahmequellen dürfte es gelegen haben, daß der Bischof an der Finanzkraft der nach Selbständigkeit strebenden Stadt Augsburg partizipieren wollte. Bei dem ihm gewogenen König Heinrich (VII.) erreichte Bischof Siboto (1227–1247) immerhin, daß dieser Herrscher ihm die Hälfte der Einnahmen überließ, die er von den Augsburger Bürgern bezog[88].

Die zahlreichen Königsaufenthalte in Augsburg und Konstanz vom 11.–13. Jahrhundert, die sich gegen Ende der staufischen Zeit noch einmal verdichteten[89], werden gerade die finanziellen Ressourcen der Bischöfe beider Städte stark beansprucht haben. Beide civitates besaßen wohl ausgebaute bischöfliche Pfalzen. Der König konnte dagegen in diesen Städten keine eigene Unterkunft nutzen. Deshalb wurden er und sein Gefolge in der Regel in den genannten bischöflichen Domizilen untergebracht, falls er nicht vor Italienzügen, die über die Brennerroute führten, auf dem Lechfeld bei Augsburg sein Lager aufschlug[90]. Die faktische Hauptstadtfunktion von Augsburg und Konstanz im Herzogtum Schwaben für das 11.–13. Jahrhundert[91], wesentlich bewirkt durch die Anzahl und Qualität der Königsaufenthalte in diesem Zeitraum, erwies sich für die Bischöfe beider Städte als eine große Belastung. Die erwähnte finanzielle Zuwendung Heinrichs (VII.) an Bischof Siboto und die dauernden Geldschwierigkeiten Bischof Hartmanns müssen auch unter diesem Aspekt gesehen werden.

3) Die auffällige Häufigkeit von Königsaufenthalten in staufischer Zeit in beiden Bischofsstädten kann zumindest teilweise erklärt werden. Im Abstand von nur wenigen Jahrzehnten hatten die Staufer über Augsburg (ab 1167) und Konstanz (nach 1213) die Vogtei erworben. Die wichtigsten Komponenten dieser Vogtei, die sich nicht nur auf die genannten civitates, sondern auch auf die jeweiligen bischöflichen Herrschaftsbereiche erstreckte, waren die Ausübung der Hochgerichtsbarkeit und die damit verbundene Schutzfunktion. Die Konstanzer Vogtei[92] war seit der Wende vom 11. zum 12. Jahrhundert in der Hand der im Linzgau ansässigen Grafen von Heiligenberg. Im Jahre 1213 amtierte zum letzten Mal ein Vertreter der genannten Adelsfamilie als Vogt der Konstanzer Kirche. Die Vogtei, ein ursprünglich bischöfliches Lehen, befindet sich 1249 in der Hand König Wilhelms von Holland, der den Konstanzer Bürgern ver-

86 Zur geringen Ausstattung des Spitals zum Hl. Kreuz mit innerstädtischem Besitz siehe VOLKERT/ZOEPFL, Regesten, Nr. 524.

87 Vgl. ZOEPFL, Bistum Augsburg, wie Anm. 29a, S. 137.

88 Vgl. VOCK, Urkunden Hochstift, Nr. 59.

89 Siehe zu Konstanz SCHMID, Königtum, wie Anm. 73, S. 570ff.; zu Augsburg KREUZER, Hoftage, wie Anm. 79, S. 118–120.

90 Siehe KREUZER, Hoftage (passim).

91 Vgl. zu Konstanz vor allem MAURER, Konstanz als Hauptstadt, wie Anm. 11, S. 1–15; zu Augsburg KREUZER, Hoftage, S. 113 Anm. 215, 115 Anm. 225.

92 Vgl. dazu neben MÖNCKE, Bischofsstadt, wie Anm. 9, S. 68–78 vor allem MAURER, Bischofsstadt Konstanz, wie Anm. 11, S. 83ff.

spricht, sie niemals dem Reich zu entfremden[93]. Als königlicher Stadtvogt wirkte ein Mitglied einer Konstanzer Patrizierfamilie, das freilich zunächst noch einer bischöflichen Ministerialenfamilie entstammte. Damit hatte der Herrscher die Gewichte in der Stadt geschickt verteilt. Der Bischof blieb zwar nominell der Stadtherr; er wurde jedoch von einem königlichen Untervogt, der seiner eigenen Ministerialität entstammte, kontrolliert. Die bürgerliche Oberschicht der Stadt wollte deshalb die königliche Machtposition in der Stadt, die einer der ihren in Konkurrenz zum Bischof ausübte, nicht geschmälert wissen. Möglicherweise beraten durch seinen Untervogt, hatte Wilhelm von Holland in den Auseinandersetzungen zwischen den Bürgern von Konstanz und ihrem Bischof für die Bürgerschaft Partei ergriffen und ihr im Jahre 1255 einen Rat zuerkannt[94] sowie sie – in Anlehnung an ein Privileg Friedrichs II. – von jeder Ächtungssentenz, außer der königlichen, ausgenommen[95]. Ein Ausfluß der königlichen Vogtei war es sicher auch, daß beide Städte in der Reichssteuerliste des Jahres 1241 erscheinen[96]. Während aber anscheinend die staufischen Herrscher im 13. Jahrhundert ihre Einkünfte aus der Stadt Augsburg mit dem Bischof teilten[97], könnten sie diesen Teilungsmodus bezüglich Konstanz noch im Jahre 1241 zu ihren Gunsten aufgegeben haben[98].

Verblieb in Konstanz die Vogtei auch in spät- und nachstaufischer Zeit in der Hand des Reiches[99], so ging sie in Augsburg in den fünfziger oder frühen sechziger Jahren des 13. Jahrhunderts noch einmal in die Hände des Bischofs über[100]. Zuvor war sie über 80 Jahre im Besitz der Staufer gewesen. Bis 1167 hatte die Familie der Schwabegger die Vogtei über Stadt und Kirche von Augsburg ausgeübt. Als in diesem Jahr der letzte Träger dieses Familiennamens, Adelgoz III., verstorben war, zog Friedrich Barbarossa nicht nur den Besitz der Schwabegger, sondern auch die genannte Vogtei ein. Möglicherweise durch bischöfliche Belehnung gelangte dieser Herrscher in den Besitz dieser Vogtei, die er wohl 1168 seinem Sohn, Herzog Friedrich V. von Schwaben, übertrug. In diesem Jahr setzte nämlich der junge Staufer schon einen Augsburger Untervogt ein[101]. Wie im Falle von Konstanz dürften die staufischen Untervögte bis zur Mitte des 13. Jahrhunderts bischöfliche Ministerialen gewesen sein. Keinesfalls bedeutete dies freilich, daß sie immer im Einverständnis mit ihrem ursprünglichen Herrn standen. Der Stadtvogt Konrad Spannagel konnte sich 1257 im Bunde mit Augsburger Bürgern gegen Bischof Hartmann durchsetzen. Hartmann mußte nicht nur den für ihn agierenden

93 RI 5,1, Nr. 4982.
94 Vgl. dazu schon oben S. 52.
95 Siehe MÖNCKE, Bischofsstadt, wie Anm. 9, S. 71.
96 Vgl. außer Gero KIRCHNER, Die Reichssteuerliste von 1241. Ein Beitrag zur Entstehung des staufischen Königsterritoriums. In: ZRG/GA 70 (1953), S. 98f. auch MÖNCKE, Bischofsstadt, S. 76ff.
97 MÖNCKE, Bischofsstadt, S. 65, 77f. und oben S. 57.
98 Ebd., S. 78.
99 Ebd., S. 69 Anm. 4.
100 Zur Augsburgser Vogtei siehe MÖNCKE, Bischofsstadt, S. 62–68 sowie BAER, Weg, wie Anm. 59, S. 137ff.
101 Vgl. 700 Jahre Augsburger Stadtrecht 1276–1976. Ausstellungskatalog. Augsburg 1976. Nr. 9.

Kämmerer Heinrich von Wellenburg ausliefern, sondern auch für alle Schäden, die die Gegenseite erlitten hatte, aufkommen[102]. Vielleicht hatte Hartmann die gerade geschilderte Begebenheit zum Anlaß genommen, um die Vogtei wieder in die Hand zu bekommen. Dafür dürfte sprechen, daß von 1260–1265 nicht mehr die Spannagel, sondern die Stolzhirsche[103] die Augsburger Stadtvögte stellten. Ein Versuch des noch unmündigen Konradin im Jahre 1264, durch die Anrufung eines Fürstengerichts wieder in den Besitz der Augsburger Vogtei zu kommen, scheint erfolglos gewesen zu sein[104]. Erst über zwei Jahre später konnte sich der junge Staufer mit dem Augsburger Bischof einigen. Am 3. 10. 1266 belehnte Hartmann mit Zustimmung seines Domkapitels und seiner Ministerialen Konradin mit der Vogtei über die Stadt Augsburg und den Herrschaftsbereich des Bischofs. Der junge König erhielt die Belehnung nur für seine Person, nicht für das Reich. Eine Vererbung der Vogtei auf legitime Söhne sollte allerdings möglich sein. Eine Veräußerung, Verpfändung, Weitergabe oder Teilung der Vogtei wurde ausdrücklich untersagt[105]. Konradin verstieß jedoch schon 15 Monate nach dieser vertraglichen Vereinbarung gegen deren wesentliche Bestimmungen. Am 10. Januar 1268 verpfändete er die genannte Vogtei an seinen Onkel, Herzog Ludwig II. von Bayern, der ihm erhebliche Geldmittel zur Finanzierung seines Italienzuges zur Verfügung gestellt hatte[106]. In seltener Einmütigkeit wandten sich Bischof, Domkapitel und Bürger von Augsburg schon vorab gegen diesen Vertragsbruch und sicherten sich bereits am 19. Oktober 1267 gegenseitige Hilfe zu[107]. Zwei Jahre später (24. 10. 1269) erkannten die Bürger von Augsburg Hartmann als ihren Stadtherrn an, versprachen, ihn mit Waffengewalt in seinem Kampf um die Vogtei zu unterstützen, verlangten von ihm aber auch, die erledigte Vogtei nur dem künftigen Kaiser oder römischen König zu übertragen[108]. Damit wollten die Augsburger Bürger die seit 1167 bestehende Verbindung von Augsburger Vogtei und deutscher Königswürde dokumentieren. Nach einer kriegerischen Auseinandersetzung, in deren Verlauf Herzog Ludwig von Bayern Bischof Hartmann und den mit ihm verbündeten Augsburger Bürgern sowie dem Markgrafen Heinrich von Burgau unterlegen war, verzichtete der Wittelsbacher am 9. März 1270 endgültig auf die Vogtei über die Stadt und das Hochstift[109]. Hartmann mußte sich allerdings nur wenig später (30. 5. 1270) gegenüber den Augsburger Bürgern erneut dazu verpflichten, die Vogtei über die Stadt an niemand anderen als den künftigen deutschen König auszugeben[110]. König Rudolf von Habsburg (1273–1291) schließlich ist 1276 Vogt von Augsburg, wobei unklar bleibt, wie er in den Besitz dieser

102 Siehe MEYER, Urkundenbuch, Nr. 15.

103 Zur Familie Stolzhirsch (cervus, curialis cervus) immer noch grundlegend Karlheinz SIEBER, Die Anfänge des Augsburger Patriziats bis zum Stolzhirsch-Aufstand 1303. München (Zulassungsarbeit für das Lehramt an Gymnasien) 1968. S. 46 ff.

104 Vgl. Monumenta Boica. Bd. 30,1. München 1834. Nr. 806 (S. 337–340, vor allem S. 339).

105 Siehe Monumenta Boica 30,1, Nr. 810 (S. 344–348). Vgl. dazu neben MÖNCKE, Bischofsstadt, wie Anm. 9, S. 64 f. auch BAER, Weg, wie Anm. 59, S. 137.

106 Monumenta Boica, 30,1, Nr. 821.

107 Monumenta Boica 33,1, Nr. 103 (S. 112 f.).

108 Monumenta Boica 33,1, Nr. 107 (S. 116–118).

109 Ebd., Nr. 108 (S. 118–121).

110 Ebd., Nr. 109 (S. 121 f.). Siehe auch ebd., Nr. 114 (S. 126).

Funktion gelangte. Augsburger Vogtei und ostschwäbisches Reichsgut wurden zu einer Reichslandvogtei verschmolzen. Mit der Zusicherung Rudolfs vom 9.3. 1276, die Augsburger Bürgerschaft dürfe sich ein eigenes Stadtrechtsbuch anlegen, war die Loslösung vom ursprünglichen Stadtherrn, dem Bischof, mit Genehmigung des königlichen Vogtes weitgehend vollzogen[111].

4) Die Frage, wer Initiativen zur Stadterweiterung ergriff, ist rasch beantwortet. Bis ins 10. Jahrhundert waren es in beiden Städten allein die Bischöfe, die entsprechende Maßnahmen ergriffen. Ab dem 10. Jahrhundert entstehen mit Unterstützung der Bischöfe Stifte und Klöster sowie ab dem 12. Jahrhundert neue Pfarreien. Ähnlich wie im Falle von Konstanz das Kloster Petershausen blieb auch St. Ulrich und Afra lange außerhalb der Augsburger Stadtmauern. Um beide Benediktinerabteien entstanden freilich schon im 12. Jahrhundert bedeutende Vorstädte. Durch die Bettelordensklöster, die in beiden Städten in schon weitgehend besiedelten Vierteln errichtet wurden, verdichtete sich die Bebauung in diesen Bereichen noch mehr. Von einer Initiative der Bürger beider Städte bei der Erweiterung ihrer civitates hören wir bis zur Mitte des 13. Jahrhunderts nichts. In Konstanz dürfte der Patrizier Heinrich in der Bünd eine Vorreiterrolle gespielt haben, der 1252 einen Obstgarten, der am Südrand der Stadt lag, parzellierte und die dadurch entstandenen Grundstücke in Erbleihe zur Bebauung zur Verfügung stellte. Es sollten darauf Häuser errichtet und eine neue Gasse angelegt werden[112]. Ob das Augsburger Rathaus *(domus civium)*, das zum Jahre 1260 erwähnt wird[113], schon von Bürgern erbaut wurde, läßt sich nicht feststellen. Auf jeden Fall ist in derselben Urkunde, in der dieses Gebäude erstmals erwähnt wird, von einem Streit um die Bebauung eines Areals zwischen dem Kollegiatstift St. Peter und dem Rathaus die Rede. In einer Urkunde vom 23.11. 1282 wird von einem Streit zwischen der Bürgergemeinde von Augsburg und dem Stift St. Moritz wegen des Baus einer Kornschranne berichtet[114]. Beide Konflikte wurden durch Schiedgerichtsverfahren beigelegt, wobei die Bürger ihre baulichen Vorstellungen mit einigen Abstrichen genehmigt erhielten. Ob die Stadthöfe auswärtiger Klöster während des 13. Jahrhunderts in Augsburg[115] eine ähnliche wirtschaftliche Bedeutung hatten wie diejenigen in Konstanz[116] und deshalb einen größeren Gebäudekomplex umfaßten, muß offen bleiben. Die staufischen Könige haben in beiden Städten nach den bisher bekannten Quellen keine Maßnahmen zur Stadterweiterung ergriffen, obwohl Augsburg und Konstanz in der ersten Hälfte des 13. Jahrhunderts als königliche Städte beziehungsweise als Städte des Reiches galten[117].

Wenn wir ein Resümee ziehen, so fällt auf, daß sich in Konstanz die Entwicklung

111 Vgl. Baer, Weg, wie Anm. 59, S. 138 sowie Schmidt, Stadtbuch, wie Anm. 13, S. 140f.
112 Vgl. Beyerle, Grundeigentumsurkunden, Nr. 26. Siehe dazu Maurer, Bischofsstadt Konstanz, wie Anm. 11, S. 90.
113 Meyer, Urkundenbuch, Nr. 21 (S. 19).
114 Ebd., Nr. 73 (S. 54f.).
115 Vgl. den kurzen Überblick bei Jahn, Topographie, wie Anm. 18, S. 30f.
116 Maurer, Bischofsstadt Konstanz, wie Anm. 11, S. 91.
117 Zu Konstanz vgl. Maurer, Bischofsstadt Konstanz, S. 84 Anm. 110; zu Augsburg Hipper, Urkunden St. Ulrich und Afra, Nr. 22 und Kreuzer, Hoftage, wie Anm. 79, S. 113 Anm. 215.

ANZ
O

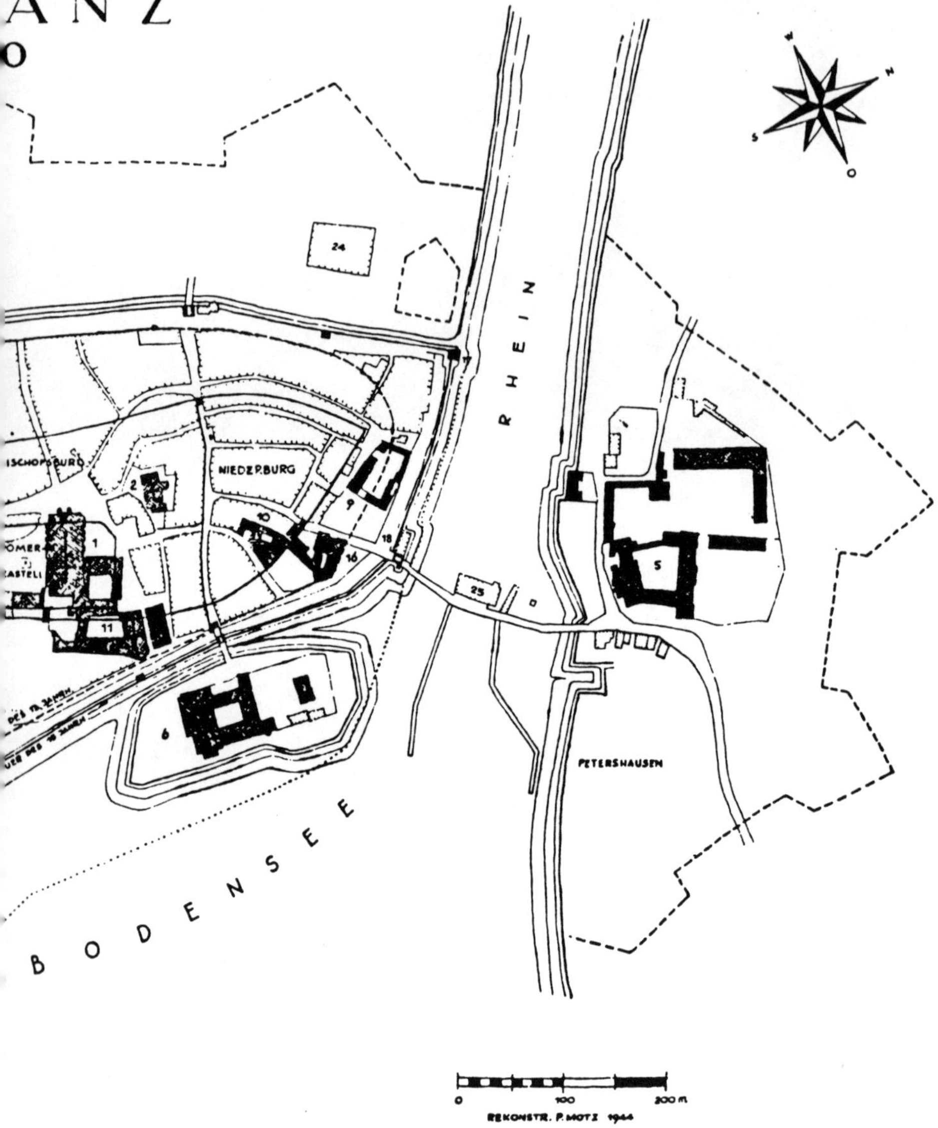

W
N
S
O
24
RHEIN
ISCHOFSBURG
NIEDERBURG
2
1
ÖMER-
KASTELL
11
9
10
16
17
18
25
5
6
PETERSHAUSEN
BODENSEE
0
100
200 m
REKONSTR. P. MOTZ 1944

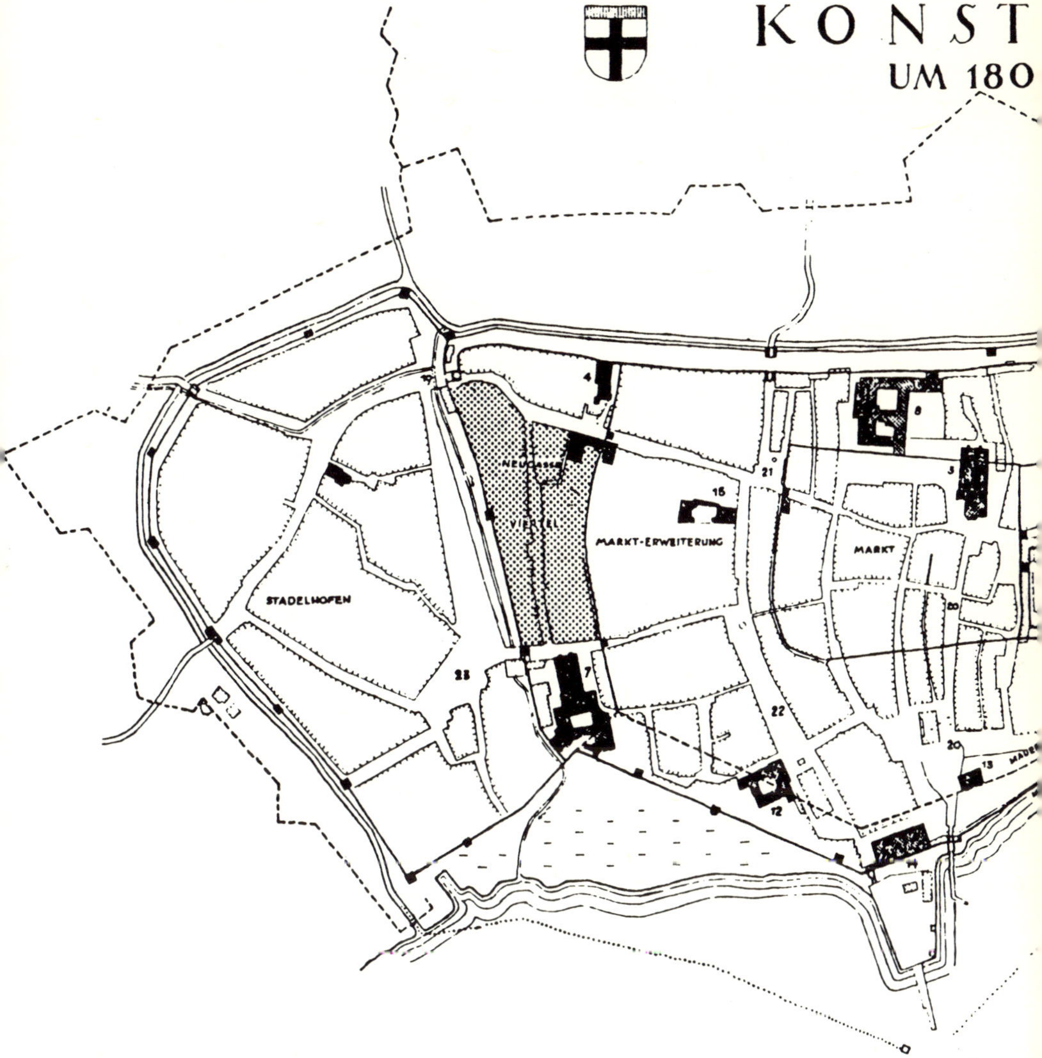

Tafel 1 *Konstanz. Stadtplan (um 1800) – Planzeichnung P. Motz*
(freundlicherweise zur Verfügung gestellt von Archivdirektor Prof. Dr. Maurer/Konstanz).

Das Neugassen-Viertel (links; im Südwesten) ist punktiert

1. Münster
2. St. Johann-Stiftskirche
3. St. Stefan
4. St. Paul-Pfarrkirche
5. Benedikt. Kloster Petershausen
6. Dominikanerkloster
7. Augustinerkloster
8. Franziskanerkloster
9. Frauenkloster St. Peter
10. Frauenkloster Zoffingen
11. Jesuitenkolleg
12. Kapuzinerkloster
13. Rathaus
14. Kaufhaus
15. Stadtkanzlei
16. Dompropstei
17. Pulverturm
18. Rheintor
19. Schnetztor
20. Fischmarkt
21. Obermarkt
22. Marktstätte
23. Rindermarkt
24. Schottenkloster
25. Rheinmühlen

Tafel 2 *Die Entstehung der geschlossenen Stadtsiedlung Augsburgs (12.–15. Jahrhundert)*

(nach: Detlev Schröder, Stadt Augsburg, München 1975, S. 232f.)

Wachstumslinien der präurbanen und urbanen Siedlung

ALTE STIFTE

1 civitas (Bischof/Domstift)
2 St. Ulrich und Afra
3 St. Stephan
4 St. Moritz
5 St. Peter
6 St. Gertrud (Stiftsgebäude mußte im 14. Jh. dem gotischen Domostchor weichen)
7 St. Georg
8 Hl. Kreuz

BETTELORDENSKLÖSTER SEIT 1200

1 Barfüßer
2 Dominikaner (St. Magdalena)
3 St. Ursula
4 St. Katharina
5 St. Margareth
6 St. Anna
7 St. Maria Stern
8 St. Martin
9 St. Clara an der Horbruck

TORE

A Frauentor
B Burgtor
C Vorstadttor des frühen 11. Jh.
D Tor vor Einbeziehung der nördlichen Jakobervorstadt
E Eingang am Predigerberg
F Barfüßer (fr. Sträffinger)-Tor
G Hl. Kreuzertor
H Wertachbruckertor
J Fischertor
K Steffingertor
L Oblattertor
M Jakobertor
N Vogeltor
O Schwibbogentor
P Rotes Tor
Q Göggingertor
R Einlaß
S Klinkertor

Vor Einbeziehung der Frauenvorstadt und der Jakobervorstadt waren das Hl. Kreuzertor und das Barfüßertor das nordwestliche und das östliche Haupttor der Stadt gewesen.

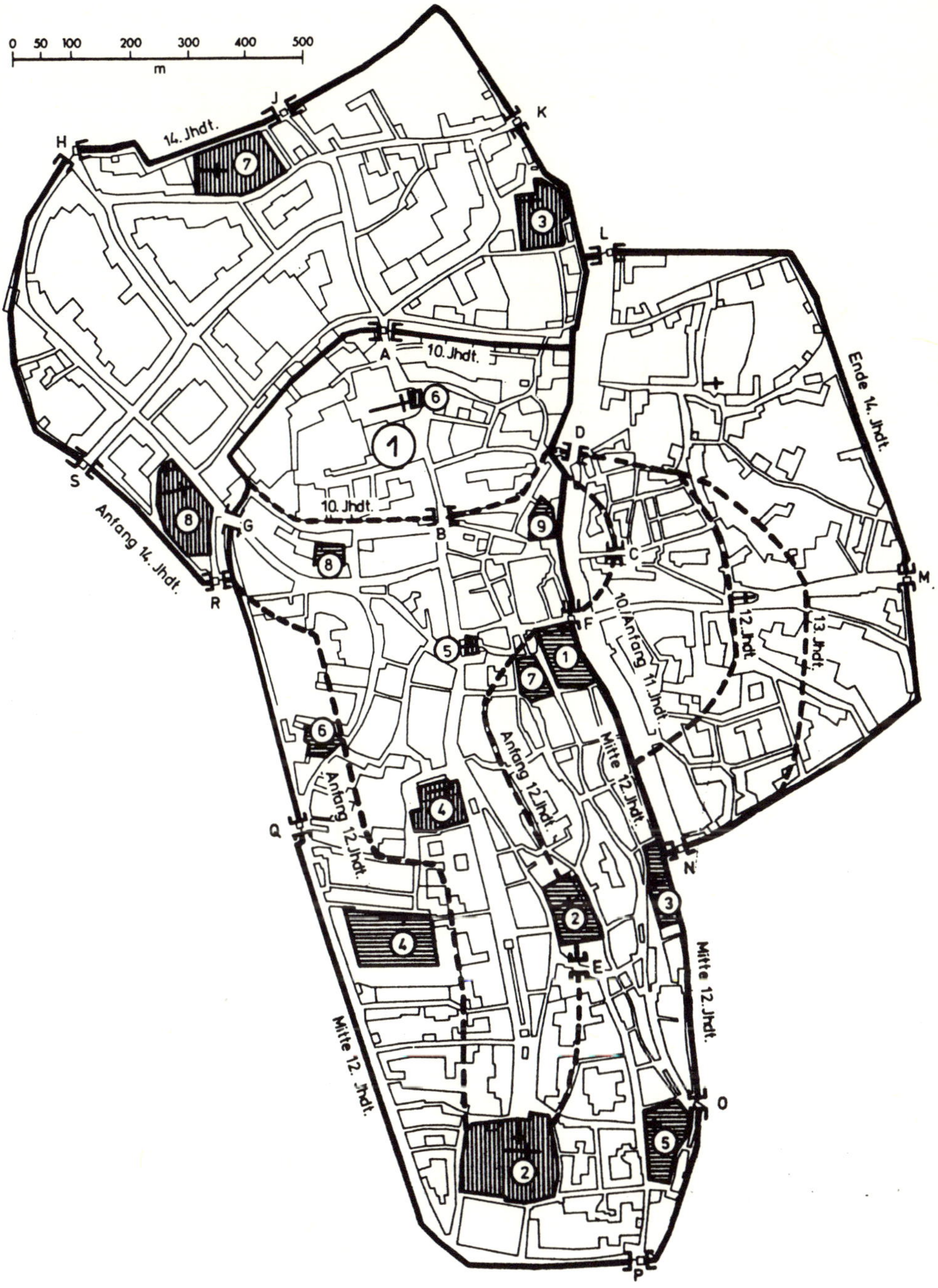
0 50 100 200 300 400 500
m
14. Jhdt.
10. Jhdt.
10. Jhdt.
Ende 14. Jhdt.
Anfang 14. Jhdt.
10./Anfang 11. Jhdt.
12. Jhdt.
13. Jhdt.
Anfang 12. Jhdt.
Anfang 12. Jhdt.
Mitte 12. Jhdt.
Mitte 12. Jhdt.
Mitte 12. Jhdt.
A
B
C
D
E
F
G
H
J
K
L
M
N
O
P
Q
R
S

zur Bürgerstadt früher vollzog als in Augsburg. Dies lag möglicherweise an den sich schon im 10. Jahrhundert herausbildenden, vielbesuchten Märkten der Bodenseemetropole. Die Verankerung des Bischofs in der Stadt ließ sich in beiden Fällen vor allem im Vorhandensein von ausgebauten Pfalzen erkennen, wobei allerdings neben dem Bischofssitz oder in weiterer Entfernung um die Mitte des 13. Jahrhunderts eine Ausweichresidenz entstand. Die Bischofspfalz diente in Konstanz und Augsburg auch als Unterkunft und Ort der Hofhaltung für die Könige. Erst mit dem Erwerb der Vogtei über beide Städte erhielten die Staufer bessere Eingriffsmöglichkeiten in deren innere Angelegenheiten, die sie nicht selten benutzten, um die Stellung der immer selbstbewußter werdenden Bürgerschaft gegen ihren Stadtherrn zu stärken. Maßnahmen zur Stadterweiterung wurden bis ins 13. Jahrhundert in Konstanz und Augsburg im wesentlichen vom bischöflichen Stadtherrn ergriffen, der auch die Errichtung von Klöstern, Stiften, Hospitälern usw. in oder im nächsten Umkreis seiner Metropole unterstützte. Erst um 1250 trat auch die Bürgerschaft beider Städte mit Vorstellungen zum Ausbau ihrer civitates in Erscheinung.

Augsburger Bürgerschaft, Domkapitel und Fürstbischöfe im 17. und 18. Jahrhundert: geistlich-weltliche Allianz oder politisch-ständischer Gegensatz?

VON WOLFGANG WÜST

1. Einleitung

»La Ville est, dit-on, le singe de la Cour«[1]. Der Marquis Giry de Saint-Cyr, Mitglied der französischen Akademie und Privatlehrer am Hofe Ludwigs XV., läßt 1759 das städtische Bürgertum als »Affe« des Hofes, als Imitator eines absolutistisch-aristokratisch geprägten Lebensstils im Ancien Régime und, negativ gesehen, als parvenühafte Krämerschicht im Streben um verfeinerten Geschmack und höfischen Luxus erscheinen.

In der Reichsstadt Augsburg erscheint dieses für den Versailler Hof zeitweise zutreffende Modell fragwürdig, da es eine ernste Konfliktstellung zwischen der fürstbischöflichen Pfalz und den reichstädtischen Kurien ausschließen würde. Die bischöfliche Nebenresidenz in der Stadt erfüllte aber ihre Rolle als Mäzen nur unvollkommen, die geistliche Autorität der Hofelite verlor durch Reformation und Aufklärung an Glanz und dem Bürgertum wurde der Zugang zu den domkapitelischen Pfründen verwehrt. Alleine die Ausschließungverbote gegen bürgerliche Domkapitularsaspiranten, die im 14. Jahrhundert erfolgten, gärten in der städtischen Oberschicht nachhaltig. So ließ Joseph von Sartori im Auftrag des Magistrats noch 1789 anonym eine umfangreiche Schrift erscheinen, die den bezeichnenden Titel trug: *Darstellung der unrechtmäßigen Ausschließung Augsburgischer Patricier und Bürgersöhne von dem dortigen hohen Domstifte*[2]. Im Vorwort bemüßigte der Autor ein Zitat des zweitrangigen Philosophen

1 Tableau du Siècle, par un auteur connu (Saint-Cyr), Genf 1759, S. 132; Norbert ELIAS, Die höfische Gesellschaft. Untersuchungen zur Soziologie des Königtums und der höfischen Aristokratie, hg. von H. MAUS/F. FÜRSTENBERG, Neuwied 1969, S. 60ff.; vgl. zur Ausstrahlungskraft des französischen Hofs in den süddeutschen Raum u.a.: Peter Claus HARTMANN, Luxuskäufe des Münchener Hofes in Paris (1718–1727). In: Francia. Forschungen zur westeuropäischen Geschichte, Bd. 1, hg. vom Deutschen Historischen Institut Paris, 1973, S. 350–360; Etienne FRANÇOIS, Der Hof Ludwigs XIV., in: Europäische Hofkultur im 16. und 17. Jahrhundert (Wolfenbütteler Arbeiten zur Barockforschung 10), Hamburg 1981, S. 725–733.

2 Stadtarchiv Augsburg, Historischer Verein, HP 74 (= Aus dem Nachlaß Benedikts von Paris, dessen Vorfahren den Mehrern der Gesellschaft angehörten).

Franz Kratters[3], um bei der *Verfolgung des Bößwichtes* (Bischof) und der *Rache der Thoren* (Domkapitulare) die personelle Führung des Hofes zu diskreditieren. Reichsstadt und Bischofsstadt in Augsburg bildeten in der Tat während des 17. und 18. Jahrhunderts in vielfacher Hinsicht ein ungleiches Paar, so daß die Frage nach ihrem Verhältnis zueinander in einer Epoche, in der sich die Fürstbischöfe nach ihrer Dillinger Exilierung wieder verstärkt ihres mittelalterlichen Bischofssitzes entsannen, einige Brisanz in sich birgt.

Politisch und verfassungsrechtlich gesehen blieben zwar beide Mitglieder im Schwäbischen Reichskreis[4], doch war dieser formale Deckmantel kaum geeignet, traditionelle Gegensätze dauerhaft zu überbrücken. In der Pfalz zu Augsburg hatte sich in paritätischer Umgebung ein katholischer Reichstand etabliert, der auf der Geistlichen Bank des Reichfürstenrats im Reichstag zu Regensburg an zehnter Stelle und im Schwäbischen Kreistag nach dem Konstanzer Bischof an zweiter Stelle rangierte. Dort stand ihm auch die dritte Stimme beim Votieren nach den markgräflichen Linien von Baden-Hochberg und Baden-Durlach zu[5]. Verknüpften verwandtschaftliche Bande die Augsburger Bischöfe an den Kreis der führenden europäischen Adelsschicht, so verdoppelten sich sogar die Virilstimmen im Reichstag wie unter Bischof Joseph, dem Landgraf von Hessen-Darmstadt (1740–1768), und unter Clemens Wenzeslaus, dem Kurfürsten von Trier und nachgeborenen Sohn des polnischen Königs und sächsischen Kurfürstenhauses. Die Reichstadt hingegen mußte sich im städtischen Kollegium zu Regensburg mit 36 schwäbischen und 5 rheinischen Konkurrenten eine Kuriatstimme teilen. Im Schwäbischen Kreis zählte sie nie zu den kreisausschreibenden Kräften, rangierte im Protokoll und in den Anwesenheitslisten erst im Mittelfeld, obwohl sie wesentlich höhere Matrikelbeiträge entrichtete als dies der Bischof tat[6].

Auch das ländliche Umfeld der Reichsstadt, der es im Gegensatz zu Nürnberg oder Ulm[7] nie gelang, ein nennenswertes Territorium auszubilden[8], war dazu geeignet, der hochstiftischen und domkapitelischen Minderheit innerhalb der Stadtmauern den Rük-

3 Franz Kratters wurde 1758 in dem hochstiftischen Pflegamt Marktoberdorf geboren. Er studierte zunächst Philosophie und Theologie an der jesuitischen Universität in Dillingen, bevor er sich als Dramaturg auf deutschen Bühnen einen Namen machte.

4 James Allen VANN, The Swabian Kreis. Institutional growth in the holy Roman empire, 1648–1715, Brüssel 1975. Adolf LAUFS, Der Schwäbische Kreis. Studien über Einungswesen und Reichsverfassung im deutschen Südwesten zu Beginn der Neuzeit (Untersuchungen zur deutschen Staats- und Rechtsgeschichte NF 16), Aalen 1971. Eine Auswertung dieser beiden Werke für die geistlichen Herrschaften erfolgte in: Armgard VON REDEN-DOHNA, Reichsstandschaft und Klosterherrschaft. Die Schwäbischen Reichsprälaten im Zeitalter des Barock (Institut für europäische Geschichte Mainz, Vorträge 78) Wiesbaden 1982.

5 Johann Jacob MOSER, Staats-Recht des fürstlichen Hoch-Stiffts Augspurg, Leipzig 1740, S. 9 ff.

6 Staatsarchiv Ludwigsburg, C 9.179, Fasz. 2, fol. 181–182. Im Jahre 1595 entfielen an Umlagen z.B. auf die Reichsstadt 900 fl und auf das Hochstift nur 652 fl. Der kreisausschreibende Bischof von Konstanz entrichtete sogar nur 204 fl.

7 Vgl. dazu u.a.: Gerold Neusser, Das Territorium der Reichsstadt Ulm im 18. Jahrhundert. Verwaltungsgeschichtliche Forschungen (Forschungen zur Geschichte der Stadt Ulm 4) Ulm 1964. Zu Nürnberg: Gerhard Pfeiffer (Hg.), Nürnberg – Geschichte einer europäischen Stadt, München 1971.

8 Ansätze zur Territorienbildung waren nur im Norden mit der sog. Landvogtei und in bescheidenerem Maß im Süden in der sog. Straßvogtei erfolgreich. Im Norden und Westen gelang

ken zu stärken. Von den direkt vor den Stadttoren liegenden Gemeinden unterstand zeitweise keine einzige dem Magistrat, und der evangelischen Mehrheit der Stadtbevölkerung standen *extra muros* fast ausnahmslos katholische Kräfte gegenüber. Der Fürstbischof von Augsburg und sein Domkapitel übten die Gerichtsherrschaften in Göggingen, Inningen, Bobingen und Gersthofen vollständig aus. In Oberhausen blieb das Hochstift anteilsmäßig bis 1602 präsent und in Pfersee kaufte sich der Bischof 1710 ein. Dort funktionierte anschließend sogar das Nebeneinander des bischöflichen Vogts mit der formal der städtischen Landeshoheit unterstehenden St. Jakobspfründe, der Pferseer Majoratsherrschaft, so gut, daß beide Grundherren ihre Verwaltungsorgane in einem Kondominat vereinten[9]. Es ist dies ein Anzeichen dafür, daß der magistratische Einfluß auf die Territorialpolitik seiner Stiftungen und Pfründen nicht zu hoch einzuschätzen ist[10].

Das verbleibende städtische Umland teilten sich ebenfalls katholische Reichsstände. Haunstetten unterstand dem Abt des Reichsstifts St. Ulrich und Afra, im Westen regierten Habsburger als burgauische Markgrafen über Kriegshaber und im Osten stand das altgläubige wittelsbachische Kurfürstentum.

Angesichts dieser Vorteile, die das Hochstift außerhalb der Stadtbefestigung über das Reichsrecht und die territoriale Situation genoß, stellt sich die Frage, ob die fürstbischöfliche Rumpfverwaltung innerhalb der Stadttore davon profitieren konnte?

2. Das Burggrafenamt

Das Verhältnis zwischen Bischofs- und Reichsstadt läßt sich bei Amtsantrittsfahrten gut illustrieren. Offizielle Amtsempfänge seitens des Magistrats standen in der hochstiftischen Beamtenschaft nur dem Burggrafen zu, da ihm, obwohl vom Bischof ernannt, bis 1803 auch rein städtische Amtskompetenzen verblieben waren. Dem Burggrafenamt oblag somit aber auch eine doppelte Dienstverpflichtung, einmal gegenüber der vorgesetzten bischöflichen Behörde, dem Rentmeisteramt[11], und zum zweiten gegenüber dem Stadtvogt, der noch 1371 sogar ein Todesurteil über einen münzfrevelnden

es aber immerhin, über die städtischen Spitalsstiftungen indirekte Gerichtsherrschaften in den Obervogteiämtern Gabelbach, Lützelburg, Mittelneufnach und Täfertingen auszubilden.

9 Bayer. Hauptstaatsarchiv, MA IV 4539 (= Gerechtsame und Besitzungen des Hochstifts und des Domkapitels in der Reichsstadt Augsburg, 1802).

10 Rolf Kießling, der die Stadt-Land-Beziehungen für das 14. und 15. Jahrhundert unter vorwiegend wirtschaftsgeschichtlichen Aspekten analysierte, kam in dieser Frage naturgemäß zu anderen Ergebnissen. Der reichsstädtische Einfluß erstreckte sich demnach, ungeachtet aller territorialen Engpässe, über das Verlagswesen weit in das bischöfliche Hinterland. Vgl. Rolf KIESSLING, Bürgerliche Gesellschaft und Kirche in Augsburg im Spätmittelalter. (Abhandlungen zur Geschichte der Stadt Augsburg 19) Augsburg 1971; Zu ganz ähnlichen Ergebnissen kam: Bernhard KIRCHGÄSSNER, Der Verlag im Spannungsfeld von Stadt und Umland. Protokoll der X. Arbeitstagung des Arbeitskreises für südwestdeutsche Stadtgeschichtsforschung, hg. v. E. MASCHKE/J. SYDOW, Stuttgart 1974, S. 72–128; Rudolf HOLBACH, Exportproduktion und Fernhandel als raumbestimmende Kräfte. Entwicklungen in nordwesteuropäischen Gewerbelandschaften vom 13.–16. Jahrhundert, in: Jahrbuch für westdeutsche Landesgeschichte 13 (1987) S. 227–256.

11 Seit Beginn des 16. Jahrhunderts unterstanden die bischöflichen Burggrafen direkt dem Rentmeisteramt zu Augsburg.

Burggrafen vollstrecken ließ[12]. Aufgrund dieser besonderen Situation darf die Atmosphäre beim Aufwartungsgang eines jeweiligen Burggrafen in der Ratsdeputation durchaus als Gradmesser der bilateralen Beziehungen interpretiert werden.

Nachdem Fürstbischof und Kurfürst Clemens Wenzeslaus 1796 als Nachfolger des verstorbenen Burggrafen Alois von Plummern (1783–1796) seinen Hof- und Regierungsrat Johann Nepomuk Kraft von Festenburg auf Frohnberg erneut mit der Burggrafenwürde[13] betraut hatte[14] und seine Personalentscheidung den Pflegern, Bürgermeistern und dem Rat der Stadt Augsburg schriftlich mitgeteilt hatte[15], wurde am 18. Februar 1796 erneut jenes traditionelle Aufwartungszeremoniell vollzogen, das, wie Stadtpfleger Paul von Stetten im Namen des gesamten Magistrats betonte, *nachbarliche freundschaft und gute harmonie* förderte[16]. Als der frischgebackene Burggraf in Begleitung des fürstbischöflichen Geheimrats und Regierungskanzleidirektors Johann Nepomuk von Mezger[17] zwischen 9 und 10 Uhr morgens vor dem Rathaus eintraf, empfing sie zunächst an der Karosse lediglich Ratsstubenheizer Gotthelf Seydel[18]. Doch salutierte an der Ratstreppe bereits Wolfgang Ignaz Rochus Langenmantel von Westheim und in der äußeren Ratsstube wurden sie letztlich standesgemäß von Stadtpfleger Paul von Stetten begrüßt. Es folgten eine Reihe von protokollarisch festgelegten Tischreden, bei denen städtischerseits auch die Bürgermeister Alois Maria Precht von Hochwart und Philipp Christoph von Stetten sowie Stadtschreiber Dr. Neunhöfer das Wort ergriffen. In der Stadtgerichtsstube wiederholte sich der Vorgang, wobei beim Eintritt des Burggrafen die Gerichtsherren, *welche schwarz mit Mäntele und Krägen gekleidet waren (und) auch Degen angesteckt hatten*[19], *aufstanden und stehend die Introductions Rede* mitverfolgten. Der städtische Oberrichter wies nach weiteren Gratulationen und Ovationen den Burggrafen auf dessen *gewohnlichen locum*, der von Anfang an dessen Stellung in der verkrusteten Hierarchie des reichsstädtischen Ämterwesens der frühen Neuzeit festlegte und zugleich den Handlungsspielraum dieses *homo novus* einengte.

Gerade die Reverenzerweisung des Stadtgerichts, das bis zur Mediatisierung der Reichsstadt als einziges der drei Verfassungsorgane des Großen Rats, der sich aus dem Inneren Rat, dem Stadtgericht und der Geschlechterstube zusammensetzte, personell

12 Joseph Zeller, Das Augsburger Burggrafenamt, in: Archiv für die Geschichte des Hochstifts Augsburg (AGHA) V (1916/19) S. 398; Wolfram Baer, Das Stadtrecht vom Jahre 1156, in: Geschichte der Stadt Augsburg von der Römerzeit bis zur Gegenwart, hg. v. Gunther Gottlieb u. a., Stuttgart 1984, S. 132–134.

13 Johann Nepomuk Kraft von Festenburg bekleidete das Amt bereits von 1775 bis 1783.

14 Stadtarchiv Augsburg, Reichsstadt, Beziehungen zu Bischof und Domkapitel Akt 8y, Nr. 23. Dieser Bestand wird demnächst neu formiert.

15 Für die hochstiftische Beamtenschaft, die Albert Hämmerle unberücksichtigt ließ, sind immer noch die entsprechenden Jahrgänge des Hofkalenders heranzuziehen. Vgl. Studienbibliothek Dillingen, VIIb, Nr. 825; Landesarchiv Koblenz, Bestand V 3, Hofkalender von 1769; Stadt- und Staatsbibliothek Augsburg, Augustana, 8° HV 1024.

16 Stadtarchiv Augsburg, Reichsstadt, Beziehungen zu Bischof und Domkapitel Akt 8y, Nr. 14 (= Schreiben vom 29. Januar 1796).

17 Staats- und Stadtbibliothek Augsburg, Augustana, 8° HV 1024.

18 Die Ladung für Standespersonen erfolgte in der Regel durch die drei Stubenheizer, während Vertreter aus der »Gemeinde« mit dem städtischen Amtsbüttel vorliebnehmen mußten.

19 Stadtarchiv Augsburg, Reichsstadt, Beziehungen zu Bischof und Domkapitel Akt 8y, Nr. 14.

mit dem alten patrizischen Stadtadel durchsetzt war[20], kam eine besondere Bedeutung zu. Selbstverständlich war diese Geste auf keinen Fall, vor allem dann nicht, wenn allzu selbstbewußte bischöfliche Amtsinhaber, wie Burggraf Johann Leonhard von Behr, sich nicht dem Protokoll fügten. So mißachtete 1739 von Behr ein Jahr nach seinem Amtsantritt *finita sessione* das dem städtischen Oberrichter zustehende Vorgangsrecht aus dem Stadtgericht. Obwohl sich der Burggraf auf ein älteres Ratsdekret berufen konnte, wurde per Senatsdekret angeordnet, daß künftig *zwey Soldaten von der Stadt Garde mit Hellenparten in die Stadtgerichts Stuben vor die innere Thür mit der Ordre commandiert und gestellt werden sollten, (um) den Herrn Burggrafen in solang von dem Austritt aus der Gerichts-Stuben vermittelst Vorstellung der Hellenparten abzuhalten, bis nach geendigtem Stadtgericht die Herren Ober- und andere Herren Richtern auch Herr Reichs Stadt-Vogt aufgestanden und sammentliche vorhero hinausgegangen seyn werden*[21]. Um die Frage beantworten zu können, ob hinter diesen Verbalinjurien, die die gesamte relativ lange Amtsperiode des Burggrafen Johann Leonhard von Behr von 1738–1761 überschatteten, lediglich verletzte ständestaatliche Eitelkeit oder ob wirkliche machtpolitische Fragen zu suchen sind, ist es unverzichtbar, einen Blick auf das Aufgabenfeld der fürstbischöflichen Burggrafen zu werfen.

Die Burggrafen führten bei den drei wöchentlichen *Vogtgedingen* des Stadtgerichts, selbst wenn diese in der Bischofspfalz abgehalten wurden, in der Neuzeit nicht mehr den Vorsitz, da der Pfalzpropst[22] den Gerichtsstab als Symbol richterlicher Gewalt dem Stadtvogt überreichte. Das Erscheinen des Burggrafen zu den Gerichtsterminen mußte aber immerhin noch durch einen Boten lauthals angesagt werden und ohne des

20 Im Jahre 1768 verteilten sich z.B. die Ratssitze wie folgt:

			Sitz-anteile	prozentualer Gesamtanteil
1) Der Innere Rat	Mehrer der Gesellschaft	4	14	28,6%
	Kaufleute	3		21,4%
	Bürgerschaft (»Gmein«)	7		50,0%
2) Das Stadtgericht	Patrizier	10	16	62,5%
	Mehrer der Gesellschaft	2		12,5%
	Kaufleute	2		12,5%
	Bürgerschaft	2		12,5%
3) Die Geschlechterstube	Patrizier	6	273	2,2%
	Mehrer der Gesellschaft	12		4,4%
	Kaufleute	57		20,9%
	Bürgerschaft	198		72,5%

21 Stadtarchiv Augsburg, Reichsstadt, Beziehungen zu Bischof und Domkapitel Akt 8y, Nr. 14; Bayer. Hauptstaatsarchiv, Hochstift Augsburg, NA, Akt 3245. Burggraf von Behr provozierte aber auch die Mißgunst des Rentmeisters. So füllte sich 1744 eine umfangreiche Akte in der Rentamtsregistratur *wegen beeinträchtigter Jurisdiktion und Verlassenschaftssachen der Hofbediensteten*, da von Behr seine Kompetenzen überzogen hatte.

22 Vgl. zur Stellung des Pfalzpropstes: Wolfgang WÜST, Die fürstbischöfliche Residenz zu Augsburg. Ein Beitrag zum hochstiftischen Hof- und Verwaltungswesen im 17. und 18. Jahrhundert, in: ZBLG 48 (1985) S. 353–367; DERS., Fürstbischöfliche Amts- und Staatsführung im Hochstift Augsburg unter Clemens Wenzeslaus (1768–1812), in: Miscellanea Suevica Augustana (Augsburger Beiträge zur Landesgeschichte Bayerisch-Schwabens 3) Augsburg 1985, S. 131–148.

Burggrafen Einverständnis durfte niemand vor Gericht *rechtliche fürtrag* halten. Größere Befugnisse standen dem Burggrafen außerhalb der Strafgerichtsbarkeit zu. Verpfändete Güter, die man zur Versteigerung ausrief, wurden vom Burggrafen taxiert. Nach Ablauf einer achttägigen Gantfrist oblag es dann dem Burggrafen, bei liegenden Gütern die *anlaith* durchzuführen, das heißt durch die Übergabe eines Türspans oder einer Erdscholle als *pars pro toto* an den Gantmeister den Eigentumsübergang an den neuen Besitzer einzuleiten. Ansonsten fielen dem Burggrafen wenig konkrete Befugnisse zu, seine Position in der Reichsstadt stützte sich vielmehr auf vielseitige Zoll- und Gerichtssporteln oder auf *ewich geld* aus verpfändeten Liegenschaften, die, da sie in den Stadtrechtskodifizierungen seit 1156 immer wieder festgehalten wurden, sich bis zum Ende der reichsstädtischen Ära fortsetzten. So entrichteten zum Beispiel die Salzhändler und -messer bei Amtsantritt einen Gulden, die Huckler reichten jährlich am Georgs- und Martinstag je 10 Kreuzer[23], die Wirte zollten von jedem Faß »welsch oder öschwein« eine Maß (2 Seidel), also den sechzigsten Teil, und von jedem »Panzen« (½ Faß) einen Seidel, die Hafner aus Lützelburg (LK Augsburg) entrichteten als Standgebühr auf der Ulrichs- und St. Michaeliskirchweih fünf Augsburger Pfennige oder das städtische Bauamt leistete für die Nutzung eines Gewölbegangs beim Stift St. Peter am Perlach fünf Gulden *ewig zünnß* an Lichtmeß[24].

Insgesamt bestätigten die burggräflichen Dienstreverse aus dem 17. und 18. Jahrhundert die Ergebnisse von Joseph Zeller, der die *Gerechtsame* des Burggrafen auf finanzielle Amtsnutzungen ohne politischen Inhalt beschränkt sah. Allerdings wuchsen diese Abgaben ständig, da die Zahl der Handwerker trotz zünftischer Kontrolle zunahm, so daß der Rat die Höhe der Einzelabgaben wiederholt nach unten nivellierte[25].

Zusammenfassend bleibt festzustellen, daß die Reichsstadt mit den hochstiftischen Burggrafen, solange jene die reichstädtische Prärogative akzeptierten, einen höflichen, wenn auch distanzierten Umgang pflegte. Rebellierten aber die Burggrafen, wie das Beispiel Johann Leonhard von Behrs zeigte, gegen diese subalterne Rolle, so zögerten die Verantwortlichen in der Gerichtsstube nicht, den fürstbischöflichen Beamten notfalls mit Gewalt zur Räson zu bringen.

3. Domherren und Hofbedienstete im Konflikt mit der städtischen Gerichtsbarkeit

Eine ernsthafte Bedrohung reichsstädtischer Gerichtsbarkeit ging demzufolge weniger von den Burggrafen als vielmehr von Teilen der Domkanonikerschaft aus, die, da sie ihres Imunitätsschutzes sicher sein konnte, mitunter massiv gegen die städtischen Rechtstraditionen verstießen. Außerdem sorgte nach dem Auszug des Bischofs in der

23 Einen »dritthalben« Gulden.

24 Archiv des Bistums Augsburg, Akt BO 869, S. 42 ff. (= Verzeichnus der Recht und Gerechtigkeiten eines Burggravens zu Augspurg); Stadtarchiv Augsburg, Reichsstadt, Beziehungen zu Bischof und Domkapitel Akt 8y, Nr. 14 (= Verzaichnus der Recht und Gerechtigkeiten eines Burggraven zu Augspurg). Die burggräflichen Dienstreverse erfuhren seit 1602, dem Entstehungsjahr der genannten Akten, keine wesentlichen Veränderungen.

25 Joseph Zeller (wie Anm. 12), S. 321–410; Rolf Kießling (ebd.), S. 57 f.

Reformation weitgehend nur das Domkapitel für geistliche Präsenz in der Domimmunität. Mit der Pietät der Domkapitulare stand es überdies im Barockzeitalter nicht zum besten, worauf rein äußerlich die säkularen Bekleidungsgewohnheiten des geistlichen Standes wiesen. So beklagte Bischof Heinrich von Knöringen 1623, daß die Domherren *ohne gebührendes Röckhlen oder Talar in Hosen (...) auf ein den Geistlichen ganz untaugliche Art mit kurzen Mändtel herumbreütten, daß sie von menigelich (= jedermann), der selbige sonst nit kennet, mehr für Stattjunckern als Dombherren gehalten werden müessen; wann dann hierdurch (...) große Ärgernuß verursachet wird*[26]. Im Zusammenhang mit der Mißachtung des geistlichen Sittenkodex standen aber auch Übergriffe auf reichsstädtische Institutionen, wovon Handgreiflichkeiten gegen die Stadtwache im Jahre 1736 ein klares Bild vermitteln. Vier Augsburger Domkanoniker, von denen zwei mit großer Wahrscheinlichkeit als die Freiherren Christoph Joseph von Freyberg-Allmendingen[27] und Johann Adam Joseph Ignaz Freiherr von Riedheim[28] zu identifizieren waren, provozierten, die Würde ihres geistlichen Standes negierend, in betrunkenem Zustand zu mitternächtlicher Stunde am 30./31. Mai 1736 die Schildwache ausgerechnet vor dem Amtshaus des reichsstädtischen Pflegers. Nach einem kurzen verbalen Intermezzo, das die Frage nach der nächtlichen Uhrzeit ausgelöst hatte, haben laut Aussage des Gardefeldwebels Matthäus Rothbausch und des um seinen Schlaf gebrachten Pflegers *sie alle 4 angegriffen und der eine ihn bey den haaren genommen, der andere ihm die flinten sambt dem bajonet aus der hand reissen wollen, der 3.te ihm bey der gurgel angezackht; da er sich aber gewehrt und seinen Cameraden geschrien, diser auch dazu gekommen, haben sie zwar von ihm abgelassen, iedoch aber unter schändlichen beschimpfungen sich beschwert, daß mann ihnen als Dhombherren nicht (habe) sagen wollen, wieviel (Uhr) es geschlagen habe*[29].

Daß es zu diesem Exzeß kommen konnte, lag ganz offenbar an der privilegierten Stellung aller Pfalzbewohner, denn das Protokoll berichtete ferner, daß die *Soldathen ihnen die flintengrat in die Rippen gestossen hätten, wann sie nicht hätten besorgen müessen, es dürfte ihnen, zu mahlen wann es Dhomherren gewesen, hernach übel aufgenommen werden*[30]. Der Vorfall von 1736, der sich mit einem mildgehaltenen Rügeschreiben des Dompropstes bald erledigt hatte, bildete wahrscheinlich keine Ausnahme. 1686 mußten sich der Augsburger Chorvikar und vermutlich der Domkanoniker Freiherr Johann Christoph vom Stain (Amtszeit: 1682–1689) wegen einiger *Nachthändel* verantworten, die sich nach Zeugenaussagen als Rauf-, Trunkenheits- und

26 Archiv des Bistums Augsburg, Akt BO 7476 (Schreiben vom 15. 8. 1623).

27 Er erhielt 1726 das Augsburger Kanonikat von Graf Sigismund von Arco. Nach seinem Tod am 15. 5. 1738 trat Graf Franz Xaver von Breuner seine Nachfolge an. Vgl. Albert HÄMMERLE, Die Canoniker des hohen Domstiftes zu Augsburg bis zur Säkularisation, Zürich 1935, S. 83.

28 Er erhielt 1730 das Augsburger Kanonikat von Freiherr Johann Franz Christoph von Heidenheim, das er bis 1773 innehatte. Seit 1749 war er zugleich Domherr zu Eichstätt und avancierte dort 1760 zum Geheimen Rat bzw. 1761 zum Regierungspräsidenten. Schloßarchiv Harthausen, Familienchronik von Riedheim, S. 40.

29 Bayer. Hauptstaatsarchiv, Hochstift Augsburg, MüB, Lit. 1044.

30 Bayer. Hauptstaatsarchiv, Hochstift Augsburg, MüB, Lit. 1044.

sogar als Notzuchtsdelikte entpuppten. Das Vernehmungsprotokoll, das in der literarischen Tradition der *Mantel- und Degen*-Episoden[31] ein Bestseller geworden wäre, liest sich wie folgt: *Verwichenen Sommer (1685) nicht lang nach Pfingsten abendts gegen des nacht an einem sonn- oder feyrdag seye Herr St. (Freiherr vom Stain) sambt seinen dieneren (...) in dem Würdtshauß N. (Zellwirt gegenüber der Post) allhier gewesen, allwo sie gedrunkhen, Herr St.(ain) ware verkhlaidter, habe den mantel die mehrere zeit umb das maul geschlagen, im ibrigen alle wol mit (...) säbel und Dägen versehen, (... sie) haben gedanzt, aber ungehalten mit den weibsbilderen.* Nach dem Verlassen der Gaststätten hätten sie außerdem *undterwegs aber allerhandt insolentien angefangen, den leüth die kholben und latern genommen und zerbrochen, ein und anderen selbsten mit schläg tractiert, am herabgehn unweith der Fuggerschen Häuser haben sie ein kerl angetroffen, so bey einem grossen saubern weibsbildt gestanden. Diesem haben sie den mensch hinwekh u(nd) mit sohforth gerissen, und alß sie wider zu vorgerührtem würdtshauß N. khommen, haben sie das mensch, welch sich so vill gewöhrt alß sie khundt, daselbst mit gewalt auf die bankh oder blokh hingelegt und einer nach dem anderen seinen muthwillen mit ihr vollbracht, damit das mensch aber nit lauth schreien khundte, haben sie ihr das maul mit schnubdicher*[32] *verstopft. Es seye alle umb sie herumb gewesen alß wie die hundt (...)*[33].

Die Straftaten Augsburger Domherren sorgten auch nach diesem Vorfall für ein gespanntes Verhältnis zwischen Domstadt und Reichsstadt. Aus den umfangreichen Prozeßakten, die sich mit Straftaten Geistlicher, die Immunitätsschutz vor dem Stadtgericht genossen, beschäftigten, sei ferner noch der Fall des Reichsgrafen Karl Hannibal Franz von Dietrichstein herausgegriffen, der seit 1734 ein Augsburger Kanonikat innehatte. Als der Fuhrmann Matthäus Oswald am 25. Juni 1748 der ihm nachfolgenden gräflich-dietrichsteinischen Leibkutsche am Schiedberg mit seinem Fuhrwerk nach Aufforderung nicht auszuweichen vermochte, habe der gräfliche Laufbursche laut Bericht der Fuhrmannsfrau *jedoch ihren mann (Matthäus Oswald) sogleich mit sacramentiren angegriffen und ihm seinen lauffer stock über den kopf geschlagen, daß ihm das blut herunter gelauffen seye, auch hierauf der H(err) Graf selbst aus der kutschen gesprungen und habe ihren mann mit seinem stock übel zugerichtet, daß er an der hand fast lahm seye, auf dem arm aber grau und blau aussehe, wie solches der Chyrurgus, zu dem man ihn unter den armen führen (habe) müssen, und die nachbarschafft am Schmidberg attestiren können*[34]. Der Domkanoniker zeigte sich nach dieser unstandes-

31 Stuart MILLER, The picaresque novel, Cleveland (USA) 1967.

32 Schnupftücher.

33 Stadtarchiv Augsburg, Reichsstadt, Beziehungen zu Bischof und Domkapitel, Akt 8y, Nr. 26. Das Verhörprotokoll beruft sich auf die Augenzeugen Jakob Lotter und Barthel Stainer: Die Zeugen haben am *18., 19. und 29. Januarii dises lauffenden 1686ten Jahrs in beeden derentwegen vorgehabten geheimen Verhören aydlich und in substantialiter gleichförmig, einer deß anderen abgesöndert, ausgesagt.*

34 Stadtarchiv Augsburg, Reichsstadt, Beziehungen zu Bischof und Domkapitel, Akt 8y, Nr. 26. (Berichte des Barbiers und Chirurgen Tobias Magnus Zickmann und der Fuhrmannsfrau vom 25./27. 6. 1748).

gemäßen Entgleisung aber keineswegs reumütig, da er sich zudem weigerte, wenigstens die Arztkosten von 25 Gulden zu tragen[35].

Die Dompropstei zog aus diesen Ereignissen offenbar keinerlei einschneidende Konsequenzen, so daß ein weiteres Mitglied des bischöflichen Hofstaats, Geheimrat und Hofkavallier Freiherr von Falkenstein, im Juli des gleichen Jahres erneut die städtisch-bischöflichen Beziehungen tief belasten konnte. So berichteten die Hospitalpfleger Marx Christoph Koch von Gailenbach und Franz Joseph Ignaz Remboldt[36], die ja unmittelbar der reichsstädtischen Landeshoheit unterstanden, an die Stadtpfleger, daß *Herr Graf von Dietrichstain* (Verwechselung mit Freiherr von Falkenstein[37]) *allhiesiger Domherr etc. mit 5 Persohnen, die disseitig und an den veldtern gegen Göggingen mit wintrigem besäamter sambt hundten und thirassieren zusonders empfindtlichen schaden durchstrichen, sollen wir gehorsamlich ohnverhalten, daß unß gleich nach geschehener schädtlicher durchstreichung von denen zur feldtauffsicht bestellten, die anzaig auf wohlersagten heren grafen mit deme geschehen, daß selber im hereinfahren unter dem thor (Göggingen Stadttor) erkanndt und denen veldtaufsehern auf ihr befragen mit nahmen angezaigt worden*[38]. Diese Art von Jagd- und Feldfrevel, die Herr von Falkenstein überdies noch völlig unwaidmännisch *mit bey sich gehabten frauen zimmer(n)* beging, tangierte sämtliche Wiesen- und Waldgründe der Landvogtei und der Stiftungen[39], die unmittelbar an hochstiftische oder domkapitelische Pfleg- und Vogtämter grenzten.

Unterhalb der Ebene führender hochstiftischer und domkapitelischer Verwaltungskreise mißachteten aber auch breite Schichten des Hofstaats die städtische Strafgesetzgebung mitunter entscheidend. Es stellt sich daher die Frage, ob der bischöfliche Immunitätsschutz sich in ähnlich konsequenter Weise auch auf diese personelle Schicht der Domstadt erstreckte, die ja den zahlenmäßig größten Teil des Hofstaats umfaßte. Im Jahre 1795 ersuchte die Witwe des Hausmeisters im von Hornsteinschen Dompalais, Marianne Eccartin, die mit dem hochstiftischen Leiblakei Johannes Bair in engem Kontakt stand, *in betreff des Kindes Alimentation* die Stadt um Amtshilfe. Die reichsstädtischen Behörden hatten zwar *keine Bedenken gefunden, der Impraegnatae ammtliche Hülfsleistung zuzufuhren*[40], doch blieben die Nachforschungen des städtischen Strafamts durch allerlei Schikanen der geistlichen Dikasterien behindert. Da *seit*

35 »Es seye ja ohnerhört vor die Curierung einer simplen Kopff-Wunde fl. 25 zu fordern« (= Zitat von Graf von Dietrichstein). Stadtarchiv Augsburg, Reichsstadt, Beziehungen zu Bischof und Domkapitel, Akt 8y, Nr. 26.

36 Stadtarchiv Augsburg, Ratskalender von 1768.

37 Die Reputation des Grafen von Dietrichstein war offenbar so schlecht, daß nur eine Befragung des beteiligten Lehenkutschers die Namens- und Personenverwechslung seitens der Feldwächter offenbarte.

38 Stadtarchiv Augsburg, Reichsstadt, Beziehungen zu Bischof und Domkapitel, Akt 8y, Nr. 26.

39 In erster Linie sind hier die Obervogteiämter Gabelbach, Lützelburg, Mittelneufnach und Täfertingen der Spitalstiftung zu nennen. Vgl. zur Augsburger Spitalsgeschichte demnächst die bei Pankraz Fried entstehende Dissertation von Peter LENGLE, Das Spitalwesen im frühneuzeitlichen Augsburg.

40 Stadtarchiv Augsburg, Reichsstadt, Beziehungen zu Bischof und Domkapitel, Akt 8y, Nr. 29.

einiger Zeit aber die Requisitionen der Hochfürst. augsburgischen Bedienten von der Behörde schriftlich verlangt werden, dieses hingegen dem par(agraph) 19 der Bürgermeisteramts Instruction und dem par(agraph) 40 Tit(ul) VI. der Strafordnung nicht angemeßen ist, (haben wir) zuvor bey hochlöblichen Magistrat (angefragt), wie mann sich in gegenwärtigen falle zu verhalten habe. Außerdem mußte das Bürgermeisteramt, *um gegen Hofdiener vorgehen zu können,* grundsätzlich zuvor *unter summarischer aufführung der causae mündlich bey dem Herrn Hofmarschall und, wann dieser hier nicht anwesend, bey dem Herrn Rentmeister inquirieren lassen.* Obwohl die Deputierten des Geheimen Strafamts[41], Franz Wilhelm von Holzapfel und Johannes Georg von Rauner, in dieser Frage glaubten *in ansehung seiner Requisition und Bestrafung des von ihm in einem bürgerlichen Hause verübten Vergehens*[42] ein rasches Ergebnis erzielen zu können, verhinderte die allgemein festgefahrene Situation zwischen Dom- und Reichsstadt ein schnelles und unbürokratisches Handeln.

Dieser für beide Rechtskreise unbefriedigende Zustand hatte aber Tradition, da 1794 das bischöfliche Rentmeister- und das städtische Strafamt infolge gegenseitiger Kompetenzüberlagerung die Strafverfolgung behinderten, als die Frau des fürstbischöflichen Lakaien Jakob Burger, *die in ihrer ganzen Nachbarschaft als keine der friedliebensten Persohnen bekannt ist,* den städtischen Webermeister Markgraf, die Webermeisterin Fleck und den städtischen Amtsbüttel Käger *dermaßen durch ausgestoßenen Schimpf- und Schmähworte injuriret, daß sich besagte Persohnen genöthiget gesehen, dieserhalben bey dem Straffammt beschwerde zu führen und um Vorladung der Beclagtin zu bitten*[43]. Obwohl die angeklagte Person drei Vorladungen des Strafamts mißachtet hatte, gewährte das Rentmeisteramt Rechtsbeistand, indem es erklärte, daß *dieser incompetenten Vorladung* nicht Folge zu leisten sei, zumal Pläne bestanden, diese Vorladung sogar *manu forti* durchzusetzen. Obendrein zitierte der Rentmeister die reichsstädtischen Kläger in die Pfalz – ein Amtsakt, dem, wie die städtischen Behörden betonten, offenbar *aus Unüberlegtheit* Folge geleistet wurde. Das Strafamt stellte sich jetzt, um handlungsfähig zu bleiben, auf den Standpunkt, *alhier frevlende Hochfürstl. Augsburgische Bedienten Weiber, wenn selbige in bürgerliche Häusern wohnen, ohne vorgängige Requisition vor ammt zu citieren*[44]. Da die Angeklagte aber in dem Haus eines Domkapitulars wohnte, verlor das Strafamt erneut jegliche exekutive Eingriffsmöglichkeit. Schließlich unterschätzte das Strafamt in seiner sich daran anschließenden Argumentationskette die komplexen städtischen Verfassungsgegebenheiten mit ihren

41 Stadtarchiv Augsburg, Ratskalender von 1795.
42 Stadtarchiv Augsburg, Reichsstadt, Beziehungen zu Bischof und Domkapitel, Akt 8y, Nr. 29.
43 Stadtarchiv Augsburg, Reichsstadt, Beziehungen zu Bischof und Domkapitel, Akt 8y, Nr. 29.
44 Die Rechtsgrundlage hierfür bildeten die städtische Strafordnung und das Ratsdekret vom 25. 9. 1736: Stadtarchiv Augsburg, Ratsprotokoll von 1736.

drei reichsunmittelbaren Bezirken[45] völlig[46], da es den Grafen von Wurzach als *hiesigen Bürger* einstufte, weil sein Anwesen keiner geistlichen Grundzinsbarkeit unterlag.

Die Reichsstadt versuchte außerdem Frevelhandlungen, die in der bischöflichen Pfalz begangen wurden, vor ihre eigene Jurisdiktion zu ziehen. Nachdem Johann Alverada, ein venetianischer Gesandter, 1701 in der Pfalz *mit vülen ehrenrüehrischen Worthen* von dem am Hof arbeitenden, aber nicht pfalzberechtigten Goldschmied Sebastian Cöwens beleidigt worden war, konnte das Rentamt zunächst in eigener Sache keinerlei Ermittlungen durchführen, da man Alverada wegen eines sich daran anschließenden, auf städtisches Territorium verlagerten »Schlaghandels« arrestieren ließ, um dadurch eine ausgesprochene Geldstrafe einzufordern[47]. Dieser gordische Knoten ließ sich nur dadurch lösen, daß die hochstiftische Regierung in Dillingen Anweisung erteilte, im Gegenzug die Ausweisung eines städtischen Hofpaukers solange zu verzögern, bis das städtische Strafgericht Alverada den Pfalzbehörden überstellen würde[48]. Der Hofpauker war kurze Zeit zuvor in ein Weberhaus eingedrungen und hatte die Webersfrau *mit einem Stock ins Gesicht gestossen*, daß diese *bald ein Aug darüber eingebüsst* hätte. Zum Erfolg führte hier nur eine pragmatische Interessenspolitik, die mit großer Zähigkeit betrieben werden mußte.

Die Zusammenarbeit fürstbischöflicher und reichsstädtischer Strafbehörden blieb jedoch weiterhin schlecht, obwohl zu einer nahtlosen Kooperation ausreichend Anlaß geboten war. Am 9. 2. 1729 zum Beispiel wurde um 6 Uhr abends Mauritius Förg von dem fürstbischöflichen Trompeter N. Erlböck in der Karmelitengasse *ohnversehens und ohne alle gegebenen Anlaß mit bloßem Degen attaquiert und (fast) todt gestochen*, bevor es Förg gelang, mit einem Stock zur Gegenwehr zu schreiten[49]. Entscheidend bei diesem Vorfall war nun die Beschwerde, die diesmal vom Strafamt geführt wurde, daß in ähnlich gelagerten Fällen beim Obriststallmeister des Hochstifts, Graf von Pollheim, am 3. und 24. November 1728 um Überstellung der Täter nachgesucht wurde, jedoch *biß dato* (4. 3. 1729) *keine Oberherrliche Resolution* eingegangen sei. Selbst wenn man berücksichtigt, daß die Reichsstadt mit dem immerhin 50 Kilometer entfernten, in Dillingen sitzenden Hofbehörden bis 1803 nur über einen *gehenden* und keinen *fahrenden* Boten korrespondierte[50], offenbart eine über vier Monate sich hinziehende Wartefrist den maroden Zustand gegenseitiger Amtshilfe. Als sehr berechtigt erscheint

45 Dazu zählten neben der Reichs- und Domstadt auch das städtische Territorium des Reichstifts St. Ulrich und Afra. Vgl. dazu: Wilhelm LIEBHART, Die Reichsabtei St. Ulrich und Afra zu Augsburg. Studien zu Besitz und Herrschaft (1006–1803) (Historischer Atlas von Bayern, Teil Schwaben, Reihe II, Heft 2) München 1982; Sturmius DREXEL, Reichsstift und Reichsstadt. Eine Darlegung der rechtlichen Auseinandersetzung zwischen dem Reichsstift St. Ulrich und Afra in Augsburg und der Reichsstadt Augsburg im 17. und 18. Jahrhundert, in: StMOSB 14, Ergänzungsheft (1938).

46 Stadtarchiv Augsburg, Reichsstadt, Beziehungen zu Bischof und Domkapitel, Akt 8y, Nr. 29 (= Berichte des Strafamts vom 3. 7. 1794 und des Rentmeisteramts vom 30. 6. 1794).

47 Stadtarchiv Augsburg, Reichsstadt, Beziehungen zu Bischof und Domkapitel, Akt 8y, Nr. 29.

48 Stadtarchiv Augsburg, Reichsstadt, Beziehungen zu Bischof und Domkapitel, Akt 8y, Nr. 29 (= Verfügung der hochstiftischen Regierung vom 20. 2. 1701).

49 Stadtarchiv Augsburg, Reichsstadt, Beziehungen zu Bischof und Domkapitel, Akt 8y, Nr. 29.

50 Die Dillinger Boten, die montags und donnerstags gegen 3 Uhr in Augsburg ankamen, logierten traditionsgemäß im Gasthof Eisenhut auf dem Obstmarkt.

deshalb das Anliegen des Zucht- und Strafamts an Stadtpfleger, Bürgermeister und Räte, in diesem neuen Fall eigenmächtig sich eine *Final Verbescheidung* auszubitten, damit *durch disseits (Pfalz- und Hofbehörden) beschehend längeres Stillschweigen (in) löblicher Statt (künftig) weniger dergleichen sträfliche Insolentien ungeahndet bleiben möchten*[51].

Daß man andererseits in diesem Bereich von keinem gesetzlosen Zustand sprechen kann, beweisen die zahlreichen bilateralen Ermittlungsverfahren, die bis 1803 mit großem Verwaltungsaufwand kontinuierlich betrieben wurden. Ebenso kann nicht immer eine einseitige Parteinahme der Strafbehörde für die eigenen Landsleute unterstellt werden. So bemerkte Bürgermeister Christian Michael Fischer 1797 in einem Konzept für das Überstellungsverfahren gegen einen hochstiftischen Grundholden aus dem Pflegamt Göggingen: *Der Rentmeister wird dieser Requisition zweifelsohne um so willfähriger entsprechen, als sie die Beförderung der Justiz zu Gunsten eines gleichfalsigen hochfürstlichen Augsburgischen Unterthans, des Joseph Hubers zu Göggingen, zur Absicht hat*[52]. Obwohl es sich auch bei den in einem Streit mit der reichsstädtischen Wachtruppe am Gögginger Tor verwickelten Tätern ausnahmslos um hochstiftische Bürger handelte, ließ der Rentmeister das Stadtgericht gewähren, das auch prompt ein für das fürstbischöfliche Staatsprestige wenig schmeichelndes Urteil fällte. Neben einer Geldstrafe in Höhe von 5 Gulden, Schadensersatzleistungen und der Aufbürdung der Gerichtskosten für die Angeklagten wurde dem Rädelsführer Joseph Kling aufgetragen, *dem Herrn Wachtkommendant und dem Militair unter dem Gögginger Thor in Gegenwart eines (hochstiftischen) Amtsbedienten eine förmliche Abbitte zu thun*[53]. Dieser Wiedergutmachungsakt konnte von der zeitgenössischen reichsstädtischen Publizistik[54] leicht als eine Huldigungsgeste des Hochstifts vor der militärischen Präsenz der Bürgerschaft mißinterpretiert werden. Es entsprach jedoch dem auf Ausgleich bedachten Amtsstil Johann Nepomuks von Kraft, der nach 1796 auch das Burggrafenamt ausübte, in seiner Funktion als Rentmeister pragmatische Lösungen vor theoretische Bedenken verfassungsrechtlicher Art zu stellen. Dabei unterschied er sich nicht unwesentlich von seinen Amtsvorgängern. Die Autorität des Richterspruchs verhallte aber auch diesmal hinsichtlich der Schadensersatzforderungen im hochstiftischen Angeklagtenkreis ungehört. So wandte sich Joseph Huber, der als ebenfalls hochstiftischer Gerichtsuntertan der städtischen Wache im Handgemenge gegen seine drei angeklagten Landsleute zu Hilfe gekommen war und dem dafür 8 Gulden zuer-

51 Stadtarchiv Augsburg, Reichsstadt, Beziehungen zu Bischof und Domkapitel, Akt 8y, Nr. 29 (= Schreiben der Strafamtsdeputierten vom 4. 3. 1729).
52 Stadtarchiv Augsburg, Reichsstadt, Beziehungen zu Bischof und Domkapitel, Akt 8y, Nr. 31.
53 Stadtarchiv Augsburg, Reichsstadt, Beziehungen zu Bischof und Domkapitel, Akt 8y, Nr. 31.
54 Paul von Stetten d. Ä., Geschichte der Heil. Röm. Reichs Freyen Stadt Augspurg, 2 Theile, Frankfurt/Leipzig 1743/58; Paul von Stetten d. J., Geschichte der adelichen Geschlechter in der freien Reichsstadt Augsburg, Augsburg 1762. Eine zusammenfassende Studie zur frühneuzeitlichen Geschichtsschreibung in der Reichsstadt bleibt ein Forschungsdesiderat; für das Spätmittelalter wurde neuerdings allerdings in diesem Bereich eine umfangreichere Monographie vorgelegt: Dieter Weber, Geschichtsschreibung in Augsburg. Hektor Mülich und die reichsstädtische Chronistik des Spätmittelalters (Abhandlungen zur Geschichte der Stadt Augsburg 30), Augsburg 1984.

kannt worden waren, alsbald mit der verzweifelten Bitte um *ernstliche Maasregeln zu deren Beitreibung* an den Magistrat[55]. Dies verwundert um so mehr, als sich die fürstbischöfliche Verwaltungselite in diesem Fall sehr kooperativ gezeigt hatte. Trotzdem gelang es aber offenbar den Verantwortlichen nicht, den Urteilsspruch in Gänze in angemessener Zeit durchzusetzen.

4. Das Ungeld

Die reichstädtischen Steuerbehörden klagten trotz zweier Verträge von 1642 und 1662 bis zur Säkularisation über Nachteile und Mißbräuche bei der Ungelderhebung. Zum einen werden, so die Klageführer, in dem hochstiftischen Ort Göggingen *die Wirthshäuser zu allen Bequemlichkeiten eingerichtet, um die Augsburgischen Bürger an sich zu ziehen, dem Luxus eine sichere Ruhestätte zu verschaffen, und dem städtischen Arbeitsmanne seinen Gesellen und Dienstbothen den mit saurem Schweiß verdienten Arbeitslohn, besonders an Festtagen, abzulocken*[56]. Zum anderen sei *die der ganzen Geistlichkeit vertragsgemäß zuständige Accis- und Ungeldsfreyheit jährlich beschädiget, da auf Rechnung dieser Immunität mehr hineingeschwärzt wird als der Stadt durch den ordentlichen Gebrauch der Accis- und Ungeldsfreyheit schon entgeht*[57]. Eine Schlüsselstellung im Verhältnis von Bischof und Stadt fiel dabei dem zweiten Punkt zu. Der sogenannte *pfalzfähige* Kreis, wozu der gesamte bischöfliche Hofstaat zählte, soweit er in Augsburg ein Beschäftigungsverhältnis vorweisen konnte, fiel unter das Privileg, Bier und Wein zum Eigengebrauch konsumieren zu können, ohne hiervon Steuerabgaben an das reichsstädtische Ungeldamt abführen zu müssen. Hierzu zählten nicht nur Geistliche, sondern auch alle weltlichen Funktionsträger, angeführt vom domkapitelischen Kanzler oder dem hochstiftischen Rentmeister, bis zu einfachen Kammerdienern oder Reitknechten. Insgesamt umfaßte alleine der Kreis der weltlichen Ungeldbefreiten um das Jahr 1740 135 Personen[58].

Wie aus den Absatzregistern[59] der dazu privilegierten vier Bräuhäuser von Hieronymus Mayr und Josef Hartum für Braunbier sowie Carl Maltz und Johann Michael Grueber für Weißbier zu ersehen ist, wurde seitens der bischöflichen Hofdienerschaft und der Domherren die vorteilhafte Regelung weidlich ausgenützt, indem steuerbegünstigtes Bier an Bürger außerhalb der Pfalz ausgeschenkt wurde. Dies führte zu einer

55 Stadtarchiv Augsburg, Reichsstadt, Beziehungen zu Bischof und Domkapitel, Akt 8y, Nr. 31 (= Bericht des Bürgermeisters Christian Michael Fischer vom 9. 10. 1797).
56 Stadtarchiv Augsburg, Historischer Verein HP 74, S. 102.
57 Stadtarchiv Augsburg, Historischer Verein HP 74, S. 100.
58 Stadtarchiv Augsburg, Historischer Verein H 284.
59 Stadtarchiv Augsburg, Reichskammergerichtsakten Nr. 99 (= *Specification, waß vom 30. Jan. 1741 biß ultimo May eiusdem (...) an Wein- und Bier, sowohl hießig alß vom Landt alß privilegiert abgegeben undt bescheint wordten.*) Die personenbezogenen Angaben für Wein- und Bierkonsum variierten enorm. Die Einzelwerte unterschieden sich bei Bier um 196 und bei Wein um 44½ Eimer. Das legt den Schluß nahe, daß eine privilegierte Schicht innerhalb des Kreises der Ungeldbefreiten steuerbegünstigtes Bier oder Wein an Dritte weiterverkaufte.

nachhaltigen Verstimmung mit der Reichsstadt, da dem Ungeldamt[60] auf diese Weise die genannten Verluste entstanden. So bezichtigte der Ungeldquartalsbericht von *Pfingsten biß Michaelis* den Vikariatstorwächter Joseph Wöhrle, daß er in zurückliegenden 17 Wochen sich 256 *Eymer* Bier als steuerfrei bescheinigen ließ, was einem wöchentlichen Bierkonsum von mehr als 15 *Eymer* oder 900 bayerischen *Maaß* (!) entspräche. So lag die Vermutung nahe, *daß das meiste hievon andern unberechtigten Leuth zugekommen* ist und daß *dessen damit treibende Marchandise und offentliches Ausschenken dem Ungeld von gemeinen Statt-aerario zu einem höchstnachtheiligen Aggravio, denen benachbarten (städtischen) Bierpreuern aber sonderlich der verwittibten Allagradin (neben der Domstiftskellerei) zu einer unerträglichen Nahrungs-Schmählerung gereiche, wie dann diese destohalben schon zu unterschiedlichmahlen Klagen und Bescherde geführt*[61]. Dieser Vorfall wurde seitens der Stadt so hochgespielt, daß 1741 in Sachen Ungeldsteuer ein Prozeß vor dem Reichskammergericht angestrebt wurde.

Der Prozeß bestätigte die bisherige Praxis, die im Vertrag von 1642 zwischen dem Domkapitel, dem Hochstift und der Stadt festgelegt wurde, daß Klerikern nur in drei Schankstuben im Pfalzkeller oder der Pfalzpropstei, im Domstiftskeller bei St. Barbara (beim Pfaffenkeller 6) und im Collegiatsstiftskeller beide St. Moritz (Katharinengasse/Kleines Katharinengäßchen) zechen dürften[62]. Ärgernis erregten sowohl für das reichsstädtische Ungeldamt als auch für die Kirchenreformer insbesondere die Verhältnisse in der Pfalzschenke, die dem Zugriff der städtischen Beamten vollkommen entzogen waren. Dort verkehrten nämlich auch die *Lehenleuth* der Pfalzbewohner und der *Clericorum oder privilegatorum ankommende befreundte, dann alle Studenten auch Soldaten und andere außländische oder frembde (Personen)*[63]. Nachhaltiger als die religiösen Bedenken, daß sich somit in der Pfalz betrunkenes Gesindel und *allerlay uncatholische Leuth* aufhielten, belasteten aber die steuerlichen Fragen das Verhältnis von Stadt und Bischof[64].

1781 kam es in dieser Frage erneut zu einem ernsten Zwischenfall, in den der Torwächter des Domdekanats verwickelt war. Nachdem Andreas Erdinger, der Bierbräuer im Sachsengäßchen, die Ungeldbehörde informiert hatte, daß er *seit mehr als 6 wochen, zum öfteren einen Menschen, den er für einen Preüknecht nicht halten könne ein Bier Fäßl vorbeytragen sehe und nicht anders glaube als das es Contraband (Markt- oder Steuerfrevler) seyn müße* und die Marktaufseher aufforderte, *auf dießen Menschen*

60 Das Ungeldamt, das im übrigen eng mit dem Taxieramt kooperierte, zählte zu den personalstärksten reichsstädtischen Ämtern. 1768 bekleideten das Amt in paritätischer Besetzung Gottfried von Stetten, Jacob Wilhelm Benedikt Langenmantel von Westheim, Joseph Xaver Ferdinand Felix Alexius von Rehlingen/Haltenberg und David Ernst Thomas von Hagelstein. Vgl. Stadtarchiv Augsburg, Ratskalender von 1768.

61 Stadtarchiv Augsburg, Reichskammergerichtsakten Nr. 99.

62 Peter Rummel, Katholisches Leben in der Reichsstadt Augsburg (1650–1806), in: JbVAB 18 (1984), S. 14f.

63 Stadtarchiv Augsburg, Kirchen und Klöster (Hochstift und Dom), Nr. 41 (= Vertrag vom 22. 5. 1642).

64 Bayer. Hauptstaatsarchiv, Hochstift Augsburg NA, Akt 3115, fol. 27.

Spähe zu halten[65], kam es schließlich zum Eingreifen des Ungeldamts. Als der Bedienstete des Domkapitels schließlich nachts *in flagranti* gestellt wurde, konfiszierte man ein Weinfaß, da die fadenscheinige Ausrede, *er trage es (das Faß) aus der Domdechaney zu einem Gärtner, der Eßich (!) daraus mache*[66] – ein Vorgang, der nicht als Ungeldsteuerverstoß zu ahnden gewesen wäre – allzu unglaubhaft klang. Anschließend versuchten die Beamten des Ungeldamts, unterstützt von dem städtischen »Contrabandaufseher« May, den domkapitelischen Torwächter, der seinen Namen nicht nennen wollte[67], vor den *Scontrier* im Ungeldamt, Herrn von Stetten, gewaltsam zu zitieren, wobei Herr May angeblich *zu seiner Verteidigung sein seiten gewöhr (habe) ziehen müßen* und dabei den Torwächter verletzte.

Die Ereignisse in der Nacht vom 1. August 1781 spiegeln ein generelles Problem wider, das einen *modus vivendi* der beiden Immunitätsbezirke so schwierig gestaltete. Die folgenden Reaktionen der Behörden verdeutlichen dies: Domkanzler Bobinger in Vertretung des Domdekanats machte deutlich daß, *weil der Thorwarth ein gebrödter (mit fester Gage) geistlicher Diener seye, mit deßen Stellung vor das Ungeld-Amt nicht willfahrt werden könne, sondern ein Hochwürdiges Domkapitul Untersuchung und Entscheidung der sache sich selbsten vorbehalte*[68]. Die Reichsstadt pochte hingegen darauf, *daß, da der fall in hießiger Stadtjurisdictions Bezirch ereignet, das Ungeld-Amt sich der Untersuchung und Entscheidung der Sache allerdings zu unterziehen (habe), selbst vermöge neuerlich aller höchst kayserliche Erkentnüs den 22. Ocotober 1773 befugt erachte und dießes um so mehr als dem vernehmen nach, sowohl der thorwarth als (auch) der Gärtner in nexu civico stehen. Man müßte sich also diesseits quae vis competentiae reservieren*[69]. Hofbedienstete, die zugleich das Augsburger Bürgerrecht besaßen oder die mit städtischen Bürgerstöchtern vermählt waren, sollten so generell von der Ungeldsprivilegierung ausgenommen sein. Kurfürst und Fürstbischof Clemens Wenzeslaus stellte deshalb auf Anraten seiner Regierungsbehörden die Überlegung an, fortan keine städtischen Bürger zum Hofdienst zuzulassen – ein Schritt, der den städtischen Arbeitsmarkt empfindlich getroffen hätte und der nur aus kurfürstlicher *Neigung für den löblichen Magistrat* nie in die Tat umgesetzt werden sollte[70].

Eine der weiteren Schwierigkeiten bestand in der hohen personellen Fluktuation innerhalb der Hofbeamtenschaft, da die Residenzhaltung der Fürstbischöfe in Dillingen für eine nachhaltige Destabilisierung des Kreises der in Augsburg längerfristig statio-

65 Stadtarchiv Augsburg, Reichsstadt, Beziehungen zu Bischof und Domkapitel, Akt 8y, Nr. 23.
66 Stadtarchiv Augsburg, Reichsstadt, Beziehungen zu Bischof und Domkapitel, Akt 8y, Nr. 23.
67 Die Unkenntnis der städtischen Behörden über die hochstiftische und domkapitelische Personalstruktur stützt rein äußerlich die These, daß sich die Domstadt als »Staat im Staate« von der frühneuzeitlichen Bürgerstadt entfremdet hatte.
68 Stadtarchiv Augsburg, Reichsstadt, Beziehungen zu Bischof und Domkapitel, Akt 8y, Nr. 23.
69 Stadtarchiv Augsburg, Reichsstadt, Beziehungen zu Bischof und Domkapitel, Akt 8y, Nr. 23.
70 Andererseits blieb der Augsburger Hofstaat aufgrund bestehender Versorgungsansprüche nach der Flucht des Bischofs aus Koblenz 1794 stark mit kurtrierischen Beamten durchsetzt. Vgl. dazu: Hans Wolfgang KUHN, Die Liquidation der kurtrierischen Hofhaltung in Augsburg 1812/13. In: Rheinische Vierteljahresblätter 41 (1977), S. 249–283; Wolfgang WÜST, Das Testament des Augsburger Fürstbischofs und Trierer Kurfürsten Clemens Wenzeslaus von Sachsen von 1808. In: Augsburger Blätter 10/4 (1984), S. 131–142; Stadtarchiv Augsburg, Reichsstadt, Beziehungen zu Bischof und Domkapitel, Akt 8y, Nr. 23.

nierten Hofdienerschaft sorgte, so daß die hochstiftische Regierung 1782 zu dem folgerichtigen Schluß kam, daß es sich bei den durch altes Herkommen und schriftliche Verträge tradierten Pfalzprivilegien mittlerweile nur noch um eine *von dero Ungeld-Amt aber nach eigener Convenienz auf ganz dictatorische Art, anmaßlich beschränkte, willkürlich ausgelegte und äuserst beschränkte Ungeldsfreyheit* handle[71]. So sperrten die städtischen Aufsichtsorgane u.a. als besonders harte Maßnahme bei geistlichen Beamten, die in den Ruhestand traten, jegliche Privilegienbewilligung. In diesem Zusammenhang protestierte 1792 das Augsburger Domkapitel: *Dem alten verdienten domkapitlischen Kanzellisten Gebler will der Genuß dieser Freyheit ohne alle Ursache gegen den klaren Inhalt der Verträgen gesperrt werden, ungeachtet Er sich mit einer übergebenden Kanzelley-Urkunde gerechtfertiget hat, daß er annoch in domkapitlischen Maß und Brod stehe*[72].

Außerdem wurde städtischerseits grundsätzlich das Anwachsen des Hofstaats kritisiert, das unter der Ägide der Fürstbischöfe Joseph von Hessen-Darmstadt und Clemens Wenzeslaus von Sachsen einen Höhepunkt erreicht hatte: So *sehen wir jedoch solches als einen dem aerario publico höchstschädlichen Eingang an; allermassen ohnehin mehr als zur Genüge bekannt, daß der bischöffliche Hofstab immer mehrers vergrössert wird und zeithero so starck angewachsen ist alß sonst bey den vorherigen Herren Bischöffen allhir niemahlen gewesen.* Es sei klar, *daß fast die meiste privilegirte Persohnen in Bier, Fleisch, Getrayd etc. so vieles Jahr aus Jahr einbescheinen, daß deren Betrag Ungelds das Einkommen, so Sie von Ihro Hochfürstl. Durchlaucht zu geniessen haben, weit übersteiget*[73].

Bei der Absetzung von Ungeldprivilegien für Hof- und Dombedienstete handelten selbst zweitrangige Mitarbeiter der Ungeldbehörde eigenmächtig. So zerriß der Türsteher im Ungeldamt, Michael Kurz, 1750 kurzerhand vom Dompropst ausgestellte Ungeldsbefreiungsgesuche für Augsburger Domschüler. Dieser Willkürakt wurde selbst seitens der städtischen Vorgesetzten als ein Amtsakt *juxta regulas humanitatis* verurteilt, wobei man Michael Kurz die Amtstugend der *prudentia* nicht ohne Ironie in Abrede zu stellen wußte[74]. Einen weiteren strittigen Punkt bildeten die zahlreichen hochstiftischen oder domkapitelischen Außenbeamten, die als Titularpfleger sehr wohl auch ihre Privilegien in der Pfalz geltend machen konnten, selbst wenn sie, wie im Falle des Grafen von Wolfsegg-Waldsee den Stadtwachen und Marktaufsehern infolge permanenter Abwesenheit oftmals unbekannt blieben. Deshalb forderte das Ungeldamt als weltliche (!) Behörde eine strengere Einhaltung der geistlichen Ornats- und Tonsurvorschriften, um seinen Beamten Identifizierungen zu erleichtern. Es wurde deshalb angeordnet, daß *ein Clericus, damit er die immunität gaudiere, in habitu et tonsura clericali gehen solle, welches man an dem Grafen von Wolfegg niemahlen wahrgenommen habe.* Die Domkanzlei hielt dem entgegen, daß allein durch die Tatsache wenn ein *Canonicus andere Kleider als die seinem stand angemessen seyen trage, mache sich*

71 Stadtarchiv Augsburg, Reichsstadt, Beziehungen zu Bischof und Domkapitel, Akt 8y, Nr. 24.
72 Archiv des Bistums Augsburg, Handschrift 71.
73 Stadtarchiv Augsburg, Reichsstadt, Beziehungen zu Bischof und Domkapitel, Akt 8y, Nr. 23.
74 Stadtarchiv Augsburg, Reichsstadt, Beziehungen zu Bischof und Domkapitel, Akt 8y, Nr. 23 (= Schreiben vom 12.5. 1750).

derselbe des privilegii fori et canonis nicht ipso facto verluestig. Der tridentinische Kirchen Rath erfordere solches selbsten nicht, und der Herr Graf von Wolfegg habe sich jederzeit einer anständigen kleydung bedient oder man solle nur das gegentheil dißeiths (im Ungeldamt!) beweißen[75].

Dieser Eingriff des Ungeldamts in die geistlichen Angelegenheiten des Domkapitels erfuhr offenbar wenig Gegenliebe, da die Domkanzlei sich vorerst entschuldigt hatte, daß *wegen dem von anno 1755 bis (17)68 erfolgten todt des jenseithigen Herrn Referenten 13 Jahr lang besagtes Schreiben (habe) unterbleiben müessen, ob schon bekant ist, das besagtes hochwürdiges Dom-Capitul einen Syndicum, Consulenten, Canzley-Directoren und einen Oberamtmann salarieret. (...) Folgsam niemahlen ein Mangel an Referenten seyn kan*[76]. Ein Mißbrauch der im hochstiftischen Territorium stationierten Beamten mit der städtischen Ungeldsbesteuerung ist jedoch, trotz der von Polemik stellenweise überzeichneten Korrespondenz beider Seiten, objektiv festzustellen. So erschwindelten sich die Freiherren von Freyberg und von Remchingen[77] als Pfleger zu Bobingen beziehungsweise als Regierungsbeamte in Dillingen über Jahre hin mit gefälschten Augsburger Hofkavalierspatenten Zugang zur Ungeldsimmunität, so daß *wir (die Stadtwächter) keinen Anstand gefunden, deren Bescheinungen als wirklich gebrodet und salarirte Bedienten passiren zu lassen*[78].

5. Der Zollstreit an der Wertach

Der bischöfliche Zoll an der Wertach, den die Reichsstadt in einer Reihe von Staatsverträgen anerkennen mußte[79] und dem trotz ausgedehnter Zollfreiungen für städtische Bürger bis zur Säkularisation für die hochstiftischen Kameralgefälle eine übergeordnete Bedeutung zukam[80], verschärfte den innerstädtischen Dualismus nicht unerheblich. Sowohl Kompetenzüberschreitungen bischöflicher Zöllner als auch der Versuch der Zollamtsverwaltung, gerichtliche und sogar territoriale Kompetenzen aus dem Zollrecht abzuleiten, sorgten für einen umfangreichen Schrift-

75 Stadtarchiv Augsburg, Reichsstadt, Beziehungen zu Bischof und Domkapitel, Akt 8y, Nr. 23 (= Berichte des Ungeldamts von 1755–1768).

76 Stadtarchiv Augsburg, Reichsstadt, Beziehungen zu Bischof und Domkapitel, Akt 8y, Nr. 23.

77 In der zeitgenössischen Quelle als »von Remking« bezeichnet. Beide Familien zählten seit Generationen zum festen Personalstamm hochstiftischer und domkapitelischer Beamtenschaft. Den Freiherren von Freyberg gelang es sogar, mit Johann Christoph von 1665–1690 den Augsburger Bischofsstuhl zu besetzen.

78 Stadtarchiv Augsburg, Reichsstadt, Beziehungen zu Bischof und Domkapitel, Akt 8y, Nr. 23; Stadt- und Staatsbibliothek Augsburg, Augustana 2° 347 (Vergleich von 1785, § 6).

79 Stadtarchiv Augsburg, Reichsstadt, Anschläge und Dekretensammlung; Johann Jacob Moser, Staats-Recht des fürstlichen Hoch-Stiffts Augsburg, Leipzig 1740.

80 Staatsarchiv Neuburg a. D., Augsburger Pflegämter, Hochstift Augsburg, Nr. 2181 (= Amtsrechnung des hochstiftischen Zollers Konrad Epp, 1643). Für Einfuhren in die Stadt galt dabei der niedrigere Pflasterzoll, der pro Wagen 2 und pro Karren 1 Pfennig betrug. Ausfuhren unterlagen dem Hauptzoll, der für jeden Zentner Ware 4 Heller verrechnete. Händler, die über die bischöflichen Zollstationen ein- oder ausführten, wurden insofern benachteiligt, als die Reichsstadt in diesen Fällen einen zweiten Pflasterzoll einrichtete.

wechsel zwischen dem Rentmeisteramt als der Zollamtsleitung auf der einen und den für auswärtige Fragen zuständigen Senat und Geheimen Rat auf der anderen Seite.

Als 1584 Karl Langenmantel, der Ortsherr von Westheim, an der Wertach Güter verzollen mußte, die er als Eigengut deklariert hatte, reagierte der Senat, wohl angesichts der hohen sozialen Stellung des Klägers, etwas überhitzt, wenn er anweisen ließ: *Den Handelsleuten so Burger seien, soll angezaigt werden, an der Wag (Fronwaage) und under Wertachbruckherthor dem bischöflichen Zoller kainen Zoll zu geben. Es soll auch dem bischoflichen Zollamt zugesprochen werden, von den Burgern kainen Zoll zu nemen*[81].

Als der hochstiftische Zöllner 1667 von einem Juden 2½ Reichstaler Gebühren einforderte, unterlief das Hochstift reichsstädtische Mandate zur Einschränkung jüdischer Handelsaktivitäten im städtischen Markt. Dies bot den Anlaß, daß Stadtsekretär Hans Georg Dirr *ratione violatae jurisdictionis* beim Rentmeister vorstellig wurde, um die ihm nachgeordnete bischöfliche Dienststelle zur Verantwortung zu ziehen. Die Gegensätze dürften sich allerdings auch in dieser Angelegenheit kaum verringert haben, da der Zöllner sowohl die Stadtpfleger als auch den Geheimen Rat zunächst acht Tage auf Antwort warten ließ. Danach erklärte schließlich die Stadt: *Er (der Zöllner) dürffe sich ohne vorwissen und einwilligung des Herrn Rentmeisters weder in die zuegemuettete restitution (der Zollgebühr) noch (auf) ainige straf nit einlassen, by welcher bewandtnus wir nit ursach haben, die Zeit mit dem Zollner weiter vergebenlich zue verliehren.*

Diese resignierende Haltung der reichsstädtischen Behörden animierte offenbar das Rentamt, über die Zollstationen die gefährdete politische Stellung der Pfalz weiter zu stabilisieren. So ließ kurze Zeit später der Rentmeister das fürstbischöfliche Wappen an der Zollbrücke anbringen, *welches iedoch zuvorhero niemahlen gewesen*, und einen Schlagbaum errichten, *welcher vom Zoller eine Zeitlang, sonderlich nächtlicherweil, geschlossen gehallten wird*[82]. Somit verstieß die rentmeisterliche Behörde nicht nur gegen städtische Interessen, da das Zollhaus auf ihrem Territorium stand, sondern auch gegen das Reichsrecht, da der Zöllner die Reichsstraße von Augsburg nach Ulm als *via publica*[83] geschlossen hielt. Die Reichsstadt bestand künftig konsequenter auf dem Standpunkt, daß ihr *vor, ausser, under und neben der Prugg alle Jurisdiction ohndispu-*

81 Stadtarchiv Augsburg, Reichsstadt, Beziehungen zu Bischof und Domkapitel, Akt 8y, Nr. 8.
82 Stadtarchiv Augsburg, Reichsstadt, Beziehungen zu Bischof und Domkapitel, Akt 8y, Nr. 8 (= Senatsdekret vom 8. 11. 1667).
83 Zur Verfassungsgeschichte im Schwäbischen Reichskreis vgl. u.a.: Helmut MAURER, Der Herzog von Schwaben, Sigmaringen 1978; Alfred LAYER, Ostschwaben in der Reichsgeschichte seit dem Interregnum, in: Handbuch der bayerischen Geschichte III/2, hg. von Max SPINDLER, München 1979, S. 903–1040; Pankraz FRIED, Zur Ausbildung der reichsunmittelbaren Klosterstaatlichkeit in Ostschwaben, in: Speculum Sueviae. Festschrift für Hansmartin Decker-Hauff zum 65. Geburtstag = ZWLG 40 (1981) S. 418–435; Franz QUARTHAL, Landstände und landständisches Steuerwesen in Schwäbisch-Österreich (Schriften zur südwestdeutschen Landeskunde 16) Stuttgart 1980; Dietmar WILLOWEIT, Rechtsgrundlagen der Territorialgewalt. Landesobrigkeit, Herrschaftsrechte und Territorium in der Rechtswissenschaft der Neuzeit (Forschungen zur deutschen Rechtsgeschichte 11) Köln/Wien 1975; Wolfgang WÜST, Geistliche und weltliche Staatlichkeit in Ostschwaben. Ergebnisse der historischen Atlasforschung. (Land und Reich. Stamm und Nation. Probleme und Perspektiven bayerischer Geschichte. Festschrift für Max

tierlich zu exercieren zuestehet[84]. Als Folge dieses Anspruchs mußte gewährleistet sein, daß ohne bischöfliche Einflußnahme der Austausch städtischer Hochgerichtstäter mit der Markgrafschaft Burgau stattfinden konnte und daß die Geleitshoheit über die Brücke nicht in die bischöfliche Hausmachtszone fiel. Dagegen machte die hochstiftische Verwaltung geltend, daß *die Wertacherbrugg notorie dem Stifft Augspurg gehörig (sei), von selbigem mit grossen Kosten, ohne anderwertigem Beytrag erhallten werden muesse, dem Jenigen auch, der einen Zoll einzunemmen befuegt, von rechts- und gewohnheit wegen die media zue handthab und einbringung desselben erlaubt und über dises der Vertrag de anno 1602 (...) dem Stifft sein recht und gerechtigkheit reservire*[85].

Das Argument, daß die Baulast an der Brücke auch territoriale Hoheitsansprüche nach sich ziehe, klang zwar einleuchtend, doch wand sich das fürstbischöfliche Rentmeisteramt so gut wie es nur eben ging aus dieser kostspieligen Angelegenheit. Als 1737 nach einem frühjährlichen Hochwasser die Brücke so reparaturbedürftig geworden war, daß nur noch ein Fährverkehr eine notdürftige Verbindung aufrecht erhielt und das reichsstädtische *Commercium zu und von der Stadt aniezo gänzlichen sistieret war*[86], weigerte sich das Hochstift, die Reparaturkosten zu übernehmen. Rentmeister Höfler versuchte, den Schaden auf eine mangelhafte Uferverbauung oberhalb der Brücke auf städtischem Territorium zurückzuführen – eine Anschuldigung, die der städtische Sachverständige, Bauamtsschreiber Nezer, energisch zurückwies, *weil dadurch der (Fluß)strohm nicht so vehement an die Joch angefahren, sondern sich in dem (oberhalb) gemachten Loch zuvor abgestossen habe*[87]. Statt schneller Abhilfe verwies der Rentmeister auf seine administrative Ohnmacht: *Er seye obligiert, solches gehorsamist zu berichten, mache weder an der Neben- noch Haupt-Prugg, biß auff erhaltne gnädigste ordre, nicht eines Kreuzers werth*[88].

Das reichsstädtische Wunschbild bischöflicher Zollstationen ohne jede jurisdiktionelle und exekutive Vollzugsmöglichkeiten sollte sich so nicht erfüllen, zumal es z. B. für den Bereich des Vaganten- und Bettelwesens[89] im ureigensten Interesse der städtischen Stiftungsadministration lag, wenn *stifftischer seiten selbsten jederweilen ersuecht worden, die Bettler durch seine undergebne Wacht abtreiben und (auf burgauisches Hoheitsgebiet) hinweckh schaffen zu lassen*[90].

Zusammenfassend läßt sich auch für die bischöfliche Zollbrücke feststellen, daß die enge Vernetzung reichsstädtischer und fürstbischöflicher Rechte dort eine konstruktive

Spindler zum 90. Geburtstag = Schriftenreihe zur bayerischen Landesgeschichte 78/1) München 1984, S. 55–68.

84 Stadtarchiv Augsburg, Reichsstadt, Beziehungen zu Bischof und Domkapitel, Akt 8y, Nr. 8.

85 Archiv des Bistums Augsburg, Akt BO 869, S. 90ff.

86 Stadtarchiv Augsburg, Reichsstadt, Beziehungen zu Bischof und Domkapitel, Akt 8y, Nr. 60 (Bericht der Baumeister Joseph Wilhalm von Langenmantel, Johann Adolf Amman und Paul Johann Marci vom Juni 1737).

87 Stadtarchiv Augsburg, Reichsstadt, Beziehungen zu Bischof und Domkapitel, Akt 8y, Nr. 60.

88 Stadtarchiv Augsburg, Reichsstadt, Beziehungen zu Bischof und Domkapitel, Akt 8y, Nr. 60.

89 Carsten Küther ließ das Problem der Vagantenwanderung innerhalb des Schwäbischen Reichskreises nahezu unberücksichtigt. Vgl. Carsten KÜTHER, Menschen auf der Straße. Vagierende Unterschichten in Bayern, Franken und Schwaben in der zweiten Hälfte des 18. Jahrhunderts (Kritische Studien zur Geschichtswissenschaft 56) Göttingen 1983.

90 Stadtarchiv Augsburg, Reichsstadt, Beziehungen zu Bischof und Domkapitel, Akt 8y, Nr. 8.

Zusammenarbeit beider Reichsstände dringend erforderlich erscheinen ließ. Die Zollrechte oblagen zwar unstrittig dem Hochstift, doch bestimmte der Magistrat über die Zolltarife. Der Zöllner war zwar *von allen der Stadt Beschwerden gleich andern Privilegierten befreyet*, doch befand sich sein Zollhaus *auf gemayner Stadt Territorio und Jurisdiction*. So dürfte die Einschränkung des Zollvertrages von 1602, Durchreisende in Ausübung seines Amts nur auf- und anzuhalten, wenn dies *ohne Schlägerey* abging[91], sicherlich wohlbedacht gewesen sein, da der fürstbischöfliche Beamte und seine Schergen nach Auffassung des Magistrats exterritorial agierten. Eine sich daraus ergebende Überstellung des Zöllners vor ein städtisches Strafamt hätte sich politisch aber nicht durchsetzen lassen.

5. Die Jagd- und Forsthoheit

Das territoriale Dreigespann von Reichsstadt, Domkapitel und Hochstift Augsburg, deren Verhältnis in anderen Bereichen von ernsten Konflikten überschattet war, mußte sich im Jagd- und Forstwesen notgedrungen verständigen, da sich ihre waidmännischen und forstlichen Rechte sowohl in der Straßvogtei um Schwabmünchen als auch in der Landvogtei um Gersthofen[92] überlagerten. Anlaß zu einer strikteren Einhaltung der Jagdverträge von 1602, 1609, 1652, 1670 und 1785 gaben die Klagen der herrschaftlichen Jäger[93], daß von *Unberechtigten oder mit bloßen, gegen die klare Vorschrift ersagter Forstordnungen laufenden, sogenannten Erlaubscheinen versehenen Personen, aus der Stadt und von dem Land, nicht minder von hergelaufenen Vaganten, theils ganz unwaidmännisch, theils unbefugt, (Jagdrechte) geübt und gebraucht worden, wordurch dem Landmann in den Feldfrüchten unverantwortlicher Schaden zugefügt, die Thiere und (das) Federwildpret ausgerottet und abgetrieben, anbey der Nachbarschaft zu mehrfältigen Beschwerden Anlaß gegeben worden* sei[94]. Das Waidwerk wurde sogar *mehrern theyl von den gemainen Burgern unnd Bawrsmann gantz unwaydmännischer weiß (aus)geübt*[95]. Diese Unsitte tangierte in erster Linie das ständische Selbstverständnis der Domkapitulare sowie der hohen reichsstädtischen und hochstiftischen Beamtenschaft, die die Jagd als *ein blos adelichen und distinguierten Personen zustehende Ergözlichkeit und Belustigung* mißdeuteten[96]. Um das Jagdwesen als oligarchische

91 Archiv des Bistums Augsburg, Akt BO 869, S. 90.

92 Außerhalb von Gersthofen gelang es aber der Reichsstadt Augsburg in den Orten Lützelburg, Stettenhofen und Täfertingen, die Forsthoheit in der Landvogtei *unvorgreiflich und ohne Nachtheil* zu behaupten: Archiv des Bistums Augsburg, Akt BO 869, S. 18f.

93 Die reichsstädtische Forstverwaltung wurde unverständlicherweise in der ansonsten solide gearbeiteten Verwaltungs- und Verfassungsgeschichte Ingrid Bátoris des 18. Jahrhunderts ausgespart. Vgl. Ingrid BÁTORI, Die Reichsstadt Augsburg im 18. Jahrhundert. Verfassung, Finanzen und Reformversuche (Veröffentlichungen des Max-Planck-Instituts für Geschichte 22) Göttingen 1969.

94 Staats- und Stadtbibliothek Augsburg, Augustana 2° 347; Archiv des Bistums Augsburg, Akt BO 869. (Jagdvergleich zwischen Fürstbischof Clemens Wenzeslaus von Sachsen und der Reichsstadt Augsburg vom 17. 12. 1785).

95 Stadtarchiv Augsburg, Reichsstadt, Beziehungen zu Bischof und Domkapitel, Akt 8y, Nr. 43 (= Jagdvergleich vom 9. 9. 1609).

96 Staats- un Stadtbibliothek Augsburg, Augustana 2° 347.

Prärogative zu erhalten, wurden zwischen den drei beteiligten Reichsständen *zu Vermeidung aller Irrung* Namenslisten mit jagdberechtigten Personen ausgetauscht. Die Jäger mußten sich außerdem mit gedruckten Kanzleischeinen allzeit legitimieren können. Den hauptamtlichen bürgerlichen Jagd- und Forstaufsehern wurde die Benützung von Flinten untersagt. Die stattdessen benutzten Kugelstutzer oder Büchsen sollten offenbar verhindern, daß sie bei allzu unvorsichtigem Gebrauch ihrer alten Schrotflinten ihre Dienstaufgaben nicht im Sinne einer geistlichen Diplomatenjagd erweiterten.

Als jagdberechtigte Personen galten gemäß dieser Verträge auf Seite des Hochstifts außer dem Fürstbischof die Hofräte und -junker sowie die Pfleger in der Straßvogtei, auf Seite des Domkapitels der Domdekan, der Dompropst, die Kanoniker und Obervögte und schließlich auf reichsstädtischer Seite die Mitglieder der Geschlechter- und Kaufleutestube, die Räte, Oberoffizianten und Oberbeamten[97].

Dessenungeachtet prallten aber auch im gemeinsamen *Mitjagensbezirk* südlich und nördlich von Augsburg territoriale Interessen aufeinander, die Ursache dafür waren, daß Regelungen hinsichtlich des Kreises der Jagdberechtigten und Jagdzeiten[98] in einigen Ortschaften nicht eingehalten wurden. So verwahrte sich das Domkapitel in Gersthofen gegen *turbationes* von auswärtigen Jägern, da dort das *erwürdige Thumb Capitull ... nit allein seinen sonderen bestelten Gerichts Vogt, sonder auch auß iren Mitten Thumbherren zue Landt Pflegeren gehapt (hat und) auch noch hat*[99]. Seitens der Bürgerschaft wurde diese Ausdehung der domkapitelischen Jagdhoheit nicht hingenommen, da der reichsstädtische Jägermeister[100] im Forstamt zu Stettenhofen (LK. Augsburg) wiederholt von seinem Konfiskationsrecht Gebrauch machte. So protestierte Domherr Georg Friedrich von Gemmingen 1626, daß seinem Diener vom Stettenhofener Jäger zwei Hasen entwendet wurden. Außerdem habe man sein Jagdgewehr eingefordert, *dessen Er sich aber verwidert und erwörth (hat). Alß Er aber hinnach mit solcher seiner Pürschpüx unnder hiesiger Statt Thor eins(ge)kommen*, erreichte der Stettenhofer Jäger mit Amtshilfe des städtischen Torwächters sein Ziel dennoch. Daraufhin setzte sich erneut ein diplomatisches Szenarium in Gang, in dem

97 Stadtarchiv Augsburg, Kirchen und Klöster, Domkapitel, Fasz. 16. Diese Regelung galt bis zur Säkularisation, da ein Jagdvertrag von 1802 den betreffenden Passus unverändert übernahm.

98 Die einzelnen Jagdzeiten waren wie folgt festgelegt:

Entenjagd:	Jacobi (25. Juli)–Fasnacht
Fuchsjagd:	Michaelis (29. September)–Fasnacht
Hasenjagd:	Schonzeit im Frühjahr
Hirschjagd:	Johannis Baptistae Tag (24. Juni)–Matthaei (21. September)
Rehjagd:	Jacobi (25. Juli)–Fasnacht
Wachtel- und Lerchenschießen:	Schonzeit um den St. Johannis Tag (24. Juni)
Wildschweinjagd:	Tag Galli (16. Oktober)–Festum trium regum (6. Januar).

99 Stadtarchiv Augsburg, Reichsstadt, Beziehungen zu Bischof und Domkapitel, Akt 8y, Nr. 43.

100 Das Stettenhofer Jägeramt blieb trotz des paritätischen Ämterwesens meist mit evangelischen Beamten besetzt. Dies könnte als Versuch gewertet werden, gegen das domkapitelische Umfeld das konfessionelle Gleichgewicht der Stadt zu stärken, um den Landeshoheitsanspruch auch in diesem Bereich zu festigen. Um diesem Ziel näher zu kommen, mußte auch auf auswärtige Amtsbewerber zurückgegriffen werden. So berief man mangels geeigneter reichsstädtischer Kandidaten 1663/64 den Jäger der evangelischen Reichsritterschaft Burtenbach.

der genannte Domherr mittels *thumcapitlischen Uberreütter(s)* bei Stadtpfleger Hieronymus Imhof vorstellig wurde, der die Angelegenheit an den Stadtvogt weiterleitete. Dieser erklärte als Reichsbeamter und Schlußstein in jenem kafkaesk anmutenden Verwaltungslabyrinth, daß er *ohne Vorwissen der Herren Stattpfleger und deß Vorstherrn mir (die Jagdwaffe) nit restituieren ... lassen derfe*[101].

Grundlage dieser Auseinandersetzungen war wiederum der unterschiedliche Lebensstil zwischen adelig-domkapitelischen und bürgerlich-reichsstädtischen Jagdkreisen. Während für den ersten Kreis die Beteiligung von Jagdhelfern zur gesellschaftlichen Imagepflege zählte, sahen die städtischen Vertragspartner darin eher einen Verstoß gegen die *ad personam* ausgestellten Jagdlizenzen. Immerhin einigte man sich aber in einem Vergleich von 1743 dahingehend, *daß fürtershin derley Jagd-Excess und Frevel durch ein auß sambtlichen paciscirenden Theilen zusammengesetztes gemeinschafftliches Forst-Ambts-Gericht untersucht und die Frevler und Excedenten, sie seyen hoch-stüfftisch, burgerlich oder frembd ... noch schärpfer und ohnnachläßig abgestrafft werden sollen*[102]. Damit diese Regelung auch tatsächlich zu einer Verbesserung der Mißstände im gemeinsamen »Mitjagensbezirk« führte, beteiligte man die Jagdaufseher und die städtischen Torwächter zu je einem Drittel an den zu erwartenden Frevelgeldern.

Die gemeinsame Forst- und Jagdkommission blieb so eine der wenigen Institutionen, die auf den Dualismus zwischen Bischof/Domkapitel und Stadt mäßigend wirkten. Sie gewann durch die Beteiligung des Domkapitels zusätzliche Rechtskraft, da friedliche Koexistenz innerhalb der Stadtmauern ohne die Zustimmung der einflußreichen Domkanoniker auf keinen Fall durchzusetzen war. Unter dieser Prämisse arbeitete man mit distanzierter Höflichkeit bis zur Säkularisation zusammen. Dafür bezeichnend ist der Vorschlag der reichsstädtischen Forstdeputierten Johann Thomas von Stetten und Franz Anton von Rem 1802 an den Magistrat: *Wegen der mit dem Hochstift und Domkapitel abzuhaltenden (Forst)conferenz aber finden wir es nach früheren Vorgängen nothwendig, daß diese Behörden durch magistratische Schreiben hiezu eingeladen werden*[103]. Eine rein mündliche Absprache unter Fachbehörden erschien demnach offenbar dem hochbewerteten Status der Konferenz nicht angemessen.

6. *Die bischöfliche Leibgarde*

Sorgte der unterschiedliche Rechtsstatus, der die bischöflichen Kameralgüter vom städtischen Territorium absonderte, bereits für zahlreiche Spannungen, so mußte eine geplante Aufstockung der fürstbischöflichen Leibgarde Mitte des 18. Jahrhunderts von ursprünglich 6 auf 42 bewaffnete Mannen[104] in den städtischen Amtsstuben als ein Akt

101 Stadtarchiv Augsburg, Reichsstadt, Beziehungen zu Bischof und Domkapitel, o. Nr. Dieser nach dem Pertinenzprinzip gesammelte Bestand wird derzeit neu verzeichnet und formiert.

102 Stadtarchiv Augsburg, Reichsstadt, Beziehungen zu Bischof und Domkapitel, Akt 8y, Nr. 45 (= Jagdvergleich vom 6. 7. 1745).

103 Stadtarchiv Augsburg, Reichsstadt, Beziehungen zu Bischof und Domkapitel, Akt 8y, Nr. 45.

104 Die Unterlagen des Ungeldamtes für die Steuerbefreiung geistlicher Hofbediensteter spiegeln auch die Personalstruktur der bischöflichen Leibgarde wider. Diese blieb an den Aufenthaltsort der Fürstbischöfe gebunden, so daß sich zu Zeiten der Dillinger Hofhaltung der innerstädtische Konfliktherd entspannte

militärischer Aggression mißdeutet werden, obwohl es sich hierbei nur um eine Anpassung an die allgemeine absolutistische Repräsentationslust handelte, die andernorts kaum der zeitgenössischen Kritik unterworfen war. Die vermehrte Anwesenheit des fürstbischöflichen Hofstaats in der Stadtresidenz, die seit der Amtsperiode von Bischof Joseph von Hessen-Darmstadt (1740–1768) zu konstatieren ist, sorgte allerdings für ein personelles Ungleichgewicht. Setzt man für die gesamte Reichsstadt bei 33 kommunalen und 28 stiftischen Ämtern für die Jahre vor 1806 circa 120–130 Beamte an[105], so störte der bis zu 300 Personen umfassende Hofstaat des Augsburger Kirchenfürsten das personalle Gleichgewicht der beiden Reichsstände doch erheblich, zumal der hochstiftische Personalstaat nur circa 0,5 % der gesamten Bevölkerung umfaßte[106].

So schildert der Augsburger Ratskonsulent Freiherr von Hertenstein 1755 einige seiner Bedenken gegen die neue bischöfliche Leibgarde – Vorbehalte, die von einer breiten Mehrheit des städtischen Bürgertums geteilt worden sein dürften. *Sollten über kurz oder lang in dem Reich oder dieser Gegend Unruhen entstehen und ein zeitlicher Bischoff eine andere Parthei alß die Statt ergreiffen, wie leicht wäre (mit dieser Leibgarde) ein Thor von innen surprenirt, forcirt, geöfnet und dem bischöflichen Land Volck oder frembden Trouppen die Statt Preiß gegeben? Im gegenseit hat ein jeweiliger Herr Bischoff von der Statt lediglich nichts dergleichen zu besorgen. Sein geistlicher und höflicher Caracter ist seine sicherste Leib Guarde. Sollte jemand sich unterfangen sich an*

Die bischöfliche Leibgarde (1690–1750):

Jahr	Personalstärke	Namensnennungen
1690	2	Christoph Klöckh, Johann Seyboldt
1691	3	Christoph Klöckh, Johann Seyboldt, N. Forckhet
1695	4	Christoph Klöckh, Johann Seyboldt, N. Forckhet, Johann Koldaust
1703	4	Johann Seybold, Johann Baldauff, Balthasar Schiffer, Nicolaus Lindemann
1705	6	Johann Seyboldt, Nicolaus Lindemann, Balthasar Schiffer, Johann Georg Beyr, Franz Baldauff, Conradus Moßel
1706	5	alle ohne Conradus Moßel
1708	4	Nicolaus Lindemann, Johann Seyboldt, Balthasar Schiffer, Johann Georg Beyr
1718	6	Johann Seyboldt, Nicolaus Lindemann, Johann Georg Beyr, Melchior Fux, Conrad Moßel, Christoph v. d. Litsch
1728	6	Nicolaus Lindemann, Melchior Fux, Conradus Moßel, Carl Heinrich Brandt, Jacob Burkhart, Melchior Ost
1740	6	Jacob Burkhart, Carl Heinrich Brandt, Melchior Ost, Caspar Schmidt, Michael Sperer, Michael Spreng
1747	6	Jacob Burkhart, Melchior Ost, Caspar Lutz, Johannes Probst, Michael Spreng, Carl Heinrich Brandt
1750	5	alle ohne Carl Heinrich Brandt
1754	5	alle ohne Carl Heinrich Brandt

105 BÁTORI (wie Anm. 93), S. 58ff., kritisiert zurecht die von der älteren Forschung erarbeiteten Daten, die bis zu 600 »Ämter« am Ende der reichsstädtischen Epoche errechnet hatte.

106 Vgl. Aloys SCHREIBER, Die Entwicklung der Augsburgr Bevölkerung vom Ende des 14. Jahrhunderts bis zum Beginn des 19. Jahrhunderts, Diss. phil., Erlangen 1922. Dort wurde für das 18. Jahrhundert eine durchschnittliche Bevölkerungszahl von 30000 Einwohnern errechnet. Dem stand ein fürstbischöflicher Hofstaat von maximal 150 in Augsburg logierenden Beamten gegenüber.

Ihme oder denen Seinigen zu vergreiffen, würde die Statt Ihnen gewieß mit äusserster Macht zu Hülffe tretten. Wäre aber die Ubermacht so groß, daß solcher die ganze Statt nicht steuren könnten, so werden es die 42 Mann auch nicht thun[107].

Der fürstbischöfliche Hof traute in dieser Angelegenheit aber verständlicherweise mehr seinen eigenen Schutzorganen als der Nachbarschaftshilfe bürgerlicher Dragoner. So führte schließlich die Vermittlung einer Hofkommission unter dem Vorsitz der Freiherren von Vockel und Waldstätten zu einer Reihe kurioser Kompromisse. Die Zahl der bischöflichen Leibgardisten mußte auf zwölf Mann beschränkt werden, die sich verpflichteten, *niemahlen anderst alß in der fürstl. Hoff Livreé, keineswegs aber in einer militärischen Uniform* zu erscheinen. Es war dem Bischof geboten, sie *bloß zur bedeckung der höchsten Person, keineswegs aber zur ausführung anderer absichten gegen die Statt oder deren Miliz (zu) gebrauchen.* Bei *gewohnlichen Kutsch- oder Spazierfahrten (und) auch privaten Visiten*[108] der Fürstbischöfe war das Leibgardekontingent auf 6 Mann beschränkt, die zudem keine Waffen tragen durften. Das reichsstädtische Sicherheitsdenken, das natürlich in Augsburg wie auch andernorts seine größten Energien auf den Fortifikationsbau setzte[109], vermochte aber auch die verbale Auseinandersetzung mit benachbarten Territorien so aufzuheizen, daß selbst Legationsrat von Hertenstein, ein strenger reichsstädtischer Parteigänger, in diesem Zusammenhang von einem *terror panicus* sprach.

7. Der Stierhof als hochstiftische Enklave

Neben der Zollstation an der Wertach, den Pfalzschenken und den damit verbundenen Verstößen gegen die städtischen Zoll- und Ungeldvorschriften sorgte der einzige bischöfliche Wirtschaftshof, der sogenannte Stierhof[110], der innerhalb der reichsstädtischen Wallanlagen am Roten Tor lag, ebenfalls für einiges Kopfzerbrechen bei den vom Magistrat berufenen Steuerdeputierten. Die Ursache hierfür lieferten die Bestimmungen, daß es dem gesamten Klerus gestattet war, Naturalien in die Stadt einzuführen, ohne dafür Abgabe an das Markt- oder Taxieramt zu entrichten. Der Stierhof als verpachtetes bischöfliches Kameralgut sollte dabei als illegale Zwischenlager- und verkaufsstelle eine nicht gering zu schätzende ökonomische Bedeutung erhalten. So wandten sich 1735 vier Deputierte des städtischen Taxationsamts verzweifelt an den Magistrat, beim bischöflichen Rentmeister eine *requisition* des Stierhofbauern für ihre Amtsrecherche zu erwirken. Anlaß für die Bitte um Amtshilfe gab die Tatsache, daß

107 Archiv des Bistums Augsburg, Handschrift 72; Stadtarchiv Augsburg, Reichsstadt, Beziehungen zu Bischof und Domkapitel, Akt 8y, Nr. 62 (= Bericht von Herttensteins an den herzoglich-braunschweigischen Legationsrat von Moll in Wien vom 14. 2. 1755).
108 Stadtarchiv Augsburg, Reichsstadt, Beziehungen zu Bischof und Domkapitel, Akt 8y, Nr. 62 (= Instruktion des Hofagenten von Gay für die Wiener Hofkommission zur Beilegung des Streits um die bischöfliche Leibgarde).
109 Bernhard KIRCHGÄSSNER, Kunst und Kultur zwischen Hof und Bürgertum: Die kurfürstliche Residenzstadt Mannheim im 18. Jahrhundert, in: Städtische Kultur in der Barockzeit, hg. von Wilhelm Rausch, Linz 1982, S. 223–234.
110 Vgl. zur topographischen Bestimmung des Stierhofs: Detlev SCHRÖDER, Stadt Augsburg (Historischer Atlas von Bayern, Teil Schwaben, Heft I/10) München 1975, S. 222f.

zwey hiesige Weibes Persohnen auß dem sogenannten Stierhoff heraußgehendt (von 2 Amtsdienern) angehalten und bey jeder etwas Fleisch in ihren Krezen (= Körben) (gefunden), deßgleichen auch nach der Handt(lung) in einem burgerlichen Hauß bey 2en Haußhaltungen mit zuziechung eines Burgerm(eister)ambtsdieners eben solch auß dem Stierhoff kommendes Fleisch gefunden hetten[111]. Weitere Untersuchungen des Taxieramts ergaben, daß die sogenannte Fastenmetzgerin in Haunstetten außerhalb der städtischen Marktkontrolle[112] das Vieh aus dem Stierhof in großem Stil für einen bürgerlichen Kundenkreis kommerziell weiterverarbeitet hatte. So verwundert es nicht, daß der Pächter des Stierhofs, Johann Wiser, da er *mit dergleichen Contrabanden behafftet* war, *so leichter dingen zur stellung (vor das Taxieramt) nicht zu bringen* war[113].

Die Kontrolle über den Stierhof seitens der städtischen Behörden intensivierte sich außerdem immer dann, wenn zu der Steuerfrage in Seuchenjahren die Obsorge um die Fleischbeschau trat. So gab 1728 das Bauamt, dem die Seuchenkontrolle oblag, Anweisung, *die beede feldwaibl von hie(s)iger Statt Guarde vor uns khommen (zu) lassen und ihnen nomine eines löbl. Magistrats an(zu)befehlen, an alle Wachten und dessen Thoren die gemessene ordre zu ertheilen, denen Taxier Ambtsbedienten, Thorwarten oder wer auf die Contrabande obsorg zu tragen, zu assistieren und an handen zu gehen, damit kein frembd Flaisch, ausser so laut bescheinungen, an Privilegierte khommen soll und das solch Fleisch geschawmessig und gerechte Waar seye*[114]. Diese Vorsichtsmaßnahmen schienen sicherlich angebracht gewesen zu sein, wenn die Angaben des reichsstädtischen Wasenmeisters zutreffen, daß allein in dem kurzen Zeitraum vom 20. bis zum 23. November 1728 im Stierhof 2 Stück, im benachbarten ulrikanischen Maierhof vier Stück und im Wirtschaftshof des dem Bischof unterstellten St. Katharina Klosters[115] sogar sechs seuchenbefallene Kühe notgeschlachtet werden mußten.

Die Notwendigkeit einen *modus vivendi* zwischen Bischofs- und Reichsstadt zur Aufrechterhaltung der öffentlichen Ordnung zu finden, zeigte sich auch in der Akte »Stierhof«. Da die hochstiftischen Rentmeister die Überstellung der Stierhofverwalter zu den städtischen Steuer- und Strafbehörden mit großer verbaler Raffinesse zu verhindern wußten, blieb im Gegenzug 1740 ein Pferdediebstahl des Hospitalkochs Melchior Burkhard im Stierhof ungeahndet, da der Magistrat eine Einmischung in die städtische Strafhoheit seitens des fürstbischöflichen Rentmeisters Michael Federle ablehnte. So wurden den städtischen Zentralbehörden zur abschließenden Stellungnahme nur die einseitigen Aussagen des Spitalkochs zugesandt. Darin gab jener nach

111 Stadtarchiv Augsburg, Reichsstadt, Beziehungen zu Bischof und Domkapitel, Akt 13y.
112 Haunstetten war Bestandteil des Stiftsterritoriums von St. Ulrich und Afra (Augsburg).
113 Stadtarchiv Augsburg, Reichsstadt, Beziehungen zu Bischof und Domkapitel, Akt 13y.
114 Stadtarchiv Augsburg, Reichsstadt, Beziehungen zu Bischof und Domkapitel, Akt 13y.
115 Vgl. zur Rechtsstellung des Klosters St. Katharina: Hanneliese HAFFNER, Das Dominikanerinnenkloster St. Katharina in Augsburg im 18. Jahrhundert, Diss. phil. München, Augsburg 1938; Leo JUHNKE, Bausteine zur Geschichte des Dominikanerinnenklosters St. Katharina in Augsburg mit Berücksichtigung von Patriziat, Reform und Geistesleben (Bericht über das 125. Schuljahr 1957/58 der Oberrealschule Augsburg) Augsburg 1958. Der Beitrag von Bernd ROECK, Geistliches Leben 1650–1800, in: Geschichte der Stadt Augsburg, hg. von Gunther GOTTLIEB, Stuttgart 1984, S. 480–489, klammert dieses Problem aus.

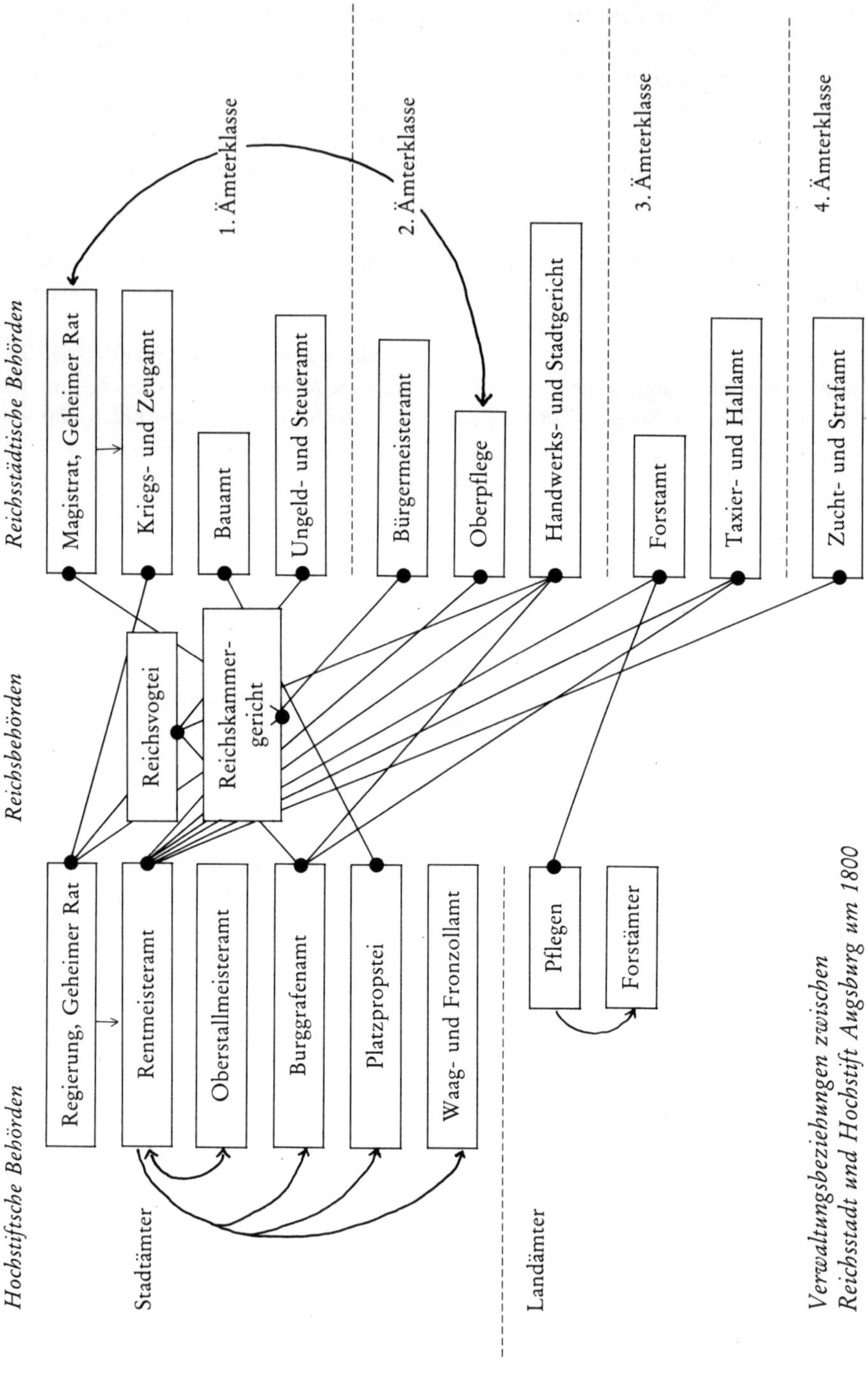

Verwaltungsbeziehungen zwischen Reichsstadt und Hochstift Augsburg um 1800

einer versehentlichen Pferdeverwechslung auf der Koppel des Stierhofbauern an, lediglich sein eigenes Pferd aus den stierhofschen Marstall zurückgeholt zu haben, da es ihm gelang, *die mit schlechtem Schloss und Bändlen verspöret geweßte Wagenschupffenthür (!) hineinzusprengen und die Eröffnung der Thür zu thun (und) hierdurch auch sein und andere Pferdt frey zu machen und nacher Hauß zu bringen.* Der Verlust der anderen Pferde und gewalttätige Einbruch in die Gestade des Stierhofs blieben erneut ungesühnt. Das reichsstädtische Strafmaß erschöpfte sich darin, daß der Delinquent *unter auferlegten Stillschweigen* entlassen wurde[116].

8. Städtische Interessen im hochstiftischen Territorium

Eine Schwachstelle für die Stabilität der reichsstädtischen Interessenspolitik gegenüber dem fürstbischöflichen Hof bildete die territoriale Gesamtsituation[117]. Als Folge des im Spätmittelalter einsetzenden Grunderwerbs städtischer Oberschichten in ländlichen Regionen ergab sich im Umfeld der Reichsstadt Augsburg eine besitz- und verfassungsrechtliche Gemengelage, die in Folge größerer Geschlossenheit des hochstiftischen Staatsgebildes gegenüber den »offenen« Territorialvorstellungen die innerstädtische Position von Bischof und Domkapitel zu konsolidieren vermochte. Infolge bischöflicher Nachsteuerforderungen, hochstiftischer Wehr- und Steuerhoheit sowie gelegentlicher Grund- und Fronuntertänigkeit Augsburger Bürger in geistlichen Pflegämtern echauffierten sich die Gemüter in der städtischen Herren- und Kaufleutestube.

a) Die Nachsteuer

Als das Wehringer Schloß (LK. Augsburg) im Juli 1687 von dem Augsburger obersten Wachmeister Johann Jakob Remboldt für 5530 Gulden an die Freiherren Imhof zu Untermeitingen als einer Familie, die auch nach dem Aufstieg in den schwäbischen Landadel im 17. und 18. Jahrhundert weiterhin der städtischen Oligarchie[118] in Augsburg zuzuordnen ist, verkauft wurde, forderte der bischöfliche Vogt zu Wehringen[119] eine zehnprozentige Nachsteuer von der Verkaufssumme ein. Offenbar perplex durch die Keckheit des hochstiftischen Vogts ersuchte Remboldt den Geheimen Rat in der Reichsstadt um Rechtsbeistand: So habe *ich die also beschehene Intimation deß Fürstlichen Schreibens (= Nachsteuerforderung) hiemit gehorsamlich anzaigen und biten wöllen, mir per decretum großgütiglich bedeuten zue lassen, was dießfalls zue thuen oder zu lassen, die pacta unnd herkommenheit an die hand geben*

116 Stadtarchiv Augsburg, Reichsstadt, Beziehungen zu Bischof und Domkapitel, Akt 13y (= Auszüge aus dem Verhörprotokoll des Hospitalobervogts Johann Thomas Peller vom 22. 8. 1740).

117 Vgl. Joachim JAHN, Augsburg Land (Historischer Atlas von Bayern, Teil Schwaben, Heft I/11) München 1984.

118 Unter dieser Fragestellung ist immer noch heranzuziehen: PAUL VON STETTEN d.J., Geschichte der adelichen Geschlechter in der freien Reichsstadt Augsburg, Augsburg 1762.

119 Vgl. demnächst Wolfgang WÜST, Die Geschichte des Wehringer Vogtamts in der frühen Neuzeit, in: Ortsgeschichte von Wehringen.

möchten, (...) umb der mehrern Versicherung willen getrungen bin, mich hierüber gehorsamlich anzufragen[120].

Der Fall Wehringen bildete keine Ausnahme, da z.B. das hochstiftische Vogtamt Göggingen 1717 im benachbarten Ort Inningen bei einem Immobilienhandel des Augsburger Bürgers Elias Matthias Müller mit dem hochstiftischen Koadjutor Freiherrn von Schnurbein ebenfalls Nachsteuerforderungen über 250 Gulden einklagte, obwohl wegen *besagten Hoffs zu Inningen niemahlen einige Steur* für die bischöfliche Grundherrschaft geleistet worden war und obwohl von der Verkaufssumme über 2500 Gulden noch 20 Prozent ausständig waren.

Die hochstiftischen Landämter versuchten demnach am allodifizierten Besitz städtischer Grundherren, der bekanntlich zahlreichen Veräußerungen unterworfen war, finanziell kräftig zu partizipieren. Diese Maßnahmen stellten einen ernsten Affront gegen den *nervus rerum* großbürgerlichen Kaufmannsgeistes dar, der zwangsläufig die Problemstellung zwischen Bischof und Stadt in Augsburg verschärfen mußte. Dies galt um so mehr, als die Vorgehensweise der hochstiftischen Pfleger gegen den Vertrag aus dem Jahre 1602 verstieß, in dem Augsburger Bürgern zugesichert worden war, daß sie bei Wiederverkauf ihrer Liegenschaften nicht *mit der Nachsteuer wider die gebühr und alt Herkommen beschwert werden*[121].

b) Die Grunduntertänigkeit

Einen typischen Fall hochstiftischer Obereigentumsansprüche über bürgerlichen Besitz außerhalb des reichsstädtischen Territoriums schildert das Ratsprotokoll aus dem Jahr 1656. Ein nicht siegelfähiger Käufer[122] eines Guts, das *vormahlß St. Stephanß Stüfft in Augspurg gültbar gewesen, aber anierzo für aigen mit gewiser maß* ist, verpflichtet sich dem Augsburger Bischof Erzherzog Sigismund Franz von Österreich (1646–1665) sowie allen hochstiftischen Regierungsgremien mit ihrem *aller Ober-, Steür- und Raißbarkait underworffen Söldenguet ... vogtbar, gültbar, pottmessig, (grund)steürbar und gehorsamb (zu) sein*[123]. Außerdem mußte sich der Hintersasse nach dem Grundsatz »cuius regio, illius religio« verpflichten, der *cathollischen Religion angethan* zu sein.

Diese Art städtischer Gerichts- und Grunduntertänigkeit, die insbesondere für den bürgerlichen und stiftischen Streubesitz außerhalb geschlossener Ortsherrschaften im reichsstädtischen Umland zutraf, unterlief den innerstädtisch-bürgerlichen Emanzipationsprozeß gegenüber der Bischofspfalz innerhalb der Stadtmauern, der zu Beginn der Barockzeit ja vermeintlich längst abgeschlossen sein sollte. Ferner benachteiligte sie die evangelische Oberschicht, die sich zwar gemäß den Bestimmungen des Westfälischen

120 Stadtarchiv Augsburg, Reichsstadt, Beziehungen zu Bischof und Domkapitel, Akt 8y, Nr. 36 (= Schreiben vom 14. 7. 1667).
121 Archiv des Bistums Augsburg, Akt BO 869, S. 20f.
122 Es siegelte der reichsstädtische Obristwachtmeister und Stadtvogt Paul Rehlinger zu Horgau.
123 Stadtarchiv Augsburg, Reichsstadt, Beziehungen zu Bischof und Domkapitel, Akt 8y, Nr. 36.

Friedens im System der Parität[124] feste Anteile im Magistrat und den reichsstädtischen Ämtern sichern konnte, deren Mobilität aber durch ein Gütererwerbsverbot im gegenreformatorischen Umland[125] stark eingeschränkt erschien.

c) *Musterungspflicht und Schanzarbeit*

Als das Domkapitel und das Hochstift Augsburg 1612 im domkapitelischen Vogteiamt Zusamaltheim (LK. Dillingen) eine Musterung durchführen ließen, rief das nicht nur den burgauischen Landammann Johann Wiedemann auf den Plan, der darin einen Bruch der habsburgischen Landeshoheit im markgräflich-burgauischen *territorium non clausum* zu erkennen glaubte[126], sondern dies löste auch den Protest ausherrischer, augsburgischer Stadt- und Stiftsuntertanen aus. Die Überlandreiter des Klosters St. Katharina und der Spitalschreiber von Heilig Kreuz in Augsburg, deren Territorien zwar bei Hegnenbach und bei der Einöde Weldishof (beide Lkr. Dillingen) im hochstiftischen Musterungsbereich lagen und somit formal der bischöflichen Landeshoheit unterstanden, die aber andererseits entscheidend vom bürgerlich-augsburgischen Stiftungskapital durchsetzt blieben, berichteten voller Unmut an den städtischen Magistrat, daß mit Unterstützung ihrer Hintersassen *außerhalb dem Dorff Zusam Althaim (...) ain Schanntz aufgeworffen* worden sei und daß sich dort Fuß- und Reiterabteilungen formierten. Gerichtsuntertane Augsburger Bürger leisteten eben dort militärischen Fron, als der Fürstbischof sich *zu Roß begebenn mit dero Herrn Canzler, Herrn Hofmarschalch auch annderen mehr herumbgerittenn unnd das volckh besichtiget* hat[127]. Außerdem benachteiligte fortdauernde Quartierbelegung mit fürstbischöflichen Söldnern den Streubesitz städtischer Bürger, Stifte und Klöster über Gebühr.

d) *Erbschaften*

Der Erbfall eines von Rehlingerschen Anwesens[128] in dem hochstiftischen Amtsort Göggingen 1588 ließ einen weiteren Konfliktfall zwischen Bischof und Stadt offenkundig werden. Als nach dem Ableben der Witwe Jakob Rehlingers für das Anwesen von den leiblichen Erben keine Ansprüche geltend gemacht wurden, konfiszierte der bischöfliche Rentmeister Georg Stainer die *hinderlassene ligende unnd fahrende haab unnd güeter*, um die grundherrlichen Rechte des Bischofs gegenüber zahlreichen städtischen *Creditores* zu unterstreichen. Der Liegenschaftsstreit endete erst in einem

124 Vgl. Etienne FRANÇOIS, Das System der Parität, in: Geschichte der Stadt Augsburg, hg. von Gunther GOTTLIEB, Stuttgart 1984, S. 514–519.

125 Zu konfessionellen Polarisierungstendenzen zwischen Stadt und Hochstift Augsburg vgl.: Wolfgang WÜST, Von »offnen lastern, excommunication« und »bueßfertigen christenmenschen«. Eine hochstiftisch-augsburgische Polizeiordnung vom 30. Mai 1606, in: Miscellanea Suevica Augustana (Augsburger Beiträge zur Landesgeschichte Bayerisch-Schwabens 3) Sigmaringen 1985, S. 89–96.

126 Wolfgang WÜST, »Ius superioritatis territorialis«: Prinzipien und Zielsetzungen im habsburgisch-insässischen Rechtsstreit um die Markgrafschaft Burgau (Vorderösterreich in der frühen Neuzeit, hg. von Hans MAIER/Volker PRESS) Sigmaringen 1988, S. 195–214.

127 Stadtarchiv Augsburg, Reichsstadt, Beziehungen zu Bischof und Domkapitel, Akt 8y, Nr. 36 (= Bericht von Jakob Bittinger und Abraham Scheuhlin vom 20. 10. 1612).

128 Stadtarchiv Augsburg, Reichsstadt, Beziehungen zu Bischof und Domkapitel, Akt 8y, Nr. 36.

Vergleich zwischen dem Handelsmann Leonhard Wiedenmann und dem Notar Tobias Prings als reichsstädtische *Curatores* und dem Rentmeister als hochstiftischen Vertreter – ein Kompromiß, der sowohl den *Oberherrlich-, Gericht unnd Gerechtigkhaiten in all annder weg wie auch der Interponierten Appellation* des Bischofs als auch den finanziellen Interessen städtischer Kreditgeber entsprach. Infolge der ungeklärten örtlichen Gerichtszuständigkeiten entwarf und siegelte diesen Vergleich weder ein hochstiftischer noch ein reichsstädtischer Beamter, sondern der Reichsvogt Augustin Weißhierer als subalterner Vertreter des obersten Reichsgerichts[129].

Es blieben jedoch weiterhin sowohl das Konfiskationsrecht als auch die Lehenshoheit des Bischofs vor den Toren der Reichsstadt ein retardierendes Element für den innerstädtischen Ausgleich zwischen beiden Reichsständen. Das galt vor allem dann, wenn städtische Bürger in Erbschaftsangelegenheiten auf hochstiftischem Territorium verwickelt waren.

9. *Schlußbetrachtung*

Als Ergebnis läßt sich abschließend festhalten, daß das Zusammenwirken zwischen bischöflichen und städtischen Behörden in fast allen wichtigen Bereichen des öffentlichen Lebens sowohl personell als auch strukturell negativ belastet blieb. Diese Negativbilanz überrascht für das 17. und 18. Jahrhundert, da doch *die von Alters zwischen dem Hoch-Stifft und der Stadt quod Jura et Jurisdictionem fürgewaltete Differenzen* durch eine Reihe von Einzelverträgen ausgeräumt schienen und da die katholische Pfarr- und Stiftorganisation im barocken Augsburg längst wieder eine bestimmende Rolle im Bürgertum spielte[130]. Mentalitätsunterschiede zwischen den städtischen Organen und dem *fremden* Element in der Domstadt, den Domkanonikern beziehungsweise den nicht schwäbischen Teilen[131] des fürstbischöflichen Hofstaats, sowie die Überzeugung der eigenen Amtsvollkommenheit verhinderten allerdings eine konstruktive verwaltungsorientierte Zusammenarbeit. Bezeichnend für die reservierte Haltung zwischen dem geistlichen und weltlichen oder dem *jenseitigen* und *diesseitigen* Teil der Lechstadt bleibt der Ausschluß des Patriziats vom Domkapitel und der damit verbundenen Teilnahme an den Bischofswahlen. Sowohl die Augsburger Fürstbischöfe als auch ihre Domdekane und -pröpste blieben in dieser Frage unnachgiebig, obwohl lediglich die

129 Eine marginale Korrektur durch eine spätere Hand in diesem Schriftstück vermerkte, daß A. Weißhierer »jezo« Verwalter der Straßvogtei sei, die als Teil der Reichslandvogtei an das Hochstift versetzt worden war. Insofern setzte sich die bischöfliche Partei bei der Besetzung dieser Schiedskommission zumindest personell durch. Vgl. dazu: Alfred SCHRÖDER, Die »Straße« und die hochstiftische Straßvogtei, in: AGHA V (1916/19) S. 563–606. Wolfram BAER, Die Entwicklung der Stadtverfassung 1276–1368, in: Geschichte der Stadt Augsburg, hg. von Gunther GOTTLIEB, Stuttgart 1984, S. 146–150; Stadtarchiv Augsburg, Reichsstadt, Beziehungen zu Bischof und Domkapitel, Akt 8y, Nr. 36.

130 Peter RUMMEL, Katholisches Leben in der Reichsstadt Augsburg (1650–1806), in: JbVAB 18 (1984), S. 9ff.

131 Stadtarchiv Augsburg, Historischer Verein, H 361. So beklagte u. a. Joseph Ahorner von Ahornrain, der Leibarzt Fürstbischofs Clemens Wenzeslaus, die Überheblichkeit der kurtrierischen und rheinpfälzischen Hofdienerschaft, die während der Revolutionskriege von Koblenz nach Augsburg evakuiert wurde.

Aufnahme von zehn Bürgern unter dem Vorbehalt diskutiert wurde, daß *sie in Sachen, die zwischen dem Domb-Capitul und hiesiger Stadt vorfallende Differentien betreffend, jedesmahl aus dem Capitul abzutretten und à voto zu abstrahiren haben*. Das bedeutete, daß auf drei *fremde* Kanonikate nur ein *einheimisches* gefallen wäre, womit auch *keine vernünfftige Sorg oder Forcht einer (bürgerlichen) Partialität oder Ubermacht verursacht* worden wäre[132]. Als in der näheren Umgebung Augsburgs begüterte Adelsfamilien residierten um 1800 *realiter* in den 22 Domherrenhäusern lediglich die Fürsten von Oettingen-Wallerstein, die Grafen Schenk von Stauffenberg, die Freiherren von Riedheim und Ulm auf Erbach, wobei die letztere Familie zeitweise auch das benachbarte burgauische Landvogteiamt bekleidete[133]. Die große Mehrheit des geistlichen Adels blieb so schon aus rein lokalen Erwägungen ein für das städtische Bürgertum schemenhaftes Gebilde. Sicherlich intensivierten andererseits kirchliche Höhepunkte, wie sie z.B. beim Besuch des Papstes Pius VI. 1782 gegeben waren und an denen auch die evangelische Bürgerschaft partizipierte, die Kontakte zwischen Dom- und Reichsstadt, doch blieben die ungezählten alltäglichen Animositäten ein Grund dafür, daß der fürstbischöfliche Hof in der Bürgerschaft keinen blindlings nachäffenden Parteigänger finden sollte.

132 Stadtarchiv Augsburg, Amtsbibliothek, Kurtz- und Gründlicher Bericht von dem statuto capitulari ecclesiae cathedralis Augustanae vom 9. 7. 1734.

133 Vgl. dazu die unter Federführung von Pankraz Fried entstandene 2. Auflage des Historischen Atlasses von Bayerisch-Schwaben, Augsburg 1982, die 1985 um eine weitere Lieferung vermehrt wurde.

Säkularisation und Stadtkultur

Zur Auswirkung des Reichsdeputationshauptschlusses von 1803 auf süddeutsche Bischofsstädte

VON LAETITIA BOEHM

Gliederung

In der Forschung zur Säkularisation und Mediatisierung von 1803 und zum Ende des Alten Reiches stehen von jeher das Verhältnis von Staat und Kirche, die politischen und sozialen Folgen der Herrschaftssäkularisation der geistlichen Staaten und der Klostersäkularisationen beziehungsweise -aufhebungen im Mittelpunkt. Was die Situation der Städte im Umbruch von 1803/1806 betrifft, so befassen sich zwar zahlreiche Untersuchungen mit den politischen und verfassungsrechtlichen Vorgängen der Mediatisierung einzelner Reichsstädte[1]. Indes werden die frömmigkeits-, kultur-, sozial- und

1 Allgemein vgl. immer noch: G. W. HUGO, Die Mediatisierung der deutschen Reichsstädte, 1838; G. V. SCHMID, Die mediatisierten freien Reichsstädte Teutschlands, 1861; Otto BORST, Zur Verfassung und Staatlichkeit oberdeutscher Reichsstädte. In: Esslinger Studien, Jb. für Gesch. der oberdeutschen Reichsstädte 10 (1964), S. 106ff.; DERS., Die Kulturbedeutung der oberdeutschen Reichsstadt am Ende des alten Reiches. In: Bll. für deutsche Landesgeschichte 100 (1964), S. 159ff. – Hermann CONRAD, Die verfassungsrechtliche Bedeutung der Reichsstädte im Deutschen Reich (etwa 1500–1806). In: Studium Generale 16 (1963). – Spezieller: Erwin SCHELL, Die Reichsstädte beim Übergang an Baden, 1929; Fritz SCHNELBÖGL, Die fränkischen Reichsstädte. In: ZBLG 31 (1968), S. 421ff.; Friedrich BLENDINGER, Die Mediatisierung der schwäbischen Reichsstädte. In: Wittelsbach und Bayern III,1, hg. von Hubert GLASER, 1980, S. 101ff.; Rudolf ENDRES, Die Eingliederung Frankens in den neuen bayerischen Staat. In: Probleme der Integration Ostschwabens in den bayerischen Staat (Augsburger Beitrr. zur Landesgeschichte Bayerisch-Schwabens 2), hg. von Pankraz FRIED, 1982, S. 93ff.; Volker DOTTERWEICH, Herrschafts- und Vermögenssäkularisation in Bayerisch-Schwaben. Politische, soziale und wirtschaftliche Aspekte. In: ebd. S. 114ff.; Volker PRESS, Reichsstadt und Revolution. In: Bernhard KIRCHGÄSSNER–Eberhard NAUJOKS (Hg.), Stadt und wirtschaftliche Selbstverwaltung, 1987; DERS., Die Reichsstädte im Reich der frühen Neuzeit. In: Reichsstädte in Franken, 3 Bde., hg. von Rainer A. MÜLLER, 1987, hier I, S. 9ff.; Jutta SEITZ, Das Ende der alten Reichsstädte und ihr Übergang an Bayern. In: ebd. I,

schulgeschichtlichen Wandlungen im städtischen Raum – vor allem im Bereich der Landstädte beziehungsweise der geistlichen Residenzstädte – meist nur am Rande gestreift: der Wandel ihrer sozial-atmosphärischen Binnenstruktur wie ihrer Geltung nach außen, die Veränderung des Gesamtcharakters der Städte, welche nicht so sehr durch den Wechsel des Landesherrn als vielmehr durch die Säkularisationen bedingt war. Die Auflösung der geistlichen Residenzen mit ihren Hofhaltungen und Regierungsgebäuden, die Vermögensenteignung der Domkapitel, die Aufhebung von Klöstern und Stiften hat gerade die urbanen Zentren, insonderheit die Bischofsstädte, aber auch die konfessionell gemischten Städte tief ins Mark getroffen, vor allem diejenigen Städte, in denen Klöster, speziell Bettelordensniederlassungen und kirchlich-karitative Einrichtungen oder auch Sonderformen anderer kleiner religiöser Gemeinschaften massiert lagen und die nun ihres in Jahrhunderten gewachsenen wesenseigenen geistlichen Charakters entkleidet wurden. Auch in evangelischen Städten hatten Reste des alten Kirchenwesens oft noch bis ins 17./18. Jahrhundert fortgewirkt. Die gesetzliche Sanktionierung der Herrschafts- und Vermögenssäkularisation der Kirche durch den Reichsdeputationshauptschluß (= RDH) bedeutete nicht nur für die unmittelbar betroffenen geistlichen Stände, sondern auch mittelbar für deren Umwelt, für das gesamte religiös geprägte und mit den kirchlichen Gemeinschaften engstens verflochtene soziale Gefüge, für Lebensformen und Lebensrhythmus des städtischen Alltags eine tiefe Zäsur, deren Ausmaße freilich im einzelnen schwer meßbar sind.

Folgend sei zunächst die allgemeine reichsgesetzliche Situation der Städte aufgrund des RDH umrissen, um dann die Folgen des Umbruchs exemplarisch an einigen süddeutschen Bischofsstädten zu erläutern.

I. Der Reichsdeputationshauptschluß und die Städte

Die allgemeinen Fakten sind bekannt und seien des Zusammenhangs halber knapp resumiert[2]: Aufgrund der Abtretung des linken Rheinufers an Frankreich im Frieden von Lunéville vom 9.2. 1801, dessen Art. VII den weltlichen Landesherren für ihre dadurch sanktionierten Gebietsverluste Entschädigungen im rechtsrheinischen Reichsraum zusagte, traf die zur Durchführung eingesetzte, seit August 1802 amtierende

S. 346ff. (vgl. insgesamt dasselbe Werk mit zahlreichen Aufsätzen, dort weitere Lit.). Auf bibliographische Angaben zu Städte-Monographien sei hier verzichtet.

2 Grundsätzlich für alles folgende heranzuziehen: Karl Otmar Freiherr VON ARETIN, Heiliges römisches Reich 1776–1806. Reichsverfassung und Staatssouveränität, 2 Bde. 1967, bes. I, S. 372ff.; DERS., Das Reich. Friedensgarantie und europäisches Gleichgewicht 1648–1806, 1986; Georg SCHWAIGER, Das Ende der Reichskirche und die Säkularisation in Deutschland. In: Kirche und Theologie im 19. Jahrhundert, hg. von Georg SCHWAIGER, 1975, S. 11ff.; Hans-Wolfgang W. STRÄTZ, Die Säkularisation und ihre nächsten staatskirchlichen Folgen. In: Säkularisation und Säkularisierung im 19. Jahrhundert, hg. von Albrecht LANGNER, 1978, S. 31ff.; Heribert RAAB, Der Untergang der Reichskirche in der großen Säkularisation. In: Hubert JEDIN (Hg.), Handbuch der Kirchengeschichte Bd. 5, Sonderausgabe 1985, S. 533ff.; Ernst Rudolf HUBER–Wolfgang HUBER, Staat und Kirche im 19. und 20. Jahrhundert. Dokumente zur Geschichte des deutschen Staatskirchenrechts, Bd. I (ca. 1794–1848), 1973. – Der Text des Reichsdeputationshauptschlusses ist abgedruckt bei Ernst Rudolf HUBER (Hg.), Dokumente zur deutschen Verfassungsgeschichte, Bd. I, 1961, S. 1–26.

außerordentliche Reichsdeputation in ihrem Hauptschluß vom 25. 3. 1803 Regelungen über die »Austheilung und endliche Bestimmung der Entschädigungen« (§§ 1–29) sowie verfassungs- und staatskirchenrechtliche Bestimmungen (§§ 30–89). Durch Zustimmung des Reichstags in reichsgutachtlicher Form vom 26. 3. 1803 und durch die kaiserlicher Ratifikation am 27. 4. 1803 wurden sie zum Reichsgesetz erhoben – zum letzten Grundgesetz des Heiligen Römischen Reichs deutscher Nation, bevor dieses dann 1806 de iure unterging. Wie auch immer man den RDH beurteilen mag – als Rechtsbruch, tyrannische Ungerechtigkeit, rohe Gewalttat oder als Akt der »legalen Revolution«, »in dem die politische Notwendigkeit sich gegenüber der überlieferten Rechtmäßigkeit durchsetzte«[3] –, er markiert jedenfalls in grundstürzender Weise den Willen der damaligen Machthaber zur politischen Neuordnung Europas und Deutschlands und zur staatlichen Modernisierung im Geiste der Aufklärung auf Kosten der Kirche und aller traditionellen korporativen und überterritorialen Kräfte, deren Autonomieansprüche dem bürokratisch-institutionellen Flächenstaat noch im Wege standen. Der RDH beschleunigte und besiegelte gleichsam schon durch vorweggenommene Rechtswirksamkeit den Untergang des Alten Reichs.

Die Entschädigungen konnten nur durch Rückgriff auf Säkularisationen und Mediatisierungen vollzogen werden. Die im Friedensvertrag von Lunéville fixierten Prinzipien wurden dort, wo sich die Gelegenheit bot, schon vor der gesetzlichen Legalisierung mit Einverständnis der sogenannten vermittelnden Mächte Frankreich und Rußland eingeleitet. Die wesentlichen Teile des RDH beruhten materiell auf der Grundlage des von den Ministern der vermittelnden Mächte am 24. 8. 1802 vorgelegten Entschädigungsplanes[4], dem aufgrund der eingelegten Reklamationen und der Beratungen drei weitere Pläne folgten (einschließlich des am 25. 3. 1803 angenommenen Hauptschlusses).

Der RDH berührt direkt und indirekt verschiedene Kategorien von Städten und Orten. Als Entschädigungsobjekte werden einzeln aufgeführt: Bistümer, Domkapitel, Abteien, Propsteien, Stifte und Klöster, des weiteren werden aber auch Grafschaften, Herrschaften, Reichsstädte und andere Städte, Reichsdörfer, Ämter, Dörfer, Weiler, Walddistrikte, Zölle, Renten beziehungsweise Kapitalien »ausgetheilt«. Die seit jenen Tagen u. a. diskutierte Frage, ob nach dem Lunéviller Frieden, dessen Entschädigungsplan auf den Säkularisationsbeschluß des Kongresses von Rastatt 1798 zurückging, die

3 Ernst Rudolf HUBER, Deutsche Verfassungsgeschichte seit 1789, Bd. I: Reform und Restauration 1789 bis 1830, 1957, S. 57; anders Klaus Dieter HÖMIG, Der Reichsdeputationshauptschluß vom 25. Februar 1803 und seine Bedeutung für Staat und Kirche unter besonderer Berücksichtigung württembergischer Verhältnisse, 1969, S. 58 ff., auch S. 42 ff. zur Verfassungswidrigkeit des RDH. – Zur Problematik der Beurteilung vgl. Karl Josef BENZ, Zu den kulturpolitischen Hintergründen der Säkularisation von 1803. Motive und Folgen der allgemeinen Klosteraufhebung. In: Saeculum 26 (1975), S. 364 ff.; Rudolfine Freiin VON OER, Zur Beurteilung der Säkularisation von 1803. In: Festschr. für Hermann Heimpel Bd. I, 1971, S. 511 f.

4 Protokoll der außerordentlichen Reichsdeputation zu Regensburg, 2 Bde. Regensburg 1803, dazu 4 Bde. Beilagen; hier: Protokoll I, XXVIII Stichwort »Noten« im Register. Dazu Eberhard WEIS, Montgelas 1759–1799. Zwischen Revolution und Reform, 1971; DERS., Die Begründung des modernen bayerischen Staates unter König Max I. (1799 bis 1825). In: Handbuch der Bayerischen Geschichte, hg. von Max SPINDLER, Bd. IV,1, 1974, S. 3 ff.

Reichsdeputation überhaupt berechtigt war, auch die Reichsstädte und -dörfer in die Entschädigungsmasse einzubeziehen, sei hier nur erwähnt[5].

a) Bischofsstädte

Die Hauptlast der Entschädigungen lag auf den kirchlichen Säkularisationsgütern. Alle geistlichen Reichsstände unterlagen der Säkularisation mit Ausnahme lediglich der beiden Ritterorden, der Malteser und der Deutschherren (§ 26), deren Ende freilich nicht mehr lange auf sich warten ließ (1806 und 1809), sowie mit Ausnahme des Bistums Regensburg (vgl. unten I c).

Aus den verfassungsrechtlichen Bestimmungen geht hervor, daß bei der Verteilung von Fürstbistümern die Residenzstädte grundsätzlich eingeschlossen waren. So wiederholt sich die Formel von *geistlichen Regenten, deren Lande ganz oder doch größtentheils mit den Residenzstädten an weltliche Regenten übergehen* (§ 51) oder von *geistlichen Ländern, welche nicht ganz oder größtentheils mit ihren Residenzen an einen weltlichen Herrn kommen, sondern unter mehrere vertheilt werden* (§ 68, vgl. auch §§ 69 und 72). Nur in Sonderfällen wird der Residenzstadt besondere Erwähnung getan, wie bei der Aufteilung des Bistums Passau zwischen Österreich (Großherzog von Toskana) und Bayern, indem die Stadt Passau ausdrücklich Pfalz-Bayern zugesprochen wird (§§ 1 und 2), wie im Falle von Regensburg, da das Bistum »sammt der Stadt« dem künftigen Fürstentum des Kurfürsten-Erzkanzlers (vordem von Mainz) übertragen wird (§ 25); oder auch in den Fällen Lübeck und Münster (§§ 8, 27, 3) werden Bistum und Stadt nicht geschlossen vergeben. Bei den meisten der 26 Bistümer, über welche der RDH Verfügungen trifft, handelte es sich jedoch nicht nur gemäß § 34 und § 61 um Übertragung des Amtsvermögens von Bischöfen und Domkapiteln, der bischöflichen Domänen und der domkapitelschen Besitzungen mit den Einkünften an den neuen Landesherrn, sondern auch um rechtliche Übereignung der Residenzstadt. Ausnahmen bildeten lediglich die linksrheinischen französisch gewordenen und die von Preußen beanspruchten Bistümer, bei denen der RDH nur noch über die »Reste« von Diözesanteilen und nicht über die Städte verfügen konnte.

Die Mediatisierung der fürstbischöflichen Residenzstädte durch weltliche Landesherren zog meist auch die Verstaatlichung der Residenzgebäude nach sich. § 50 des RDH gewährleistete den abtretenden geistlichen Regenten zwar *nach ihren verschiedenen Graden auf lebenslang eine ihrem Range und Stande angemessene freie Wohnung mit Meublement und Tafelservice*, außerdem den Fürstbischöfen und Fürstäbten des ersten Ranges[6] die Anweisung eines Sommeraufenthalts. Die Weihbischöfe und die

5 Diese Frage berührten in der 4., 6. und 10. Sitzung der Reichsdeputation die Vertreter von Kursachsen und Kurbrandenburg; vgl. Protokoll I, 77, S. 99 f.; *In Ansehung der Reichsstädte ist bereits ... bemerkt worden: daß die Verwendung derselben zu Entschädigungen, da diese Bestimmung nicht in dem Lüneviller Friedensschlusse und den darinn angezogenen Rastädter Verhandlungen vorkomme, außer den Gränzen der vom gesammten Reiche der gegenwärtigen ... Reichsdeputation zur Berichtigung der in gedachten Frieden Art. V et VII einer näheren Uebereinkunft vorbehaltenen ertheilten Vollmacht liege.* Für die Einbeziehung der Reichsstädte wird argumentiert mit der »Billigkeit« und mit »Analogie älterer ähnlicher Fälle«; vgl. ebd. I, S. 184.

6 Zu den Klassen bzw. Rängen der zu sustentierenden Geistlichkeit vgl. Protokoll I, S. 166 ff., S. 372 ff., II, S. 916 ff.

bepfründeten Domkapitulare sollten gem. § 52 den lebenslänglichen Genuß ihrer Kapitelwohnungen behalten. Abgesehen von dem Sachverhalt, daß zahlreiche geistliche Fürsten ihre Residenzen verließen (vgl. unten II), sind unter »angemessenen Wohnungen« in der Regel nicht die bisherigen Residenzen zu verstehen, wie es aus den Debatten der Deputation hervorgeht. In der gewichtigen Sessio XIX am 23. 10. 1802[7] plädierte der bayerische Vertreter für Einräumung einer lebenslänglichen *anständige(n) Sommer- und Winterwohnung*; der Subdelegierte von Württemberg fügte hinzu, es werde *der Aufwand, welcher bisher theils auf die Person des Regenten, theils auf die Hofhaltung derselben gegangen ist, um deßwillen keinen Maßstab (sc. für die Sustentation) an die Hand geben können, weil bey einem wirklich regierenden Herrn der Hofstaat ungleich ausgedehnter seyn muß, als es nach Niederlegung der Regierung erforderlich ist.* Dafür dürfte nur *zu bestimmen seyn, daß, da solches vielleicht mit dem eigenen Bedürfnis des neuen Landesherren ... nicht vereinbarlich seyn möchte, nicht gerade das bisherige Residenzschloß verlangt werden könne* (!). So ist es als Ausnahmeregelung zu verstehen, wenn der RDH § 69 festlegt, *daß die Stadt Augsburg dem Herrn Kurfürsten von Trier ihr bischöfliches Schloß, und die für ihre Dienerschaft nöthigen Gebäude in ihrem gegenwärtigen meublierten Zustande nebst den bisher gehabten Immunitäten, in ihrem ganzen Umfange lebenslänglich ungestört zu belassen habe.*

Von den durch Säkularisation (Mediatisierung) betroffenen Bischofsstädten des rechtsrheinischen Deutschland lagen folgende in den alten (bis 1806 bestehenden) süddeutschen Reichskreisen:
Im Bayerischen Reichskreis das Erzbistum *Salzburg* (gem. § 1 an Großherzogtum Toskana), die Bistümer *Freising* (gem. § 2 an Bayern), *Regensburg* (gem. § 25 an den Kurfürsten-Erzkanzler von Mainz) und *Passau* (gem. § 1 geteilt zwischen Toskana und Bayern);
im Fränkischen Reichskreis die Bistümer *Bamberg* (gem. § 2 an Bayern), *Würzburg* (gem. §§ 2, 4, 18 an Bayern), *Eichstätt* (gem. §§ 1 und 2 geteilt zwischen Toskana und Bayern);
im Schwäbischen Reichskreis die Bistümer *Konstanz* (Residenz und Regierungsbehörden in *Meersburg*; gem. § 5 an Markgrafschaft Baden) sowie *Augsburg* (Hauptresidenz und Regierungsbehörden in *Dillingen*; gem. § 2 geteilt zwischen Reichsstadt und Bayern).

Daß die bischöflichen Residenzstädte, ähnlich wie die den Fürstabteien und Fürstpropsteien oder Reichsstiftern örtlich verbundenen Städte (z. B. Kempten, Ellwangen, Wimpfen, Isny) von den Säkularisationsbestimmungen besonders hart betroffen waren, ergibt sich einmal schon aus dem natürlichen Sachverhalt, daß hier der Anteil kirchlicher Einrichtungen und Korporationen besonders hoch war, zum andern aber auch aus den staatskirchenrechtlichen Bestimmungen. Denn im Unterschied zu den Festlegungen über Reichsstädte (§ 27, dazu unten Ib), welche eine Eigentumsgarantie und Bestandsgewährleistung für ihre zu kirchlichen und milden Stiftungen gehörigen Güter und Einkünfte erhielten, konnten in den Bischofsstädten ebenso wie in den sonstigen

7 Protokoll I, S. 378 f., S. 380.

Orten und Gebieten diejenigen Artikel, die den weltlichen Landesherren Verfügungsgewalt auch für die Mediatklöster zubilligten, fast ohne Einschränkung zur Anwendung kommen.

§ 36 bestimmt: *Die namentlich und förmlich zur Entschädigung angewiesenen Stifter, Abteyen und Klöster, so wie die der Disposition der Landesherrn überlassenen, gehen überhaupt an ihre neuen Besitzer mit allen Gütern, Rechten, Kapitalien und Einkünften, wo sie auch immer gelegen sind, über, sofern oben nicht ausdrückliche Trennungen festgesetzt worden sind.* § 42 bewilligt lediglich für weibliche Religiosen eine generelle Ausnahme: *Die Säkularisation der geschlossenen Frauenklöster kann nur im Einverständnis mit dem Diöcesan-Bischof geschehen. Die Mannsklöster hingegen sind der Verfügung der Landesherrn oder neuen Besitzer unterworfen, welche sie nach freiem Belieben aufheben oder beibehalten können. Beiderlei Gattungen können nur mit Einwilligung des Landesherrn oder neuen Besitzers Novizen aufnehmen.*

Die hierin für den (bisherigen oder neuen) weltlichen Landesherrn statuierte Kompetenz zur Aufhebung, nicht nur zur Vermögensenteignung, sowie die Gleichbehandlung von Entschädigungs- und Dispositionsgütern (§ 36) bezeugen in voller Schärfe, daß die Säkularisationsvollmacht auch die volle Verfügungsgewalt des Landesherrn beziehungsweise Staates über die säkularisierten Güter einschließt, wie es der zentrale § 35 genauer definiert, – des Gewichts halber sei er hier vollständig zitiert: *»Alle Güter der fundierten Stifter, Abteyen und Klöster, in den alten sowohl als in den neuen Besitzungen, Katholischer sowohl als A.C. (*= Augsburger Konfession*) Verwandten, mittelbarer sowohl als unmittelbarer, deren Verwendung in den vorhergehenden Anordnungen nicht förmlich festgesetzt worden ist, werden der freien und vollen Disposition der respectiven Landesherrn, sowohl zum Behuf des Aufwandes für Gottesdienst, Unterrichts- und andere gemeinnützige Anstalten, als zur Erleichterung ihrer Finanzen überlassen, unter dem bestimmten Vorbehalte der festen und bleibenden Ausstattung der Domkirchen, welche werden beibehalten werden, und der Pensionen für die aufgehobene Geistlichkeit, nach den, unten theils wirklich bemerkten, theils noch unverzüglich zu treffenden näheren Bestimmungen.«*

Seit den Tagen der Säkularisation war die Interpretation dieses Artikels in verschiedener Hinsicht umstritten[8], denn es schien schon manchen Zeitgenossen unerklärbar oder jedenfalls für die kirchenfeindlichen und habgierigen Intentionen des begünstigten Kreises entlarvend, daß allen Landesherren, auch denen, die keine Verluste erlitten hatten, die Säkularisationsbefugnis erteilt wurde (was den Entschädigungsplan überschritt), und zwar nicht nur für die neuen Entschädigungsgebiete, sondern auch für die

8 STRÄTZ, wie Anm. 2, S. 52f.; Anton SCHARNAGL, Zur Geschichte des Reichsdeputationshauptschlusses von 1803. In: Hist. Jb. 70 (1951), S. 240ff. Der Rechtstitel der Kirche auf Staatsleistungen ist in die Weimarer Reichsverfassung Art. 138,1 sowie ins Bonner Grundgesetz Art. 140 eingegangen; vgl. Rudolf LILL, Reichskirche – Säkularisation – Katholische Bewegung. In: Der soziale und politische Katholizismus. Entwicklungslinien in Deutschland von 1803–1963, hg. von Anton RAUSCHER, Bd. I, 1981, S. 27; Ernst Rudolf HUBER, Die Garantie der kirchlichen Vermögensrechte in der Weimarer Verfassung. Zwei Abhandlungen zur Auseinandersetzung von Staat und Kirche, 1927; Josef ISENSEE, Staatsleistungen an die Kirchen und Religionsgemeinschaften. In: Handbuch des Staatskirchenrechts der Bundesrepublik Deutschland, hrsg. von Ernst FRIESENHAHN und Ulrich SCHEUNER, Bd. II, 1975, § 19, S. 51ff.

alten Besitzungen[9]. Der Anstoß für diese Ausweitung war von Bayern ausgegangen als Reaktion auf den drohenden Verlust bedeutender Teile des Bistums Eichstätt[10]. Zum andern bestehen Unklarheiten inbezug auf den Grad und die Prioritätsabstufungen oder aber Gleichstellung der aufgeführten Verpflichtungen; dem Wortlaut nach gilt ein echter Vorbehalt eigentlich nur für die Ausstattung der Domkirchen und für die Pensionen. Auch wenn heute Einmütigkeit darüber besteht, daß nach 1803 die Landesherren infolge ihrer Universalsukzession die aus § 35 resultierenden Staatspflichten grundsätzlich nicht abstritten, so blieb doch in der Praxis ein willkürlicher Spielraum zwischen den – nicht einklagbaren – Ansprüchen der Kirche und den – nur zögernd vorgenommenen – staatlichen Redotierungen zum Aufwand für Gottesdienst, Unterrichts- und gemeinnützige Anstalten. Allein schon die lange Zeitspanne bis zur konkordatären verfassungsmäßigen Neuorganisation der katholischen Kirche hat große, teils nur langsam auffangbare Schäden bewirkt; z.B. hat Bayern erst im Konkordat von 1817 das Eintreten des Staates für den materiellen Bedarf und die bauliche Unterhaltung der Domkirchen gesetzlich geregelt[11]; die Zusicherung der Bildung eines allgemeinen Kirchenfonds in der Württembergischen Verfassung von 1819[12] wurde trotz des gesetzlichen Zugeständnisses solcher rechtlichen oder zumindest moralischen Pflicht vom Staat in der Folgezeit nicht verwirklicht. Das alles hat sich spürbar und sichtbar auf den Lebensraum der Städte ausgewirkt.

Bezüglich der unmittelbaren Auswirkungen der Säkularisation bestanden gravierende Unterschiede zwischen den links- und den rechtsrheinischen Gebieten. Während die Durchführung des RDH das institutionelle Leben der deutschen Kirche für rund zwei Jahrzehnte lähmte, die Bistümer trotz der juristischen Bestandsgarantie zu »Armengenössigen des Staates« machte[13], die Kirchengebäude dem Verkauf oder Verfall, die seelsorgerliche und liturgische Volksbetreuung der Verwahrlosung preisga-

9 Zur Statistik der Entschädigungen bezüglich Gebietsverlust und -gewinn sowie zu den Bevölkerungszahlen der Entschädigungsländer vgl. die in Anm. 2 genannte allgemeine Literatur.

10 SCHARNAGL, wie Anm. 8, S. 250f.

11 Bayerisches Konkordat von 1817 Art. IV, lat. und deutscher Text bei Karl HAUSBERGER, Staat und Kirche nach der Säkularisation. Zur bayerischen Konkordatspolitik im frühen 19. Jahrhundert, 1983, S. 312 und 322: »Die Fonds, Einkünfte, beweglichen und unbeweglichen Güter der bischöflichen Kirchen und ihrer Fabriken werden erhalten werden, und wenn dieselben zur Unterhaltung der Kirchen, zu den Ausgaben für den Gottesdienst und zu den Gehalten der nöthigen Diener nicht zureichen, so werden Seine Majestät den Abgang decken.« – Zur Entwicklungsgeschichte der Konkordate vgl. auch die Textausgabe von Lothar SCHÖPPE (Hg.), Konkordate seit 1800, 1964.

12 Verfassungsurkunde für das Königreich Württemberg vom 25. September 1819, § 82, abgedruckt in: HUBER (Hg.), Dokumente, wie Anm. 2, S. 180: »Die katholische Kirche erhält zur Bestreitung derjenigen kirchlichen Bedürfnisse, wozu keine örtlichen Fonds vorhanden sind, oder die vorhandenen nicht zureichen, und besonders für die Kosten der höheren Lehr-Anstalten, einen eigenen, diesem Zwecke ausschließlich gewidmeten Kirchenfond.«

13 Eugen ISELE, Die Säkularisation des Bistums Konstanz und die Reorganisation des Bistums Basel, dargestellt mit bes. Berücksichtigung der Entstehung und Rechtsnatur des Diözesanfonds, 1933, mit grundsätzlichen Bemerkungen bes. S. 63ff.

ben, konnte sich in den linksrheinischen größeren Bischofsstädten das religiöse Leben relativ rasch wieder erholen[14].

Die Bischöfe der durch den Frieden von Lunéville formell an Frankreich gefallenen Erzstifte und Bistümer der Rheinprovinz, *Mainz, Trier, Basel, Straßburg, Lüttich, Worms, Speyer,* hatten nach dem päpstlichen Breve »Tam multa« vom 15. 8. 1801 formell auf ihre nun französischen Diözesananteile verzichtet, waren teils schon vorher in den Kriegswirren geflüchtet. Auf der Grundlage des französischen Konkordats vom 15. 7. 1801 (staatlich verkündet am 8. 4. 1802) und der am 9. 4. 1802 durchgeführten kirchlichen Circumscription wurde indes die Kirchengüter-Säkularisation (mit Ausnahme der Klostersäkularisation) in den Rheindepartements wieder abgebrochen; die neuorganisierten Bistümer in Lüttich, Aachen, Trier, Mainz sowie die Domkapitel und Pfarreien wurden redotiert, soweit das Kirchenfabrikvermögen überhaupt angegriffen war. Die materielle und damit auch geistig-religiöse Lage der linksrheinischen deutschen Diözesen und Bischofsstädte war nicht so desolat, wie bei manchen rechtsrheinischen Kirchen. *Mainz* erhielt bereits 1802 seinen neuen Oberhirten, und zwar mit dem Elsäßer Exjesuiten Joseph Ludwig Colmar[15] eine geistlich so engagierte und tatkräftige Persönlichkeit – er hatte 1791 den Eid auf die französische Zivilkonstitution abgelehnt–, daß das religiöse Leben in Stadt und Diözese mit der Wiederbelebung von Prozessionen, Volksbräuchen, Bruderschaften, Schulen usw. geradezu einen kirchlichen Frühling erfuhr. Den zum Abbruch bestimmten Mainzer Dom konnte er retten und 1804 dort wieder einziehen, ebenso den Speyerer Dom vor der Verwüstung bewahren. Das 1805 im ehemaligen Augustinerkloster begründete Priesterseminar[16] unter Leitung eines der tapfersten Geistlichen aus der Zeit der »Katakombenkirche«, Bruno Leopold Liebermann, wurde nach Rückkehr von Mainz ins deutsche Reich 1815 zum Grundpfeiler und Strahlungszentrum für den politischen Katholizismus im Kampf um die Kirchenfreiheit gegenüber dem deutschen Staatskirchentum.

Das radikale Säkularisationsprinzip des RDH gegenüber der katholischen Kirche Deutschlands erfuhr zwar gewisse Einschränkungen durch Schutzklauseln, die indes de facto die Bischofsstädte kaum vor weitgehender Reduzierung und Verarmung des traditionellen religiösen Lebensraumes schonten. § 63 garantiert jeder Religion den *»Besitz und ungestörte(n) Genuß ihres eigenthümlichen Kirchenguts, auch Schulfonds nach der Vorschrift des Westphälischen Friedens«* im Zusammenhang des Schutzes der

14 STRÄTZ, wie Anm. 2, S. 34 f.; Roger AUBERT, Die Reorganisation der Kirche von Frankreich. In: Hubert JEDIN (Hg.), Handbuch der Kirchengeschichte Bd. VI,1, Sonderausgabe 1985, S. 73 ff.; Ludwig STAMER, Kirchengeschichte der Pfalz, IV. Teil: 1801–1918, 1964, S. 11 ff.

15 STAMER, wie Anm. 14, S. 21 ff.; Ludwig LENHART, Bischof Joseph Ludwig Colmar und seine Rolle in der tragischen Schicksalsgemeinschaft des Mainzer und Speyerer Domes. In: 900 Jahre Speyerer Dom, hg. von Ludwig STAMER, 1961, S. 224 ff.; Anton BRÜCK, Joseph Ludwig Colmar (1760–1818). In: Die Bischöfe der deutschsprachigen Länder 1705/1803 bis 1945. Ein biographisches Lexikon, hg. von Erwin GATZ, 1983, S. 103 ff. Zitat zu Liebermann bei Otto B. ROEGELE, Presse und Publizistik des deutschen Katholizismus 1803–1963. In: RAUSCHER, wie Anm. 8, S. 404.

16 Ludwig LENHART, Die Mainzer Theologenschule des 19. Jahrhunderts 1805–1830, 1956; Klaus REINHARDT (Hg.), Augustinerstr. 34. 175 Jahre Bischöfliches Priesterseminar Mainz, 1981; vgl. auch unten Anm. 119.

bisherigen Religionsübung des betreffenden Landes gegen Aufhebung und Kränkung[17]. Unter dem eigentümlichen Kirchengut ist das der unmittelbaren gottesdienstlichen Versorgung des Volkes dienende örtliche Pfarr- und Pfarrpfründenvermögen, also die »fabrica ecclesiae« im niederen Kirchenwesen sowie das damals noch damit zusammenhängende elementare Schulwesen zu verstehen[18]. Die rechtsgeschichtliche Forschung hat hingewiesen auf den eklatanten Wandel des Kirchengutbegriffs, der nun nicht mehr von der Kirche, sondern vom Staat her definiert ist und sich begrenzt auf den als vernünftig und notwendig anerkannten öffentlichen Kultus. Mit diesem rational verengten Begriff vom Kirchengut in § 63 war hinsichtlich des Schutzumfanges eine große Wende eingetreten, der das moderne Staatskirchenrecht gefolgt ist[19]. Für die konkrete Situation um 1803 ist freilich zu bedenken, daß so manche Pfarreien, die in Klöster inkorporiert waren, kein eigenes Vermögen besaßen und durch die Klostersäkularisation mit zugrundegingen. Die Reorganisation und Redotierung des Pfarrwesens blieb also eine Last des Staates, der er am ehesten nachkam im Zuge des Interesses des aufgeklärten Herrschers an der religiös-sittlichen Erziehung der Untertanen sowie an der Verstaatlichung des Klerus als den »religiösen Volkslehrern«.

Die Aussage von § 65 erscheint klarer, als sie ist: *Fromme und milde Stiftungen sind, wie jedes Privateigenthum, zu conserviren, doch so, daß sie der landesherrlichen Aufsicht und Leitung untergeben bleiben.* Hier geht es also nicht, wie in § 63, um Elemente der Kirchenverfassung, doch aber um juristische Personen, die aus Stiftungen der Kirche oder des Kirchenvolkes herrühren und die sowohl seelsorgerlichen (im weiten Sinne) als auch karitativen Funktionen dienen, die jedenfalls wesentlich zum Erscheinungsbild altdeutscher Städte gehören. Was unter solchen Stiftungen näherhin zu verstehen ist, läßt sich aus der speziellen Bestimmung des § 37 sowie aus der Vorgeschichte für die Entstehung dieser Artikel erschließen. § 37 befaßt sich mit der Handhabung der Güter und Einkünfte von Stiftungen und ähnlichen Einrichtungen, die infolge der Grenzziehung des Friedens von Lunéville auseinandergerissen wurden, bei denen also die Pertinenzgüter und Gefälle von der Einrichtung selbst durch die Rheingrenze getrennt worden waren. Der Wortlaut des § 37, der auf den ersten Entschädigungsplan der Minister zurückging, rückt *Spitäler, Fabriken, Universitäten, Kollegien und andere fromme Stiftungen* sowie außerdem *Gemeinden* in eine Reihe. *Die auf der einen Rheinseite befindlichen Güter und Einkünfte, welche Spitälern ... der*

17 Zur Geschichte der Religionsfrage in der Reichsgesetzgebung der frühen Neuzeit Lothar Weber, Die Parität der Konfessionen in der Reichsverfassung von den Anfängen der Reformation bis zum Untergang des alten Reiches im Jahre 1806, 1961; dort passim auch zu den Städten. Ferner Gerhard Pfeiffer, Der Augsburger Religionsfrieden und die Reichsstädte. In: Zs. des hist. Vereins f. Schwaben 61 (1955), S. 213–321; Paul Warmbrunn, Zwei Konfessionen in einer Stadt. Das Zusammenleben von Katholiken und Protestanten in den paritätischen Reichsstädten Augsburg, Biberach, Ravensburg und Dinkelsbühl von 1548 bis 1648, 1983.

18 Diese Auffassung bestätigen die Beratungen der Reichsdeputation: Protokoll II, S. 673, 710 sowie 706: *die Pfarrfonds, als der wesentlichste Theil des Kirchengutes, seyen unter dieser Benennung schon begriffen, und die Sicherung ihres Besitzes und ungestörten Genusses, wo sie immer gelegen seyen, verstehe sich von selbst.*

19 Hömig, wie Anm. 3, S. 103 f.; Johannes Heckel, Kirchengut und Staatsgewalt. Ein Beitrag zur Geschichte und Ordnung des heutigen gesamtdeutschen Staatskirchenrechts. In: Festschr. für Rudolf Smend, 1952, bes. S. 117.

anderen Rheinseite gehörten, bleiben davon getrennt und der Disposition der respektiven Regierung überlassen. Im Fall der Trennung durch die Grenze konnten ihnen somit die Subsistenzmittel durch Mediatisierung seitens der neuen örtlichen Regierung entzogen werden, denn die Trennung sollte endgültig sein *(bleiben davon getrennt – doivent en demeurer distraits).* Solche Stiftungen verloren also alle Rechte auf Einkünfte auf der linken Rheinseite (und umgekehrt). Hier wurde – im Unterschied zum § 65 – das Privateigentum solcher Stiftungen nur bedingt anerkannt; zwar wurde gegebenenfalls nicht die Mediatisierung oder gar Aufhebung der Einrichtungen selbst, wohl aber die Enteignung eines Teils ihres Eigentums freigestellt, also immerhin ein empfindlicher Übergriff legalisiert. Lediglich eine Ausnahme wird dekretiert für solche *literarischen Anstalten (institutions litteraires), die ehemals beiden Rheinseiten gemeinschaftlich waren und dermalen auf dem rechten Rheinufer fortgesetzt werden*, diesen *auf der rechten Rheinseite fortdauernden Anstalten (aujourd'hui continuées)* sollen die Güter und Einkünfte verbleiben, insofern sie nicht in Gebieten entschädigter Fürsten liegen. Diese Regelung kam nach eingehender Diskussion einem Antrag von Kurmainz entgegen[20] und betraf den nach *Aschaffenburg* emigrierten Teil der alten Universität Mainz, auf dessen Basis Kurfürst-Erzbischof Karl Theodor von Dalberg bald die »Karls-Universität« errichtete[21].

Ein ähnlich weites Verständnis solcher Stiftungen, allerdings ohne Einbeziehung von bürgerlichen Gemeinden, ergibt sich aus der Vorgeschichte des § 65. Der Initiator für die Einbringung dieses Artikels, der Delegierte des Hoch- und Deutschmeisters, äußert in seiner Rede vom 16. Oktober 1802[22] über die geistlichen Lande, die ganz oder größtenteils mit den Residenzstädten an einen weltlichen Regenten übergehen, die Auffassung, *daß die milden Stiftungen, z. B. Armen-, Witwen- und Waisen-Anstalten, sie seien auf Sozietäts-, Kameral- oder Steuerfond begründet, Universitäten, geist- und weltliche Seminarien, da sie zum öffentlichen Wohl gestiftet sind, ohnehin außer aller Vermutung liegen, daß einer oder der andere der neuen Landesherrn diese in einer anderen Absicht, als solche zu verbessern, weislos berühren, vielmehr solche unter der sichersten Aufsicht und Administration, wobei sich die landesherrliche Oberaufsicht von selbsten verstehe, belassen werde.* Das sollte doch wohl heißen, daß die unmittelbare Verwaltung der genannten Einrichtung den kirchlichen Stiftungsorganen vorbehalten bleiben soll. Zuvor hatte die Vorstellung der Bischöfe von Bamberg, Würzburg, Eichstätt, Speyer, Straßburg, Freising, Regensburg und Berchtesgaden vom 27. September 1802 *Ihr und Ihrer Lande künftige Verhältnisse betreffend*[23] u. a. inbezug auf die Erhaltung des religiösen Zustands der zur Entschädigung dienenden Lande die Begründung vorgebracht, *daß auch die Seminarien junger Priester und Seelsorger, Universitä-*

20 Georg MAY, Die §§ 37 und 65 des Reichsdeputationshauptschlusses. In: Österr. Archiv f. Kirchenrecht 9 (1958), S. 169 ff.; in Protokoll I, S. 296 ist Aschaffenburg ausdrücklich genannt.
21 Theodor Josef SCHERG, Das Schulwesen unter K. Th. von Dalberg, besonders im Fürstentum Aschaffenburg (1803–1813) und im Großherzogtum Frankfurt 1810–1813, 2 Bde. 1939; DERS., Dalbergs Hochschulstadt Aschaffenburg. Karls-Universität (1798–1818) und Bayeriches Lyceum (1818–1873), 3 Bde. 1951/54; vgl. auch unten Anm. 104 ff.
22 Protokoll I, S. 286 f.
23 Protokoll, Beilage LXXXIV, S. 372.

ten und andere Erziehungsanstalten, die Spitäler, Witwen- und Waisen-Institute, und milden Stiftungen, endlich auch die mittelbaren Ritter- und Collegiatstifter, welche nicht nur für Versorgungsanstalten des Adels und gelehrten Standes, sondern auch für Pflanzschulen und Besoldungsquellen der Professoren der Theologie und des canonischen Rechtes, und der bischöflichen Räthe anzusehen sind, bey ihren Rechten, Besitzungen und ihrer verfassungsmäßigen Administration erhalten werden müssen. Die Sicherstellung solle durch einen völkerrechtlichen Vertrag geschehen.

Der Sinn dieser Argumentationen sowie auch der Umfang der zu bewahrenden geistlichen Stiftungen beziehungsweise Korporationen, welche religiösen Zwecken und dem öffentlichen Wohl dienen, sind deutlich ausgesprochen. Der verkürzte § 65 des RDH läßt indes kaum noch erkennen, daß auch die höheren Unterrichtsanstalten der ehemaligen Hochstifte, wie die Universitäten, Priesterseminare, Adelsseminare beziehungsweise Ritterakademien und die typisch deutsche Form der den Universitäten zur Theologenbesoldung inkorporierten Kollegien rechtlich den frommen und milden Stiftungen (wie Spitälern etc.) gleichgestellt werden sollten. Und der Gesetzesartikel sagt nichts Klares aus über die Bewahrung stiftungsmäßiger Eigenverwaltung unter landesherrlicher Oberaufsicht, die hier vielmehr zur »Leitung« gesteigert erscheint. Bedeutete der Übergang der Aufsicht vom geistlichen zu einem weltlichen Landesherrn zwar an sich keine verfassungsrechtliche Änderung, so doch immerhin eine folgenschwere Verstärkung der weltlichen Staatskirchenhoheit, zumal die entschädigten Landesherren gem. § 35 die Fürsorge für *Unterrichts- und andere gemeinnützige Anstalten* aus den Dispositionsgütern ausdrücklich für sich reklamierten, wenngleich der Verpflichtungscharakter nicht eindeutig fixiert wurde.

Beim Fehlen einer wirksamen zentralen Kontrolle der Ausführung des RDH angesichts der Schwäche, dann Auflösung des Reiches, sowie im Zusammenhang der unmißverständlich zutagetretenden territorialistischen und staatskirchlichen Gesinnung der weltlichen Herrscher, welcher die abtretenden geistlichen Fürsten keinen effektiven Widerstand entgegensetzen konnten, lag es nahe, daß beim Vollzug der Säkularisationen auch Übergriffe auf fromme Stiftungen geschahen, wie es z.B. für Bamberg bezeugt ist[24]. Häufig erfolgte auch eine verkappte Verstaatlichung auf dem Wege der Einziehung des Vermögens zur landesherrlichen Kammer ohne förmliche Säkularisation. Was die höheren Unterrichtsanstalten, Universitäten und Kollegien der ehemaligen Hochstifte betrifft, verfuhren die Landesherren gleichermaßen in alten wie in neuerworbenen Gebieten ohne Rücksicht auf § 65 des RDH (also unter Negierung der Interpretation, wie sie sich aus der Vorgeschichte und aus dem traditionellen katholischen Kirchenguts- und Stiftungsbegriff ergeben würde) strikt nach staatskirchenhoheitlichen Prinzipien. Die Frage der Bewahrung beziehungsweise Errichtung und der Verwaltung bischöflicher Priesterseminare blieb – auch über die gesetzliche Verbürgung in den Konkordaten und Verfassungen des frühen 19. Jahr-

24 Maximilian PFEIFFER, Beiträge zur Geschichte der Säkularisation in Bamberg, 1907, S. 73 ff., behandelt das Schicksal einzelner Stiftungen. So wurden z.B. säkularisiert das testamentarisch gestiftete Freiherrl. von Aufsees'sche Studienseminar, das innere Kurhaus bzw. Armenhaus (versteigert), das St. Aegidius-Spital (vereinigt mit neuerrichtetem Damenstift St. Anna), das Maria-Magdalena-Waisenhaus (versteigert, dann für Schulzwecke verwendet) usw.

hunderts hinaus – weiterhin eines der heißest diskutierten Spannungsfelder zwischen Kirche und Staat[25].

Die Klage des Konstanzer Generalvikars Ignaz Freiherr von Wessenberg – als profilierter Anhänger des Staatskirchentums – in seiner an den Wiener Kongreß gerichteten Denkschrift vom November 1814 spricht für sich und kennzeichnet die Gesamtsituation[26]: »Seit 12 Jahren befindet sich die deutsche Kirche ... in einem Zustand der Verlassenheit, welcher in der Geschichte ohne Beispiel ist. Ihr Vermögen ist ihr entrissen, ihrer uralten Verfassung fehlt es an gesetzlichem Schutze; ihre wesentlichen Anstalten sind ohne gesichertes Einkommen, selbst jene frommen und milden Stiftungen, deren Erhaltung der § 65 des R. D. Schl. von 1803 angeordnet hatte, sind seither zum Teil willkürlich ihrem Zwecke und ihrer stiftungsmäßigen Verwaltung entzogen worden.«

b) Reichsstädte

Der RDH erließ spezielle Verfügungen über 47 Reichsstädte[27] (einschließlich der Hansestädte und einiger Reichsdörfer) sowie über eine Reihe weitere (Land-)Städte, wie u. a. über die alte pfälzische Haupt-, Residenz- und Universitätsstadt Heidelberg (gem. § 5 an Baden). Die Mediatisierungen ließen die Mitgliederzahl im Reichsstädtekollegium von 47 auf 6 schrumpfen. Den Löwenanteil an reichsstädtischem Entschädigungsgut – allerdings von unterschiedlichem Gewicht nach Bevölkerungszahl, politischer und wirtschaftlicher Bedeutung – erhielt das Kurfürstentum Pfalz-Bayern[28]: Der RDH wies ihm 15 Reichsstädte und 2 Reichsdörfer in Schwaben und Franken zu (gem. § 2 Rothenburg, Weissenburg, Windsheim, Schweinfurt, Gochsheim, Sennfeld, Kempten, Kaufbeuren, Memmingen, Dinkelsbühl, Nördlingen, Ulm, Bopfingen, Buchhorn, Wangen, Leutkirch, Ravensburg; 1805 folgten Lindau und Augsburg, 1806 Nürnberg, 1810 Regensburg. 1810 wurden an Württemberg wieder abgetreten Ulm, Wangen, Ravensburg, Leutkirch, Buchhorn, Bopfingen). Gemäß dem RDH folgten die Markgrafschaft Baden mit dem Gewinn von 7 Reichsstädten (gem. § 5: Offenburg, Zell am Harmersbach, Gengenbach, Überlingen, Biberach, Pfullendorf, Wimpfen) und das Herzogtum Württemberg mit einem Entschädigungsanteil von 9 Reichsstädten (Weil der Statt, Reutlingen, Eßlingen, Rottweil, Giengen, Aalen, Hall, Gmünd, Heilbronn). In der Austeilung spiegeln sich die Prioritäten im Entschädigungsanspruch ebenso wie die Lagerung und die konfessionelle Struktur der Reichsstädte, nachdem die links des Rheins gelegenen wie Aachen, Köln, Mainz ja nicht mehr disponibel waren: Unter den 1803 mediatisierten oberdeutschen, meist relativ kleinen Reichsstädten befand sich keine Bischofsstadt, die beiden süddeutschen bischöflichen Reichsstädte Augsburg und

25 Dazu Laetitia BOEHM, Katholizismus, Bildungs- und Hochschulwesen nach der Säkularisation. In: Katholizismus, Bildung und Wissenschaft im 19. und 20. Jahrhundert. Hg. von Anton RAUSCHER, 1987, S. 9 ff., bes. 42 ff.; vgl. auch unten II,3 zu Ellwangen.

26 Zitiert nach Matthias ERZBERGER, Die Säkularisation in Württemberg von 1802–1810. Ihr Verlauf und ihre Nachwirkungen, 1902, S. 68.

27 HUGO und SCHMID, beide wie Anm. 1; HÖMIG, wie Anm. 3, S. 33 nennt die Zahl von 41 mediatisierten Reichsstädten und 5 Reichsdörfern, was mit meiner Zählung der im Text des RDH genannten Reichsstädte nicht ganz übereinstimmt.

28 WEIS, wie Anm. 4, S. 12 f.

Regensburg wurden erst 1805 beziehungsweise 1810 mediatisiert (vgl. unten Ic). Von den im RDH zur Mediatisierung bestimmten Reichsstädten war die Mehrzahl rein evangelisch (mit Ausnahme von Rottweil, Dinkelsbühl, Schwäbisch Gmünd, Offenburg, Gengenbach, Zell/Harmersbach, Biberach und Überlingen).

Es ist hier nicht die kontrovers beantwortbare Frage aufzurollen, wie stark die oft konstatierten politischen und wirtschaftlichen Krisenerscheinungen in manchen Reichsstädten oder der allgemeine Niedergang seit dem 30jährigen Krieg durch den Druck der Fürsten, durch Kriegsfälle, wachsende Schulden usw., wie hoch andererseits die noch bis ins späte 18. Jahrhundert verfolgbaren Zeugnisse reichsstädtischer Blüte und stolzen Selbstverständnisses zu gewichten sind[29]. Jedenfalls war der Gedanke der Entschädigung von Fürsten für Gebietsabtretungen durch Mediatisierung von Reichsstädten seit dem 17. Jahrhundert en vogue[30]. Kurfürst Max Emanuel von Bayern erklärte z.B. 1704 den Rat der Stadt Augsburg für abgesetzt und ließ den neuen Rat auf sich vereidigen, mußte allerdings die Stadt bald wieder freigeben. Das war kein Einzelfall. Maximilian Graf Montgelas sah in seinem »Mémoire instructif« von 1797[31] hypothetisch eine Gebietsarrondierung durch die Hochstifte Eichstätt und Augsburg mitsamt der Reichsstadt Augsburg vor, und beim Rastatter Kongreß forderte unter seinem Einfluß der Beauftragte des künftigen bayerischen Regenten Max Joseph die Reichsstädte Nürnberg, Augsburg und Regensburg; ein anderer Vorschlag hatte es auf schwäbische Reichsstädte abgesehen[32]. Sogleich nach dem Tod des Kurfürsten Karl Theodor ließ die neue Regierung von Bayern durch Agenten die Stimmung in den Reichsstädten erkunden.

Wie dem auch im einzelnen sei, jedenfalls war die Mediatisierung der Reichsstädte so wie aller Reichsstände nicht aufzuhalten. Indes spielten Zeitpunkt und Umstände für Schicksal und künftige Binnenstruktur der Städte insofern eine Rolle, als die zeitliche Hinausschiebung der Mediatisierung zugleich eine Verzögerung der Kloster- und Stifts-Säkularisierungen und dadurch eine Milderung des Säkularisationsvollzugs bedeuten konnte. Manche kirchlichen Einrichtungen in den Städten verdankten diesem Umstand ihre Fortexistenz, wie es besonders am Beispiel Regensburgs greifbar wird.

Im Unterschied zu den bischöflichen Residenzstädten, denen ja mit wenigen Ausnahmen die Reichsfreiheit fehlte, gelang es den Reichsstädten – auch dank einer zeitweisen Unterstützung ihrer Unabhängigkeitshoffnungen durch Frankreich –, für sich durch den RDH gewisse Vergünstigungen zu erringen, obwohl die landesstaatli-

29 Gesichtspunkte und weiterführende Literatur in den in Anm. 1 genannten Werken, so u.a. bei Borst, passim, Schnelbögl, S. 468; zur kulturellen Leistung der größeren süddeutschen Reichsstädte auch noch im 18. Jahrhundert vgl. Andreas Kraus, Bürgerlicher Geist und Wissenschaft. Wissenschaftliches Leben im Zeitalter des Barock und der Aufklärung in Augsburg, Regensburg und Nürnberg. In: AKG 49 (1967), S. 340ff. – Die Prosperität der erst relativ spät unabhängig gewordenen Hansestädte wurde nicht bestritten.

30 Blendinger, wie Anm. 1, S. 103; vgl. auch oben Anm. 5.

31 Weis, wie Anm. 4, S. 349ff. – Die Bedeutung der größeren Reichsstädte und der Hansestädte für Wirtschaft und Handel rückte sie zwischen die Interessens-Pole von entschädigungsberechtigten Landesherren einerseits und der Neigung Napoleons zur vorläufigen Erhaltung ihres freien Status' andererseits.

32 Blendinger, Die Mediatisierung, S. 103f.

chen Okkupationen hier ebenfalls bereits vor Inkrafttreten des Reichsgesetzes erfolgten. Im Rahmen der Debatten um die Mediatisierungsfrage, um das pro und contra bezüglich des Herrschafts- und Verfassungswechsels, teils auch verflochten mit Reformdiskussionen im Zusammenhang innerstädtischer verfassungsrechtlicher, sozialer, konfessioneller und wirtschaftlicher Konfliktfelder mündeten die führenden Kräfte der Rettungs- beziehungsweise Unabhängigkeitshoffnungen im Norden Deutschlands in die erfolgreiche Opposition der Hansestädte Hamburg, Lübeck, Bremen[33], im süddeutschen Raum in die Unterhaltung von Gesandtschaften einer Reihe von Städten zur direkten Verhandlungen in Paris (so von Nürnberg, Augsburg, Memmingen) sowie in den letzten Städtetag des schwäbischen Kreises in Ulm im August 1802[34], bei dem 27 von 31 Städten vertreten waren. An die Denkschrift vom 21. August 1802 zur Vorlage bei der Reichsdeputation schlossen sich auch einige fränkische Städte an[35]. So empfindlich den schwäbischen Städten *das unverschuldete Schicksal ist, zur Entschädigung bestimmt zu werden, besonders nach einem Kriege, in welchem sie blos als Reichsglieder und zum Beweis ihrer Treue und Anhänglichkeit an Kaiserl. Majestät und das Reich die Kräfte ihrer Gemeinen Wesen, – ihrer Bürger und Unterthanen bis zur äußersten Erschöpfung hingegeben haben*, so wollen doch die dazu ausersehenen Reichsstädte *dieses letzte Opfer, sofern es zur Beruhigung des teutschen Vaterlandes unvermeidlich ist, auch noch bringen, und dadurch beweisen, daß, unter den von ihren Vorfahren auf sie gekommenen ächt reichsstädtischen Tugenden, Vaterlandsliebe und Liebe zum Wohl des Ganzen, sie vorzüglich beseelen.* Ihre Bürger wollen, so wie sie bisher gegen die Kaiserliche Majestät und das Reich unverrückte Treue und Gehorsam bewiesen haben, ein Gleiches gegen ihre neuen Landesherren beweisen. Solche Äußerungen konnte der bayerische Gesandte als Beobachter auf dem Städtetag füglich so interpretieren, daß mit nur geringen Ausnahmen einzelner Individuen die erwünschteste Stimmung herrsche, mit Bayern vereinigt zu werden[36]. Immerhin aber glaubten die Städte auf die Beibehaltung besonderer Rechte reichsgesetzlichen Anspruch zu haben, so auf jene Rechte, die aus der mit der Grundherrlichkeit verbundenen Landsässigkeit fließen. Die in der Denkschrift[37] vorgetragenen Wünsche beziehen sich einmal auf den politischen, zum andern auf den kirchlichen Zustand. In letzterem Betreff wünschen und hoffen sie, *daß überhaupt der öffentliche Religionsstand, und seine Ausübung, auch was demselben in Absicht auf Schulen, Kirchen, Klöster, bürgerliche und städtische Verhältniße, sowohl 1) bey katholischen, als 2) bey ganz evangelisch-lutherischen Städten, nach dem Sinne des*

33 Herbert SCHWARZWÄLDER, Geschichte der freien Hansestadt Bremen Bd. I: Von den Anfängen bis zur Franzosenzeit (1810), 1975; Werner JOCHMANN–Hans-Dieter LOOSE (Hg.), Hamburg, Geschichte der Stadt und ihrer Bewohner Bd. I: Von den Anfängen bis zur Reichsgründung, 1982. Vgl. auch Anm. 31.

34 BLENDINGER, Die Mediatisierung, S. 105, zeigt den Zusammenhang der Eingabe an die Reichsdeputation mit verschiedenen anderen Denkschriften und Voten, u. a. mit dem Promemoria des Ulmer Ratskonsulenten Gottlob Dietrich Miller vom 20. Juli 1802.

35 Vorstellung der schwäbischen Reichsstädte, Protokoll Beilage XXXI, Bd. I, S. 136 ff. Zitate 162 und 141; es schlossen sich die fränkischen Städte Schweinfurt, Rotenburg, Windsheim und Weißenburg an, Beilage XXXII, ebd. S. 162 f.

36 BLENDINGER, Die Mediatisierung, S. 105.

37 Protokoll Beilage XXXI, Bd. I, Zitate S. 140, 155 und 157 ff.

Westphälischen Friedens und dem wirklichen Besitzstande..., 3) bey paritätischen, und 4) bey gemischten Städten ihre innerliche Verhältniße, insbesondere auch nach den bestehenden Verträgen, richterlichen Erkenntnißen, und dem rechtlichen Herkommen aufrecht erhalten werden möchten. § 21 begründet: *Kaum wird eine Reichsstadt anzutreffen seyn, in welcher, oder in deren Gebiete, nicht ein oder mehrere geistliche und weltliche Corpora, desgleichen eine oder andere zur Erziehung und zum Unterhalte gewisser bürgerlicher Personen gewidmeten Stiftungen und ähnliche Anstalten, auch wohl freiadeliche, der Stadt aber mit Bürgerverband zugethane Güter sich befinden. Da diese der Stadt, wie ein Theil dem Ganzen einverleibt sind, so darf man sich auch zuversichtlich versprechen, daß sie auch nach der Mediatisation ... in allen und jeden bisherigen Verhältnissen, und Mediatklöster in ihrem bisherigen Verbande, worinn sie gelegen, werden belassen und erhalten werden.* § 23 bezieht dies auch auf das Privateigentum der Städte und ihrer Corpora. § 24 besteht im Zusammenhang der Religionsverhältnisse in den konfessionell unterschiedlich strukturierten Städten (vgl. oben) auf Bewahrung der jeweils eigentümlichen Einrichtungen, wobei Stifter und Klöster, Kirchen und Schulen sowie die zu religiösen Zwecken gewidmeten Stiftungen und Einkünfte sowie deren Verwaltung und Verwendung aufgeführt werden. Auch die Stiftungsgüter der protestantischen Kirche waren durch den RDH gefährdet.

In den Beratungen der Reichsdeputation zeichnet sich der Standpunkt Bayerns durch Härte aus: Man glaubt, *den Grundsatz voraussetzen zu müssen, daß der Reichsstand, welchem eine Reichsstadt zur Entschädigung zufalle, in alle jene Rechte ohne Einschränkung eintrete, welche die Reichsstadt kraft ihrer Landeshoheit in ihrem ganzen Umfange besessen und ausgeübt habe.* Freiherr von Rechberg gestand allerdings, ähnlich den Subdelegierten anderer Territorien, zu, daß die zu entschädigenden Stände geneigt seien, sie der Rechte, Vorzüge und Vorteile privilegierter Municipalstädte teilhaftig werden zu lassen[38]. Der kursächsische Subdelegierte hingegen wollte weitergehend die Reichsstädte auch *gegen willkührliche Veräußerung oder Transferierung des Kirchenguts* sichergestellt wissen[39]. Auch inbezug auf die religiösen Verhältnisse gingen die Meinungen auseinander zwischen dem kursächsischen Einsatz *gegen alle gewaltsame Einführung eines Simultaneums* (auf der Linie der frühneuzeitlichen Reichsgesetzgebung) und der Auffassung, die Aufrechterhaltung der dermaligen Religionsverfassung nur insoweit zuzugestehen, *als wie sie mit den Grundsätzen einer vernünftigen, staatsklugen Religionsduldung vereinbar sey*[40].

Der § 27 des RDH ist die Antwort auf die städtischen Reklamationen. Die generellen Zubilligungen an die mediatisierten Reichsstädte reduzieren sich auf die Bestimmung: *Die Kurfürsten und Fürsten, welchen Reichsstädte als Entschädigung zufallen, werden diese Städte in Bezug auf ihre Municipalverfassung und Eigenthum auf den Fuß der in jedem der verschiedenen Lande am meisten privilegierten Städte behandeln, so weit es die Landesorganisation und die zum allgemeinen Besten nöthigen Verfügungen gestatten. – Insbesondere bleibt ihnen die freie Ausübung ihrer Religion und der ruhige Besitz aller ihrer zu kirchlichen und milden Stiftungen gehörigen Güter und Einkünfte*

38 Protokoll I, S. 113.
39 Protokoll I, S. 184f.
40 Protokoll ebd.

gesichert. In diesem Reichsstadt-Paragraphen entfiel auffallenderweise der in § 63 für die säkularisierten geistlichen Territorien angefügte Passus: *den Landesherren steht jedoch frei, andere Religionsverwandte zu dulden und ihnen den vollen Genuß bürgerlicher Rechte zu gestatten.* Duldung bedeutete noch nicht Parität der Konfessionen, aber war doch eine Brücke dorthin[41]. War diese Auslassung stillschweigende Akzeption oder Negierung des von den Städten geäußerten Wunsches, eine herkömmlich evangelische beziehungsweise katholische Stadt möge mit ihrem Land als solche staatsrechtlich belassen werden? Die Zukunft jedenfalls wies entschieden über die religionsgesetzliche Tradition seit dem Augsburger Religionsfrieden hinaus, auch wenn der RDH sich noch auf dem Standpunkt bewegte, daß es nur *eine* Landeskirche mit Duldung anderer Religionszugehöriger gebe.

Kraft des § 27 des RDH erlangten die reichsstädtischen Hoffnungen eine allgemeine verfassungsrechtliche, religions- beziehungsweise kirchenrechtliche und besitzrechtliche Bestandsgarantie, die freilich unbestimmt bleibt durch die Relativierung auf die jeweilige Landesorganisation. Jedoch ging die Schutzzusicherung eindeutig hinaus über die Vorbehaltsklausel des § 65 bezüglich der frommen und milden Stiftungen in den säkularisierten geistlichen Fürstentümern mit ihren bischöflichen Residenzstädten, da für die Reichsstädte keine Begrenzung durch landesherrliche Aufsicht und Leitung ausgesprochen war, sondern die Stiftungsaufsicht auch über *kirchliche Stiftungen* bei den Städten bleiben sollte; damit war auch die *freye und volle Disposition* der Landesherren über das Klostergut (gem. § 35) gegenüber den Reichsstädten eingeschränkt. Solch weitgehende Interpretation erlaubt die Vorgeschichte des § 27[42].

Nur acht Reichsstädte wurden durch den RDH vor dem vollen Verlust ihrer Freiheiten vorläufig bewahrt. Die Stadt Wetzlar wird nach § 25 in der Eigenschaft einer Grafschaft und *mit voller Landeshoheit*, auch mit allen darin liegenden Stiften, Abteien und Klöstern der Ausstattung des Kurfürst-Erzkanzlers, nämlich den Fürstentümern Aschaffenburg und Regensburg, zugeschlagen; sie wird also zwar mediatisiert, aber mit besonderen Privilegien bedacht. Als Sitz des Reichskammergerichts wird ihr, so wie Regensburg, dem Sitz des Reichstags, unbedingte Neutralität, selbst in Reichskriegen, zugesichert. § 27 garantiert überdies sechs Reichsstädten die Bewahrung ihrer Reichsfreiheit und Verfassungsunabhängigkeit: *Das Kollegium der Reichsstädte besteht in Zukunft aus den freien und unmittelbaren Städten: Augsburg, Lübeck, Nürnberg, Frankfurt, Bremen und Hamburg. Sie genießen in dem ganzen Umfang ihrer respektiven Gebiete die volle Landeshoheit und alle Gerichtsbarkeit ohne Ausnahme und Vorbehalt; jedoch der Appellation an die höchsten Reichsgerichte unbeschadet.* Außerdem wird ihnen, so wie Regensburg und Wetzlar, die unbedingte *Neutralität* bestätigt. Diese Reichsstädte werden im übrigen – im Unterschied zu Regensburg und Wetzlar – behandelt wie die weltlichen Fürsten, zu deren Gunsten der RDH entwickelt wurde: Sie erhalten Entschädigungen.

41 Weber, wie Anm. 17, bes. S. 267ff.
42 Scharnagl, wie Anm. 8, S. 254.

c) Die Reichs- und Bischofsstädte Augsburg und Regensburg

Die gemäß § 27 als Reichsstand und in ihrer Landeshoheit weiterhin anerkannte Stadt *Augsburg* erhält als Entschädigung *alle geistlichen Güter, Gebäude, Eigenthum und Einkünfte in ihrem Gebiete, sowohl in- als außerhalb der Ringmauern, nichts ausgenommen*, während allerdings § 2 das Bistum dem Kurfürsten von Bayern zuspricht, dazu *die geistlichen Rechte, eigenthümlichen Besitzungen und Einkünfte, welche von den in der Stadt und Markung Augsburg gelegenen Kapiteln, Abteyen und Klöstern abhängen, mit Ausnahme jedoch alles dessen, was in besagter Stadt und derselben Markung selbst begriffen ist.* Damit fielen also nicht nur die bischöfliche Hauptresidenz in Dillingen, alle Klöster und Stifte des Hochstifts der landesherrlich-bayerischen Säkularisation anheim, sondern auch die auswärtigen Vermögenswerte der Augsburger Klöster und Stifte, also der eigentlich gewinnbringende Besitz. Die Landeshoheit der Stadt Augsburg schloß als Entschädigung ein die Verfügungsgewalt über die Fortexistenz oder Säkularisation ihrer Mediatklöster, kirchlichen Stiftungen sowie auch über den säkularisierten Kirchenbesitz in der Stadt[43]; dieser erstreckte sich ausnahmsweise nicht auf die Bischofsresidenz, die gem. § 69 des RDH dem Kurfürsten von Trier (und Bischof von Augsburg) gewährleistet bleiben sollte[44], aber u.a. auf Beamtenhäuser, Kornspeicher, das Waaghaus des Fürstbischofs, die Domherrenhöfe und sonstigen kapiteleigenen Häuser, wie z.B. den Weinkeller, also im Grunde auf die wenig einträglichen Gebäude, auf deren Ressourcen außerhalb der Mauern der Magistrat verzichten mußte: in gewisser Weise ein Pyrrhussieg. Denn die Verhandlungen zwischen Stadtmagistrat und Kurfürstentum um die Folgelasten der Säkularisation, insonderheit die Ausstattung der Pfarreien, brachten für die Stadt bald die Erfahrung, daß die zuerkannten Entschädigungen die neuen Mehrbelastungen nicht aufwogen. Es kommt hinzu, daß der RDH die Bestimmung des § 77, der neue Landesherr habe bei Landen, die von einem geistlichen Regenten ganz auf einen weltlichen übergehen, die Kameral- und Landesschulden zu übernehmen, für die Reichsstädte nicht wiederholte. *Man ging nach der Wolle und kömmt geschoren nachhaus*, so kommentierte ein Ratskonsulent die Situation[45].

Eine singuläre Sonderstellung räumt der RDH der Reichs- und Bischofsstadt Regensburg ein[46], bei welcher die historische Situation insofern eine andere als in

43 Volker Dotterweich, Die Mediatisierung der Reichsstadt. In: Geschichte der Stadt Augsburg von der Römerzeit bis zur Gegenwart, hg. von Gunther Gottlieb, Wolfram Baer u.a., 1984, bes. S. 543.

44 Etwas anders Dotterweich, wie Anm. 43, S. 543.

45 Zitat nach Dotterweich, ebd., S. 544.

46 Zur Stadtgeschichte: Dieter Albrecht, Regensburg im Wandel. Studien zur Geschichte der Stadt im 19. und 20. Jahrhundert, 1984; verschiedene einschlägige Beiträge in: Regensburg. Geschichte in Bilddokumenten, hg. von Andreas Kraus und Wolfgang Pfeiffer, 1979. – Zum (Erz-)Bistum: grundlegend Georg Schwaiger, Die altbayerischen Bistümer Freising, Passau und Regensburg zwischen Säkularisation und Konkordat (1803–1817), 1959; Ders., Das Erzbistum Regensburg unter Carl Theodor von Dalberg (1803–1807). In: Beitrr. zur Geschichte des Bistums Regensburg Bd. 10 (1976), S. 209ff.; Ders., Die kirchlich-religiöse Entwicklung in Bayern zwischen Aufklärung und katholischer Erneuerung. In: Wittelsbach und Bayern III,1, hg. von Hubert Glaser, 1980, bes. S. 132f.; Heribert Raab, Karl Theodor von Dalberg. Das Ende der Reichskir-

Augsburg war, als die Stadt trotz der rechtlichen Loslösung von der Bischofsherrschaft ihre Bischöfe nie ausgetrieben hat; der Fürstbischof blieb bis zum Ende des Alten Reichs stadtsässig, verfügte freilich nur über ein kleines Hochstift. Außerdem war Regensburg seit 1663 Sitz des immerwährenden Reichstags. § 25 des RDH überträgt den *Stuhl von Mainz* auf die *Domkirche von Regensburg* und erklärt die Würden eines Kurfürsten, Reichs- und Erzkanzlers, Metropolitan-Erzbischofs und Primas von Deutschland als *auf ewige Zeiten damit vereiniget*. Die Metropolitan-Gerichtsbarkeit soll sich über alle rechtsrheinischen nicht-preußischen Teile der ehemaligen geistlichen Provinzen von Mainz, Trier und Köln sowie auch über die Salzburger Provinz, soweit sie in die bayerischen Länder reicht, erstrecken. *Der Kurfürst-Erzkanzler wird fernerhin nach dem Status seiner alten Metropolitankirche gewählt werden.* Darüberhinaus wird er aber auch – als einziger geistlicher Reichsstand – mit weltlichen Herrschaftsbesitzungen und -rechten ausgestattet, nämlich mit den Fürstentümern Aschaffenburg und Regensburg sowie mit der Reichsstadt Wetzlar in der Eigenschaft als Grafschaft (vgl. oben). Das Fürstentum Regensburg *besteht aus dem bisherigen Bisthume Regensburg sammt der Stadt dieses Namens, und allem, was davon abhängt, mit den darin befindlichen mittelbaren und unmittelbaren Stiftern, Abteyen und Klöstern ...*, weiterhin mit den Proprietäten, Besitzungen und Einkünften des Mainzer Domkapitels, soweit noch nicht vergeben. Der Stadt Regensburg wird, wie Wetzlar und wie den in § 27 bevorrechteten Hansestädten, unbedingte Neutralität zugesichert. Außerdem erhält der Kurfürst eine ansehnliche Entschädigungssumme[47].

Abgesehen von der kirchenorganisatorischen Relevanz – seit 1803 gab es im Reich nur noch 2 statt 4 Kirchenprovinzen, Salzburg und Regensburg, letztere mit nominellen Primatialrechten –, schuf der RDH damit wenige Wochen, nachdem im französischen Neu-Bistum Mainz am 6. Juli 1802 ein Bischof bestellt worden war, für den vorherigen Fürstbischof von Konstanz, Karl Theodor von Dalberg[48] als Nachfolger von Friedrich Karl von Erthal im Erzstift, d.h. auf den Trümmern des alten Kurstaates Mainz einen Kunststaat von juristischem neu- und historisch einzigartigem Charakter.

Die Reichsstadt Regensburg wurde also zwar mediatisiert zugunsten dieses neuen geistlich-weltlichen Staatsgebildes; die Säkularisationsvollmacht sowie die Verfügungsgewalt über das gegebenenfalls daraus entstehende Dispositionsgut galt auch hier wohl entsprechend dem § 35 und den Schutzklauseln der §§ 63 und 65. Jedoch diente die

che und das Ringen um den Wiederaufbau des kirchlichen Lebens. In: Archiv f. mittelrhein. Kirchengeschichte 18 (1966), S. 22 ff.; DERS., Die altbayerischen Hochstifte Freising, Regensburg, Passau in der Zeit vom Tridentinum bis zur Säkularisation. In: Handbuch der Bayerischen Geschichte, hg. von Max SPINDLER, III,2, 2. Aufl. 1979, bes. S. 1410, weitere Literatur ebd. S. 1391 f. – Zum Dalberg-Staat vgl. unten II,c, Anm. 101 ff.

47 Ergänzend zu den Entschädigungsgebieten, für die eine Summe von 650000 Gulden veranschlagt wurde, erhielt er 1 Million Gulden durch Anweisung auf Schiffahrts-Octroi und Zölle; zum Vergleich: als Jahreseinkünfte aus allen Entschädigungsgebieten wurden insgesamt 12,7 Millionen Gulden errechnet. Dazu Christoph DIPPER, Probleme einer Wirtschafts- und Sozialgeschichte der Säkularisation in Deutschland (1803–1813). In: Armgard VON REDEN-DOHNA (Hg.), Deutschland und Italien im Zeitalter Napoleons, 1979, S. 123 ff.

48 Jüngster biographischer Abriß von Georg SCHWAIGER, Dalberg, Karl Theodor Freiherr von (1744–1817). In: GATZ (Hg.), wie Anm. 15, S. 110 ff. Vgl. unten II,c.

Reichsstadt als Basis für eine geistliche Herrschaft, in welcher Bischofsgewalt, Landeshoheit und Stadtregiment noch einmal zusammengefügt waren: das letzte geistliche Reichsfürstentum der deutschen Geschichte, dem ein gewisser Anachronismus nicht abzusprechen ist. Auch das Domkapitel wurde nicht säkularisiert; es blieb geschlossen in seiner herkömmlichen Funktion und es blieb de facto im Amt bis zur kirchlichen Neuorganisation 1821. Allerdings kam es nicht zu der vorgesehenen institutionellen Vereinigung mit dem Mainzer Kapitel in Aschaffenburg, das sich weiterhin als das reguläre Metropolitankapitel verstanden wissen wollte.

Dalberg machte in Achtung der kanonischen Tradition seinen Amtsantritt vom Papsttum abhängig; die päpstliche Bestätigung und Ernennung ließ allerdings bis 1805 auf sich warten. Der Agent der bayerischen Regierung, für welche eine solche unabhängige Enklave inmitten bayerischer Lande, die sich zudem dem staatskirchlichen Anspruch Bayerns entzog, ein scharfer Dorn im Auge sein mußte, intervenierte in Rom dagegen[49]. Der Dalberg-Staat hatte nur wenige Jahre Lebensdauer. Gleichwohl haben sie sich spürbar auf die Kultur der Residenzstädte Regensburg und Aschaffenburg ausgewirkt.

II. Bischofsstädte im Umbruch

Die Regierungen der neuen mächtigen Mittelstaaten Bayern, Baden und Württemberg führten die Säkularisationen und Mediatisierungen in der Regel unverzüglich, teils schon vor der Ratifizierung des RDH, durch. Aus dem komplexen Problemkreis der Auswirkungen des Zusammenbruchs der kirchlichen Institutionen und Traditionen seien folgend nur einige Aspekte für die Bischofsstädte exemplarisch aufgezeigt. Was die schwäbischen Reichsstädte in ihrem Memorandum an die Reichsdeputation aufführten – nämlich daß die geistlichen und weltlichen Corpora, so auch *die zur Erziehung und zum Unterhalte gewisser Personen gewidmeten Stiftungen wie ein Teil dem Ganzen einverleibt sind*–, das gilt nicht minder – und in anderer Weise – für die Bischofsstädte, deren äußere Geltung und deren Selbstverständnis, deren soziale und wirtschaftliche Struktur, deren architektonische Gestalt, kurzum deren Lebensrhythmus und gesamte Atmosphäre in hohem Maße geformt war von der Präsenz geistlich-aristokratischen Glanzes, klösterlicher Frömmigkeit und Caritas sowie kirchlichen Brauchtums.

a) Die süddeutschen Fürstbischöfe um 1803

Trotz aller bürokratischen Gleichförmigkeit des Mediatisierungs- und Säkularisations-Vollzugs unterschied sich das Schicksal der Bischofsstädte doch erheblich je nach den politischen Verhältnissen. Rigoroser Säkularisationswille trennte das Kurfürstentum Bayern und auch die Neustaaten Württemberg und Baden von der restaurativen Kirchentoleranz des habsburgischen Großherzogtums Toskana; hier war die radikale

49 Über Dalbergs Pläne, die Reichsverfassung von der Kirchenverfassung und der Basis der Metropole Regensburg aus zu reorganisieren, über seine Bemühungen um ein Reichskonkordat sowie die Widerstände an der Kurie in Bayern und im Episkopat grundlegend: Hubert BASTGEN, Dalberg und Napoleons Kirchenpolitik in Deutschland, 1917; VON ARETIN, wie Anm. 2, S. 490ff.

Phase des Josephinismus überwunden[50]. Die Stadt-Schicksale unterschieden sich aber auch je nach den Charakteren und Verhaltensweisen ihrer letzten Fürstbischöfe beziehungsweise ihrer Administratoren. So variierten die Situationen zwischen den früh verwaisten Diözesen Freising oder Bamberg und jenen Bistümern, wo die geistlichen Regenten die Ära der Depression überdauerten, wie in Eichstätt (bis 1824) oder Hildesheim und Paderborn (bis 1825). Sie variierten zwischen solchen Fürstbistümern, deren Herren alsbald ihre Kirchen verließen, wie in Passau, oder schon früh fliehen mußten, wie aus Basel, und jenen, wo die Bischöfe selbst oder tüchtige Administratoren beziehungsweise Generalvikare, teils auch Weihbischöfe, tatkräftig die Nöte zu lindern und das kirchliche Leben aufrechtzuerhalten wußten, wie in Konstanz und Würzburg.

Als erste wurden – noch vor Inkrafttreten des RDH – die Stühle von *Freising* und *Regensburg* am 4. April 1803 vakant durch den Tod des seelisch und körperlich gebrochenen Joseph Konrad von Schroffenberg[51]; er starb kurz nach der bayerischen Besitznahme Freisings. Die Folgen seines Ausfalles differierten freilich erheblich zwischen den beiden geistlichen Amtsbezirken, denn während in Regensburg der neue Administrator Karl Theodor von Dalberg kraft seines politischen Ranges, seiner Persönlichkeit und dank der Gesetzeslage die kirchlichen Traditionen weitgehend rettete (vgl. unten c), brach über das kleine Hochstift-Städtchen Freising der Säkularisationssturm schonungslos zerstörend herein, was auch der mit Schroffenberg gleichaltrige geschickte, anpassungsfähige Weihbischof und Domdekan Johann Nepomuk von Wolf[52] als von Dalberg präsentierter gewählter Kapitularvikar nicht verhindern konnte; er war bei Domkapitel und Bevölkerung nicht unbedingt beliebt und galt als Handlanger des Münchener Hofes.

Nicht ganz so verheerend wirkte sich die Vakanz von *Bamberg* nach dem Tod des Fürstbischofs Christoph Franz von Buseck[53] aus, da der Würzburger Bischof Fechenbach schon seit 1800 als Koadjutor des eher der adeligen Lebensweise zugewandten Regenten die Bistumsverwaltung weiterführte. So entstand bezüglich der kirchlichen Lage eine spürbare Kluft zwischen den frühverwaisten Bistümern oder auch Passau und andererseits beispielsweise Eichstätt.

In *Passau* konnte und wollte der aristokratisch gesonnene, tief gekränkte und primär um seine Existenzsicherung besorgte Leopold L. von Thun[54] den Umbrüchen nicht gewachsen sein; sogleich 1803 übertrug er die Geschäftsvollmachten seinem Generalvikar, ließ sich päpstlich von der Residenzpflicht entbinden und zog sich auf seine böhmischen Besitztümer zurück. Da allerdings auch sein Vertreter Joh. Baptist

50 Aufschlußreich sind dafür die Grundsätze, nach welchen Österreich die Säkularisation behandelt wissen wollte, vom Mai 1798, abgedruckt bei VON ARETIN, wie Anm. 2; hier II, S. 298 ff. (Aktenstück 56). Zur Vermeidung völligen Verschwindens geistlicher Fürsten wurde ein Stufenplan aufgestellt, nach dem zuerst Mediatklöster, dann Reichsprälaten und erst, wenn das nicht genügte, auch Reichsstifter säkularisiert werden sollten; das Verhältnis zwischen katholischen und protestantischen Reichsständen sollte überdies möglichst nicht verletzt werden.

51 Georg SCHWAIGER, Schroffenberg, Joseph Konrad Freiherr von (1743–1803). In: GATZ, wie Anm. 15, S. 877 f.

52 Zdzislaw GROT, Wolf, Johann Nep. Freiherr von (1743–1829). In: GATZ a. a. O., S. 823 f.

53 Bruno NEUNDORFER, Buseck, Christoph Franz Freiherr von (1724–1805), ebd. S. 89 f.

54 August LEIDL, Thun, Leopold Leonhard Reichsgraf von (1748–1826), ebd., S. 762 f.

Franz Xaver von Auersperg[55] sich 1806 auf seine Präbende nach Ölmütz absetzte, galt zur Zeit des landfernen Todes von Thun, den seine Residenzstadt nie wieder zu Gesicht bekommen hatte, die Diözese Passau, das einst größte Bistum des alten Reiches, als die nach Speyer am meisten verwahrloste Diözese Bayerns[56]; bis 1824 fanden dort weder Priesterweihen noch Firmungen noch andere Pontifikalhandlungen statt. Das Bistum *Eichstätt* hingegen überstand den Umbruch erstaunlich unbeschadet dank der unerschrockenen Geradlinigkeit seines Fürstbischofs Joseph von Stubenberg[57], der als einziger am Ort weiterresidierender Bischof seine Diözese und Stadt über die Regierungswechsel hinweg (1802 bayerisch, 1803 großherzoglich-toskanisch, 1805 wieder bayerisch) bis zur Reorganisation trotz der ab 1805 einsetzenden Säkularisationen substantiell intakt bewahren konnte. Wie so manche Kollegen seit dem Schock von 1803 zum pastoral orientierten Verteidiger der kirchlichen Rechte geworden, dennoch loyal gegenüber dem bayerischen Herrscherhaus, wurde Stubenberg 1818 vom König zum Erzbischof von Bamberg nominiert, wobei er den Eid auf die Verfassung unter Berufung auf das Konkordat verweigerte. Sein neues Erzbistum hat der Schwerkranke nicht mehr betreten.

Anders als im bayerischen Teil der alten Passauer Diözese, in dem 1803 an Österreich beziehungsweise an den Erzherzog-Großherzog von Toskana ausgeteilten Erzbistum *Salzburg*, hatten schon früh die Reformen des seit 1772 regierenden Fürsterzbischofs Hieronymus Graf von Colloredo[58], eines kühlen Autokraten, das kirchlich-religiöse Leben in anti-barocke, nüchterne Bahnen geführt, frommes Brauchtum zurückgedrängt, aber Erziehungswesen und Kultur im Sinne der Aufklärung erneuert, mit manchen unabhängigen Modifikationen gegenüber dem Josephinismus. Vor dem französischen Einmarsch zog Colloredo sich Ende 1800 nach Brünn und Wien zurück, um dennoch in den folgenden Jahren die Renovierung der verfallenen Residenz zu betreiben und sich vehement für die Bewahrung des Metropolitanranges Salzburgs einzusetzen. Das Vermögen von Domkapitel, Klöstern und Hochstiftsuniversitäten blieb während der toskanischen Periode unangetastet. Erst mit den erneuten Transferierungen an Österreich und Bayern ab 1806 wurde die Säkularisation nachgeholt und auch die Universität 1810 zum Lyceum degradiert.

Ein wiederum anderes Bild zeigt *Würzburg*. Zwar verließ der leistungswillige und gelehrte Fürstbischof Georg Karl Ignaz von Fechenbach[59] die Stadt zunächst, aber er

55 August LEIDL, Auersperg, Johann Bapt. Franz Xaver von Paula Graf von (1745–1816), ebd., S. 19f.

56 Neben SCHWAIGER, Die altbayerischen Bistümer (wie Anm. 46) vgl. Konrad BAUMGARTNER, Die Seelsorge im Bistum Passau zwischen barocker Tradition, Aufklärung und Restauration, 1975; dorf S. 4ff. auch zu den wechselhaften Gebietsveränderungen bis zur endgültigen Zirkumskription 1822.

57 Ernst REITER, Stubenberg, Joseph Graf von (1740–1824). In: GATZ, wie Anm. 15, S. 747ff.; Ernst BAUERNFEIND, Die Säkularisationsperiode im Hochstift Eichstätt bis zum endgültigen Übergang an Bayern 1790–1806, 1927.

58 Erwin GATZ, wie Anm. 15, Colloredo, Hieronymus Joseph Franz de Paula Graf (1732–1812), ebd. S. 99ff.; Franz ORTNER, Säkularisation und kirchliche Erneuerung im Erzbistum Salzburg 1803–1845, 1979.

59 Erik SODER, Fechenbach zu Laudenbach, Georg Karl Ignaz Freiherr von (1749–1808), ebd. S. 181f. Vgl. auch unten Anm. 87 und 88.

setzte sich betont für die kirchlichen Rechte und besonders für die Rettung der Bildungsanstalten ein, maßgeblich unterstützt durch den ungemein engagierten Weihbischof Gregor Zirkel[60]. Dieser hatte in seinem Denken eine Konversion vom rationalistischen Skeptizismus zum religiös-dogmatischen Positivismus durchgemacht; beeinflußt vom Katholizismus elsäßisch-mainzer Richtung kämpfte er Seite an Seite mit dem Bamberger Kirchenrechtler Franz Andreas Frey[61] als einer der markantesten Geistlichen seiner Generation in seiner Diözese praktisch und publizistisch für die Kirchenfreiheit im Erziehungs- und Seelsorgswesen gegen die nationalkirchlichen Tendenzen Wessenbergs und Dalbergs.

Auch *Augsburg* hatte Glück mit seinem letzten geistlichen Herrscher, der freilich völlig anderer Prägung war. Clemens Wenzeslaus aus dem Hause Wettin[62] amtierte schon seit 1768 als Erzbischof von Trier und Bischof von Augsburg. Zwar von hocharistokratischem Habitus spätbarocken Stils, gleichwohl unter dem Einfluß des Exjesuiten Franz Heinrich Beck zunehmend ein frommer, kirchlicher Mann geworden, zwischen den Lagern von Febronianismus und Romzugewandtheit schwankend, war er trotz seiner sächsichen Herkunft in der schwäbischen Diözese ein beliebter Regent. Aber erst seit seiner endgültigen Flucht aus Trier 1794 residierte er in Augsburg, auch nach 1803, wo er mehrmals Napoleon empfing (zuletzt am 22. 10. 1809), oder er weilte auf dem ihm zugewiesenen Sommersitz in Marktoberdorf. So hat die Anwesenheit des Fürstbischofs in den letzten Jahren des Reichs und in den ersten der neubayerischen Ära der alten Reichsstadt nochmals einen gewissen höfischen Glanz verliehen, was freilich nicht darüber hinwegtäuscht, daß der Augsburger Bischofshof seit Jahrhunderten nur Nebenresidenz gewesen war, auch wenn ein Teil des Domkapitels ständig in der Stadt residierte und manchen Anlaß für Querelen mit dem Magistrat gegeben hatte. Auch stadtarchitektonisch kommt es zum Ausdruck, daß der Dombezirk, eingeengt durch Bürgerhäuser, wohl nie die stolze Rolle wie die Schlösser in bischöflichen Haupt-

60 Klaus WITTSTADT, Zirkel, Gregor von (1762–1817), ebd. S. 839 ff.; grundlegend August Friedrich LUDWIG, Weihbischof Zirkel von Würzburg in seiner Stellung zur theologischen Aufklärung und zur kirchlichen Restauration. Ein Beitrag zur Geschichte der katholischen Kirche Deutschlands um die Wende des achtzehnten Jahrhunderts, 2 Bde. 1904/6; DERS., Zirkel, Gregor, Bischof von Hippo, Weihbischof in Würzburg (1762–1817). In: Lebensläufe aus Franken, hg. von Anton CHROUST, Bd. 1, 1919, S. 533 ff., jetzt auch Wolfgang WEISS, Ein Kirchenmann zwischen Aufklärung, Romantik und Restauration. Weihbischof Gregor Zirkel. In: Würzburger Diözesan-Geschichtsbll. 47 (1985), S. 191 ff.

61 Euchar-Franz SCHULER, Die Bamberger Kirche im Ringen um eine freie Kirche im freien Staat. Das Werden und Wirken des Bamberger Kirchenrechtlers und Kirchenpolitikers Franz Andreas Frey (1763–1820) in den Auseinandersetzungen mit dem josephinistischen Staatskirchentum, 1979.

62 Eduard HEGEL, Klemens Wenzeslaus, Herzog von Sachsen (1739–1812). In: GATZ, wie Anm. 15, S. 388 ff.; unüberholt Heribert RAAB, Clemens Wenzeslaus von Sachsen und seine Zeit (1739–1812), 1962; neuerdings vgl. Wolfgang WÜST, Fürstbischöfliche Amts- und Staatsführung im Hochstift Augsburg unter Clemens Wenzeslaus (1768–1803). In: Miscellanea Suevica, hg. von Pankraz FRIED (Augsburger Beitrr. zur Landesgeschichte Bayerisch-Schwabens 3) 1985, S. 129 ff.; auch die Bemerkungen bei Peter RUMMEL, Fürstbischöflicher Hof und katholisches kirchliches Leben. In: Geschichte der Stadt Augsburg von der Römerzeit bis zur Gegenwart, hg. von Gunther GOTTLIEB, Wolfram BAER u. a., 1984, S. 534 f.

und Residenzstädten spielte[63]. Wenn in Ausnahmefällen der gesamte Hofstaat, der vor Ende des Reichs rd. 150 Personen umfaßte, sich an der Augsburger Residenz aufhielt, war die Kapazität der Pfalz weit überfordert. So darf man wohl vom stark reduzierten Hofstaat des nach 1803 in der Stadt geduldeten, seiner Landesherrschaft beraubten Bischofs kaum annehmen, daß er das gewachsene bürgerliche Gepräge der Stadt nochmals höfisch zu bereichern vermochte.

Ein kurzer Blick auf die südwestlichen Rand-Reichsbistümer möge das Bild abrunden. *Konstanz* und *Basel* hatten die Bischofsresidenzen längst aus den zur Reformation übergegangenen Städten ausgetrieben; seit dem 16. Jahrhundert waren hier wie dort Stadt und Bischofssitz örtlich geschieden. In *Konstanz*[64], das bis 1805 unter österreichischer Herrschaft stand, waren die Amtsbefugnisse des fürstbischöflichen Vertreters in städtischen Angelegenheiten schon durch die theresianischen und josephinischen Reformen beschränkt; bis ins späte 18. Jahrhundert wahrte der Fürstbischof als letztes Recht in der Stadt die Ernennung des Ammanns. Als eigentliche Heimatresidenz von Dalberg stand das Bistum seit dessen Erhebung zum Erzkanzler 1802 unter der Verwaltung des Generalvikars Ignaz Heinrich von Wessenberg[65], jenes ebenso profilierten wie als Repräsentant der episkopalistisch-nationalkirchlichen Richtung umstrittensten kirchlichen Regenten, der nicht minder als sein Antipode Gregor Zirkel sozusagen am anderen Ufer im pastoralen Eifer glühte. Dalberg – in gewisser Weise Colloredo vergleichbar – verteidigte das Schulwesen nachhaltig gegen Säkularisationseingriffe und investierte viel Sorge in das Priesterseminar bei der Residenz in Meersburg, – sein »Lieblings- und Schoßkind«, aus welchem »sehr viele kenntnißreiche, eifrige und gewissenhafte Seelsorger, aber auch viele jener eitlen, aufgeblasenen, liberalen, stürmischen Reformer hervorgegangen (sind), welche in der katholischen Kirche in Baden so viel Schaden und Unheil verursachten«, so urteilte im letzten Jahrhundert A. v. Longner[66]. Heute entwickelt sich das Urteil über Wessenberg positiver.

63 Wolfgang WÜST, Palatium episcopale Augustani. Ein Beitrag zum hochstiftischen Hof- und Verwaltungswesen im 17. und 18. Jahrhundert. In: Jb. des Ver. für Augsburger Bistumsgeschichte e.V. 19 (1985), S. 46 ff.

64 Grundlegend ISELE, wie Anm. 13; vgl. weiterhin Marlene FLEISCHHAUER, Das geistliche Fürstentum Konstanz beim Übergang an Baden, 1934; Armin RUPPERT, Die Verfassung und Verwaltung der Stadt Konstanz im 19. Jahrhundert beim Übergang von der österreichischen zur badischen Herrschaft, 1960; Winfried KÜCHLER, Konstanz a. B. – Beispiel einer finanzschwachen Stadt. Zur Geschichte der kommunalen Finanzen im Bodenseeraum während des 19. Jahrhunderts. In: Erich MASCHKE–J. SYDOW (Hg.), Städtisches Haushalts- und Rechnungswesen, 1977, S. 127 ff.

65 Karl-Heinz BRAUN, Wessenberg, Ignaz Heinrich von (1774–1860). In: GATZ, wie Anm. 15, S. 808 ff.; Wolfgang MÜLLER, Ignaz Heinrich von Wessenberg (1774–1860). In: Katholische Theologen Deutschlands im 19. Jahrhundert, hg. von Heinrich FRIES und Georg SCHWAIGER, 3 Bde., 1975, hier I, S. 189 ff.

66 Ignaz VON LONGNER, Beiträge zur Geschichte der oberrheinischen Kirchenprovinz, 1863, S. 169 f.; zu Wessenbergs Initiativen für das Schulwesen vgl. Wolfgang Müller, Wessenberg und seine Bemühungen um die Bildung der Priester. In: Georg SCHWAIGER (Hg.), Kirche und Theologie im 19. Jahrhundert, 1975, S. 41 ff.; E. KELLER, Das Priesterseminar Meersburg zur Zeit Wessenbergs (1801–1827). In: Freiburger Diözesanarchiv 96 (1977), S. 108 ff., und 98 (1978), S. 353 ff.

Über *Basel* stellt der Schweizer Historiker E. Gagliardi fest[67]: »Alles, bis auf den Namen herab, war an diesem Staate unnatürlich und zwitterhaft. Ein katholischer Bischof, der zur Hälfte über Ketzer regierte und über seine eigene Hauptstadt nicht einmal die kirchliche Jurisdiktion besaß – denn Pruntrut gehörte bis 1781 zur Diözese Besançon, – ein deutscher Reichsfürst, von dessen Gebiet man im Zweifel war, ob es ganz oder halb zur Schweiz gehöre, dessen Untertanen meist französisch sprachen, der schließlich seine Gewalt nur mit Frankreichs Hilfe behaupten konnte und diesem dafür ein Regiment Soldaten stellte, solche Mißbildungen konnten nur da gedeihen, wo der Moder des heiligen römischen Reiches mit demjenigen der alten Eidgenossenschaft zusammentraf.« Bischof Franz Xaver von Neveu[68], gebürtiger Offenburger, 1794 durch das nach Freiburg i. B. geflüchtete Domkapitel gewählt, konnte auch nicht in der alten Residenz Pruntrut weilen; er befand sich de facto ständig auf der Flucht – in Konstanz, Ulm, Passau, Wien –, um dennoch sein auf österreichische und schweizer Gebiete zusammengeschrumpftes Hochstift von verschiedenen Asylen aus zu regieren, bis 1802 auch die rechtsrheinische Restherrschaft Schliengen an Baden fiel. Mit Zähigkeit um die Rettung des Bistums kämpfend, als Vertreter der Rom-Unmittelbarkeit in hartem Gegensatz zu Wessenberg, harrte er aus bis zur Neuorganisation des Bistums Basel (die Bewahrung des Namens war sein Verdienst) mit Sitz aber in Solothurn. Übrigens war er ein vom Volk verehrter Mann, dem sein Grabredner bezeugte, er habe manche Träne, die Armut und Not erpreßte, im Stillen getrocknet und besonders arme Studenten und Lehrburschen hätten bei ihm Aufnahme gefunden.

b) Regierungswechsel – Residenzverlust – Strukturwandel von Frömmigkeitsformen und Sozialschichtung

Während die Säkularisationsdurchführung, die vielfach Formen der Kirchenplünderung annahm, auf Empörung und Resignation stieß, scheinen *Mediatisierung und Regierungswechsel* in der Mehrzahl von geistlichen Residenzstädten die Bevölkerung fast ebensowenig stärker erregt zu haben wie in den Reichsstädten, wie ja überhaupt gegen die Auflösung der geistlichen Fürstentümer weder von Seiten der Betroffenen noch von Seiten des Volkes nennenswerter Widerstand laut wurde. Zweifellos hat die aufklärerische publizistische Propaganda, die den Anachronismus der geistlichen Staaten anprangerte[69], dazu beigetragen, daß die Veränderung der staatsrechtlichen Verhältnisse in den meisten Städten reibungs- und relativ emotionslos, höchstens reserviert hingenommen, zuweilen aber auch begrüßt wurde. Auch wenn im Vorfeld die Frage der Mediatisierung der Reichsstädte namentlich in Magistratskreisen heftig diskutiert

67 Ernst GAGLIARDI, Geschichte der Schweiz. Von den Anfängen bis auf die Gegenwart, II, 1920, S. 198; zitiert nach JORIO, Der Untergang des Fürstbistums Basel, wie Anm. 68, S. 13.

68 Marco JORIO, Neveu, Franz Xaver Freiherr von (1749–1828). In: GATZ, wie Anm. 15, S. 533 ff.; DERS., Der Untergang des Fürstbistums Basel (1792–1815). Der Kampf der beiden letzten Fürstbischöfe Joseph Sigismund von Roggenbach und Franz Xaver von Neveu gegen die Säkularisation. In: Zeitschrift f. Schweiz. Kirchengeschichte 75 (1981), S. 1–230.

69 Peter WENDE, Die geistlichen Staaten und ihre Auflösung im Urteil der zeitgenössischen Publizistik, 1966; vgl. auch die Bibliographie von Manfred BRANDL, Primärliteratur zur Säkularisation von 1803. In: Albrecht LANGNER (Hg.), Säkularisation und Säkularisierung im 19. Jahrhundert, 1978, S. 163 ff.

wurde[70], so hat doch die Mehrheit der Bevölkerung, auch der katholischen, den Übergang von der einen zur anderen Regierung teils mehr oder minder gelassen bis gleichgültig registriert[71]. Allerdings lassen sich – jedenfalls im süd- und südwestdeutschen Raum – unterschiedliche Grundhaltungen nach Bevölkerungsschichten feststellen; patrizische Stände von konservativer Prägung und katholische Kreise erhofften die Bewahrung der Reichsfreiheit, Kaufleute und Gewerbetreibende hingegen neigten eher zum Anschluß an Bayern. So verweigerten z.B. die Kaufleute in Augsburg, unzufrieden mit dem Verhandlungsschacher in Paris und mit manchen Stadträten einmütig im Mißtrauen gegen die »Pariser Freibeuter«, die Anleihe von 200000 fl. als Kaufpreis oder Schmiergeld für die (zweifelhafte) Rettung der Reichsfreiheit; sie wollten lieber bayerisch als immediat sein[72]. Die allgemeine politisch und wirtschaftlich schon seit langem instabile Lage der Klein- und städtischen Kleinststaaten, die seit den Revolutionskriegen andauernde Unruhe und Kriegsangst, Belastungen durch Truppendurchzüge und Einquartierungen, nach 1805 auch die Mißachtung der gesetzlich verbürgten Neutralität (im 3. Koalitionskrieg), die Hoffnung auf mehr Schutz und Sicherheit – all das trug bei zu Ermüdungs- und Resignationserscheinungen des Volkes gegenüber dem Herrschaftswechsel. Über die Durchzüge beziehungsweise Anwesenheit französischer und anderer Garnisonstruppen in *Augsburg* bis zu zeitweise 30000 Mann, was die Bevölkerungszahl übertraf, gibt F.K. Gullmann aus der Perspektive des Augenzeugen als reichsstädtischer Garde-Hauptmann in seiner 1808 begonnenen Stadtgeschichte lebendige Schilderungen. Zur Übergabe der Stadt 1805 notiert er[73]: »Der kaiserl. königl. französische Stadtkommandant begann den feierlichen Akt mit einer in französischer Sprache gehaltenen Rede, worin er bekanntmachte, daß er von Sr. K. K. Majestät ... Napoleon beauftragt seye ... die freye Reichsstadt Augsburg ... der königlich baierischen Uebergabs-Commission ... förmlich und feyerlich zu übergeben. Diese Rede erwiederte der königlich baierische Civil-Hofkommissair bündig in französischer Sprache, und hierauf in einer Rede in deutscher Sprache.« Magistrat, Stadtbeamte und Bedienstete wurden zum öffentlichen Huldigungseid an den neuen Souverän aufgefordert. Dann folgte die militärische Übergabe; dabei wurde die Fahne der Stadtgarde von einem bayerischen Sergeanten dem Stadtgardeführer abgenommen, nach geleistetem Fahneneid dann wieder dem Führer der Stadtgarde ausgehändigt. »Sogleich nach vollbrachter Huldigungseidleistung ... wurde das königlich baierische Wappen an das Rathhausportal angeheftet und ein königlich baierischer Sekretair verlas auf dem Balkon des Rathhauses eine förmliche Proklamation von der königlich baierischen Uebernahmskommission ... Dieser königlich baierische Sekretair, stieg hierauf zu Pferd, und ritte mit einem Stadt-Trompeter, unter Begleitung eines Detachements von

70 Vgl. oben Anm. 34.

71 SCHNELBÖGL, wie Anm. 2, S. 472f.; DOTTERWEICH, wie Anm. 1, S. 128f.; BLENDINGER, wie Anm. 1, S. 105.

72 Wolfgang ZORN, Die Eingliederung Ostschwabens in den bayerischen Staat unter den ersten Königen Max I. und Ludwig I. In: Probleme der Integration Ostschwabens in den bayerischen Staat (Augsburger Beitrr. zur Landesgeschichte Bayerisch-Schwabens 2) hg. von Pankraz FRIED, 1982, S. 81; BLENDINGER, wie Anm. 1, S. 104. Vgl. auch Anm. 81.

73 F.K. GULLMANN, Geschichte der Stadt Augsburg und der Stadt Friedberg seit ihrer Entstehung bis 1806, vol. 1–6, 1808–1822, hier Augsburg (I 1808), S. 813ff.

Bürgermilitair Cavallerie-Eskorte in die Viertel und Straßen der Stadt, und proklamierte die köngilich baierische Besitznahme ... Zu gleicher Zeit wurden an alle äußere und innere Stadtthore, ... an alle öffentliche und der Stadt gehörige Gebäude, Kirchen und Klöster etc. etc. das königlich baierische Wappen angeheftet.« Der Verfasser schließt sein umfangreiches Werk mit dem lakonischen Schlußsatz[74]: »Die Regierungsunmittelbarkeit der kaiserl. freyen Reichsstadt Augsburg begann im Jahre 1275, endete sich im Jahre 1806, und dauerte demnach 469 Jahre (Sic!).«

Der Verlauf der militärischen und meist unmittelbar darauf folgenden zivilen Besitzergreifungsaktionen erfolgte allenthalben, in Reichs- wie in Landstädten, nach analogen protokollarischen Formen, natürlich mit kleinen lokalen Abweichungen. Die Entfernung reichsstädtischer Insignien, z.B. die Zumauerung der Reichsadler an den Stadttoren wie in Nördlingen, hat hier oder dort zu Demonstrationen geführt; hier und dort kam es zu Äußerungen passiver Resistenz oder auch aktiven Widerstandes gegen die neuen Herren, z.B. durch Verweigerung des Huldigungseides[75]. Indes vollzogen sich die Übergaben der Städte in der Regel korrekt. Erstaunt nimmt man zur Kenntnis, daß selbst in der kleinen Residenzstadt der Augsburger Bischöfe, in *Dillingen*, welche in den Jahren zuvor so manche spektakulären gesellschaftlichen Ereignisse erlebt hatte und wo noch 1802 wenige Monate vor der bayerischen Besitznahme Kurfürst Clemens Wenzeslaus mit seiner Schwester mehrere Wochen im Schloß wohnte[76], der Regierungsumbruch so völlig undramatisch vor sich gegangen ist. Der Stadtmagistrat verlor in seinen Sitzungen vor und nach dem Machtwechsel zumindest dem Protokoll nach kein Wort darüber, außer der nüchternen Mitteilung, daß künftig in der Anrede der Kurbaierischen Regierung die Prädikate *hochlöbl. etc.* wegzulassen seien[77]. Und Major Roger von Ribaupierre, der im April/Mai 1802 vom bayerischen Regenten zu einer Erkundigungsreise durch die Entschädigungs-Städte beauftragt war, meinte[78]: »Der Dillinger denkt gar nichts. Der Hof ernährt ihn, damit genug.« Für *Bamberg* resumiert M. Pfeiffer aufgrund der Quel-

74 GULLMANN, ebd., S. 820.
75 So formierte sich in der Stadt Mergentheim, die jahrhundertelang Sitz des Hochmeisters bzw. Deutschmeisters und zuletzt (seit 1805) unter habsburgischer Schutzmacht war, beim Übergang an das Königreich Württemberg 1809 ein vehementer Widerstand der Bürger sowie der Bauern des umliegenden bisherigen Ordenslandes. Die Skala der Protestkundgebungen reichte vom Stummbleiben oder störenden Hustenkonzert beim offiziellen Huldigungsakt bis zum offenen bewaffneten Aufruhr der Bauern gegen die Aushebung von Rekruten – die Ordensmiliz hatte keine Wehrpflicht gekannt –, was böse endete mit mehreren Hinrichtungen. Die Zivilbesitznahme vollzog sich entsprechend verschärft als eine Art Kulturraubzug; selbst die Metallsärge der Hochmeister in der Gruft der Schloßkirche blieben so wenig wie das Kirchensilber vor der Einschmelzung bewahrt. Vgl. Carlheinz GRÄTER, Bad Mergentheim. Portrait einer Stadt, 1972, bes. S. 125ff. Für den Hinweis auf diese Vorgänge danke ich Herrn Kollegen Bernhard Kirchgässner.
76 Adolf LAYER, Ausklang einer Epoche. Dillingen am Ende der fürstbischöflichen Zeit. In: Jahrb. d. Hist. Vereins v. Dillingen a. d. D. 82 (1980), S. 122.
77 F. DEGEN, Die Civilbesitznahme der Stadt Dillingen a./Donau im Jahre 1802. In: Jb. d. Hist. Vereins v. Dillingen a. d. D. 15 (1902), S. 86.
78 Hanns Hubert HOFMANN, ... sollen bayerisch werden. Die politische Erkundung des Majors von Ribaupierre durch Franken und Schwaben im Frühjahr 1802, 1954, S. 43.

len[79]: »Man gewöhnte sich auch in Bamberg rasch an den Wechsel der Dinge, und befand es als glückliche Fügung, daß in der Residenz friedlich der Geheimrat von Asbeck (d.h. der Zivilkommissar, Verf.) neben dem bisherigen Fürstbischof wohnte, um eine neue Einrichtung des übernommenen Staates auszuarbeiten, ... seine (nämlich Bischof Busecks, Verf.) Regierung ließ die Neugestaltung des Staatswesens als Erlösung empfinden.« Man rief sich in Bamberg bald in Erinnerung, daß ehedem, vor Begründung des Bistums durch König Heinrich II. im Jahre 1007, Bamberg zum Land des Herzogtums Bayern gehört hatte[80].

Ähnlich hat die bayerische Besitznahme des Bischofsstädtchens *Freising* offenbar keine Unruhen provoziert, wie der kürzlich ausgewertete Bericht des Johann Adam Freiherrn von Aretin ausweist[81] – allerdings mit den Augen des wegen seiner Rigorosität bei den Klostersäkularisationen berüchtigten bayerischen Aufhebungskommissärs. Am 23. August 1802 hatte v. Aretin den Auftrag erhalten, als Civil-Commissär »zu besorgen, daß die von Seiner Churfürstlichen Durchlaucht beschlossene Besitznahme der Stadt und des Hochstifts Freysing in keinem anderen Sinne als einer militärisch provisorischen vorgenommen werde«. Um 12.30 Uhr reiste v. Aretin von München ab, um in Freising nach der Ankunft um 15.30 den die dorthin abgeordnete Mannschaft kommandierenden Oberlieutenant Röckl vom Regiment Churprinz zu treffen, der schon morgens um 9 Uhr einmarschiert war. Röckl war von Magistrat und Bürgerschaft »mit der größten Achtung, Bereitwilligkeit und Unterwerfung« begrüßt worden. Der Vicedom hatte sogleich ein provisorisches Mandat ausgefertigt, das die Einwohnerschaft zu höflichem Verhalten gegenüber den bayerischen Soldaten ermahnte. Es wurden Anordnungen für einen Wachdienst getroffen, einige Mann vor jedem Tor, wobei kurbayerische und hochstiftische Leute einträchtig zusammenwirkten, denn v. Aretin hatte den 82jährigen Kommandeur der Freisinger Grenadiere verständigt, der es sich nicht nehmen ließ, einige seiner Mannen zu stellen. Nach dem Gespräch v. Aretins mit dem Präsidenten des hochstiftischen Hofrats, der etwas beleidigt dreingesehen habe, erfolgte nachmittags die offizielle Bekanntmachung. Die freisingischen Behörden arbeiteten noch einige Monate unter bayerischer Aufsicht weiter, bis am 26. November 1802 die Zivilbesitznahme durch v. Aretin erfolgte, bei der die »zum Kriegs Etat gehörigen Individuen« auf den neuen Landesherrn vereidigt wurden[82]. Bis zum sonntäglichen Mittagsläuten am 27. November war die Regierung des Hochstifts

79 Pfeiffer, wie Anm. 24, S. 159.

80 Vgl. ebd. In kirchenpolitischer Ausrichtung auf Bayern erschien eine Schrift des Bamberger Domdekans Friedrich Brenner mit dem Titel: Kaiser Heinrich der Heilige und König Maximilian Joseph in Bezug auf Bambergs kirchliche Verfassung. Eine historische Parallele, veranlaßt durch das zwischen Sr. Majestät Maximilian Joseph König von Baiern und Sr. Heiligkeit Papst Pius VII. abgeschlossene Konkordat, Bamberg und Würzburg 1818. – Gleichzeitig wurde in Bamberg eine Münze geschlagen mit der Legende: Senatus populusque Bambergensis in reunionem Franconiae cum Bavaria. – Vgl. insgesamt jetzt auch Josef A. Weiss, Die Integration der Gemeinden in den modernen Bayerischen Staat. Zur Entstehung der kommunalen Selbstverwaltung in Bayern (1799–1818), 1986, Ortsregister S. 260ff.

81 So eine Münchener historische Magisterarbeit von Christian Lankes, Freising als Garnisonsstadt (masch. 1987), S. 44ff. – Künftig Norbert Keil, Das Ende der geistlichen Regierung in Freising, (Studien zur altbayerischen Kirchengeschichte Bd. 8) 1987.

82 Das hochstiftische Militär bestand aus 30 Mann; vgl. Lankes, wie Anm. 81, S. 54.

aufgelöst und das gedruckte kurfürstliche Besitzergreifungspatent öffentlich angeschlagen.

Es ist auffallend, daß die meisten zeitgenössischen Quellen sowohl für Reichsstädte als auch für Bischofsstädte und andere Landstädte den Eindruck nicht nur eines relativ klaglosen, sondern man möchte fast sagen häufig opportunistischen, jedenfalls erstaunlich raschen Gesinnungswandels von der Loyalität gegenüber der angestammten Obrigkeit zu positiven, ja teils panegyrisch patriotisch klingenden Huldigungsäußerungen gegenüber dem neuen Regenten vermitteln. Das liegt sicherlich teils an der Provenienz des hauptsächlichen Quellenmaterials, das großenteils aus Regierungskreisen oder zeitlich bereits aus der neuen Ägide stammt. Andererseits ist zu bedenken, daß durch das Nachbarschaftsverhältnis von reichsunmittelbaren und längst mediaten Landschaften und Leuten das Volk im Alltag an das bunte Gewirr staatsrechtlicher Zugehörigkeiten gewöhnt war, so daß die bürokratische Besitznahme der einen durch die andere Hoheitsgewalt innerhalb derselben Landschaft kaum noch eine Sensation sein konnte.

Daß freilich die Bevölkerung nicht überall ganz so stumpf und unbeteiligt, wie es anhand der angeführten Exempla scheint, auf den Wechsel des politischen Regimes reagierte, läßt sich etwa an der großen Residenzstadt *Würzburg* aufzeigen. Selbst aus dem Erkundungsbericht des Majors von Ribaupierre vor der bayerischen Besitznahme, obgleich er insgesamt in pro-bayerischer Tendenz befangen war, läßt sich die nicht gerade begeisterte Stimmungslage der Bevölkerung deutlich erkennen[83]: »Des verlebten Fürsten (nämlich Franz Ludwig von Erthal; Verf.) denkt man mit inniger Dankbarkeit. Nun aber geht es zu wie in einem geistlichen Staate. Der Fürst zeigt kein Interesse für Kultur oder Wissenschaften (gemeint ist: im Sinne der Aufklärung, Verf.). Ohne Adel ist kein Fortkommen. ...Der unadlige Diskasteriant und die gesamte Bürgerschaft sehen es als eine abgeschlossene Sache an, daß das Bistum bayerisch werde. Die einzige Einwendung gegen die dadurch zu erwartenden Vorteile ... rührt von boshaften Erdichtungen über das Schicksal der aufgehobenen Bettelmönche. Das menschenfreundliche Benehmen der bayerischen Regierung ... ist in dem Auslande nicht hinlänglich bekannt geworden, sonst würde es demselben den Beifall nicht versagen.« Hier ist doch einiges zwischen den Zeilen zu lesen. Von Bayern ab 1802 radikal säkularisiert und reformiert, kam Würzburg bekanntlich nach dem Preßburger Frieden vom 26.12. 1805 für knappe 9 Jahre an den Kaiser-Bruder Erzherzog Ferdinand von Toskana und wurde Großherzogtum. Der Einzug des inzwischen als säkularisationsabgeneigt bekannten neuen katholischen Landesherrn muß triumphal gewesen sein; von der Bevölkerung, insonderheit von Klerus, Adel und einheimischen Beamten wurde er jubelnd begrüßt[84]. Am 27.4. 1806 schrieb F. W. von Schellings Gemahlin Caroline in einem Brief: »Wir laborieren hier an der Ankunft des Regenten, von der niemand etwas sicheres weiß, aber alle glauben und hoffen. Unzählige Illuminationsgerüste stehen fertig, die Ampeln werden auf Wägen gefahren, es ist kein Unschlitt mehr in der Stadt aufzutreiben, Tag und Nacht exerziert das Bürgervolk. Sie müssen noch bersten vor

83 Hofmann, wie Anm. 78, S. 17.

84 Erwin Probst, Würzburg – Vom Hochstift zum Rheinbundstaat. In: Mainfränkisches Jb. f. Geschichte u. Kunst 9 (1957), S. 91 ff. unter Auswertung der »Chronik des Churfürstentums«; Endres, wie Anm. 1, S. 102.

Zuneigung, wenn der Herr nicht bald kommt.« Schelling, im Zuge der Montgelas'schen neuen Personalpolitik[85] vor kurzem an die Universität Würzburg berufen, verweigerte dem neuen Regenten den Professoren- beziehungsweise Beamteneid. Die Freude der Bevölkerung wuchs wohl nicht nur aus dem Hochgefühl, wiederum Bürger einer Haupt- und Residenzstadt zu sein – auch der fränkische Landadel erschien erneut am Hof –, sondern aus der konkreten Hoffnung der vorwiegend katholischen Stadt[86] auf Restauration. Weihbischof Zirkel vermochte denn auch dem Großherzog manche Zugeständnisse abzuringen[87] zugunsten freierer Entfaltung kirchlichen Brauchtums, zur Wiedereinrichtung einiger Klöster oder zur Fortexistenz noch bestehender Bettelordenskonvente, die damit auf Dauer gerettet wurden. Insonderheit gelang ihm die Rekatholisierung der Universität und die (allerdings nicht recht glückliche) institutionelle Verbindung der wieder katholisch-theologischen Fakultät anstelle der bayerischen »paritätischen« Sektionen mit dem reaktivierten bischöflichen Priesterseminar[88]; um die Finanzen war es allerdings schlecht bestellt. Als Würzburg 1814 endgültig an Bayern fiel, wandelte sich erneut vieles, aber die Zeit der Kulturzerstörung war vorbei.

Mögen auch das urbane politische Bewußtsein für den Regierungswechsel und je nach der Bevölkerungsdichte die Möglichkeiten der öffentlichen Ausdrucksformen von Zustimmung oder Protest von Stadt zu Stadt unterschiedlich gewesen sein, die Folgen der Säkularisation wurden vornehmlich in den Bischofsstädten mit ihrer spezifischen sozialen, berufsständischen und auch architektonischen Struktur spürbar. Sie sind einesteils erkennbar am Amtsverkehr zwischen den Kirchenverwaltungen und der Regierung, indem vom Staat her nun ein neuer Wind wehte. Nicht in allen ehemaligen Hochstiftsresidenzen verfochten die geistlichen Verwaltungsbehörden beziehungsweise die Administratoren ihren Standpunkt gegenüber staatlichen Eingriffen so energisch wie in Würzburg oder auch in *Freising*, wo die politischen Verhältnisse dafür ungleich ungünstiger waren. Aber trotz des wachsamen Auges der nahen Münchener Regierung

85 Anton CHROUST, Geschichte des Großherzogtums Würzburg (1806–1814), 1932, hier S. 85 ff.; PROBST, wie Anm. 84, S. 95 f.; Caroline VON SCHELLING, Briefe aus der Frühromantik, hg. von E. SCHMIDT, 1913, S. 434. Zur Universitäts-Personalpolitik Montgelas' vgl. auch Laetitia BOEHM, Bildung und Wissenschaft in Bayern im Zeitalter Maximilian Josephs. Die Erneuerung des Universitäts- und Akademiewesens zwischen fürstlichem Absolutismus, französischem Reformgeist und deutscher Romantik. In: Wittelsbach und Bayern III,1, hg. von Hubert GLASER, 1980, bes. S. 207.

86 Aus den bayerischen Jahren war nur eine kleine evangelische Rumpfgemeinde von 264 Seelen (bei rd. 16000 bis 17000 Einwohnern) zurückgeblieben; auch vorher lebten zwar stets evangelische Personen, allerdings ohne Bürgerrecht, in der Stadt, meist Dienstpersonal, Soldaten, Studenten. Die erste evangelische Gemeinde nach der Besitznahme Würzburgs durch Bayern 1802 verdankte wesentlich dem Zuzug von Militär ihre Entstehung. Hierzu und auch zum Schicksal der neueingerichteten Konsistorialbehörde vgl. Walter SCHERZER, Die Protestanten in Würzburg. In: Zeitschrift für bayer. Kirchengeschichte 54 (1985), S. 97 ff., bes. S. 109 ff.

87 Zu Zirkel vgl. die in Anm. 60 genannte Literatur; zur Rekatholisierung des Bildungswesens weiterhin Alfred WENDEHORST, Das Bistum Würzburg 1803–1957, 1965, S. 17 ff.; Wolfram BILZ, Die Großherzogtümer Würzburg und Frankfurt. Ein Vergleich, 1968.

88 WENDEHORST, a. a. O., S. 21; LUDWIG, Zirkel, S. 541 ff. Zur paritätischen Umgestaltung der Fakultät durch Bayern 1802 vgl. Franz Xaver WEGELE, Geschichte der Universität Würzburg, 2 Bde., 1882; hier II, Nr. 181, S. 469; Anton CHROUST, Die Universität Würzburg in der ersten bayerischen Zeit 1803–1805, Festrede 1925.

führte das Freisinger Kollegium der Vikariatsräte, wie die Sitzungsprotokolle ausweisen[89], die Bistumsgeschäfte 18 Jahre hindurch, ohne sich zum Werkzeug des Staates degradieren zu lassen; an ihrer Spitze stand der geistliche Rat Dr. Joseph Heckenstaller, der sich mutig für die Freisinger Kirchenbelange einsetzte und im – vergeblichen – Ringen um die Rettung des Bistumssitzes bei der kirchlichen Neu-Zirkumskription bis zum Papst ging.

Andererseits wurden die Säkularisationsfolgen für die Bevölkerung in verschiedenen Wandlungen hautnah spürbar. So mußten sich der gottesdienstliche *Kultus* und der *Rhythmus des religiösen Lebens* einer Flut von staatlichen Verordnungen beugen, welche das fromme Brauchtum empfindlich beschnitten. Dieser Kurs hatte schon unter den aufgeklärten, auch fürstbischöflichen, Regierungen des späten 18. Jahrhunderts eingesetzt[90], um das Religiöse von abergläubischen Formen und vom Mechanismus der Gewohnheiten zu reinigen, oder, wie es ein Reisender über Passau um 1794 äußerte: »... wo man vor einiger Zeit anfieng, den alten Sauerteig auszukehren, und dem Licht der gesunden Vernunft einzudringen verstattete ... wenngleich noch Birete, Kaputzen und Staatsperücken sich schütteln«[91]. Ab 1803 setzte sich dieser Kurs, nun verschärft durch staatliche Zwangsmittel, beschleunigt fort; dessen bürokratischer Rationalismus griff tief ins Alltagsleben des Kirchenvolkes ein, namentlich in den ehemaligen geistlichen Residenzstädten unter der meist hier neu angesiedelten Präsenz staatlicher Kontrolle: So etwa die Verbote, an den hl. Gräbern »unwürdige« Verzierungen anzulegen, der Aufstellung von Weihnachtskrippen, von Begräbnissen in Kirchen, Kapellen und Klöstern, von Prozessionen außer an Fronleichnam und vier Bittagen im Jahre, von Wallfahrten, von manchen Zeremonien am Himmelfahrtstag und an Pfingsten, die Gebote zur Verlegung der Christmette von nachts um 12 Uhr auf 5 Uhr morgens, zur Vereinfachung des Gottesdienstes z.B. durch Einsparung von Kerzen, zur Verminderung der Feiertage, usw. usw. Für das Bistum Würzburg wurden in den Jahren nach 1803 nicht weniger als 64 solcher Verordnungen mit teils antikirchlichem Tenor gezählt[92]. Seit Jahrhunderten war das Leben des Einzelnen wie auch als Glied von Zünften und Bruderschaften fest eingebettet in den Rahmen eines religiös geprägten Tages- und Jahresablaufes, an dem in gemischten Städten häufig beide Konfessionsteile Anteil nahmen; selbst der nicht merklich kirchlich interessierte Augsburger Gardeoffizier Gullmann (vgl. oben) registriert noch bis 1805, also bis zum Ende der Reichsfreiheit, die Fronleichnamsfeste jeweils als allgemeines städtisches Ereignis. Die Maßregelungen des Vernunft-Staates zur Beschneidung des religiösen Brauchtums intensivierten zwar in intellektuellen Kreisen die Besinnung auf den Kern christlichen Kultes und Lebensvollzugs, aber sie trugen auch generell dazu bei, »die Einheit von Religion und

89 Georg SCHWAIGER, Heckenstaller, Joseph Jakob von (1748–1826). In: GATZ, wie Anm. 15, S. 294; DERS., Die kirchlich-religiöse Entwicklung (wie Anm. 46), S. 131.

90 Allgemein Josef PFENNIGMANN, Volksfrömmigkeit und Aufklärung. In: Herbert SCHINDLER (Hg.), Barock und Aufklärung, 1972, S. 123 ff.; grundsätzliche Aspekte auch bei Peter RUMMEL, Katholisches Leben in der Reichsstadt Augsburg (1650–1806). In: Jb. d. Vereins f. Augsburger Bistumsgeschichte 18 (1984), S. 9 ff.

91 BAUMGARTNER, wie Anm. 56, S. 50.

92 LUDWIG, Weihbischof Zirkel I, wie Anm. 60, S. 248 ff. und S. 334 ff.

Leben, von Glaube und Sitte« zu zerbrechen[93], schließlich den Glauben endgültig in die individuelle Privatsphäre zu verweisen. Das urbane Leben nahm damit wachsend säkularistischen Charakter an. Die Unterdrückung von Zünften und Bruderschaften tat das ihre, um das altständische Milieu des »ganzen Hauses« mit seinen existentiellen Erziehungswerten abzubauen.

Für die Städte wirkte sich naturgemäß vor allem der Funktionswandel, die Verweltlichung und teils *Zerstörung* so *vieler kirchlicher beziehungsweise klösterlicher Institutionen und Gebäude* aus; das zeitigte nachhaltigste Konsequenzen bis hinein in das architektonische Stadtgepräge. Die durch die Säkularisation aufgerissenen Lücken werden handgreiflich deutlich, wenn man sich das Wesen der Städte an der Verteilung ihrer Zweckbauten vergegenwärtigt. Nur ein Beispiel sei angeführt: In Bamberg[94] mit einer Einwohnerzahl um 1800 von rd. 19000 bis 20000 Seelen, davon 117 Protestanten, setzten sich die 2213 Gebäude in der Stadt folgendermaßen zusammen: 188 geistliche (Kirchen, Klöster, Nebenstifter, milde und fromme Stiftungen), 48 fürstliche (also der geistlichen Herrschaft zugehörige), 65 städtische, 1899 bürgerliche (also wohl Wohnungen); d.h. also, daß rd. 11% der gesamten Gebäude und mehr als zwei Drittel der öffentlichen Gebäude kirchlichen Zwecken dienten. Wenn man die zu herrschaftlichen und kirchlichen Amtsbereichen zugehörigen Personen berechnet, so käme man ebenfalls auf einen guten Prozentsatz der Bevölkerung, denn in der Stadt war ja nicht nur der Hofstaat des Fürsten angesiedelt (mit 122 Personen in Bamberg, der doppelten Zahl z.B. im Fürststift Kempten), sondern auch die Beamtenschaft und das Dienstpersonal der verschiedenen Behörden von Bistum und Hochstift, wie Oberstallmeisteramt (81 Personen in Bamberg), Oberjägermeisteramt, Hofkammer (mit 120 Personen), Geh. Hofkanzlei, Geh. Staatskonferenz, Hofgericht, Hofkriegsrat usw., dazu das Domstift und die Pfarreien mit dem Klerus sowie die Insassen der Klöster und Stifte. Der Verlust der geistlichen Residenzen zog in den mittelgroßen Städten wie Bamberg, Passau usw. ähnlich wie in den um Reichsstifte konzentrierten Städten nicht nur den Wegfall eines bedeutenden Arbeitgebers nach sich, was hier und dort zu Pauperisierungserscheinungen führte[95]; der Wegzug von Adel und Religiosen, Verstaatlichung und Mentalitäts-

93 BAUMGARTNER, wie Anm. 56, S. 475. – In der paritätischen Stadt Augsburg hatte sich seit dem 17. Jahrhundert die Konfessionsstruktur der Bevölkerung stark verschoben: Waren 1663 von rd. 22000–25000 Einwohnern rd. 4500 Katholiken, so verteilte sich Anfang des 19. Jahrhunderts die Bevölkerung auf 17000 Katholiken und 11500 Protestanten. Die Parität, zeitweise penibel durchgeführt (z.B. in der gleichen Zahl von katholischen und protestantischen Kaffeehäusern), zeigte im Alltag relativ friedliche Koexistenz der Konfessionen; an großen Ereignissen des katholischen Teils nahmen die Evangelischen aktiven Anteil, wie z.B. beim Besuch von Papst Pius VI. im Jahre 1782. Vgl. RUMMEL, wie Anm. 90, bes. S. 15f., 129f.; DERS., Fürstbischöflicher Hof und katholisches kirchliches Leben. In: Geschichte der Stadt Augsburg, hg. von Gunther GOTTLIEB, Wolfram BAER u.a., 1984, S. 535ff.; Etienne FRANÇOIS, Das System der Parität, ebd. S. 514ff.

94 PFEIFFER, wie Anm. 24, S. 15ff.; die Zahlen sind dort unrichtig addiert. Die Bevölkerungszahl lag wohl niedriger; das Bayerische Städtebuch, hg. von Erich KEYSER † und Heinz STOOB, Teil I, 1971, S. 100, nennt für das Jahr 1795 etwa 16000 Einwohner, für 1811/12 18143 Einwohner.

95 Allgemein zu den sozialen Folgen Rudolf MORSEY, Wirtschaftliche und soziale Auswirkungen der Säkularisation in Deutschland. In: Dauer und Wandel der Geschichte, Festschr. für K. von Raumer, hg. von Rudolf VIERHAUS und Martin BOTZENHART, 1966, S. 361ff.; DOTTERWEICH, wie

wandel des nur noch weltgeistlichen Seelsorgsklerus, die Laisierung des Schulwesens bewirkten insgesamt als Langzeitfolge eine *Strukturveränderung der Bevölkerung*, eine Verbürgerlichung der Residenzstädte und deren Absinken in Provinzialität.

Zentrum, Puls und Wahrzeichen einer Bischofsstadt war vor allem die Domkirche. Auch wenn der RDH die *Domkirchen* als Rechtssubjekte der Kirchenorganisation und der künftigen Redotierungspflicht der Landesherren de jure von der Säkularisation ausnahm und, soweit sie Pfarrkirchen waren, wohl (nicht ausdrücklich) unter die Schutzbestimmung über die Kirchenfabrik stellten[96], so blieben de facto die Dome und ihre *fabricae ecclesiae cathedralis* dennoch nicht überall verschont. Der *Würzburger Dom* war anfangs zum teilweisen Abbruch bestimmt, wurde dann teils als Magazin zweckentfremdet[97]. Die verwaiste, bischofslose Kathedrale von *Passau* hatte ebenso, wie fast alle anderen Dome, die Entwendung und Versteigerung von künstlerisch wertvollem Kirchengerät, des geschnitzten Chorgestühls und anderer Kostbarkeiten zu beklagen. Die Lokaltradition erzählt von einem findigen Mesner und einem bischöflichen Silberarbeiter, die beide manches vor den Schergen retteten. Der Domschatz fiel nahezu überall Versteigerungen zum Opfer. Trauriges Beispiel für die Art des Vorgehens der staatlichen Kommissäre ist das Schicksal des Doms von *Freising*[98]. Zwar genehmigte die Regierung Seelengottesdienste für den verstorbenen Bischof, jedoch unter Verbot des bei Landestrauer üblichen einstündigen Glockenläutens, da Schroffenberg nicht mehr Landesherr war. Unmittelbar nach dem Requiem am 23. April 1803 wurde der Dom abgeschlossen. Am selben Tag erfolgte die Schließung von Kloster und Kirche Neustift, wenig später wurden eine Reihe von Kirchen rundherum abgerissen. Der Dom blieb trotz aller Proteste im Großen und Ganzen fast 20 Jahre, bis 1822, gesperrt. Lediglich für Weihehandlungen wie Firmungen beim jährlich ein- bis zweimaligen Besuch des Weihbischofs durfte er auf besonderen Antrag geöffnet werden. Der Domküster verwahrte mit Regierungsgenehmigung einen Schlüssel zum Aufziehen der Uhr. Die stillen Jahre von Freising mündeten schließlich in die herbe Enttäuschung der Bürger, als bei der Kirchen-Zirkumskription 1821 der Dom zurückversetzt wurde in den Status einer einfachen Pfarrkirche und die geistlichen Räte des Vikariats, die bis dahin noch in der Residenz amtierten, nach München zogen; »von Korbinians heilger Hort ziehn die letzten Wächter fort«, wie der Schlußvers eines Klagegedichts im Freisinger Wochenblatt lautete. Übrigens war auch der *Regensburger Dom* nach dem Anfall an Bayern 1810, da die Verantwortung für Baulast und Reparaturen nicht geregelt war, der Verwahrlosung ausgeliefert[99]. Der Staat, primär interessiert an umsetzbaren Mobilien, hatte allenthalben böses Beispiel gegeben auch für Folgeerscheinungen privater mutwilliger Beschädigungen und Diebstähle von Rohmaterial. Erst

Anm. 1, S. 148 f.; Dietmar STUTZER, Die Säkularisation 1803. Der Sturm auf Bayerns Kirchen und Klöster, 1978, bes. S. 267 ff. und S. 296 ff.

96 Grundsätzlich zur Rechtslage der Domkirchen ISELE, wie Anm. 13, passim.

97 PROBST, wie Anm. 84, S. 86.

98 Georg SCHWAIGER, Die stillen Jahre Freisings und seines Domes (1803–1822). In: J. FISCHER (Hg.), Der Freisinger Dom. Beiträge zu seiner Geschichte, 1967, S. 239 ff.

99 Susette RAASCH, Restauration und Ausbau des Regensburger Doms im 19. Jahrhundert. In: Beiträge zur Geschichte des Bistums Regensburg, hg. von Georg SCHWAIGER und Paul MAI Bd. 14, 1980, S. 137 ff., bes. S. 188 ff.

König Ludwig I. zeigte hier wie vielerorts neues ästhetisches und mäzenatisches Interesse und kam damit dem Konkordatsartikel von 1817 nach[100].

c) Regensburg und Aschaffenburg – die letzten fürstbischöflichen Residenzstädte des Alten Reichs

Während also die meisten fürstbischöflichen Residenzstädte und die Reichsstiftstädte nach der Säkularisation beim Versiegen der kulturellen und wirtschaftlichen Impulse, die von den geistlich-aristokratischen höfischen Zentren ausgegangen waren, mehr oder minder in einen Dornröschenschlaf versanken, wie man es oft bezeichnet hat, erlebten die Residenzstädte des Dalberg-Staates in den Neu-Fürstentümern Regensburg und Aschaffenburg in noch ausgeprägterem Maße als die großherzoglich-toskanischen Enklaven eine letzte Blüte, die freilich schicksalhaft verknüpft war mit Glück und Ende des kaiserlichen Protektors von Fürstprimas Karl Theodor von Dalberg, Napoleon. In krassem Gegensatz zu den meisten verödenden Bischofsstädten manifestierten die beiden Regierungssitze Dalbergs nochmals den kulturellen Glanz der untergehenden Reichskirche mit der eigentümlichen, für das 18. Jahrhundert so typischen Verflechtung von spätbarocker Tradition mit klassizistischem Stil, von modernisierender katholischer Aufklärung mit gesteigertem fürstlichem Repräsentationswillen und merkantilistischem Wohlfahrtsdenken. Für die Stadt Regensburg blieb es schicksalhaft, im Stadtbild bis heute spürbar, daß Dalberg von der ihm reichsrechtlich zustehenden Säkularisationskompetenz kaum Gebrauch machte[101]. Er verzichtete auf Auflösung der geistlichen Verbände, soweit die Klosterkonvente nicht von selbst verfielen; er schonte Bruderschaften und milde Stiftungen, er beließ dem Domkapitel, den beiden Kollegiatsstiften, der Schottenabtei und anderen Klöstern die eigene Verwaltung; allerdings blieben sie vom Verbot betroffen, neue Novizen aufzunehmen. Als Regensburg 1810 an Bayern fiel, war der Säkularisationssturm vorbei, so daß manche geistlichen Gemeinschaften Dalberg ihr Überleben verdankten. Auch das protestantische Konsistorium rühmte die »gerechte und humane« Regierung, unter der die kirchlichen Verhältnisse »mit einer Zartheit behandelt worden, die ihnen leider in unseren Zeiten selbst in protestantischen Ländern selten zuteil wird«[102]. Der Erzkanzler vermied landesherrliche Eingriffe in kirchliche Dinge ebenso, wie er in Verfassung und Verwaltung der Städte keine Reformen forcierte, vor allem nicht versuchte, beide Fürstentümer unter ein einheitliches Recht zu stellen. Die konfessionellen Verhältnisse allerdings ordnete er nach »modernen« Gesichtspunkten, wie es der Zeitgeist erforderte, und setzte damit namentlich für Regensburgs Bevölkerung einen Wandel in Gang. Das Toleranzedikt vom 20. 5. 1803, womit den drei christlichen Bekenntnissen freier Zutritt zum Bürgerrecht sowie die davon abhängigen Vorteile dekretiert wurden,

100 Vgl. oben Anm. 11. – Zum historisierenden Kunstinteresse König Ludwigs I. jetzt: Vorwärts, vorwärts sollst du schauen ... Geschichte, Politik und Kunst unter Ludwig I. (Veröffentlichungen zur Bayerischen Geschichte und Kultur, hg. von Claus GRIMM 8): Katalog zur Ausstellung, hg. von Johannes ERICHSEN und Michael HENKER, 1986, Kirchenbauten S. 249 ff.

101 Außer der in Anm. 46 genannten Literatur vgl. bes. Georg SCHWAIGER, Das dalbergische Fürstentum Regensburg (1803 bis 1810). In: ZBLG 23 (1960), S. 42 ff.

102 Ebd. S. 54.

bahnte eine langsame Angleichung der städtischen Konfessionsstruktur an diejenige des katholischen Umlandes an, wenngleich der protestantische Vorsprung in der ehemaligen Reichsstadt anfangs noch erhalten blieb[103].

In Regensburg wie in der Mainzer Asyl-Residenz Aschaffenburg – die Fürstentümer unterstanden je einem Staatsminister beziehungsweise Gouverneur – betrieb der Herrscher energisch die Belebung von Wissenschaften und Schulwesen. Von der Begründung der Karls-Universität aus den Resten der alten Universität Mainz, zu deren Gunsten ohne ausdrückliche Erwähnung wohl § 37 des RDH redigiert worden war, war schon die Rede. Im Aschaffenburger Schloß traf sich regelmäßig eine »pädagogische Tafelrunde«, um Neuerungen im Schulunterricht zu erörtern[104]. Soziale und bauliche Maßnahmen bereicherten Wohlfahrt und Kultur; z.B. sorgte eine »gnädigst angeordnete Belustigungskommission« für ein anspruchsvolles kulturelles Programm mit Konzerten, Theateraufführungen, Bällen und sonstigen Volksvergnügungen[105]. Stadtplaner aus Frankfurt und Hanau legten englische Parks an und verschönten die Häuser: »Seitdem die Residenz nach Aschaffenburg verlegt worden ist und die Volksmenge durch die vielen ausgewanderten Mainzer sich so außerordentlich vermehrt hat, sind nicht nur mehr als 100 neue Häuser in besserem Geschmack aufgebaut worden, sondern man hat auch vielen alten Häusern eine bequemere innere Einrichtung und zum Teil auch ein schöneres Äußeres gegeben«, so kommentierte ein ex-benediktinischer Hofkammerrat 1812 die positiven Veränderungen der Residenzstadt[106]. Auch in Regensburg entstanden unter der Leitung des eigens dafür geholten Militär-Architekten Emmanuel Joseph von Herigoyen, eines Portugiesen, so manche repräsentativen Bauten, wie der Neutrakt des heutigen Regierungsgebäudes der Oberpfalz und andere Palais, das Stadttheater, das Kepler-Denkmal, das Schlößchen Theresienruhe, die Neuerrichtung der Dompropstei, die der Erzbischof als Residenz bezog; der Innenhof des Bischofshofes erfuhr Verschönerung[107].

103 ALBRECHT, wie Anm. 46, bes. S. 73 ff. mit statistischen Angaben zur Konfessionssituation. Seit dem Religionsfrieden von 1555 ist ein Wachstum der katholischen Bevölkerung zu vermerken, jedoch, wie in den meisten Städten, bestand ein Zusammenhang zwischen Status und Konfession: Die Katholiken, vorwiegend aus Mittel- und Unterschichten, besaßen bis zum Ende des Alten Reichs nicht das volle Bürgerrecht, sondern den Rechtsstatus als Beisassen bzw. Minderbürger. Bis 1811/12 hatte mit dem Bevölkerungswachstum die Zahl der Katholiken (12 197) die der Protestanten (6415 + 24 Reformierte) bereits übertroffen.

104 Konrad M. FÄRBER, Aschaffenburg – heimliche Hauptstadt des Großherzogtums Frankfurt. Zum 175jährigen Jubiläum der Gründung des Departements Aschaffenburg. In: Aschaffenburger Jb. für Geschichte, Landeskunde u. Kunst 10 (1986), S. 213 ff., hier S. 220; SCHERG, wie Anm. 21, S. 609 ff.; insgesamt auch Benno HUBENSTEINER, Dalberg und das Fürstentum Aschaffenburg. In: SCHINDLER (Hg.), wie Anm. 90, S. 229 ff.

105 BILZ, wie Anm. 87, S. 271 ff.; FÄRBER, Aschaffenburg, S. 218. – Zur Förderung der Wohlfahrt vgl. auch August WIDL, Die soziale Tätigkeit des Fürstprimas Karl Theodor von Dalberg im Fürstentum Regensburg, Diss. Erlangen 1931. – Für die 1803 mediatisierten Bischofsstädte ist andererseits zu bedenken, welch empfindlichen Verlust der Wegfall der geistlichen Residenzen für das Musikleben bedeutete; die Musik-Handschriften in den Archiven lassen das zumindest ahnen.

106 Peter Adolf WINKOPP, Versuch einer topographisch-statistischen Beschreibung des Großherzogtums Frankfurt, Weimar 1812, zitiert nach FÄRBER, wie Anm. 104, S. 217.

107 Edmund STAUFFER, Die Residenz der Bischöfe von Regensburg. In: Studien zur Kirchen- und Kunstgeschichte Regensburg, 1983, hg. von Georg SCHWAIGER und Paul MAI (Beitrr. zur

Alles in allem: Am Aufschwung des religiösen und kulturellen wie gesellschaftlichen Lebens in Regensburg und in Aschaffenburg während Dalbergs Regierung läßt sich die Bedeutung der Präsenz des Bischofs wie des Fürsten messen. Wenngleich Napoleon und die französischen Diplomaten lieber die Reichsstadt Frankfurt als Sitz des Rheinbund-Primas gesehen hätten, ließ Dalberg sich auch als Herr des 1810 neugeschaffenen Großherzogtums Frankfurt nicht aus Aschaffenburg vertreiben, das seit Jahrhunderten den Mainzer Kurfürsten als Nebenresidenz gedient hatte. Nach dem Konzept Napoleons sollte Dalberg im Großherzogtum Platzhalter für Eugen Beauharnais sein; die Umwandlung zum Erbfürstentum und modernen Musterstaat hätte endlich die Säkularisation vollendet im Sinne der Loslösung von den Erinnerungen an den geistlichen Kurmainzer Staat, welche in der Aschaffenburger Residenz immer noch virulent waren[108]. Freilich, mit Napoleons Sturz endete das Großherzogtum Frankfurt; auch Dalberg verlor nun, wie die anderen Kollegen schon 1803, seine fürstliche Stellung. Die letzten Lebensjahre ab 1814 verbrachte der seiner Landesherrschaft beraubte Erzbischof in Regensburg, freilich nicht mehr in der inzwischen einem Bierbrauer verkauften Bischofsresidenz, sondern in einem Kanonikerhof, für den er Miete zahlte; »er schlief in einem gemieteten Bett und fuhr in einer gemieteten Kutsche«[109]. Die letzte Ruhestätte fand er im Dom, den er selbst soweit als möglich vor Vermögensentfremdung bewahrt hatte; lediglich die extreme Notlage Regensburgs in der Kriegskatastrophe von 1809 hatte ihn veranlaßt, zur finanziellen Sanierung auf einen Teil des Kirchensilbers zurückzugreifen. Bei seinem ersten Abschied von Regensburg 1810 hatte er hingegen hochherzig seine gesamten Forderungen als Fürst von Regensburg an Schulen und an die frommen und milden Stiftungen der Stadt überwiesen, die in anderen mediatisierten Residenzstädten oft der Säkularisation anheimgefallen waren, so daß sein Abschiedswort keine Floskel war: »Ich fand biedere, edle Menschen, und meine Pflichten geboten mir, soviel für ihr Wohl zu wirken, als mir möglich war ... Unvergeßlich ist mir, daß ich dankbare Gemüter, biedere, redlich fühlende Herzen fand. Schmerzlich ist für mich die Trennung.«

Mit Dalberg starb endgültig die Epoche der Bischofsresidenzen, so wie es Wessenberg theoretisch konzipiert hatte: Nach seiner Kirchenidee sollte kein Bischof in einer Residenzstadt wohnen, damit sein Amt kein Hofamt werde[110]. Die mehrjährige Teilhabe an dem »fahlen Glanz und heimlichen Elend des letzten regierenden geistli-

Geschichte des Bistums Regensburg Bd. 17), S. 113ff. – Vgl. auch Konrad M. Färber, Der Übergang des Dalbergischen Fürstentums Regensburg an das Königreich Bayern – Zum 175jährigen Jubiläum. In: Verhandlungen d. Vereins f. Oberpfalz u. Regensburg 125 (1985), S. 429ff.; hier S. 450f. Dalberg ließ auch die Stadtmauer mit Ausnahme einiger Basteien, vielleicht wegen Kapitalmangels, nicht abreißen, so daß Napoleon diese 1809 mit Leitern erstürmen lassen mußte; erst die bayerische Ära demontierte sukzessiv die Regensburger Befestigungen, beließ hingegen manchen kleineren ehemaligen Reichsstädten ihre Mauern, die heute, wie z. B. in Rothenburg, als kulturhistorische Denkmäler Attraktionen für den internationalen Tourismus darstellen.

108 Färber, wie Anm. 104, S. 227.

109 Stauffer, wie Anm. 107, S. 125.

110 Hubert Becher, Der deutsche Primas. Eine Untersuchung zur deutschen Kirchengeschichte in der ersten Hälfte des 19. Jahrhunderts, 1944, S. 132.

chen Fürsten Deutschlands«[111] hat die Städte Regensburg und Aschaffenburg zu bis heute beredten Zeugen einer untergegangenen Kulturära gemacht.

d) Säkularisation und Bildungswesen

Von jeher waren die Städte Mittelpunkte des Schulwesens, zumal seit dem hohen Mittelalter die Dom- und Stiftsschulen neben den Klosterschulen wachsende Bedeutung gewannen und seit dem 13. Jahrhundert die Bettelordensniederlassungen das scholastische Leben belebten. Zunehmend seit dem 14. Jahrhundert traten die Stadtmagistrate in Wettstreit mit den kirchlichen Schul-Instanzen. Es versteht sich von selbst, daß sich insonderheit die Bischofsstädte durch die Beherbergung wichtiger Bildungsanstalten auszeichneten; wie die Stadtsässigkeit des Bischofs auf altkanonischen Bestimmungen beruhte, so war die Lehraufsicht Monopol und Pflicht des kirchlichen Ordinarius, wie es im Zusammenhang der Kirchenreform und des steigenden Bedarfs an gut gebildetem Klerikernachwuchs seit den Laterankonzilien des 12. Jahrhunderts immer wieder eingeschärft wurde: Jede Kathedrale hatte zumindest einen Magister zwecks Unterrichtserteilung zu bepfründen, so wiederholte es erneut das Konzil von Trient[112].

Seit den spätmittelalterlichen Universitäts-Gründungswellen standen zwar die geistlichen Fürsten zunächst auffallend zurück hinter den weltlichen Herrschern – nicht an Ehrgeiz, jedoch an Möglichkeiten und Mitteln wegen der restriktiven Politik der haushaltenden Domkapitel. Aber bis zum 18. Jahrhundert verfügten die meisten deutschen Hochstifte nicht nur über *Jesuiten-Kollegien mit Gymnasien* (deren erste allerdings auf Initiative weltlicher Landesherren aus landesstaatlicher Kasse errichtet wurden[113]), sondern auch über *Universitäten oder Akademien:* so Bamberg, Dillingen, Mainz, Paderborn, Passau, Salzburg, Trier, Würzburg; die letzten Stiftungen von Hochstifts-Universitäten vor 1803 erfolgten im Kurfürstentum Köln mit Sitz in Bonn sowie in Münster.

Daneben gab es eine Vielzahl von sogenannten *Lyceen* mit philosophischen und theologischen Sektionen, rangmäßig angesiedelt zwischen Gymnasien und Fakultäten, häufig mit Gymnasien verbunden und im späteren 18. Jahrhundert Gleichberechtigung mit den philosophischen Universitäts-Fakultäten anstrebend; speziell in Bayern entfaltete dieser Schultyp wichtige Funktionen nicht nur für die Klerusausbildung, sondern insgesamt für die gelehrte Propädeutik und blieb bis ins mittlere 19. Jahrhundert im Brennpunkt der bildungspolitischen Diskussionen[114].

Die Ära der katholischen Aufklärung hat überdies einen Boom an Stiftungen von *Priesterseminaren* und Priesterhäusern verschiedener Art gestartet, nachdem in den

111 SCHWAIGER, wie Anm. 101, S. 64.

112 Ein Überblick bei Laetitia BOEHM, Das mittelalterliche Erziehungs- und Bildungswesen. In: Propyläen Geschichte der Literatur. Literatur und Gesellschaft der westlichen Welt, Bd. II: Die mittelalterliche Welt 600–1400, 1982, S. 143 ff.

113 Laetitia BOEHM, Das Hochschulwesen in seiner organisatorischen Entwicklung. In: Handbuch der Bayerischen Geschichte, hg. von Max SPINDLER, Bd. II, §§ 129–134 (völlige Neubearbeitung im Druck); dort auch Ausführungen zu den tridentinischen Studienanstalten sowie zum jesuitischen Erziehungswesen (mit Literatur).

114 Rainer A. MÜLLER, Akademische Ausbildung zwischen Staat und Kirche. Das bayerische Lycealwesen 1773–1849, 2 Teile 1986.

frühneuzeitlichen Jahrhunderten die Empfehlung des Trienter Seminardekrets anfangs nur zwiespältigen Widerhall gefunden hatte[115]. Förderung des Erziehungswesens einschließlich der Klerikernachwuchs-Ausbildung gehörte indes neben der Tendenz zur Ausdehnung der landesherrlichen Kirchenhoheit zu den vordringlichsten Anliegen des auf die Popularisierung von Bildung und auf Modernisierung ausgerichteten aufgeklärten Absolutismus. Deshalb bedeutete die erste Stufe der Säkularisation, die Aufhebung des Jesuiten-Ordens 1773, zwar eine tiefe Zäsur im akademischen Bereich, ohne daß aber das ehemals von Jesuiten geleitete Schulwesen institutionell beseitigt wurde. Vielmehr begann das Ringen des Staates um die absolute Unterrichts-Regie, auch über den gymnasialen Bereich, in eine neue Etappe zu treten; stufenweise erfolgte die Verdrängung der Ordensgeistlichkeit aus dem Schulwesen[116] vorerst zugunsten des als Staatsdiener behandelten Weltgeistlichen-Standes mit dem weiteren Ziel der Laisierung des Lehrerberufes. Man darf sagen, die Mediatisierung und Säkularisierung des gesamten Unterrichtswesens, die endgültige Loslösung der Schulen aller Kategorien aus dem kirchlichen Aufsichtsbereich war integrativer Bestandteil des staatlichen Programms um 1800, vorbereitet seit den Schulordnungen des 16. Jahrhunderts.

Dem oft so bezeichneten »Massensterben« von Universitäten in der Revolutions- und Reform-Periode zwischen den 1890er Jahren und etwa dem Jahr 1818, d.h. den Zentralisierungs-Bestrebungen der neuen deutschen Mittelstaaten unter dem Einfluß der französischen kaiserlichen Unterrichtsgesetzgebung sowie auch unter dem Diktat von Sparsamkeit, Verstaatlichung, Rationalisierung, Kapitalisierung aller Güter sowie Ausrottung aller korporativen Relikte beziehungsweise »Staaten im Staate« fielen im späteren »kleindeutschen« Raum insgesamt zum Opfer[117]: 9 evangelische, 5 katholische Universitäten und 1 theologische Fakultät (Heidelberg). An erhalten gebliebenen oder im früheren 19. Jahrhundert reorganisierten Hochschulen zählt man im Raum des alten Reichs: an Universitäten katholischer Territorien 9 (mit Heidelberg), an Universitäten herkömmlich evangelischer Territorien (ohne Basel) 12, davon lagen im späteren deutschen Reichsgebiet (ohne Österreich) 5 katholische Universitäten, 1812 ergänzt um die theologische Fakultät Ellwangen-Tübingen (vgl. unten) und 12 evangelische Universitäten, ergänzt um die 1810 gegründete Universität Berlin.

Außerdem wurden die meisten Hochstifts-Universitäten degradiert zu Lyceen nach dem Muster der alten deutschen Lyceen mit philosophischer und theologischer Sektion, zugleich nach dem Modell französischer Kollegien als theologische Spezialschulen. Mit Ausnahme von Würzburg traf solche Degradierung 11 Universitäten im alten Reichsge-

115 Eduard HEGEL, Die Situation der deutschen Priesterausbildung um die Wende vom 18. zum 19. Jahrhundert. In: Kirche und Theologie im 19. Jahrhundert, hg. von Georg SCHWAIGER, 1975, S. 25 ff.

116 Zum bayerischen »Sonderweg«, der in den Jahren nach 1781 – auf dem Höhepunkt ordensfeindlicher Tendenzen – den Prälatenorden bzw. Mitgliedern der ständischen Klöster nochmals kurzfristig das Schulwesen übertrug, um ihnen die Kosten dafür aufzubürden, indem der Jesuitenfonds zugunsten einer bayerischen Zunge des Malteserordens umgewidmet wurde, vgl. jetzt Winfried MÜLLER, Universität und Orden. Die bayerische Landesuniversität Ingolstadt zwischen der Aufhebung des Jesuitenordens und der Säkularisation (1773–1803), 1986.

117 BOEHM, Bildung und Wissenschaft (wie Anm. 85); für folgendes BOEHM, Katholizismus, Bildungs- und Hochschulwesen (wie Anm. 25).

biet. Eine Reihe traditioneller Lyceen wurden überdies aufgelöst (teils schon vor dem RDH), wie in den bayerischen Bischofsstädten Passau, Eichstätt, Freising, Speyer, wie in den Landstädten Burghausen, Landshut, Neuburg, Straubing (abgesehen von den Lyceen, die schon dem österreichischen Josephinismus erlegen waren). Gewisse Ausnahmen bildeten die Studienanstalten der Städte Regensburg und Aschaffenburg sowie Augsburg und Würzburg; die Dalberg-Universität in Aschaffenburg wurde erst nach Anfall an Bayern zum Lyceum reduziert, das Regensburger Lyceum bestand dank Dalbergs Schulpolitik ungebrochen weiter. Das Augsburger Lyceum erfuhr eine Vereinigung mit der evangelischen Schule von St. Anna zum Simultangymnasium; die Erhaltung der Hohen Schule von Würzburg als Landes-Universität war Wille des regierenden Ministers Graf Montgelas, allerdings mit einer umgewandelten »paritätischen« theologischen Fakultät, die indes unter der großherzoglich-toskanischen Regierung zur alten Gestalt als katholisch-theologische Fakultät restauriert wurde und so weiterbestand. Einige der im Gefolge der Säkularisation aufgelösten Lyceen erlebten im 19. Jahrhundert eine Neuorganisation wie Freising, Eichstätt und Speyer.

Während das niedere Schulwesen theoretisch durch den § 63 des RDH vor Säkularisation geschützt war, allerdings de facto bei der Aufhebung von Klöstern mit inkorporierten Pfarreien und Schulen in Mitleidenschaft gezogen wurde, konnte die Säkularisierung beziehungsweise Einziehung höherer Bildungsanstalten geistlicher Staaten durchaus in der Konsequenz des RDH liegen, wenn sie nicht gem. § 65 in Verbindung mit § 37 als *fromme und milde Stiftungen* oder gleichzubehandelnde Institutionen interpretiert wurden. Die traditionelle katholische und die territorialistisch-staatskirchliche Auffassung der damaligen Moderne vom Patronat und von kirchlichen Stiftungen klafften weit auseinander.

Wenn man sich die Statistik vergegenwärtigt, gingen von den im engeren deutschen Raum (ohne Österreich) um 1790 noch bestehenden 14 katholischen Universitäten (neben 21 evangelischen) nur 2 völlig unter (Köln und Trier), während 7 der mediatisierten Hochschulen als Lyceen (Mainz–Aschaffenburg, Bamberg, Dillingen, Fulda, Münster, Paderborn, Passau), die anderen 5 als Voll-Universitäten fortbestanden oder – freilich nicht mehr als konfessionell geschlossene – neubegründet wurden. Bedenkt man, daß im protestantischen Württemberg noch eine katholisch-theologische Fakultät für die katholischen neu-württembergischen Untertanen hinzukam, war es eigentlich um die *katholische Theologenausbildung in Deutschland* rein quantitativ gesehen keineswegs so schlecht bestellt; und das lag durchaus im Konzept der neuen Landesherren, denen die Erziehung des künftigen religiösen Volkslehrers, wie schon gesagt, besonderes Anliegen war, allerdings eben nicht unter kirchlicher Kompetenz, sondern unter staatlicher Souveränität. Die Krise des Priesternachwuchses, die einem kurzfristigen Kleriker-Überschuß (z. B. durch Wegfall der Ordensgeistlichen) nach 1803 folgte, hatte andere Gründe, als einen Mangel an Bildungsanstalten; ab den 1820/30er Jahren, als die Kirchenverfassung reorganisiert war, wurde er denn auch wieder aufgefangen.

Indes werden an der staatlich forcierten Strukturveränderung des katholischen Bildungswesens Ziele und Folgen der Säkularisation deutlich greifbar. Um die Kleriker-Ausbildung tat sich ein grundsätzliches, konfliktbeladenes Spannungsfeld zwischen Kirche und Staat auf, das zu verschiedenartigen institutionellen Formen führte. Der

RDH legalisierte es, daß Priesterseminare und Lyceen, wenn als kirchliche Stiftungen bewahrt, der Leitung des Landesherrn unterstellt wurden. Vorangegangen war schon in den österreichisch-josephinischen Reformen des Unterrichtswesens die Errichtung von sogenannten Generalseminaren[118], die auch für die Neu-Staaten 1803 als Muster dienten. So konnte also nach staatlichem Programm die theologische Ausbildung an mehreren Instituten erfolgen: an staatlichen Klerikalseminaren (Generalseminaren), an verstaatlichten Lyceen beziehungsweise »Spezialschulen« sowie an theologischen Fakultäten der staatlichen Universitäten. Andererseits bestand die Kirche auf der traditionellen Form des bischöflichen Priesterseminars mit kirchlicher Eigenverwaltung unter Rekurrierung auf die Seminaridee des Trienter Konzils, wofür das von Bischof Colmar begründete und später von Bischof Wilhelm Emanuel von Ketteler ausgebaute Mainzer Seminar gewissermaßen Modell stand; an ihm konnte sich die Seminar-Restauration in Würzburg durch Weihbischof Zirkel orientieren. Hinter solcher Seminaridee stand ein von der Seelsorgs-Praxis geprägtes stark pastorales Priesterbild[119] sowie auch das französische kirchenpolitische Konzept einer Trennung von Kirche und Staat.

Die Auseinandersetzungen, die sich einerseits um die Frage staatlicher oder kirchlicher Leitungskompetenz in der Priesterausbildung abspielten, andererseits die Konflikte auch innerhalb des katholischen Lagers um die Konzeptionen von konfessionell-geschlossener praxisnaher Erziehung im Seminar oder aber offener Ausbildung an einer staatlichen Universitäts-Fakultät ließen sich gut darlegen am Beispiel *Ellwangen*. Nur einige Bemerkungen dazu[120]: Im Rahmen der kirchlichen Neuordnung Württembergs wurden 1812 in Ellwangen, am Sitz der ehemaligen Fürstpropstei, die das größte der an Württemberg gefallenen geistlichen Territorien war, für die katholische Bevölkerung mangels eines vorhandenen Bistums ein Generalvikariat (als Vorstufe des zu gründenden Bistums) sowie ein Priesterseminar und eine theologische Fakultät als Landesuniversität eingerichtet. 1817 verlegte die Regierung Bischofssitz und Priesterseminar nach Rottenburg, die Universität wurde hingegen als katholische Fakultät der herkömmlich protestantischen Universität Tübingen eingegliedert und gleichzeitig wurde dort im ehemaligen Collegium illustre ein Theologenkonvikt, das Wilhelmsstift, staatlich gegründet. Die jahrzehntelangen Diskussionen um Gründungs- und Verlegungsakte 1812–1817 und um die von Ellwangen erhoffte Rückverlegung enthüllen die komplexe

118 Richard MEISTER, Entwicklung und Reformen des österreichischen Studienwesens, 2 Bde. 1963.

119 E. EGLER, Das Priesterbild Bischof Colmars in Seminar- und Diözesanstatuten. In: Archiv für mittelrhein. Kirchengeschichte 28 (1976).

120 Gisela ZEISSIG, Zurück nach Ellwangen? Die Bemühungen um eine Rückverlegung von Bischofssitz, Katholisch-Theologischer Fakultät und Priesterseminar in der ersten Hälfte des 19. Jahrhunderts. In: Rottenburger Jb. für Kirchengeschichte 3 (1984), S. 235 ff.; Rudolf REINHARDT, Die katholisch-theologische Fakultät Tübingen im 19. Jahrhundert. Faktoren und Phasen ihrer Entwicklung. In: Kirche und Theologie im 19. Jahrhundert, hg. von Georg SCHWAIGER, 1975, S. 55 ff.; DERS., Kirchen und Klöster am oberen Neckar. In: Zwischen Schwarzwald und Schwäbischer Alb. Das Land am oberen Neckar, hg. von Franz QUARTHAL, 1984, bes. S. 364 ff. über die Bemühungen Rottweils und Rottenburgs um den Rang als Bistums- und Universitäts-Sitz; Volker PRESS, Ellwangen, Fürststift im Reich des späten Mittelalters und der frühen Neuzeit. In: Ellwanger Jb. 30 (1983/84), 7 ff.

Dimension der Konzeptionen um die Theologenausbildung, wohinter ein unterschiedliches Priesterbild und verschiedene Auffassungen vom Wissenschaftscharakter der Theologie standen. Sie zeigen zusätzlich die Verflechtung mit der Verbitterung der Stadt Ellwangen wegen des Verlustes von Fürstpropstei, dann von Bischofssitz und Landesuniversität trotz der Entschädigung durch einige Regierungsbehörden; dabei wurden wirtschaftliche und stadtbauliche Erwägungen ins Feld geführt – Ellwangen konnte immerhin auf die Existenz einer Kathedralkirche und geeigneter Gebäude hinweisen. Die Stadt konservierte noch lange die Spuren großer Vergangenheit.

Wenn man nun abschließend die Frage stellt: was bedeutete der Verlust der Universitäten für die Bischofsstädte, so liegt die Antwort in folgenden Richtungen:

Für die ehemaligen Bischofsstädte war – mit individuellen Unterschieden je nach Größe und Rang – der Verlust der Universitäten im allgemeinen nicht so gravierend, wie der Verlust der Residenz, denn an alten geistlichen Residenzen spielten die Universitäten nicht eine so dominante Rolle wie in weltlichen Land- oder Residenzstädten. Wolfgang Leiser hat dies mit Belegmaterial an den Beispielen der geistlichen Residenzstädte Würzburg, Dillingen, Bamberg, Aschaffenburg und den weltlichen Universitätsstädten Ingolstadt und Altdorf, Dietrich Höroldt u.a. für Nürnberg-Altdorf, Erlangen, Freiburg und Marburg dargelegt[121]. Es ist zu bedenken, daß um die Jahrhundertwende die Gesamtzahlen der Studierenden in Deutschland noch zwischen 5000 und höchstens 7000 schwankten – erst ein Jahrzehnt später, nach 1810 begannen die Frequenzen durch das expandierende Laienstudium im Zusammenhang des aufsteigenden Bildungsbürgertums und gebildeten Beamtentums zu wachsen.

Langfristig gesehen bewirkte die Teil-Säkularisation des stiftischen katholischen höheren Bildungswesens in Verbindung mit dem Residenzverlust für die ehemaligen Bischofsstädte soziale und mentale Strukturveränderungen und somit schwerwiegende, nachhaltige Folgen für das katholische Bildungsverhalten insgesamt; damit hängt es zusammen, wenn der Katholizismus in der zweiten Jahrhunderthälfte nach dem Kulturkampf in ein Bildungs-Defizit-Syndrom geriet. Was die zur Diskussion stehenden Städte betrifft, so beförderte es folgenschwer deren Provinzialisierung, zumal zur Entfeudalisierung der Kirche und der Verbürgerlichung des hohen wie des niederen Klerus der Verlust der weltlichen Fakultäten für den im Staat immer wichtiger werdenden Laienstand der Juristen und Ärzte kam, auch wenn theologische Ausbildungsstätten dort blieben.

Die Säkularisation des katholischen Bildungswesens bewirkte also ein Zweifaches: Einmal war der katholische Laie der Leidtragende, weil er nur noch an »paritätischen« Universitäten mit de facto staatlich gefördertem protestantischem Charakter studieren konnte[122], und zum andern sanken die der weltlichen Fakultäten beraubten Lyceen der

121 Wolfgang LEISER, Die Stadt und der Verlust ihrer Universität. In: Stadt und Hochschule im 19. und 20. Jahrhundert, hg. von Erich MASCHKE und Jürgen SYDOW, 1979, S. 77ff.; Dietrich HÖROLDT, Zur wirtschaftlichen Bedeutung der Universitäten für ihre Städte, ebd., S. 25ff.

122 Zur Problematik der »Parität« an den von Preußen her reformierten Universitäten des 19. Jahrhunderts vgl. BOEHM (wie Anm. 25) sowie Harald DICKERHOF, Katholische Universität und pluralistische Gesellschaft. In: Katholizismus, Bildung und Wissenschaft im 19. und 20. Jahr-

ehemaligen Bischofsstädte zurück hinter den großen Universitäten beziehungsweise Universitätsstädten, zumal die Lyceen ohne Promotionsrecht nach den liberalisierenden Universitätsreformen der Jahrhundertmitte in Bayern ihre allgemeinbildenden Funktionen einbüßten. Überdies vertiefte sich mit der Wiederverkirchlichung der entfeudalisierten Domkapitel die Trennung zwischen kirchlich-seelsorgerlicher und weltlich-bürokratischer Behördenkultur.

»Dornröschenschlaf« bedeutet nicht Tod, sondern Weiterleben. Der Säkularisations-Schock hat kaum registrierbare Schwankungen in der Bevölkerungskurve gezeigt[123]. Die Verbürgerlichung und Provinzialisierung der alten geistlichen Residenzstädte bedeutete nicht Absperrung gegenüber Modernisierung. Diese blieb allerdings von verschiedenen Faktoren abhängig, war u. a. bedingt durch das Maß der Industrialisierung, wodurch Augsburg und Nürnberg bald eine Kompensation für die politische Degradierung zur neubayerischen Provinzstadt fanden, während z. B. Regensburg seit der Jahrhundertmitte dahinter zurückfiel[124]. Andererseits blieb die Anwesenheit von Regierungsbehörden anstelle einstiger »Herrschernähe« von Gewicht; so verdankte Regensburg die vorläufige Bewahrung urbanen Charakters – vor Anbruch der Hochindustrialisierung, die neue Maßstäbe setzte – sicherlich auch dem Verbleib der Fürsten von Thurn und Taxis und dem Sitz der Kreisregierung in ihren Mauern. Und in Franken erwuchs bayerische Staatsgesinnung im Kreis um den späteren König Ludwig I., der als Kronprinz die vorher großherzoglichen Schlösser in Aschaffenburg und Würzburg bezog, die somit immerhin noch eine Zeit lang Nebenresidenz-Funktionen erfüllten[125]. Trotz der rechtlichen Einebnung von ehemaligen Reichsstädten und Bischofsstädten auf der Ebene der »Munizipalstädte« des 19. Jahrhunderts und trotz der kultur-zentralisierenden Auswirkungen von Mediatisierung und Säkularisation, wodurch sich der Abstand zwischen den neuen urbanen Brennpunkten Berlin–München und den anderen Städten zunächst vergrößerte, blieben die deutschen Mittel- und sogar die Kleinstädte auf dem Boden der jahrhundertealten Reichstradition und dank der föderativen Verfassungsstruktur Deutschlands bewahrt vor solch extremer Provinzialität, wie sie Kleinstädte anderer Länder aufzuweisen haben.

hundert, hg. von Anton RAUSCHER, 1987, S. 157ff.; zur rechtshistorisch-juristischen Seite grundlegend Martin HECKEL, Parität. In: ZRG kan. Atlg. 49 (1963), S. 241ff.; DERS., Die religionsrechtliche Parität. In: Handbuch des Staatskirchenrechts (wie Anm. 8) Bd. I, 1974, § 10, S. 445ff.

123 Mit Ausnahme von Passau weisen die Bevölkerungszahlen der Städte nach der Säkularisation keinen sichtbaren Knick auf; in Passau sank die Einwohnerzahl in den Jahren von 1803 bis 1809 von 9900 Einwohnern auf 6161; erst 1830 erreichte sie wieder rd. 8000. Unterschiede zeichnen sich allerdings ab in Bezug auf die Beschleunigung des Bevölkerungswachstums, das in Dillingen, Eichstätt oder Freising proportional erheblich geringer war als in größeren Städten wie Augsburg oder Würzburg. Vgl. Bayerisches Städtebuch, 2 Bde. hg. von Erich KEYSER † und Heinz STOOB, 1971/1974, zu den jeweiligen Stichworten.

124 Generelle grundsätzliche Gesichtspunkte bei Karl BOSL, Die mitteleuropäische Stadt des 19. Jahrhunderts im Wandel von Wirtschaft, Gesellschaft, Staat und Kultur. In: Wilhelm RAUSCH (Hg.), Die Städte Mitteleuropas im 19. Jahrhundert, 1983, S. 1ff.

125 ENDRES, wie Anm. 1, S. 105.

Bischof und Stadt in der Neuzeit*

von Volker Press

Heinz Löwe zum 75. Geburtstag

Die alten Bischofsstädte zeigen das einstige Spannungsfeld in ihrem äußeren Bild ganz deutlich. Dom, Bischofsresidenz und Domherrenkurien stehen für die geistliche Stadt, Rathaus, Tanzhaus, Getreidespeicher, Patrizierhäuser für die bürgerliche. Die Größenordnungen demonstrieren oft die Machtverhältnisse; der »republikanische« Geist einer Reichsstadt stellt zuweilen die ehrwürdigen Zeugnisse der Bischofsstadt in Frage, und dann wieder überragen Dom, Kirchen und Klöster die Dokumente bürgerlicher Tradition, oder aber beide liegen noch heute im Ringen um die Dominanz.

Die Patina der Geschichte hat über dieses Spannungsfeld ein versöhnliches Gewand geworfen, auch scheinen die Entscheidungen mit dem Ende des Mittelalters gefallen zu sein. Und doch sah die Geschichte der Neuzeit noch einmal zwei geradezu dramatische Eruptionen gegen den bischöflichen Stadtherrn, Eruptionen, die historische Dimensionen erreicht haben und die sich in Städten abspielten, welche die Reichsfreiheit nicht erringen konnten. Ich meine die aufregenden Bewegungen des Münsterer Täuferreichs von 1534 und der Mainzer Republik von 1792/93. Im spiritualistischen Endzeitstaat der täuferischen Propheten von Münster und in der radikalen Republik von Mainz akzentuierten Stadtbürger ihre Distanzierung von der bischöflichen Stadtherrschaft in kaum überbietbarer Weise. Hier drückte sich zweimal jene latente Spannung aus, die auch in der Neuzeit zwischen Bischof und Stadt weiter bestehen konnte. Sie stand neben einer sehr befruchtenden Symbiose, ganz abgesehen davon, daß das Spannungsfeld Stadt-Bischof selbst auch stets befruchtend war.

Um 1500 schienen die Probleme also entschieden zu sein. Die große Zeit der Städtebünde war vorüber, die feudal-ständische Gesellschaft und der fürstliche Landes-

* Der vorliegende ungekürzte Vortragstext beruht vor allem für das 17. und 18. Jahrhundert auf Beobachtungen in den Reichsakten des Haus-, Hof- und Staatsarchivs Wien, besonders in den Reichshofratsakten. Ich behalte mir eine ausführlichere Darstellung der Problematik vor und beschränke mich diesmal auf die Zusammenstellung der weiterführenden Literatur (S. 155ff.). Zu danken habe ich für ihre Hilfe Frau Susanne Strobach-Brillinger und vor allem Frau Karin Gessler (beide Tübingen). Das Oberseminar des Sommers 1986 über »Die geistlichen Staaten im Alten Reich«, das ich dank der Hilfe von Bischöflichem Archiv- und Bibliotheksdirektor Msgr. Dr. Paul Mai in Regensburg abhalten konnte, gab noch manchen Anstoß, die Augsburger Überlegungen zu überdenken und zu verfeinern. Dafür habe ich allen Teilnehmern des Oberseminars herzlich zu danken. Mein Kollege Anton Schindling (damals Eichstätt, jetzt Osnabrück) lud mich ein, den Vortrag im Februar 1986 in Eichstätt zu wiederholen; den Diskussionen mit den dortigen Kollegen danke ich manche Anregung. Prof. Dr. Anton Schindling hat mir überdies das Manuskript seiner seinerzeit noch unveröffentlichten Eichstätter Antrittsvorlesung überlassen.

staat hatten die einst so wirksame Alternative der Stadt endgültig vereinnahmt und zurückgedrängt. Die bedeutsame Rolle der deutschen Städte in der Reformation sollte, so gesehen, der letzte Glanz einer großen Zeit werden. Die Reaktion der ursprünglich aristokratisch-ständischen Gewalten auf den Urbanisierungsprozeß, der einherging mit Verschriftlichung, Verwissenschaftlichung, Bürokratisierung und Vordringen der Geldwirtschaft, war der Ausbau des Landesstaates, der seit dem späten Mittelalter einsetzte und im 16. Jahrhundert einen beachtlichen Stand erreichte. Dieser Landesstaat wiederum kam – dieses Problem soll hier im einzelnen nicht diskutiert werden – im Ringen mit dem Kaiser zu einem Patt, das den Dualismus der deutschen Reichsverfassung prägte. Die Verrechtlichung der Reichsverfassung verfestigte den gewonnenen Herrschaftsstand. Daraus folgte, daß nicht nur jene Städte zu Reichsstädten geworden waren, die aus dem deutschen Königsgut herausgewachsen waren – auch wenn der König eine ganze Reihe von ihnen wiederum durch Verpfändung den Landesherren überantwortet hatte. Dazu war noch eine ganze Reihe von Bischofsstädten gekommen, die sich vom Stadtherrn emanzipiert hatten – sie galten als »Freie Städte«, also frei vom geistlichen Stadtherrn; Georg Schmidt hat gezeigt, daß die Unterscheidung zwischen »Freien« und »Reichsstädten« um 1500 zwar noch vorhanden, aber schon stark abgeschwächt und gleitend war.

Manche der Reichsstädte haben ihr Ziel gleichsam erst in letzter Minute erreicht, wie etwa Regensburg, das kurz vor 1500 beinahe von dem bischöflichen Regen in die herzoglich-bayerische territorialstaatliche Traufe gekommen wäre, andere scheiterten im letzten Moment, wie Trier oder Mainz. Heinz Schilling hat überdies gezeigt, daß eine ganze Reihe norddeutscher Städte auf einen halb reichsstädtischen Status gelangt war, Bischofs- und Territorialstädte, von denen schließlich allein Hamburg und Bremen als Nachzügler den reichsstädtischen Charakter erreicht haben. Wir haben Georg Schmidts Monographie eine tiefgehende Klärung dieser Probleme zu danken. Auch wenn sich aus späterer Sicht das Rechtssystem, so wie es sich um 1500 ausgebildet hatte, als erstaunlich stabil erwies, war zunächst die Situation doch sehr viel offener, als es aus einer späteren Perspektive erscheinen mag.

Das Thema dieser Studie heißt »Bischof und Stadt«. Sie wird sich im wesentlichen darauf konzentrieren, aber sie ließe sich durchaus parallelisieren mit einer ganzen Reihe von Stiften und Prälaturen, ob sie eine fürstliche Stellung erreichten oder nicht. Dort stellten sich die Probleme ebenso. Reichsstädtische Qualität erreichten als Stiftsstädte nur Kempten, Gengenbach und das elsässische Münster im St. Gregoriental. Aber die Problematik von Stadt und Stift sahen auch Fulda und Corvey, die sich später unter die Bischofsstädte einreihten, Hersfeld, Quedlinburg, Gernrode, Kornelimünster, Herford, Essen – auch hier Auseinandersetzungen, die sich teilweise durch die ganze Neuzeit hindurchzogen, am schärfsten zwischen Stadt und Stift Kempten und zwischen dem Stift Corvey und der Stadt Höxter. Ganz soll hier der Blick jedoch nicht verdeckt bleiben – andererseits haben Bischofsstädte wiederum reichsunmittelbare Stifte in sich gehabt: Augsburg die Abtei St. Ulrich und Afra, Regensburg die Fürstabtei St. Emmeram und die Damenklöster Ober- und Niedermünster sowie die zwar nicht reichsunmittelbare, aber doch stets an Bayern und Bamberg angelehnte Alte Kapelle.

So sehr mit der Verfestigung von Reichsverfassung und Reichstag die Entwicklung der Reichsunmittelbarkeit von Städten zu Ende gekommen war, so sehr hat doch die Reformation noch einmal diese Konstellation in Frage gestellt – sie stieß in eine vielfach offene Situation vor: Reliktpositionen der Kirche in den freien Städten, Tendenzen zur Befreiung von der geistlichen Herrschaft in den verbliebenen Bischofsstädten. Überall hatte sich der geistliche Staat noch nicht von jenem Schwächeanfall erholt, den er im 15. Jahrhundert erlitten hatte; die radikale Kirchenkritik der Reformation nahm nicht zuletzt die geistlichen Gewalten aufs Korn, und diese sahen sich einem solchen existenziellen Angriff zunächst nahezu hilflos ausgesetzt. Vielfach war sogar der die geistlichen Staaten tragende Adel wie gelähmt, so daß er seinen sozialen Rückhalt im Stich ließ. Die Bischöfe waren oft außerstande, sich selbst zu wehren, auch wenn sie noch kurz zuvor eine bedeutende Rolle gespielt hatten.

Es entsprach der ebenso offenen wie radikalen Anfangsphase der Reformation, daß sich die reformatorische Bewegung in einer sehr komplexen Weise mit der Opposition gegen die geistliche Stadtherrschaft amalgamierte; die vielfältigen reformerischen Bemühungen der städtischen Räte, durch Ratsprediger einem neuen Frömmigkeitsgefühl der Bevölkerung entgegenzukommen, stellten indirekt die Kompetenzen der überkommenen Kirche in Frage und bereiteten so vielfach die Reformation vor. Die reformatorische Predigt drang also in die meisten Bischofsstädte ein – in den Städten des Südens in starker Anlehnung an die Schweiz, mit ihrer ausgesprochenen Betonung des Gemeindeprinzips, das dem städtischen Wesen so gemäß war. Das letzte theologische Wort über diese oberdeutsche Reformation ist noch nicht gesprochen, auch wenn so bedeutende Städte wie Konstanz, Basel, Straßburg, Speyer, Augsburg und die Stiftsstadt Kempten zu ihrem Umfeld gehörten.

Die reformatorische Bewegung wurde rasch begünstigt von den Kräften eines entschiedenen, radikalen Umsturzes. In den Städten selbst hatte der Druck der Gemeinde vielfach einen zögernden Rat vorangestoßen. Schon 1525 wurde ein Teil der Bischofsstädte vom Bauernkrieg erfaßt; während in den Reichsstädten außer Kempten der Rat die Kontrolle über die Bewegungen nicht verlor, drohten sie in Salzburg, Eichstätt, Würzburg, Bamberg, Mainz sowie den beiden kurerzkanzlerischen Nebensitzen Aschaffenburg und Erfurt wie auch in Fulda zum Sturz der geistlichen Herrschaft zu führen. Dabei muß offenbleiben, ob am Ende die Emanzipation der Stadt oder, wahrscheinlicher, die Einbindung in einen weltlichen Landesstaat das Ergebnis sein würde. Bekanntlich haben vielfach die Bürger der bischöflichen Residenzstädte mit den Bauern gemeinsame Sache gemacht. Auch bischöfliche Ausweichresidenzen, in die sich die geistlichen Herren in der Spannung mit der Domstadt zurückgezogen hatten, wie Dillingen (Augsburg), Meersburg (Konstanz), Udenheim (Speyer), Ladenburg (Worms) oder Zabern im Elsaß (Straßburg) waren tangiert. Bekanntlich brach die bäuerliche Bewegung – im Gegenschlag der Landesfürsten – zusammen; nirgendwo haben die geistlichen Obrigkeiten die Situation allein bewältigt, auch wenn der Kardinal Albrecht von Mainz (1513 Erzbischof von Magdeburg und Bischof von Halberstadt, 1514 auch Erzbischof von Mainz, † 1545), um nicht sein Gesicht zu verlieren, vorübergehend die Schwäbischen Bundestruppen in seinem Territorium unter das Kommando seines Obermarschalls stellen ließ.

Das Ereignis von Münster gehört, so gesehen, strukturell zu den Geschehnissen des

Bauernkriegs – die marxistische Forschung hat daher 1534 auch zu einem Epochenjahr gemacht. Hier war die Bewegung retardiert zum Tragen gekommen, ohne die Rahmenbedingungen des allgemeinen Bauernkriegs, aber die Kombination reformatorischer Forderungen und städtischen Freiheitswillens war so eskaliert, daß sie die Grundlage der ständischen Gesellschaft in einer Weise in Frage stellte, wie es 1525 nicht geschehen war. Die Folge war die völlige Isolierung, die Koalition katholischer und evangelischer Fürsten, der Beginn der Rückführung Münsters zur alten Kirche – trotz deutlicher reformatorischer Neigungen beim Bischof Franz von Waldeck (1532–1553). Diesen Rückschlag konnte die Reformation in Münster nicht mehr aufholen, auch wenn es weiterhin eine starke evangelische Gruppierung in der Stadt gab, auch wenn das Spannungsfeld zwischen Stadt und Bischof noch lange nicht kollabiert war.

Die Ereignisse von Münster werfen indessen auch ein Schlaglicht auf die Folgen des Bauernkriegs für das Verhältnis zwischen Bischof und Stadt anderswo; der Bauernkrieg hatte in deutlicher Weise die Solidarität der weltlichen mit den geistlichen Fürsten erzwungen. Man näherte sich auch einer reichsrechtlichen Anerkennung des landesfürstlichen Besitzstandes, wie sie etwa wiederum der Kardinal Albrecht von Mainz recht frühzeitig als entscheidende Grundlage des Zusammenlebens im Zeichen der Glaubensspaltung erkannt hatte, als er 1528 mit Landgraf Philipp von Hessen den Vertrag von Hitzkirchen abschloß. Daß die bayerischen Truppen unter dem Einfluß des weitsichtigen bayerischen Rates Dr. Leonhard von Eck gegen den Willen des katholischen Herzogs Wilhelm schließlich doch die im Bauernkrieg besetzten Stifte Salzburg und Eichstätt räumten, war ein Sieg des geistlichen Staates in seiner schwächsten Stunde vor der Säkularisation. Der Weg zum Sturz eines geistlichen Landesherrn in Verbindung mit Kräften von unten war nach 1525 und 1534 nicht mehr denkbar; man mußte andere Wege gehen. Unlogisch war diese Solidarität weltlicher und geistlicher Fürsten nicht, denn von ihr hatten bis dahin die Evangelischen ganz erheblich profitiert – da sie den Anhängern der Reformation einen Freiraum geschaffen hatte.

Freilich, im Bewußtsein der Stadtbürger war die grundlegende Entscheidung noch nicht gefallen. Der Kampf um die Reformation in den geistlichen Städten ging weiter; in den Freien Städten wurde der Druck auf die Reliktpositionen der Bischöfe fortgesetzt, die von der evangelischen Bevölkerung mit ihren Herrschaftsrechten und Klientelverbänden mit Recht als ein Bollwerk der alten Kirche erkannt wurden und auch den altkirchlichen Minderheiten einen Rückhalt boten. Andererseits führte der Zusammenstoß bischöflicher und städtischer Kräfte in Kirchen, Hospitälern oder Schulen zu erbitterten, lange andauernden und komplizierten Auseinandersetzungen, wie in Augsburg, Regensburg, Konstanz oder Speyer.

Auch in landsässigen Bischofsstädten regte sich die Bewegung noch weiter, zum Teil sogar sehr langfristig. Hans-Christoph Rublack hat deutlich gemacht, daß es in Bamberg und Würzburg, Mainz und Trier sehr kräftige evangelische Strömungen gab, während Salzburg, Passau oder Freising nur schwache Ansätze zeigten, während in Eichstätt Spuren der Reformation fast völlig fehlten. Rublack sprach von »gescheiterten Reformationen« – dies ist eine richtige Beobachtung, aber es wird noch zu zeigen sein, daß diese Reformationen notwendigerweise scheitern mußten. Gleichsam in Ergänzung dazu hat Heinz Schilling darauf verwiesen, daß eine Reihe norddeutscher Städte starke

Bewegungen in Verbindung von reformatorischen und sozialen Tendenzen sahen; dazu rechnete er auch die Bischofsstädte Münster, Paderborn, Osnabrück. In Osnabrück förderte ein Zusammengehen zwischen Bischof und Stadt gegen das Domkapitel die Reformation, in Münster gelang diese Koalition nicht – die Autonomie der Stadt aber war noch nicht gebrochen; die gemäßigten Kräfte kehrten nach 1534 zurück, für reformatorische Tendenzen gab es durchaus noch Platz. Die Entwicklung setzte sich in Norddeutschland fort. In Hildesheim behauptete sich ein starkes evangelisches Bürgertum; in Hamburg und Bremen setzte sich die Reformation weitgehend durch und förderte die Entwicklung zu Reichsstädten; freilich blieben diese beiden eine Ausnahme, denn der Erzbischof in Bremen und das Domkapitel in Hamburg mußten schließlich völlig kapitulieren. In Verden, Minden und Halberstadt gingen die Städte zur Reformation über; die Position des einst mächtigen Magdeburger Erzbischofs brach sowohl in seiner Bischofsstadt Magdeburg wie in seiner Residenz Halle schneller zusammen als anderswo – der alternde Kardinal Albrecht von Mainz und Magdeburg hatte den Abfall seines Augapfels Halle noch erleben müssen, das er einst zur Konkurrenz von Wittenberg hatte ausbauen wollen. Auch in Magdeburg setzte sich die Reformation sehr zügig durch. Ähnliches gilt für Albrechts drittes Bistum Halberstadt wie für Stiftsstädte im mitteldeutschen Raum, wie Quedlinburg, Gernrode oder auch Höxter.

Seit 1530 zeigten sich also mehrere Tendenzen, die einander überlagerten. Die zitierten Beobachtungen Rublacks machen deutlich, daß das Territorialitätsprinzip der Reformation, das dann 1555 festgeschrieben wurde, sich längst vorher praktisch Bahn gebrochen hatte – damit aber war die Chance für eine selbständige Durchsetzung der Reformation durch nicht-reichsstädtische Bischofsstädte immer geringer geworden. Diese Tendenz wurde verstärkt durch das Protektorat der süddeutschen katholischen Vormächte Österreich und Bayern, die praktisch die nahegelegenen geistlichen Staaten stabilisierten. Daraus wird bereits deutlich, daß das territoriale Umfeld für die bischöflichen Territorien keine geringe Rolle spielte – und dieses wirkte seit den dreißiger Jahren des 16. Jahrhunderts im Norden und in der Mitte Deutschlands unter sächsischer und hessischer Führung immer stärker zugunsten der Reformation. Hier wiederum war die Schwäche der geistlichen Territorien gleichsam ein negativer Katalysator – entscheidend wurde aber in jedem Fall die Besetzung der Position des geistlichen Fürsten oder seine Gewinnung für die Reformation oder für einen entschiedenen Katholizismus. Über die Frage, warum sich die Reichsstadt Köln der Reformation nicht angeschlossen hat, wurde viel geschrieben – es ist jedoch unzweifelhaft, daß ein Glaubenswechsel des Erzbischofs, wie ihn 1543 Kurfürst Hermann von Wied (1515–1547) geplant hatte, im Zusammenspiel mit den evangelischen Kräften in der Stadt auch die Reformation der Reichsstadt bedeutet hätte – Karl V. wußte, warum er dies mit aller Härte verhinderte.

Diese Tendenzen schienen durch die kaiserlichen Erfolge im Schmalkaldischen Krieg von 1546/47 noch einmal zugunsten der bischöflichen Stadtherren umgekehrt zu werden. Der Vorstoß Karls V. nach Norddeutschland drohte in jene Bereiche einzubrechen, wo die Städte trotz ihrer bischöflichen Landesherren die Reformation durchgesetzt hatten. Der aufsehenerregende Kampf der Magdeburger gegen die Exekutionstruppen des Kurfürsten Moritz von Sachsen 1550/51 verband noch einmal den Gedanken der städtischen Autonomie mit reformatorischem Geist. Es muß indessen offenbleiben, wofür Moritz gegen Magdeburg focht: ob für den Kaiser oder doch schließlich für eine kursächsische und evangelische Lösung.

Während sich Magdeburg behaupten konnte, schien freilich zuvor im Süden das Stündlein der evangelischen Freien Städte geschlagen zu haben. Augsburg und Konstanz mußten sich mit den anderen schmalkaldischen Städten dem Kaiser unterwerfen. Wie auch sonst begünstigte in Augsburg die kaiserliche Ratsreformation von 1548 die Patrizier und die Katholiken und damit jene Personengruppe, die sich in der heimlichen Hauptstadt Vorderösterreichs um das Dreieck Habsburg, Bischof und Fugger rankte, das wiederum von den verbliebenen katholischen Stiften in der Stadt flankiert wurde. Die Siege Karls V. waren somit nicht nur in Augsburg auch Siege für die deutschen katholischen Bischöfe – und gerade in Augsburg hatte die Reichskirche in dem Kardinal Otto Truchseß von Waldburg (1543–1573) einen der bedeutendsten Vertreter eines neuen Bischofstyps, der entschiedene Katholizität, landesfürstliche Autorität und starke reichspolitische Legalität miteinander verband. Noch schlimmer freilich erging es den Konstanzern, die nach tapferer Verteidigung ihrer Stadt ihre Reichsunmittelbarkeit und ihren Protestantismus einbüßten. Aber nicht der Bischof wurde nun in seine Stadtherrschaft restituiert, sondern Konstanz wurde eine österreichische Landesstadt. So hatte die Konstanzer Kirche am Ende das Spiel gleichfalls verloren – der Bischof fristete in der Folge eine Existenz am Rande Vorderösterreichs. Die reichsstädtische Selbständigkeit wurde anderswo nicht zerstört, nur die Voraussetzung wurde geschaffen für eine Stabilisierung der katholischen Elemente, die wiederum den Bischöfen zugute kam. Die Entscheidung von 1546/47 wurde schnell überholt durch die Fürstenrevolte von 1552 – die ja im Schatten der gescheiterten Belagerung von Magdeburg begonnen hatte, durch den Passauer Vertrag und den Augsburger Religionsfrieden. Aber die Ratsveränderungen Karls V. blieben, und auch Konstanz erhielt seine Reichsfreiheit nicht zurück.

Doch zuvor sei kurz Bilanz gezogen. Die große Bewegung der Reformation hatte sich in einer ganzen Reihe von Bischofsstädten Bahn gebrochen. Sie verband sich im Süden 1525 teilweise mit dem Bauernkrieg, der gleichsam 1534 in Münster ein noch radikaleres Nachspiel hatte. Daraus gingen die geistlichen Obrigkeiten im großen und ganzen gestärkt, wenngleich noch immer relativ schwach, hervor. Der Rückhalt an den katholischen Vormächten Bayern und Österreich trug im Süden entscheidend zur Stabilisierung bei – der Augsburger Bischof Otto Truchseß erreichte sogar, daß er zum Juniorpartner der habsburgisch-wittelsbachischen Achse werden konnte, was natürlich den Druck auf die weitgehend evangelische Reichsstadt verstärkte und ihren Weg zu einer paritätischen begünstigte. Der Rückhalt an Bayern und Österreich entfiel jedoch im Norden, und das Gegengewicht des Kaisers war im hessisch-sächsischen Kräftefeld noch zu schwach, als daß sich die Reformation nicht in den norddeutschen Bischofsstädten Bahn brechen konnte.

Ein Problem Stadt-Bischof gab es östlich der Elbe nur in bescheidenem Maß. Die Bistümer zwischen den böhmischen Grenzgebirgen und der Ostsee waren zu stark eingebunden in die dortigen Landesstaaten, als daß sich hier ein derartiges Spannungsfeld ergeben konnte: Meißen, Naumburg, Merseburg, Brandenburg, Havelberg, Lebus, Kammin, Schwerin, Schleswig waren trotz mancher Auseinandersetzungen letztlich doch fest unter der Kontrolle ihrer Landes- und Stadtherren. Ratzeburg hatte als Territorium ja nur die Dominsel zwischen Mecklenburg und Sachsen-Lauenburg. All diese Bistümer waren mehr oder minder von ihren Schutzherren abhängig, und ihr Schicksal wurde schließlich von diesen bestimmt. Daran konnte auf Dauer etwa der tapfere Kampf des Naumburger Bischofs Julius Pflug (1542 bzw. 1547–1562) für die alte Kirche nichts ändern – die Bistümer wurden in die Landesstaaten integriert, die Domkapitel blieben als evangelische Institutionen, teils bis zur Gegenwart. In Brandenburg wurde der Feldmarschall Blücher Domherr, um aus den Einkünften der Präbende seine Spielschulden bezahlen zu können, der Dichter Börries von Münchhausen (1874–1945) war Domherr in Naumburg, und der Leipziger Historiker Karlheinz Blaschke ist derzeit Domherr in Meißen. Es bleiben dem heutigen Betrachter eindrucksvolle mittelalterliche Dome in festen evangelischen Händen – daß die evangelischen Domstifte in den genannten Städten ihr jeweils eigentümliches Leben gehabt und diese Städte auch geprägt haben, ist unleugbar.

Die andere Seite spiegelt die Entwicklung in Österreich – am Ende des Mittelalters gegründete landesfürstliche Bistümer einerseits, wie Laibach, Wien und Wiener Neustadt, später dann die josefinischen Diözesansitze in Linz und St. Pölten haben bekanntlich ebenfalls ihre Städte geprägt –; zu Domkirchen erhobene Stiftssitze aus unterschiedlichen Jahrhunderten wurden die Mittelpunkte dieser neuen Kathedralstädte, in denen auch die Kapitel ihre Rolle spielten. Stärker noch war dies ausgeprägt bei den Bistümern der Länder der St.-Wenzelskrone, unter denen vor allem die alten Ordinarien, der Erzbischof von Prag und die Bischöfe von Olmütz und Breslau eine besondere Rolle spielten. Auch dort gab es Bistumsgründungen des 17. und 18. Jahrhunderts, die ihre Städte nicht unbeeinflußt ließen.

Daß im Norden Deutschlands die Hochstifte gleichsam mühelos liquidiert werden konnten, war nur teilweise dem Augsburger Religionsfrieden von 1555 zu danken. Er schrieb den Konfessionsstand von 1552 fest und wollte die geistlichen Staaten mit der Reservatio ecclesiastica gegen den Zugriff der Reformation immunisieren. Der Religionsfriede sollte als Rechtssystem die Entwicklungen kalkulierbarer machen, aber er verschaffte doch den Katholiken aufgrund ihrer älteren und damit bevorzugten Stellung in der Reichsverfassung Vorteile. Die Evangelischen nahmen dies in Kauf, um dagegen Rechtssicherheit einzutauschen. Der Religionsfriede erkannte allerdings auch das Reformationsrecht der Reichsstände an, wenn auch verbunden mit einer nicht immer eindeutig formulierten Besitzgarantie für die geistlichen Institutionen, die zur Zeit des Passauer Vertrags noch Bestand hatten. Die Folgen waren ganz unterschiedlich für Stadt und Bischof, auch unterschiedlich zwischen Nord und Süd.

Zunächst erwies sich einmal mehr, daß der Süden dem Zugriff des Reichsrechts offener lag als der Norden. Zwischen Köln und Fulda im Norden und Salzburg im Süden stabilisierten sich die geistlichen Staaten. Damit verharrten die Bischofsstädte Salzburg, Brixen, Passau, Freising und Eichstätt auf einem unbestritten katholischen Bekenntnisstand. Zwar hatten Würzburg und Bamberg beträchtliche, aber letztlich doch einflußlose protestantische Minderheiten, die gegen den Religionsbann des sich stabilisierenden geistlichen Staates nicht mehr aufkamen. Aber in Trier und in Metz, das 1552 unter dem Rechtstitel eines »Reichsvikariats« von Moritz von Sachsen König Heinrich II. von Frankreich ausgeliefert worden war (ebenso wie die Bischofsstädte Toul und Verdun), kam es 1559 zu vielleicht synchronisierten Reformationsversuchen, die auch Aachen betrafen. Sie hatten das Ziel eines Sturzes der bischöflichen Stadtherrschaft und einer Durchsetzung der Reformation. Der Schüler Calvins und spätere Protagonist der deutschen reformierten Kirche, der Trierer Caspar Olevian, hatte in seiner Vaterstadt einen maßgeblichen Anteil. Aber die Bewegungen waren wohl nach westeuropäisch-reformierten Maßstäben konzipiert und hatten entschieden gegen die Spielregeln des Religionsfriedens und gegen die Normen des Reichsrechts verstoßen, die auch von den evangelischen Fürsten beachtet wurden. So scheiterten sie und führten zum Auszug der evangelischen Minderheit – gerade die Trierer Exulanten sollten für die Geschichte der deutschen reformierten Kirche noch eine beträchtliche Rolle spielen. Mit der Autonomie Triers war es nun zu Ende; die Konflikte zwischen der Stadt und ihrer Klerisei ließen nach und verschwanden bald von der Traktandenliste des Reichshofrats, des kaiserlich bestimmten obersten Reichsgerichts in Wien. Auch der Kurfürst von Mainz, so sehr er aufgrund seiner reichsrechtlichen Stellung zu vorsichtigem Verhalten gegenüber den Protestanten geneigt war, verdrängte in seiner Kathedralstadt Mainz und in seiner Residenz Aschaffenburg evangelische Ansätze; dafür hatte er in Erfurt, seiner dritten Hauptstadt, die sein Bischofswappen führte, weiterhin erhebliche Schwierigkeiten. Gestützt auf Kursachsen, wagten die Erfurter Lutheraner aus einem ausgeprägten Selbstbewußtsein harte Auseinandersetzungen für Reformation und städtische Autonomie.

Damit aber gehörte Erfurt schon zur norddeutschen Zone der Reformation. Der Rückhalt an den evangelischen Landesstaaten des Nordens ermutigte die dortigen Bischofsstädte und ihre evangelische Bevölkerung zu weiterer Renitenz gegen den bischöflichen Stadtherrn. Vielerorts freilich kam ihnen der parallele Prozeß entgegen, der zur Infiltration der Domkapitel mit evangelischen Adeligen und dann zur Wahl protestantischer Stiftsadministratoren führen sollte. Dieser Vorgang bedeutete schließlich die Überführung der meisten norddeutschen Stifte zur Reformation. Die offenkundig fortbestehende Autoritätsschwäche der geistlichen Herrschaften ermutigte die evangelischen Bürger von Bischofsstädten zu weiterer Verteidigung ihrer Autonomie, die sich teilweise mit dem Kampf um die Reformation verband. In einigen Städten kam es zu einem erbitterten Kleinkrieg um Kirchennutzungen und geistliche Immunitäten, aber auch um landesherrliche Rechte, wie den Zoll oder die Steuern, ja sogar um die Wein- und die Weizenzufuhr: in Osnabrück, Münster und Hildesheim etwa. Selbst in den evangelisch gewordenen Stiften Lübeck und Bremen schwelten die Konflikte fort. Noch kämpften die Bischofsstädte um ihre Autonomie – freilich in einem Ringen, wo man sich in der Konfession einig wußte mit den mächtigen landesfürstlichen Nachbarn des kaiserfernen Nordens. Diese aber hatten ihrerseits Probleme mit ihren eigenen führenden Städten, die sich dem landesfürstlichen Zugriff zu entziehen drohten, wie Braunschweig, Lüneburg, Göttingen oder auch Lemgo und Korbach. So war auch für die norddeutschen evangelischen Bischofsstädte von einer Konsolidierung des Landesstaates wenig Gutes zu erwarten. Heinz Schilling hat diese Entwicklungen eindrucksvoll analysiert.

Nun war die Auseinandersetzung um traditionell konträre Rechte keineswegs ein spezifisches Problem der Reformation – daß sie der Normalfall jeglicher Koexistenz zwischen Bischof und Stadt waren, zeigt das Kölner Beispiel. Der Rat der Reichsstadt entzog sich entschieden der Reformation – dies hinderte ihn trotz gleicher Konfession nicht, mit dem bischöflichen Stadtherrn um jeden konkurrierenden Rechtstitel zu streiten, seine Reliktrechte in der Stadt mißtrauisch zu beobachten und wenn nötig zu beschneiden, so daß auch er sich lieber in das nahe Bonn zurückzog. Weitaus rabiater noch war das Verhältnis zwischen Stadt und Bischof in Lüttich, wo die Kommune den Ansprüchen des geistlichen Herrn erbitterten Widerstand entgegensetzte und mit ihm ausgiebige Streitigkeiten austrug – die bischöflichen Versuche, eine Reform der Ratswahl zu beeinflussen, nahm die Stadt in keiner Weise hin. Auch hier gab es stärkere evangelische Ansätze, aber das Engagement in den Konflikten, die Härte des Streites zwischen Bischof und Stadt setzten sich auch im 17. Jahrhundert fort, als die letztere unbestritten katholisch war.

Daß es hier um grundsätzliche Positionen ging, bewiesen auch die zu Reichsstädten gewordenen Freien Städte. Ihre autonome Existenz war praktisch durch den Augsburger Religionsfrieden weiter festgeschrieben worden. Der Ausbau ihres evangelischen Kirchenregiments ist bis heute im einzelnen unerforscht – eine erste Untersuchung von Tilman Matthias Schröder liegt gerade vor. Der Ausbau der evangelischen Kirchenregimenter steigerte nicht nur die Autorität der städtischen Räte in ihren Kommunen, sondern er mauerte auch die Barriere gegen einen katholischen Zugriff sehr hoch; die Freien Städte hatten dies auch nötig, da die katholisch gebliebenen Bischöfe nun verstärkt, unter der Rückendeckung des Religionsfriedens, auf ihre Rechte rekurrierten und versuchten, die Situation zu ihren Gunsten zu wenden – in der Regel verfügten sie noch über eine Position im Bereich der Domfreiheit, und die alte Stadtherrlichkeit war unvergessen. Auch dies führte zu erbitterten Auseinandersetzungen um Positionen, die strittig waren – etwa den Kampf um das Münster, als in Straßburg der wiedererstarkende Bischof Ansprüche gegen die Stadt zu erheben begann. Aber auch in Augsburg, Regensburg, Speyer und Worms war die Nutzung der Kirchen ein Problem. Möglichkeiten des Konflikts gab es viele – noch hatten die Städte dabei eine relativ starke Position.

Aber gerade in den Reichsstädten wurde bereits in den letzten Jahrzehnten des 16. Jahrhunderts der Impuls eines erstarkenden Katholizismus frühzeitig bemerkbar. Es zeigte sich, daß die verbliebenen bischöflichen Positionen immer planmäßiger nicht nur zu Refugien für bedrängte katholische Minderheiten ausgebaut wurden, sie wurden darüber hinaus immer mehr zu Kristallisationskernen für die einsetzende Gegenreformation. Hier zeigte sich der Geist katholischer Erneuerung, der mit dem verfestigten evangelischen Kirchenwesen der Städte zusammenstieß. Die Hauptvertreter des erneuerten Katholizismus waren die Jesuiten, die auf bischöflichen Druck Einzug in Worms und Speyer hielten. Auch die Nebenresidenzen von Bischöfen wie Dillingen, Molsheim, Pruntrut (Porrentruy), Aschaffenburg wurden Standorte von Jesuitenkollegien, ganz zu schweigen von Bischofsstädten wie Würzburg, Bamberg, Mainz, Trier, Lüttich, Münster, Osnabrück, Paderborn und Hildesheim. Zum Teil übernahmen die Jesuiten bestehende Universitäten, zum Teil ging von ihnen der Impuls zur Gründung neuer aus. Daß ein katholisches Zentrum wie Köln auch der deutsche Mittelpunkt der Jesuiten und der Kern ihrer rheinischen Provinz wurde, lag ohnehin nahe – mit Hilfe der Gesellschaft Jesu ging die alte Kirche erstmals wieder zur intellektuellen Offensive über. Die alten Antagonismen Stadt-Bischof wurden überlagert von einem neuen Geist – die Breitenwirkung der Jesuiten war beträchtlich. Aber es zeigte sich auch, daß sie in jenen Bistümern, die schon von der Reformation gewonnen worden waren, nicht mehr Fuß zu fassen vermochten.

Die andere Seite der gleichen Medaille war die Intensivierung des landesfürstlichen Drucks gegen die protestantischen Tendenzen in den Residenzen. Die Bischöfe Julius Echter von Mespelbrunn (1573–1617) in Würzburg und Dietrich von Fürstenberg (1585–1618) in Paderborn beseitigten die protestantischen Minderheiten, aber auch in Mainz, Bamberg oder Fulda ging die Duldungsbereitschaft zurück. Der altkirchliche Druck verstärkte sich – all diese Auseinandersetzungen artikulierten sich in erbitterten Kleinkriegen um die bekannten alten Probleme, um Kirchennutzung und geistliche Rechte, um Patronate, Hausbesitzungen, wirtschaftliche Probleme. Es war kein Zufall, daß sich einerseits die Bischöfe 1609 nach der Sprengung des Reichstags von 1608 und der nachfolgenden Polarisierung im Reich zum großen Teil der katholischen Liga anschlossen. Reichsstädte wie Kempten, Straßburg, Speyer und Worms suchten dagegen um die Mitgliedschaft in der evangelischen Union nach. An Kempten und Augsburg wird sehr deutlich, wie sich im Zeichen der konfessionellen Konflikte Bischof beziehungsweise Fürstabt und Reichsstadt mißtrauisch belauerten, wie der Haß immer mehr wuchs.

Unverkennbar wirkte sich dabei der Druck des Umfeldes aus; die Stärke der katholischen Vormächte Österreich und Bayern war für die süddeutschen Bistümer ein Schutz – die reformierte Pfalz neigte dagegen zu immer aggressiveren Aktionen gegen ihre bischöflichen Nachbarn; trotz ihres Mißtrauens gegen den reformierten Kurfürsten sahen die lutherischen Bürger Speyers gern, wie der Pfalzgraf 1616 die bischöfliche Zwingburg Udenheim, das heutige Philippsburg, schleifte. Auch die Bürger Bruchsals erhoben sich 1622 gegen ihren Landesherrn, den Bischof von Speyer, als sie dem Pfalzgrafen huldigten – schon ein paar Monate später mußten sie sich wieder unterwerfen.

Aber die Ereignisse des Dreißigjährigen Kriegs schienen zunächst doch alle Entwicklungen seit dem Beginn des 16. Jahrhunderts wieder aufzuheben. Nach der Katastrophe der pfälzisch-böhmischen Kräfte gegen die kaiserlich-bayerische Koalition drang das Heer der katholischen Liga bis gegen Ende des dritten Jahrzehnts des 17. Jahrhunderts siegreich bis zur Nord- und Ostsee vor; es erreichte damit Gebiete, in denen die bischöfliche Herrschaft längst durch die Reformation aufgesogen worden war; aber auch in Territorien, wo die katholische geistliche Obrigkeit erhalten geblieben war, wie in Hildesheim, Osnabrück, Fulda oder Münster, hörte nun für die Protestanten der Schutz mächtiger Nachbarn auf. Entschieden katholische Kirchenfürsten wurden eingesetzt und holten zum Schlage gegen die Protestanten aus, die aus der fürstlichen Perspektive Fremdkörper in einem zunehmend konfessionalisierten Landesstaat waren. Protagonisten dieser Entwicklung waren Erzherzog Leopold Wilhelm in Halberstadt, Kardinal Eitel Friedrich von Hohenzollern-Sigmaringen in Osnabrück, vor allem aber Kardinal Franz Wilhelm von Wartenberg aus einer morganatischen wittelsbachischen Nebenlinie in Osnabrück, Minden und Verden; der hohenzollerische Administrator von Magdeburg konvertierte, verlor aber gleichwohl sein Erzbistum. Allein Bremen war durch einen Administrator aus königlich-dänischem Hause geschützt. Die Gegenreformation wendete sogleich den Konflikt mit den evangelisch und autonom denkenden Bürgerschaften in den Bischofsstädten – nun wurden Kirchen katholisiert, evangelische Positionen zurückgedrängt, Freiheiten der städtischen Räte eingeengt. In Osnabrück ließ der Kardinal von Wartenberg sogar eine bischöfliche Zwingburg unmittelbar vor den Toren der Stadt errichten. Die Bestimmungen des Religionsfriedens haben dabei ebenso wie der landesfürstliche Religionsbann diese Politik der neuen Herren begünstigt. Die ganz oder teilweise evangelisch gewordenen Städte sahen sich in eine oft verzweifelte Defensive gedrängt – ähnlich wie ein Jahrhundert vorher die katholischen Minderheiten gegenüber der voll entfalteten Reformation. Die Protestanten wehrten sich freilich oft ihrer überkommenen und ersessenen Stellungen. Ähnliche Aktionen verzeichnete man in Fulda und im Erzbistum Mainz.

Die Städte begriffen die Gefahr für Religion und Autonomie. So nahm Magdeburg nochmals den Kampf für städtische Freiheit und Protestantismus auf; vom Ligageneral Tilly erobert, ging es 1630 in Flammen auf, wurde ein Großteil der Bevölkerung massakriert – wohl ohne Absicht des katholischen Oberbefehlshabers, jedoch ein Fanal für den Religionshaß, für die Stadt ein Schlag, von dem sie sich nie mehr erholte.

Nicht zuletzt aber gerieten auch die süddeutschen Städte unter Druck. Die bisher tonangebenden evangelischen Territorien wurden entweder wie die Kurpfalz völlig geschlagen oder wie Hessen-Kassel, Baden-Durlach oder Württemberg in die Defensive gedrängt. Nun forderten die Bischöfe ganz energisch die Rückgabe ihres Besitzes, holten sich verlorene Rechtstitel zurück – ähnlich auch der Fürstabt in Kempten. Die Stunde schien zu schlagen auch für die süddeutsche Stadtreformation. Das Restitutionsedikt von 1629, ganz auf eine die Katholiken einseitig begünstigende Auslegung des Religionsfriedens festgelegt, bot nun den Bischöfen auch die rechtliche Handhabe zum Vorgehen – dies bedeutete nicht nur die Wiedererneuerung zahlreicher katholischer Kirchen, sondern auch die Zurückdrängung der evangelischen und die entschiedene Förderung der katholischen Bevölkerungsteile. Reichsstädte wie Augsburg und Kempten, Worms und Speyer mußten diese Entwicklung schmerzlich erfahren. Sogar der Bischof von Basel suchte nun die Situation für sich zu nutzen, um beim Wiener Reichshofrat gegenüber und in der Stadt verlorene Positionen wieder zurückzugewinnen – ein Vorgehen, das die ganze Frage der Zugehörigkeit Basels zur Eidgenossenschaft und der Eidgenossenschaft zum Reich grundsätzlich aufgerührt hätte, wenn nicht der Kaiser hier begreiflicherweise etwas vorsichtig gewesen wäre. Allein Straßburg war ein Refugium der Evangelischen. Das Restitutionsedikt verfestigte die altkirchlichen und die bischöflichen Rechtspositionen; das Reichsrecht und auch die Praxis des Reichshofrats verboten eine späte Mediatisierung der freien Städte, aber sie waren nun ganz entschieden in die Defensive gedrängt, oft mit einem erheblichen finanziellen Nachteil.

Der schwedische Vorstoß in den Süden 1632 veränderte die Situation gründlich – nun wurde die Entwicklung wieder umgekehrt. Den Städten wurde damals öfter Kirchengut ausgeliefert. Sie konnten sich an Rechten und Besitzungen ihrer ehemaligen Herren bereichern. Aber vielfach hat der Übergang von geistlichen Staaten an weltliche protestantische Administrationen außer in der Religionsfrage nur wenig geändert – sie begünstigten zwar die Evangelischen, aber sie traten andererseits durchaus in die früheren Rechte ihrer Vorgänger ein und waren vielfach nicht minder entschiedene Verfechter landesherrlicher Ansprüche als diese. Die Städte Verden oder Minden hatten es überdies unter schwedischer Herrschaft nicht besser als unter den evangelischen Administratoren. Vor allem aber zeigte sich nun die ganze Erbitterung der evangelischen Reichsstädte über die erfahrene Behandlung. In Kempten freute man sich, als das Stift 1632, von schwedischer Hand angezündet, in Flammen aufging, aber bald erlitt die Reichsstadt durch die Kaiserlichen das gleiche Schicksal. So ließ sich manche Reichsstadt in die schwedischen Kriegspläne Oxenstjernas einspannen und trat 1633 dem Heilbronner Bund unter schwedischem Protektorat bei. Daß die Städte bei den Neuverteilungsplänen der Schweden entschieden schlechter abschnitten als die Fürsten, weist jedoch auf ihre bereits erheblich reduzierte Position hin.

Die schwedische Niederlage in der Nördlinger Schlacht am 6. September 1634 veränderte die Situation erneut vollkommen. Im wesentlichen zeichnete sich eine Zweiteilung der Entwicklung in Deutschland ab: der Kaiser und Bayern behaupteten militärisch wieder den Süden, während Schweden den Norden und den Nordwesten kontrollierte. Sachsen vermochte in seinem Umkreis eine halbwegs autonome Position zu gewinnen – die für seine Stifte nicht ohne Bedeutung blieb. Die Folge war zunächst, daß der Kardinal von Wartenberg seine gegenreformatorischen Unternehmungen abbrechen mußte; die katholischen Positionen in Hildesheim, Minden, Verden und Osnabrück brachen zusammen. Die Bürgerschaften erfreuten sich unter schwedischem Protektorat eines ungestörten Protestantismus.

Während aber die Verhältnisse im Westen des Reiches stabil blieben, kam es im Süden zu einem starken katholischen Gegenstoß; vor allem in Augsburg und Kempten wurde der evangelische Bevölkerungsteil völlig zurückgedrängt, wobei sich in Augsburg neben den Fuggern vor allem der Bischof als der Rückhalt der gegenreformatorischen Kräfte erwies. Auch in Speyer und Worms wurde die Situation der Protestanten verzweifelt. Vielfach suchten nun die Städte ihren Rückhalt am kaiserlichen Hof gegen den allzu massiven Druck der katholischen Parteigänger; nicht zu Unrecht erhofften sie hier wenigstens Verständnis für ihre Rechtsposition. Allerdings war der Druck der katholischen Seite nun recht entschieden, die Gegensätze hatten sich zu einem beängstigenden Haß emporgeschaukelt. Die wechselseitigen Übergriffe waren schier unübersehbar geworden. Die Feindseligkeiten schlugen ihre Kapriolen, wobei freilich der Wiener Hof und auch der Münchner zunehmend daran dachten, daß man ja auch nach dem Krieg weiterleben mußte.

So bedeutete im Verhältnis zwischen Bischöfen und Städten der Westfälische Friede einen letzten großen Einschnitt. Die grundsätzlichen Regelungen: Normaljahr 1624, prinzipielle Anerkennung des geistlichen Vorbehalts, aber auch der norddeutschen Säkularisationen ergaben als Paket eine Rechtsgrundlage, auf der sich sicherer leben ließ. Die Friedensordnung von 1648 verwies die gegnerischen Parteien auf den Weg der gerichtlichen Auseinandersetzung – und davon sollten sie dann auch in der Zukunft reichlich Gebrauch machen. Die Normensetzungen von 1648 entschieden das Schicksal von Bischöfen und Bischofsstädten endgültig.

1. Nun kamen auch Magdeburg, Halberstadt und Verden auf Dauer in eine Rolle, die bereits den früher säkularisierten norddeutschen Bistümern zugewiesen war. Sie standen jetzt endgültig unter dem Druck einer starken Landesherrschaft, die die Autonomie auch der Bischofsstädte einschränkte. Dies galt unübersehbar für Halberstadt, vor allem für Magdeburg, wo nach Ablauf der »Karenzzeit«, die die fortbestehende Zwischenregierung des wettinischen Administrators August von Sachsen bedeutete (bis 1680), die starke Hand des brandenburgischen Kurfürsten die Landesherrschaft übernahm. Er unterwarf beide Städte einem uneingeschränkten Absolutismus. Magdeburg und Halberstadt behielten mit je vier Kanonikaten an den Domen katholische Restpositionen, aber diese waren schwach, ebenso wie die der Städte gegenüber dem absolutistischen Staat Preußen. Nur noch vereinzelt kam es zu Auseinandersetzungen, wobei der preußische König die katholischen Reliktpositionen Repressalien aussetzte, wenn katholische Landesfürsten etwas gegen ihre evangelischen Untertanen unternahmen. So konnten Magdeburg und Halberstadt zwar ihren Protestantismus, nicht aber ihre Autonomie behaupten – vereinzelte Auseinandersetzungen gab es auch in Stiftsstädten wie Gernrode oder Quedlinburg. Eine Sonderstellung nahm Lübeck als evangelisches Bistum unter Administratoren aus dem Hause Holstein ein. Hier kam es zu gelegentlichen Auseinandersetzungen mit der weitaus stärkeren Reichs- und Hansestadt, die den Bischof ohnehin in sein Domviertel an der Peripherie abgedrängt hatte; dieser zog es vor, sein Territorium von Eutin aus zu regieren. Vereinzelte Reibereien mit der Reichsstadt gab es allerdings auch weiterhin.

2. Die übrigen geistlichen Staaten konnten ihren Status wahren und ihr Reformationsrecht durchsetzen; das Normaljahr half hier in der Regel wenig, da die evangelischen Minderheiten hoffnungslos in die Defensive gedrängt waren. Was Dietrich von Fürstenberg bereits zu Beginn des Jahrhunderts in Paderborn exekutiert hatte, holte Christoph Bernhard von Galen (1650 bis 1678) in Münster nach, dabei deutlich die Mittel des Kardinals von Wartenberg anwendend – unter anderem den Bau einer Zitadelle, wie sie Wartenberg einst in Osnabrück errichtet hatte, den Einsatz militärischer Machtmittel, die administrative Durchsetzung des Absolutismus und die entschiedene Förderung des Katholizismus (1661). Damit hat der kriegerische Galen, der »Kanonenberend«, wie ihn spätere Historiker nannten, eine retardierte Gegenreformation in Münster zum Ende gebracht; erst durch ihn wurde Münster zu einer entschieden katholischen Stadt. Ähnliche Ziele verfolgte etwas früher der Mainzer Erzbischof Johann Philipp von Schönborn (1647–1673), der nun entschlossen gegen die selbstbewußte Stadt Erfurt vorging; er koalierte zeitweise geschickt mit der »Volkspartei« gegen den Rat und erreichte zwar erhebliche Geländegewinne für das katholische Kirchenwesen, aber die Bestimmungen des Westfälischen Friedens hinderten die Rückführung Erfurts zur alten Kirche. Gebrochen wurde jedoch die städtische Autonomie (1664). Sonst aber setzte sich in den geistlichen Staaten überall der Katholizismus durch. Die evangelischen Elemente waren, soweit vorhanden, fast allenthalben verschwun-

den – die Kombination von erneuerter barocker Frömmigkeit, höfischem Glanz und landesfürstlichem Absolutismus hat nach den Bedrängnissen und Notsituationen des Dreißigjährigen Krieges allenthalben neue Akzente gesetzt.

3. Erfurt wäre zu einem dritten Typ von Städten zu zählen, wo eine überwiegend oder teilweise evangelische Bevölkerung unter einem Bischof weiterlebte, wo sich ein überwiegend evangelisches Bürgertum und die katholische Mainzer Administration gegenüberstanden. Ähnliches galt für Hildesheim, das unter dem Zepter wittelsbachischer Bischöfe zeitweise (1573–1688, 1714–1761) eng mit Köln und Münster kombiniert war; dadurch wurde der katholische Bevölkerungsteil in der ursprünglich fast ganz evangelischen Stadt zwar gefördert, aber ein Konfessionswechsel nicht herbeigeführt. Eine Beseitigung der Reformation war hier nicht mehr möglich – die Stadt verstand es auch, sich in der Folge ganz entschieden gegen alle Vorstöße der bischöflichen Regierung zu wehren, die einen konfessionellen Absolutismus auszubauen versuchte. Dies war noch deutlicher in Osnabrück der Fall, wo man den Kompromiß sogar im Westfälischen Frieden festgeschrieben hatte, mit dem Osnabrücker Alternat. Auf einen evangelischen Administrator aus dem Hause Braunschweig sollte jeweils ein katholischer Bischof folgen. Damit fixierte man gleichsam Protektoratsrechte von Kurköln und Braunschweig-Lüneburg gegenüber dem Bistum und seinen konfessionellen Gruppierungen, auch gegenüber der Stadt Osnabrück. Für diese entstand hierdurch ein erheblicher Freiraum, den sie gegen die alternierenden Landesfürsten mit äußerster Kraft nützte und mit zahlreichen rechtlichen Auseinandersetzungen durchfocht. Dadurch entstand eine eigentümliche politische Kultur, auf die jüngst Anton Schindling hingewiesen hat, die ihren Schatten noch auf das 19. Jahrhundert warf. Zu nennen wären hier auch die Stiftsstadt Höxter in ihren Auseinandersetzungen mit dem Abt von Corvey oder die Stiftsstadt Essen. Es waren schwache Landesherrschaften, konkurrierende Einflußfelder, die auch hier den Städten einen Freiraum gaben – die evangelischen Gruppierungen erfuhren in Höxter und Essen Unterstützung vor allem durch Preußen. Allerdings setzte sich auch gegenüber Höxter im 17. Jahrhundert Christoph Bernhard von Galen, diesmal als Administrator von Corvey, durch (1674).

4. Der vierte Typ der Entwicklung wäre die ganz überwiegend oder teilweise evangelische Reichsstadt neben einem katholischen Bischof. Dieses Beispiel galt für Regensburg, Speyer, Worms und bis 1681 für Straßburg. Hier gab es nach wie vor die alten Positionskämpfe, die freilich nun auf den friedlicheren Rechtsweg gezwungen waren. Daß der alte Groll freilich noch schwebte, zeigte die erbitterte Auseinandersetzung zwischen Bischof und Stadt in Straßburg um den Besitz des Münsters; erst die französische Okkupation von 1681 hat diese Frage entschieden – sie war kein geringes Motiv für den Bischof Franz Egon aus dem Hause Fürstenberg-Heiligenberg (1663–1682), sich auf die Seite der Franzosen zu schlagen. Aber auch sonst schwelten nach der mühseligen Wiederherstellung der evangelischen Reichsstädte die Auseinandersetzungen weiter – und entluden sich gelegentlich auch in gewalttätigen Exzessen, wie dem Handstreich des Speyerer Bischofs Heinrich Hartard von Rollingen (1711–1719) 1716, der von seiner Domfreiheit aus mit seinem Landvolk gegen die Reichsstadt vorging. Das bedeutete Landfriedensbruch, und das drohende Verfahren vor dem Reichshofrat konnte der sonst besonnene Bischof schließlich nur mit Hilfe des

Hauses Schönborn abwenden; der Preis war die Speyerer Koadjutorwürde für den Kardinal Damian Hugo von Schönborn (1716), der dann 1719 bis 1743 Bischof war.

Freilich haben äußere Faktoren diese Entwicklungen gebremst – Straßburg wurde 1681 französisch. Wenig später (1689) wurden Worms und Speyer durch französische Truppen verbrannt, so daß Bischofs- und Reichsstadt gemeinsam in Schutt und Asche fielen; ihre Konflikte freilich wurden damit nicht abgebrochen, wie Rollingens Handstreich zeigte.

Eine besondere war die Lage in Augsburg, dessen Protestantismus sich nach einem erbitterten Hin und Her während des Krieges schließlich verfestigen und behaupten konnte und schließlich zu der komplizierten Symbiose einer paritätischen Reichsstadt mit ihrem Bischof führte. Eine Sonderlage entstand auch in Regensburg durch die Präsenz des Reichstags; die weitgehend evangelische Stadt erhielt durch die Klientel der Reichstagsgesandtschaften eine zusätzliche katholische Komponente. In Regensburg, Worms und Augsburg gab es überdies ausgeprägte katholische Einsprengsel durch die zahlreichen Stifte, von denen einige reichsunmittelbar waren wie die Abtei St. Ulrich und Afra in Augsburg, die Fürstabtei St. Emmeram und die Damenstifte Ober- und Niedermünster in Regensburg. Das schuf komplizierte Rechtsverhältnisse, die nur schwer zu entwirren waren. In Augsburg stand mit dem katholischen Bevölkerungsanteil in der Reichsstadt und der stiftischen Klientel dem Bischof ein beträchtliches Potential zur Seite, das wiederum durch die engen Verbindungen zu Vorderösterreich begünstigt wurde. Parallel zu diesen Städten könnte man auch als Beispiele für das Verhältnis Reichsstadt-Stift nennen: Kempten, Wetzlar oder Frankfurt. Eine besonders vielschichtige Situation hatte sich in Wetzlar herausgebildet, wo zunächst das Marienstift zwar keine reichsunmittelbare, aber doch unter dem Protektorat des Trierer Erzbischofs eine nahezu unanfechtbare Position errungen hatte. Die Situation komplizierte sich weiter, als durch das Reichskammergericht eine katholische Klientel entstand, die wiederum die Position des Stifts begünstigte.

So war um 1648 ein gewisser Zustand der Ruhe und der relativen Rechtssicherheit eingekehrt, die freilich aufgefüllt war mit einer nicht abreißenden Zahl von Auseinandersetzungen. Dabei ergab sich aber auch eine Reihe von deutlichen Verschiebungen zur alten Kirche hin – so hatte der Regierungsantritt katholischer Häuser in bislang evangelischen weltlichen Territorien durchaus seine Konsequenzen für die Reichskirche in der Nachbarschaft. Der Wiederaufstieg der habsburgischen Kaisermacht gab überdies der katholischen Reichskirche einen verstärkten Rückhalt – da der Kaiser zugleich der Protektor der Reichsstädte war, mußten diese in ihren Auseinandersetzungen mit den Bischöfen vermehrt seinen Rückhalt suchen. Die Bischöfe verfügten in der Regel über sehr gute Verbindungen nach Wien. Das mußte sich auswirken, wenn der Gegner ihre landsässige Residenzstadt war.

Andererseits kann man seit dem Dreißigjährigen Krieg beobachten, daß der Fürstenstaat den Städten unübersehbar den Rang ablief – auch dies ein noch zu differenzierender Prozeß, der von der unterschiedlichen Größe der bischöflichen Territorien, aber auch von der unterschiedlichen Bedeutung der Städte beeinflußt wurde. Einige kleinere Bistümer wurden völlig in das Schlepptau ihrer geistlichen oder weltlichen Protektoren genommen. Hinzuweisen ist auf das Übergewicht Kölns gegenüber den nordwestdeutschen Stiften, aber auch auf das von Mainz gegenüber Worms. Wichtiger war noch, daß eine ganze Reihe geistlicher Staaten, vor allem die kleineren, immer weiter zurückfielen hinter ihre militärisch-politisch und ökonomisch stärkeren Nachbarn. Insgesamt bleibt jedoch das Bild, daß die geistlichen Staaten gegenüber den Reichsstädten erheblich an Boden gewonnen hatten – dies spiegelte sich in jenen Auseinandersetzungen, in denen der Fürstenstaat mit den überlegenen Methoden des Merkantilismus gegen die Städte vorging, mit Methoden, welche den Flächenstaat begünstigten.

Nirgendwo spielte sich dies in schärferen Formen ab als in Kempten, wo der Fürstabt 1719 mit der Gründung einer konkurrierenden Stiftsstadt unmittelbar vor den Mauern des alten Kempten den Kulminationspunkt seiner landesfürstlichen Strangulierungspolitik gegen die verhaßte evangelische Reichsstadt erreichte. Regulierend wirkte hier der Rückhalt an der kaiserlichen Rechtswahrung – dieser Rückhalt kam dem Schwächeren zugute, dies war vor dem Dreißigjährigen Krieg das Stift, nun aber die Stadt. Wirtschaftliche Auseinandersetzungen im Zeichen des Merkantilismus spielten sich zwischen nahezu allen Bischöfen und den zugehörigen Reichsstädten ab, etwa in Köln, Speyer, Worms und Regensburg; aber auch zwischen den Bischöfen und ihren landsässigen Residenzhauptstädten gab es wirtschaftliche Dispute.

Viele Bischöfe hatten sich – teilweise schon vor dem Dreißigjährigen Krieg – aus dem umkämpften Gelände ihrer Kathedralstadt in auswärtige Residenzen zurückgezogen: der Kölner nach Bonn, der Speyerer erst nach Philippsburg, dann nach Bruchsal, der Wormser nach Ladenburg, der Straßburger nach Zabern bzw. Oberkirch, der Konstanzer nach Meersburg, der Baseler nach Pruntrut, wobei das Domkapitel nach Arlesheim ging, der Augsburger nach Dillingen, der Regensburger gelegentlich nach Wörth oder nach Donaustauf, der Lübecker Administrator nach Eutin. Dies wurde sogar parallelisiert in Territorien, wo die Domstädte landsässig blieben; so spielten die Rolle von Nebenresidenzen: Koblenz für Trier, Aschaffenburg für Mainz, Iburg für Osnabrück, das Schloß Neuhaus vor den Toren der Bischofsstadt für Paderborn. Dies korrespondierte durchaus mit dem Rückzug der weltlichen Herren auf das Land.

Die Bischöfe hatten auch in der Neuzeit ihre Gründe dafür. Die Reichsverfassung reduzierte zwar die offene Gewalttätigkeit, verfestigte aber die gegenseitigen Positionen und perpetuierte damit die Konflikte. Betrachtet man die letzte Phase der Reichsgeschichte, also die Zeit nach 1648, so zeigte sich auch im Fall des Verhältnisses von Bischof und Stadt die nivellierende Kraft des landesfürstlichen Absolutismus. Die geistlichen Staaten waren in der Regel gut regiert, machten den Stufenwandel vom armierten Absolutismus des Dreißigjährigen Kriegs über den hohen Absolutismus zum aufgeklärten Absolutismus mit. Sie erneuerten und popularisierten den Katholizismus, förderten die Wirtschaft ihrer Territorien und verzichteten zumeist auf eine aggressive Politik nach außen – aber auch sie griffen reglementierend und steuernd in das territoriale Gefüge ihrer Staaten ein. Analog ihrem Auszug aus den Kathedralstädten lagen die bischöflichen Residenzen der Barockzeit zumeist außerhalb, allein Salzburg, Würzburg, Münster oder Osnabrück bildeten teilweise eine Ausnahme.

Der konfessionell befriedete geistliche Staat des 17. Jahrhunderts bewirkte eine ganze Menge in seinen Residenz- und Domstädten – die Domstädte blieben Sitze der Kapitel, der Priesterseminare, auch mancher Universitäten, der Regierungsbehörden oder anderer Einrichtungen. Die kulturellen Impulse des erneuerten Katholizismus können ebensowenig hinwegdisputiert werden wie die wirtschaftlichen der Residenzen. Auch die Reformideen der Aufklärung wurden in die geistlichen Staaten transportiert und wirkten in ihre Hauptstädte hinein. So tragen die Residenzstädte nicht nur der Bischöfe, sondern auch der kleineren geistlichen Obrigkeiten zumeist bis heute die Spuren eines erneuerten barocken Katholizismus. Vielfältig hat er die Geistesgeschichte dieser Städte befruchtet und für Verwaltung, Wirtschaft und Bildung Infrastrukturen geschaffen, die teilweise mit problematischen Folgen für die jeweilige Region in der Säkularisation untergegangen sind, teilweise aber über das 19. Jahrhundert hinweg bis in die Gegenwart nachgewirkt haben.

Aber hat der absolutistische geistliche Staat gemäß den Normen des Religionsfriedens und des Westfälischen Friedens alle internen Konflikte schiedlich lösen können? Dies gilt in der Tat für die Mehrzahl der geistlichen Territorien, die beruhigt waren und ihre Probleme im Inneren zu verarbeiten vermochten. Diese sind im einzelnen nicht aufzuzählen. Daneben gab es immer noch in einer Reihe von Bischofsstädten harte Auseinandersetzungen, die bis vor die obersten Reichsgerichte getragen wurden.

Dies überrascht nicht bei Osnabrück und Hildesheim, wo es auch im 18. Jahrhundert weiterhin ein starkes konfessionelles Spannungsfeld gab, das sich immer wieder in Prozessen entlud. Für Erfurt lassen sich in geringerem Maße ähnliche Beobachtungen machen. Hinzu kam aber auch Passau, wo eine selbstbewußte Stadt durchaus ihre Positionen zu wahren wußte und allzu forcierte Ansprüche des bischöflichen Stadtherrn zurückwies. Es ging um Gerichtsrechte, bischöfliche Eingriffe in die Zünfte, Anhebung der Zölle, Errichtung eines Tabakmonopols. Die niederbayerischen Konflikte waren allerdings nur sanft gegenüber jenen, die an der Peripherie des Reiches ausgefochten wurden – in Lüttich und Trient. Auch nach dem Dreißigjährigen Krieg, im Zeichen einer unangefochtenen Katholizität, setzten sich die Lütticher Auseinandersetzungen um die autonomen Rechte der Stadt gegenüber dem Bischof mit aller Härte fort, vor allem im Hinblick auf die Stadtverfassung, aber auch wegen der wirtschaftlichen Maßnahmen von Bischof und Domkapitel; dabei blieb die Stadt dem Bischof nichts schuldig. Dies galt auch für Trient, wo freilich die Schärfe der Lütticher Auseinandersetzungen nicht erreicht wurde. Eine flüchtige Beobachtung zeigt überdies, daß offenbar die sprachliche Zugehörigkeit der beiden Städte zum französischen beziehungsweise italienischen Kulturkreis durchaus Ideen begünstigte, die verschärfend wirkten. In beiden Fällen gerieten die letzten Auseinandersetzungen zwischen Stadt und Bischof in das Vorfeld der Französischen Revolution, wobei sich allerdings nur in Lüttich der revolutionäre Geist schließlich durchsetzen konnte. Der Lütticher Aufstand von 1789/91 sollte das Reich und seine beiden Großmächte beschäftigen.

Dies macht auch sehr deutlich, daß die mindere Schärfe der Auseinandersetzungen in Trient nicht etwa auf einen Antagonismus zwischen Welsch-Tiroler Behäbigkeit und wallonischem Radikalismus zurückzuführen ist, sondern daß das territoriale Umfeld auf diese Konflikte einwirkte. Das Übergewicht Habsburgs in Tirol wirkte entschieden dämpfend, während auf die Lütticher Auseinandersetzungen Kurköln, die spanische beziehungsweise österreichische Regierung in Brüssel, gelegentlich Frankreich, aber auch Kurpfalz als Herr von Jülich und Berg, Preußen als Inhaber von Kleve und Mark und die niederländischen Generalstaaten einwirkten. Diese Vielfalt beteiligter Kräfte erhöhte die Risikobereitschaft der streitenden Parteien. Der Gegensatz Kurhannover-Kurköln wirkte in Osnabrück ebenso wie in Hildesheim. Dort mischte sich freilich mit zunehmendem, schließlich dominierendem Gewicht auch Preußen ein. In Hildesheim gewann am Ende der welfisch-hannoversche-hohenzollerische Antagonismus ein bestimmendes Gewicht und konnte auf die innerstädtischen Konflikte nicht ohne Einfluß bleiben.

In Passau spielte das Spannungsfeld Österreich-Bayern eine Rolle, das es auch in Salzburg gab. In Essen waren es wiederum Kurbrandenburg (Preußen) und Kurköln, die den Konfliktparteien einen Rückhalt gaben. Daß gegen Ende des 18. Jahrhunderts die bischöflich-speyerische Residenzstadt Bruchsal in einmaliger Weise zu einem Konfliktfeld zwischen dem bischöflichen Stadtherrn und der Kommune wurde, lag wohl vor allem an der repressiven Politik des Bischofs August von Limburg-Styrum mit ihren vertrackt absolutistischen Maßnahmen. Auch die Bruchsaler Auseinandersetzungen gerieten in das Umfeld der Französischen Revolution, wobei sich der Bischof dazu verstieg, Bruchsal mit dem revolutionären Paris zu vergleichen.

Angesichts dieser Beobachtungen erstaunt es nicht, daß sich auch im 18. Jahrhundert in den Freien Städten, deren Angleichung an die Reichsstädte nun vollendet war, die Auseinandersetzungen fortsetzten. Es gab eine ganze Reihe von ungelösten Problemen, die im Streit entschieden wurden. Die Konflikte eskalierten vor allem in Speyer und Worms, wo die Bischöfe ihre Restpositionen hart zu verteidigen trachteten. In Worms etwa wurden Auseinandersetzungen über Kirchennutzungen bis zum Ende noch mit einer besonderen Hartnäckigkeit und Gehässigkeit ausgetragen. Die Parteien hatten auch hier ihre auswärtigen Protektoren, deren Wirken sich freilich immer mehr von der lokalen auf die Reichsebene verlagerte. Deutlich sichtbar wurde in Regensburg die konstante Einwirkung des Immerwährenden Reichstags 1663, die eher konfliktdämpfend wirkte. In Augsburg dagegen hat die konfessionelle Parität der Stadt, fixiert im Westfälischen Frieden, den Antagonismus zum Bischof abgeschwächt, ohne daß die Konflikte aufhörten. In die gleiche Richtung dürften die österreichischen und bayerischen Einwirkungen gegangen sein. Wie tief eingewurzelt jedoch die Spannungen waren, demonstrierte der Fall Worms, wo die Auseinandersetzungen sogar nach der Räumung der Stadt durch französische Revolutionstruppen 1793 wieder aufflammten. Wie grundsätzlich diese Konflikte freilich waren, zeigte auch ihr Fortgang in Köln, wo sich der katholische Rat und der katholische Kurfürst erbitterte Rechtsstreitigkeiten lieferten. Ebenfalls fortschwelende Konflikte gab es in den Stiftsstädten Kempten und Lindau.

Auseinandersetzungen zwischen dem Bischof und seinen Bischofsstädten, seien es Freie Städte oder Landstädte, wie Osnabrück oder Hildesheim, konnten kompliziert werden durch weitere, sich vermengende Konflikte. Parallel zum katholischen Landesherrn waren vor allem in Osnabrück und in Hildesheim die katholisch gebliebenen Stifte Prozeßgegner der Stadt, wurden in gemischten oder paritätischen Städten die Spannungen zwischen dem katholischen und dem evangelischen Bevölkerungsteil virulent. Immer wieder traten auf der geistlichen Seite auch die Domkapitel auf.

Andererseits wurden die Konflikte abgeschwächt durch die seit dem 17. Jahrhundert verstärkt aufkommenden Auseinandersetzungen zwischen Bürgergemeinde und Magistrat, die die Kräfte der Städte schwächten – der Gegensatz zum Bischof in Speyer, zum Fürstabt in Kempten scheint jedoch im Inneren dieser Städte solche Auseinandersetzungen hintangehalten zu haben. Die geistliche Seite wurde wiederum gebremst durch die zahlreichen Auseinandersetzungen der Bischöfe mit ihren Domkapiteln, aber auch mit den Stiften auf ihrem Territorium.

Gegen Ende des 18. Jahrhunderts wirkten diese Kämpfe bereits anachronistisch – das Alte Reich hatte sich in seiner bestehenden Form überlebt. In den Stürmen der napoleonischen Zeit gingen dann die Reichskirche und die Reichsstädte gemeinsam unter. Im Gefüge des konfessionell befriedeten Reiches nach 1648 gab es aber auch vielfältige Anregungen und Beeinflussungen von Protestanten und Katholiken, die auf dem Boden der alten Bischofsstädte zuweilen eng zusammenlebten. Das gemeinsame Dach der Aufklärung hatte zweifelsohne den Austausch ganz erheblich gefördert – neben den spannenden Auseinandersetzungen standen somit, weniger dramatisch, die Befruchtungen einer lebendigen Symbiose; Dom und Rathaus begriffen seit dem 18. Jahrhundert überdies stärker, daß sie gemeinsame Kinder der bedrohten Welt des Alten Reiches waren und daß ihre altständische Existenz in Frage gestellt wurde von den unerbittlichen und unaufhaltsamen Forderungen der Moderne. Justus Möser hat in seiner Schilderung der Symbiose unter den Bedingungen des Osnabrücker Alternats dieser Welt ein unsterbliches Denkmal gesetzt.

Die harten Spannungen des Mittelalters hatten also auch in der Neuzeit nicht aufgehört. Sie überlagerten die Auseinandersetzungen um die Reformation und steigerten sich dabei zu beträchtlicher Schärfe. Der Kampf um die städtische Autonomie verband sich also mit den Problemen der Glaubensspaltung – dieser Vorgang stand in engstem Zusammenhang mit den allgemeinen Entwicklungen der Reichsgeschichte. Am Ende war es weniger die eine oder die andere konfessionelle Seite und schon gar nicht die städtische Autonomie, sondern der absolutistische Fürstenstaat, der den Sieg davontrug – sei es im katholisch-geistlichen oder im evangelisch-weltlichen Gewande. Auf der ganzen Linie aber waren auch die Bischofsstädte schließlich in die Defensive gedrängt. Ihr Autonomiestreben, das Heinz Schilling so eindringlich geschildert hat, konnten nur die wenigsten realisieren. Doch auch jene, die Reichsstädte wurden, vermochten ihren Status nur mühsam zu bewahren. Aber die geistlichen Staaten haben am Ende die Unabhängigkeit der Reichsstädte doch nicht überlebt – gerade in ihrem Miteinander und Gegeneinander haben jedoch beide in reichem Maße ihren Beitrag zur deutschen Geschichte geleistet.

LITERATUR

AMMERICH, Hans: Formen und Wege der katholischen Reform in den Diözesen Speyer und Straßburg. Klerusreform und Seelsorgereform, in: PRESS, Volker u.a. (Hg.), Barock am Oberrhein, Karlsruhe 1985, S. 291–327.

BECKER-HUBERTI, Manfred: Die tridentinische Reform im Bistum Münster unter Fürstbischof Christoph Bernhard von Galen 1650 bis 1678. Ein Beitrag zur Geschichte der katholischen Reform, Münster 1978.

BERTRAM, Adolf: Geschichte des Bistums Hildesheim, Bd. 2 und 3, Hildesheim 1916/25.
BLEICHER, Joseph: Geschichte des Hochstifts und der Stadt Eichstätt, Eichstätt 1927.
BLICKLE, Peter: Gemeindereformation. Die Menschen des 16. Jahrhunderts auf dem Weg zum Heil, München 1985.
BOOS, Heinrich: Geschichte der rheinischen Städtekultur von den Anfängen bis zur Gegenwart, mit besonderer Berücksichtigung von Worms, 4 Bde., Berlin 1897/1901.
BRADY, Thomas A. jr.: Ruling Class, Regime and Reformation in Strasbourg 1520–1555, Leiden 1978.
BRANDT, Hans-Jürgen und HENGST, Karl: Die Bischöfe und Erzbischöfe von Paderborn, Paderborn 1984.
BRENDLER, Gerhard: Das Täuferreich zu Münster 1534/35, Berlin (Ost) 1966.
BROTSCHI, Wilhelm: Der Kampf Jakob Christoph Blarers von Wartensee um die religiöse Einheit im Fürstbistum Basel (1575–1608). Ein Beitrag zur Geschichte der katholischen Reform, Freiburg/Schweiz 1956.
BRÜCK, Anton Philipp: Geschichte der Stadt Mainz, Bd. 5: Mainz vom Verlust der Stadtfreiheit bis zum Ende des Dreißigjährigen Krieges 1462–1648, Düsseldorf 1972.
BRUNNER, Peter: Nikolaus von Amsdorf als Bischof von Naumburg. Eine Untersuchung zur Gestalt des evangelischen Bischofsamtes in der Reformationszeit, Gütersloh 1961.
BÜCKING, Jürgen: Frühabsolutismus und Kirchenreform in Tirol 1565–1665. Ein Beitrag zum Ringen zwischen »Staat« und »Kirche« in der Frühen Neuzeit, Wiesbaden 1972.
CANINI, Gérard: Verdun hier. Bd. 1: Des Origines à la Révolution, Bar-le-Duc 1981/82.
CASPAR, Benedikt: Das Erzbistum Trier im Zeitalter der Glaubensspaltung bis zur Verkündigung des Tridentinums in Trier im Jahre 1569, Münster 1966.
CHAIX, Gérald: Réforme et contre-réforme catholiques: Recherches sur la Chartreuse de Cologne au XVIe siècle, 3 Bde., Salzburg 1981.
CZOK, Karl: Revolutionäre Volksbewegungen in mitteldeutschen Städten zur Zeit von Reformation und Bauernkrieg, in: STERN, Leo/STEINMETZ Max (Hg.): 450 Jahre Reformation, Berlin 1967, S. 128–145.
DARIS, Joseph: Histoire du diocèse et de la principauté de Liège, Bd. 4–6, ND Bruxelles 1974.
DITTRICH, Paul: Die Meissener Diözese unter der Kirchenpolitik der Landesherren des 16. und 17. Jahrhunderts, Leipzig 1961.
DUHR, Bernhard: Geschichte der Jesuiten in den Ländern deutscher Zunge, 4 Bde. in 6, München 1907/28.
DUMONT, Franz: Die Mainzer Republik von 1792/93: Studien zur Revolutionierung in Rheinhessen und der Pfalz, Alzey 1982.
EHBRECHT, Wilfried: Zu Ordnung und Selbstverständnis städtischer Gesellschaft im späten Mittelalter, in: Blätter für deutsche Landesgeschichte 110, 1974, S. 89–103.
–: (Hg.), Städtische Führung und Gemeinde in der werdenden Neuzeit, Köln, Wien 1980.
ENNEN, Leonhard: Geschichte der Stadt Köln, Bd. 3–5, Köln, Neuss 1868/80.
FEGER, Otto: Kleine Geschichte der Stadt Konstanz, Konstanz [2]1957.
FEINE, Hans Erich: Das protestantische Fürstbistum Lübeck, in: Zeitschr. f. Rechtsgeschichte, Kan. Abt. 11, 1921, S. 439–442.
FLASKAMP, Franz: Reformation und Gegenreformation im Hochstift Osnabrück. Tatsachen und Bedingtheiten, in: Westfälische Forschungen 11, 1958, S. 68–74.
FRANZ, Günther: Der Deutsche Bauernkrieg, Darmstadt [12]1984.
FRANZEN, August: Bischof und Reformation. Erzbischof Hermann von Wied in Köln vor der Entscheidung zwischen Reform und Reformation, Münster [2]1972.
Geschichte der Stadt Magdeburg, Berlin (Ost) 1975.
Geschichte der Stadt Speyer, 2 Bde., Stuttgart [2]1983.
GLÖCKLER, Ludwig Gabriel: Geschichte des Bisthums Straßburg, 2 Bde., Straßburg 1879/80.
GOTTLIEB, Gunther u. a. (Hg.): Geschichte der Stadt Augsburg von der Römerzeit bis zur Gegenwart, Stuttgart 1984.
HAGGENMÜLLER, Johann Baptist: Geschichte der Stadt und der gefürsteten Grafschaft Kempten, 2 Bde., Kempten 1840/47.

HAHN, Karl: Die katholische Kirche in Straßburg unter dem Bischof Erasmus von Limburg 1541–1568, Frankfurt 1940.

–: Die kirchlichen Reformbestrebungen des Straßburger Bischofs Johann von Manderscheid (1569–1592), Straßburg 1913.

HALKIN, Léon-E.: Le cardinal de La Marck, prince-évêque de Liège (1505–1538), Réforme protestante et Réforme catholique au diocèse de Liège, Paris 1930.

HARSIN, Paul: De l'édit de Worms à la paix d'Augsbourg (1521–1555). Étude critique de la législation liégeoise en matière d'hérésie, in: Bulletin da la Commission Royale des anciennes lois et ordonnances de Belgique 20, 1959/60, S. 19–52.

HECKEL, Johannes: Die evangelischen Dom- und Kollegiatstifter Preussens, insbesondere Brandenburg, Merseburg, Naumburg, Zeitz. Eine rechtsgeschichtliche Untersuchung, Stuttgart 1924.

HECKEL, Martin: Autonomia und Pacis Compositio. Der Augsburger Religionsfriede in der Deutung der Gegenreformation, in: Zeitschr. f. Rechtsgesch., Kan. Abt. 76, 1959, S. 141–248.

HOFFMANN, F. W.: Geschichte der Stadt Magdeburg, Bd. 1, Magdeburg 1885.

HENGST, Karl: Kirchliche Reformen im Fürstbistum Paderborn unter Dietrich von Fürstenberg (1585–1618). Ein Beitrag zur Geschichte der Gegenreformation und katholischen Reform in Westfalen, München, Paderborn, Wien 1974.

–: Jesuiten an Universitäten und Jesuitenuniversitäten. Zur Geschichte der Universitäten in der Oberdeutschen und Rhein. Provinz der Gesellschaft Jesu im Zeitalter der konfessionellen Auseinandersetzung, Paderborn 1981.

HEUSCHEN, Diethelm: Reformation, Schmalkaldischer Bund und Österreich in ihrer Bedeutung für die Finanzen der Stadt Konstanz 1499–1648, Tübingen, Basel 1969.

HSIA, Ronnie Po-Cha: Society and Religion in Münster 1535–1618, New Haven 1984.

HÜTTL, Ludwig: Geistlicher Fürst und geistliche Fürstentümer im Barock und Rokoko. Ein Beitrag zur Strukturanalyse von Gesellschaft, Herrschaft, Politik und Kultur des alten Reichs, in: Zeitschr. f. bayer. Landesgesch. 37, 1974, S. 3–48.

HÜTTMANN, Hans-Dieter: Untersuchungen zur Verfassungs-, Verwaltungs- und Sozialgeschichte der freien Reichsstadt Worms 1659–1789, Worms 1970.

ILLIGENS, Everhard: Geschichte der Lübeckischen Kirche von 1530 bis 1896, das ist Geschichte des ehemaligen katholischen Bistums und der nunmehrigen katholischen Gemeinde, sowie der katholischen Bischöfe, Domherren und Seelsorger zu Lübeck von 1530 bis 1896, Paderborn 1896.

JÄGER, Berthold: Das geistliche Fürstentum Fulda in der Frühen Neuzeit. Landesherrschaft, Landstände und fürstliche Verwaltung. Ein Beitrag zur Verfassungs- und Verwaltungsgeschichte kleiner Territorien des Alten Reiches, Marburg/Lahn 1986.

JAHNS, Sigrid: Frankfurt, Reformation und Schmalkaldischer Bund. Reformations-, Reichs- und Bündnispolitik der Reichsstadt Frankfurt a. Main 1525–1536, Frankfurt/Main 1976.

JENSEN, Wilhelm: Das Hamburger Domkapitel und die Reformation, Hamburg 1961.

JÜRGENSMEYER, Friedhelm: Das Bistum Mainz von der Römerzeit bis zum II. Vatikanischen Konzil, Frankfurt a. M. 1988.

KENTENICH, Gottfried: Geschichte der Stadt Trier, Trier 1915.

KIRCHHOFF, Karl-Heinz: Die Täufer in Münster 1534/35. Untersuchungen zum Umfang und zur Sozialstruktur der Bewegung, Münster 1973.

KOHL, Wilhelm: Christoph Bernhard von Galen. Politische Geschichte des Fürstbistums Münster, 1650–1678, Münster 1964.

LORENZ, Gottfried: Das Erzstift Bremen und der Administrator Friedrich während des Westfälischen Friedenskongresses. Ein Beitrag zur Geschichte des schwedisch-dänischen Machtkampfes im 17. Jahrhundert, Münster 1969.

MARX, Jakob: Geschichte des Erzstifts Trier: als Kurfürstentum und Erzdiözese von den ältesten Zeiten bis zum Jahre 1816, 3 Bde., Trier 1858/64, ND Aalen 1969.

MAY, Jakob: Der Kurfürst, Cardinal und Erzbischof Albrecht II. von Mainz und Magdeburg, 2 Bde., München 1865/75.

MEIER, Johannes: Heinrich von Lauenburg als Fürstbischof von Osnabrück und Paderborn zwischen Reformation und katholischer Reform, in: Paderbornensis Ecclesia. Beiträge zur Geschichte des Erzbistums Paderborn, Paderborn 1972, S. 245–266.

MEISEL, Peter: Die Verfassung und Verwaltung der Stadt Konstanz im 16. Jahrhundert, Konstanz 1957.

MEISTER, Aloys: Der Straßburger Kapitelstreit 1583–1592. Ein Beitrag zur Geschichte der Gegenreformation, Straßburg 1899.

MOELLER, Bernd: Reichsstadt und Reformation, Gütersloh 1962.

–: Die Reformation in Bremen, in: Jahrbuch der Wittheit zu Bremen 17, 1973, S. 51–73.

MÜLLER, Gerhard: Reformation und Stadt. Rezeption der evangelischen Verkündigung, Wiesbaden 1981.

MÜLLER, Otfried: Bischof Julius Pflug von Naumburg-Zeitz in seinem Bemühen um die Einheit der Kirche, in: SCHRADER, Franz (Hg.): Beiträge zur Geschichte des Erzbistums Magdeburg, Leipzig 1969, S. 155–178.

NEUHAUS, Helmut: Das Reich und die Wiedertäufer von Münster, in: Westfälische Zeitschrift 133, 1983, S. 9–36.

NORDSIEK, Hans: Glaube und Politik. Beiträge zur Geschichte der Reformation im Fürstbistum Minden, Minden 1985.

–: Zur Eingliederung des Fürstbistums Minden in den brandenburgisch-preußischen Staat, in: BAUMGART, Peter (Hg.): Expansion und Integration. Zur Eingliederung neugewonnener Gebiete in den preußischen Staat, Köln 1984, S. 45–79.

ORTNER, Franz: Reformation, katholische Reform und Gegenreformation im Erzstift Salzburg, Salzburg 1981.

OTT, Gabriel Maria: Das Bürgertum der geistlichen Residenzstadt Passau in der Zeit des Barock und der Aufklärung. Eine Studie zur Geschichte des Bürgertums, Passau 1961.

OTTO, Franz: Die rechtlichen Verhältnisse des Domstiftes zu Hamburg von 1719–1802, Hamburg 1962.

OZMENT, Steven E.: The Reformation in the Cities. The Appeal of Protestantism to Sixteenth-Century Germany and Switzerland, New Haven, London ²1980.

PFEIFFER, Gerhard: Das Verhältnis von politischer und kirchlicher Gemeinde in den deutschen Reichsstädten, in: FUCHS, Walther Peter (Hg.): Staat und Kirche im Wandel der Jahrhunderte, Stuttgart 1966, S. 79–99.

–: Der Augsburger Religionsfrieden und die Reichsstädte, in: Zeitschrift des Hist. Vereins f. Schwaben 61, 1955, S. 213–321.

PIETSCHMANN, Dietrich: Die Säkularisation des Domkapitels in Magdeburg und seiner Nebenstifter. Stiftische Herrschaften im späten Feudalismus, in: SCHRADER, Franz (Hg.), Beiträge zur Geschichte des Erzbistums Magdeburg, Leipzig 1969, S. 123–154.

PÖLNITZ, Götz Freiherr von: Der Bamberger Fürstbischof Johann Philipp von Gebsattel und die deutsche Gegenreformation, in: Hist. Jahrb. 50, 1930, S. 47–69.

–: Julius Echter von Mespelbrunn, Fürstbischof von Würzburg und Herzog von Franken, München 1934.

POSTEL, Rainer: Die Reformation in Hamburg 1517–1528, Gütersloh 1986.

PRESS, Volker: Das Hochstift Speyer im Reich des späten Mittelalters und der frühen Neuzeit – Portrait eines geistlichen Staates, in: PRESS, V., REINHARD, E., SCHWARZMAIER, H. (Hg.), Barock am Oberrhein, Karlsruhe 1985, S. 251–290.

–: Ellwangen, Fürststift im Reich des späten Mittelalters und der frühen Neuzeit, in: Ellwanger Jahrbuch 30, 1983/84 (1985), S. 7–30.

–: Wetzlar – Reichsstadt und Reich im Spätmittelalter und in der frühen Neuzeit, in: Mitteilungen des Wetzlarer Geschichtsvereins 31, 1985, S. 57–101.

–: Die Reichsstadt in der altständischen Gesellschaft, in: KUNISCH, Johannes (Hg.): Neue Studien zur frühneuzeitlichen Reichsgeschichte, Berlin 1987, S. 9–42.

REISER, Rudolf: Adeliges Stadtleben im Barockzeitalter. Internationales Gesandtenleben auf dem Immerwährenden Reichstag zu Regensburg. Ein Beitrag zur Kultur- und Gesellschaftsgeschichte der Barockzeit, München 1969.

REY, Maurice (Hg.): Les diocèses de Besançon et de Saint-Claude, Paris 1977.

RITTENBACH, Willi und SEIFERT, Siegfried: Geschichte der Bischöfe von Meißen, Leipzig 1965.

ROESGEN, Manfred von: Albrecht von Brandenburg. Ein Renaissancefürst auf dem Mainzer Bischofsthron, Moers 1980.

RUBLACK, Hans-Christoph: Gescheiterte Reformation. Frühreformatorische und protestantische Bewegungen in süd- und westdeutschen geistlichen Residenzen, Stuttgart 1978.

–: Die Einführung der Reformation in Konstanz. Von den Anfängen bis zum Abschluß 1531, Heidelberg 1971.

SAX, Julius: Die Bischöfe und Reichsfürsten von Eichstätt 745–1806, 2 Bde., Landshut 1884/85.

SCHILLING, Heinz: Die politische Elite nordwestdeutscher Städte in den religiösen Auseinandersetzungen des 16. Jahrhunderts, in: MOMMSEN, Wolfgang J. (Hg.): Stadtbürgertum und Adel. Studien zur Sozialgeschichte der Reformation in England und Deutschland, Stuttgart 1979, S. 235–307.

–: Wandlungs- und Differenzierungsprozesse innerhalb der bürgerlichen Oberschichten West- und Nordwestdeutschlands im 16. und 17. Jahrhundert, in: BISKUP, Marian, ZERNACK, Klaus (Hg.): Schichtung und Entwicklung der Gesellschaft in Polen und Deutschland im 16. und 17. Jahrhundert, Wiesbaden 1983, S. 121–173.

SCHINDLING, Anton: Westfälischer Frieden und Altes Reich. Zur reichspolitischen Stellung Osnabrücks in der Frühen Neuzeit, in: Osnabrücker Mitteilungen 90, 1985, S. 97–120.

–: Reichskirche und Reformation. Zur Glaubensspaltung und Konfessionalisierung in den geistlichen Fürstentümern des Reiches, in: KUNISCH, Johannes (Hg.): Neue Studien zur frühneuzeitlichen Reichsgeschichte, Berlin 1987, S. 81–112.

SCHMIDT, Georg: Der Städtetag in der Reichsverfassung. Eine Untersuchung zur korporativen Politik der freien und Reichsstädte in der ersten Hälfte des 16. Jahrhunderts, Stuttgart 1984.

SCHMIDT, Heinrich R.: Reichsstädte, Reich und Reformation. Korporative Religionspolitik 1521–1529/30, Stuttgart 1986.

SCHMIDT, Roderich: Das Stift Cammin, sein Verhältnis zum Herzogtum Pommern und die Einführung der Reformation, in: Baltische Studien, Neue Folge 61, 1975, S. 17–31.

SCHOPPMEYER, Heinrich: Der Bischof von Paderborn und seine Städte. Zugleich ein Beitrag zum Problem Landesherr und Stadt, Diss. Münster 1968.

SCHRADER, Franz: Reformation und katholische Klöster. Beiträge zur Reformation und zur Geschichte der klösterlichen Restbestände in den ehemaligen Bistümern Magdeburg und Halberstadt, Leipzig 1973.

–: Ringen, Untergang und Überleben der katholischen Klöster in den Hochstiften Magdeburg und Halberstadt von der Reformation bis zum Westfälischen Frieden, Münster 1977.

–. Der Katholizismus im Bistum Halberstadt von der Reformation bis zum Westfälischen Frieden, in: Paderbornensis Ecclesia, Beiträge zur Geschichte des Erzbistums Paderborn, Paderborn 1972, S. 267–301.

–: Die Visitationen der katholischen Klöster im Erzbistum Magdeburg durch die evangelischen Landesherren 1561–1651, Münster 1969.

SCHREIBER, Georg (Hg.): Das Weltkonzil von Trient. Sein Werden und Wirken, 2 Bde., Freiburg 1951.

SCHRÖDER, Tilman Matthias: Das Kirchenregiment der Reichsstadt Esslingen. Grundlagen – Geschichte – Organisation, Esslingen 1987.

SCHROER, Alois: Die Reformation in Westfalen. Der Glaubenskampf einer Landschaft, 2 Bde., Münster 1979/83.

–: Die Kirche in Westfalen im Zeichen der Erneuerung 1555–1648, Bd. 1, Münster 1986.

–: Christoph Bernhard von Galen und die katholische Reform im Bistum Münster, Münster 1974.

SCHROHE, Heinrich: Die Stadt Mainz unter kurfürstlicher Verwaltung 1462–1792, Mainz 1920.
SCHWARZWÄLDER, Herbert: Geschichte der Freien Hansestadt Bremen, Bd. 1, Bremen 1975.
SMOLINSKY, Heribert: Michael Helding (1506–1561) in: ISERLOH, Erwin (Hg.), Katholische Theologen der Reformationszeit, Bd. 2, Münster 1985, S. 124–136.
SCRIBNER, Robert W.: Why was there no Reformation in Cologne, in: Bulletin of the Institute of Historical Research 49, 1976, S. 217–241.
SIEBERT, Ferdinand: Zwischen Kaiser und Papst. Kardinal Truchseß von Waldburg und die Anfänge der Gegenreformation in Deutschland, Berlin 1943.
SOFSKY, Günter: Die verfassungsrechtliche Lage des Hochstifts Worms in den letzten zwei Jahrhunderten seines Bestehens. Unter besonderer Berücksichtigung der Wahl seiner Bischöfe, Worms 1957.
STABER, Josef: Kirchengeschichte des Bistums Regensburg, Regensburg 1966.
STRATENWERTH, Heide: Die Reformation in der Stadt Osnabrück, Wiesbaden 1971.
STRIEDINGER, Ivo: Der Kampf um Regensburg 1486–1492, in: Verhandlungen des Hist. Vereins von Oberpfalz 44, 1890/91, S. 1–88, 95–205.
STRITMATTER, Robert: Die Stadt Basel während des Dreißigjährigen Krieges. Politik, Wirtschaft, Finanzen, Bern, Frankfurt 1977.
SYDOW, Jürgen: Die Konfessionen in Regensburg zwischen Reformation und Westfälischem Frieden, in: Zeitschr. f. bayer. Landesgesch. 23, 1960, S. 473–491.
THEOBALD, Leonhard: Die Reformationsgeschichte der Reichsstadt Regensburg, Bd. 1, München 1936, Bd. 2, Nürnberg 1951.
TRAUTHIG, Gottlieb: Die Reichsstadt Wetzlar zur Zeit des Dreißigjährigen Krieges, Wetzlar 1928.
TRIBOUT DE MOREMBERT, Henri (Hg.), Le diocèse de Metz, Paris 1970.
TÜCHLE, Hermann: Der Augsburger Religionsfriede. Neue Ordnung oder Kampfpause, in: Zeitschr. des Hist. Vereins f. Schwaben 61, 1955, S. 323–340.
VAUTREY, Louis, Histoires des évêques de Bâle, Bd. 2, Einsiedeln 1886.
VEIT, Ludwig Andreas, Kirche und Kirchenreform in der Erzdiözese Mainz im Zeitalter der Glaubensspaltung und der beginnenden tridentinischen Reformation 1517–1618, Freiburg 1920.
WALTER, Ferdinand: Das alte Erzstift und die Reichsstadt Cöln, ihre geistliche und weltliche Verfassung und ihr Recht, 1. Bd.: Entwicklung ihrer Verfassung vom 18. Jahrhundert bis zum Untergang, Bonn 1866.
WEBER, Reinhard: Würzburg und Bamberg im Dreißigjährigen Krieg. Die Regierungszeit des Bischofs Franz von Hatzfeld, 1631–1642, Diss. Würzburg 1978.
WENDEHORST, Alfred: Das Bistum Würzburg, Teil 3: Die Bischofsreihe von 1455 bis 1617, Berlin 1978.
WHALEY, Joachim: Religious toleration and social change in Hamburg, 1529–1819, New York 1985.
WIDMANN, Hans: Geschichte Salzburgs, 3 Bde., Gotha 1907/14.
WOLTERS, Theodor: Erzbischof Christophs Kampf um das geistliche Fürstentum in den Stiftern Bremen und Verden, Hamburg 1939.
ZOEPFEL, Friedrich: Geschichte des Bistums Augsburg und seiner Bischöfe, Bd. 2: Das Bistum Augsburg und seine Bischöfe im Reformationsjahrhundert, München 1969.

Diskussionsbeiträge zu den einzelnen Referaten

DISKUSSION ZUM VORTRAG ENNEN

Kirchgässner: Frau Ennen sind wir aufrichtigen Dank schuldig. Ihr Referat hat mich an einen Satz aus dem immer noch lesenswerten Buch von Fritz Rörig erinnert, worin er mit Nachdruck darauf hinweist, daß die »Villes libres« Frankreichs eben nicht mit deutschen Reichsstädten identifiziert werden sollten. Ich habe mir über diese Probleme vergleichender Städtegeschichte schon immer eine ausführliche Erklärung gewünscht; Frau Ennen hat in ihrem ungemein facettenreichen Vortrag uns hier ein Stück weitergeführt.

Einige Fragen des interessierten Laien an den Fachmann erlaube ich mir: Etwas provoziert hat mich der Ausdruck »concives« in oberitalienischen Städten. Waren diese Bischöfe nun eigentlich »cives«, wenn man ihre Bürger als »*con*cives« angesprochen hat?

Die zweite Frage, die uns ja bis zur Stunde bewegt, ist die soziale Ausgangssituation dieser Bischöfe. Offensichtlich galt für sie nahezu durchgehend der Zölibat, wenn wir uns noch einmal daran erinnern, was Herr Gessel gestern Abend uns vorgetragen hat. Weiterhin stellt sich die Frage, was diese Bischöfe nun eigentlich als Theologen bedeutet haben: Wie weit war ihre Ausbildung hier vorgeprägt? Einbeziehen möchte ich die weitere Frage nach einer Umformung im Amt des »Episkopus« bzw. des »Antistes« der antiken Gemeinde, der ja – wenn ich Herrn Gessel richtig verstanden habe – zumeist den führenden Schichten angehört hat. Muß man hier nicht recht frühzeitig einen Wandel im sozialen Ausgangsfeld derartiger Gemeindevorsteher bzw. dann eben Stadtherren annehmen?

Ennen: Also: der Bischof und seine concives, ich sagte ja, die italienische Stadtbevölkerung ist frei und die adelige Führungsschicht stellt auch die Bischöfe. Im Grunde habe ich ja ziemlich spät mit der Einzelbetrachtung, im ausgehenden 9. und 10. Jahrhundert eingesetzt; da ist längst die Verbindung Adel und Kirche überall da. Die merowingerzeitlichen Bischöfe à la Gregor von Tours sind sehr gebildete Leute. Dadurch unterscheiden sie sich von den Franken, von der fränkischen Oberschicht und deshalb besetzen sie auch ausschließlich eine zeitlang die Bischofsstühle, weil nur sie allein die persönlichen Voraussetzungen für dieses Amt mitbringen. Sie entstammen alle dem sogenannten Senatorenadel, das sind alte gallo-römische Familien, die sich vor allem in Südwestfrankreich gehalten haben. Stroheker[1] hat uns diese Leute ja im einzelnen vorgestellt, römischen Ursprungs, alte senatorische Geschlechter, die römischen civitates in diesem Gebiet entstammten und die eine ganz große Rolle als Verwaltungsbeamte im weltlichen Sinn, aber auch als die ausschließlichen Verwalter des Bischofsamtes in der Merowingerzeit zunächst spielen. Sogar der Bischof von Trier Nicetius, 526/27 – nach 561 Bischof von Trier, ist noch südgallischer Herkunft. Das dauert dann bis ins 6. Jahrhundert, da kann man feststellen, wie Franken in die hohen Ämter der Kirche eintreten. Da geht dann der Bischofsstuhl von Trier nach

1 Karl Friedrich Stroheker, Die Senatoren bei Gregor von Tours, Germanentum u. Spätantike, Zürich, Stuttgart 1965.

Nicetius an Magnerich, das ist ein vornehmer Franke. Das hat übrigens auch Prinz[2] im einzelnen geschildert. Der Unterschied ist nun der, daß in Deutschland der Adel überwiegend landsässig bleibt, daß aber in Italien die einheimische italienische Bevölkerung weiter in Städten wohnte und das war freie Bevölkerung, die nicht in eine grundherrliche Abhängigkeit geriet, das hat Hagen Keller[3] mit Recht herausgearbeitet, und sie besaß eine adelige Führungsschicht. In der Frühzeit im 10. Jahrhundert gab es in Italien auch noch Adelsherrschaften auf dem Lande, die aber in Oberitalien von den aufkommenden Stadtstaaten ausgeräumt werden. Genua z. B. hat diese großen Adeligen auf dem Lande bekriegt, besiegt und dann einen Habituculum-Vertrag mit ihnen geschlossen. Danach mußte der Adel, z. B. der Markgraf von Lavagna u. a., einen bestimmten Teil des Jahres in der Stadt wohnen und seine Kinder mit Genuesen verheiraten. Die Stadtbewohner sind also schon concives, d. h. Bürger, da sind auch zum Teil Personen in diesem conventus civium, die in einer gewissen lehensrechtlichen Abhängigkeit vom Bischof stehen, die aber trotzdem die werdende Kommune ihm gegenüber vertreten. Was die Herkunft der deutschen Bischöfe betrifft, so hat ja jetzt Zielinski[4] den ersten Band seines Werkes über den Reichsepiscopat vorgelegt und hat da ganz genau die Herkunft der Bischöfe beschrieben. Man muß in Deutschland einen großen Unterschied machen vor und nach dem Investiturstreit. In Italien haben übrigens die deutschen Herrscher gelegentlich auch versucht, eigene Leute auf einen italienischen Bischofssitz zu bringen. Das ist mehr oder minder gelungen. Das ist aber natürlich nach der Pataria usw. in Italien restlos vorbei. In der Merowingerzeit sind es dieselben Familien, die eine Bischofsherrschaft haben und die als Grafen ein Amt in derselben Gegend besitzen; sie tauschen, verteilen sich in der Familie bischöfliches und gräfliches Amt; in Deutschland beherrscht ja auch der Adel die Kirche, das gilt bis zu den Klöstern. Auch in den Klöstern und Stiften sitzen Leute hochadeliger Herkunft. Im Gestühl der Kölner Frauenstifte St. Ursula und Cäcilia hat niemals eine Kölnerin gestanden, das war Hochadel der Umgegend. Und die Bischöfe kommen nun zum Teil vor dem Investiturstreit, weil wir eine Reichskirche im Gegensatz zu Frankreich in Deutschland haben, aus der Hofkapelle, also eine ganze Gruppe von Bischöfen kommt aus der unmittelbaren Umgebung des Königs, wohl vertraut mit den Regierungsmaximen des jeweiligen Herrschers. Die berühmte Anekdote in der Vita Meinwerci[5]: Meinwerk, Mitglied der königlichen Hofkapelle, befindet sich gerade, ich glaube in Goslar, in der Pfalz mit dem König, seinem Vetter, zusammen, als Abgesandte von Paderborn kommen und um Nominierung eines neuen Bischofs den König bitten, den sie dann wählen. Wenn sie damals freies Wahlrecht hatten, Klerus und Populus, dann war das so, daß der König nominierte und sie dann wählten. Sie bitten also um Nominierung eines neuen Bischofs für Paderborn, ihrer wäre gestorben. Heinrich II. nimmt seinen Handschuh und wirft ihn seinem Hofkaplan Meinwerk zu, »da nimm's«, und Meinwerk sagt: »Wieso? Meine eigenen Besitzungen sind ja viel größer als die der Kirche von Paderborn.« »Deshalb gebe ich es dir ja«, sagt der König; das ist verborgene Simonie. Der König wünscht, daß Meinwerk das Bistum übernimmt und nun aus seinem Besitz bereichert. Meinwerk hat das auch großartig verstanden nicht nur aus seinem Besitz, sondern auch aus dem Besitz der Adeligen, die er da zu Gebietsübertragungen ermunterte, das Bistum Paderborn reich gemacht. Also es gibt die propinqui regis, das sind eine ganze Gruppe, es gibt dann aber auch als Bischöfe noch andere Gruppen, es sind nicht alle Hofkapläne, die Bischöfe werden. Aber sie stammen überwiegend aus dem Hochadel. Als Barbarossa einen Ministerialen Arnold von Selenhofen in Mainz zu seinem Bischof gemacht hat, kam es zu Fehden der hochadligen Vasallen und der Mainzer Bürger, in deren Verlauf haben die Mainzer den Bischof totgeschlagen[6]. Also der Hochadel, kann man sagen, beherrscht die deutsche Kirche, wobei eben vor dem Investiturstreit – der König benutzt ja die Reichskirche zur Stütze

2 Friedrich PRINZ, Grundlagen u. Anfänge Deutschlands bis 1056. München 1985, S. 327ff.
3 Die Entstehung der italienischen Stadtkommunen als Problem der Sozialgeschichte (= Frühmittelalterliche Studien 10) Göttingen 1976.
4 Siehe Anm. 1 meines Beitrages.
5 Franz TENCKHOFF, Vita Meinwerci episcopi Patherbrunnensis (SS in usum schol.) Hannoverae 1921.
6 Ludwig FALCK, Mainz im frühen und hohen Mittelalter (Geschichte der Stadt Mainz II), Düsseldorf 1972.

seiner Herrschaft, ich konnte das nicht alles im einzelnen sagen – Stammesgrenzen und bischöflicher Sprengel sich überschneiden. Die Bischöfe sind nicht irgendwie einem bestimmten Stammesherzog hinzugeordnet. Das war ein Grund, daß Otto I., nachdem er ja mit allen anderen Versuchen (Verteilung der Herzogtümer in der eigenen Familie und dergleichen) gescheitert war, sich auf die Bischöfe stützt, das ist sozusagen ein Gerüst königstreuer Leute im Reich, das ist das eine, außerdem haben Bischöfe keine legitimen Erben für ihre Stellung, darüber hinaus können sie auch nicht jemand heiraten, also eine Frau, die Güter zubringt – wodurch sich dann Dynastien oder ein großer Machtkomplex entwickelt hätte. Was die Bischöfe haben, haben sie vom König und deshalb sind sie auch bis zum Investiturstreit eine sehr sichere Stütze der königlichen Macht. Sie leisten ja auch viel für das Reich: Sie müssen so und so viele Panzerreiter stellen und dergleichen. Also über diese Dinge unterrichtet Zielinski sehr genau, hat auch ganze Bischofslisten und will, glaube ich, noch einen zweiten Band bringen, wo man noch das genauer nachschlagen kann. Außerdem gibt es ja allgemeine Hilfsmittel, wie der alte Gams, der neu aufgelegt wird. Da kann man auch nachsehen, woher die Bischöfe kommen. Was die Bildung anbelangt, so hatten natürlich diese aus der Hofkapelle kommenden Leute schon eine gewisse Bildung. Oder z.B. Ivo von Chartres: In Chartres setzt sich die Stadtherrschaft des Bischofs nicht durch, aber die Domschule von Chartres war eine der berühmtesten von Frankreich und Ivo von Chartres ist ja vor allem der Mann, der auf die Idee gekommen ist, geistliche Würde und geistliche Ausstattung des Amtes und Investitur in das geistliche Amt und weltliches Zubehör – also im Grunde, in gewisser Weise die Trennung von Kirche und Staat vorwegnehmend, zu unterscheiden; die geistige Bewältigung des Investiturstreits geht von den Franzosen aus. In Deutschland war das ein Machtkampf; für diese geistige Durchdringung waren so hochentwickelte Schulen wie die französischen Kathedralschulen im Deutschen Reich nicht da. Ivo von Chartres hat das eigentlich klargestellt, was dann auch zum Kompromiß des Wormser Konkordats führte. Zur Umformung: Man kann von einem Patronat der Bischöfe in spätantiker Zeit sprechen. Es wurde ja gestern mit Recht immer wieder betont: Sie haben kein Amt. Da ist ihre geistliche Autorität, ihre Fürsorge in Notfällen, wo kein anderer da war, der für die Gemeinschaft etwas unternahm. Ich würde die regionalen Bischofsherrschaften, also die merowingerzeitlichen, südgallischen, vor allem noch als Relikt der Antike auffassen. In Chur besitzen die Viktoriden die Ämter, das machen sie unter sich aus, wer Präses, Bischof wird usw. Diese adeligen, senatorisch adeligen Bischofsherrschaften würde ich da ausnehmen. Später ist es die Privilegiengrundlage, die mit merowingerzeitlichen Verleihungen auch schon beginnt, welche de iure die de facto-Stellung der Bischöfe untermauert. Vor allem im 9. und 10. Jahrhundert ist der Bischof nicht nur Patron, sondern in einem weiten Maß der Herr in seiner Stadt.

Leiser: Ich möchte auf zwei Fragen zurückkommen, die sowohl Frau Ennen wie Herrn Kirchgässner berührt haben:

1. Nicht überzeugt hat mich, daß der Begriff »concives« auf das Verhältnis der Bürger zu ihrem Bischof bezogen wurde, ich vermute, daß eher die untereinander gleichberechtigten Bürger gemeint sind. »Concives« erscheinen auch in der Lex Familiae Wormatiensis Ecclesiae, man wird wohl nicht annehmen wollen, daß Bischof Burchard standesgleich mit der Führungsschicht seiner Stadt war.
2. Das zweite ist das Problem der theologischen Bildung der Bischöfe. Da sollte man nun beachten, daß schon die Bischöfe der fränkischen Zeit nicht mehr aus dem Seelsorgeklerus kommen. Seit wann es so ist, weiß ich nicht, aber es gibt eine »Laufbahntrennung« innerhalb des Klerus: Einerseits der Seelsorgeklerus, andererseits eine ausgesprochene Herrschaftselite, die sich ja auch bezeichnenderweise aus dem Adel rekrutiert. Bedenken wir nun die Dinge, die gestern Herr Gessel vorgetragen hat und die wir heute z.B. im Zusammenhang mit der Normannenabwehr diskutiert haben: Es ist ein großer Unterschied, ob ein Seelsorger aus Verantwortung gegenüber seinen Pfarrkindern notgedrungen in weltlichen Aufgaben einspringt, oder ob jemand von vorn herein in eine – kirchliche – Herrschaftslaufbahn eintritt und diese Herrschaft als ein ihm zukommendes Recht, nicht als Pflicht gegenüber seinen Parochanen ausübt. Diesen Gesichtspunkt sollte man vielleicht noch einmal überdenken.

Ennen: Herr Leiser, da stimme ich mit Ihnen voll überein. Diese Verbindung von Adel und Kirche hebt ja den ganzen höheren Klerus heraus. Der Zugang zum Bischofsamt ist von Anfang an nur Hochadeligen möglich. Zielinski[7] bemüht sich auch, dem Bildungselement bei den Bischöfen nachzugehen, wie weit sie also im allgemeinen Sinn eine gewisse Bildung hatten, und trägt da auch einiges dazu bei. Sie waren eben nicht zu Seelsorgern ausgebildet, sondern sie waren bereits in politisch-administrativer Hinsicht ausgebildet in der Hofkapelle der Herrscher. Wir haben ja in Deutschland ein regelrechtes Bildungsmonopol des Klerus; ich habe ja auch deshalb noch einmal auf die starke Laienschriftlichkeit in Italien hingewiesen. Es fällt doch auf, daß in Italien der Übergang von einer Bischofsherrschaft zu einer Herrschaft der Kommune und der Konsuln reibungslos und schnell vor sich geht, auch weil eben in diesem Konventus die concives am Privilegienstand der Kirche teilhaben. Es fehlt nicht an Beziehungen des Bischofs zu den Leuten im Konventus in Italien. Der Bischof wird 1098 abserviert in Bergamo und 1108 ist die Konsulatsverfassung da. In Köln z.B. setzen sie den Erzbischof 1288 ab; 1074 ist der erste Aufstand gegen Anno, also ungefähr gleichzeitig mit Bergamo 1098. Es dauert aber sehr, sehr lange, bis die Kölner endlich zu einer wirklichen eigenen Stadtverfassung gefunden und das Schöffenkolleg des Bischofs weitgehend ausmanövriert haben. Ich habe doch den Eindruck, in diesem conventus civium waren mehr gebildete und zur Übernahme einer Verwaltung geeignete Laien als in den Kreisen der Ministerialen oder auch der Kaufleute, die sich gegen die Bischofsherrschaft in Deutschland engagierten. Da lag doch die höhere Bildung in einem politischen Sinn beim Bischof.

Schmidt: Es ist vorher gefragt worden, ob der Bischof auch Pfarrer der Stadt gewesen sei. Beim Augsburger Dom lagen und liegen die Pfarrechte beim Domkapitel, was auch für verschiedene andere Bischofstädte gelten dürfte. Dies dürfte weit zurückreichen, da die Domkapitel mindestens seit dem 10. Jahrhundert nachzuweisen sind.

DISKUSSION ZUM VORTRAG KREUZER

Ehbrecht: Ich möchte mit Ihrem letzten Punkt beginnen: Der Auszug des Bischofs aus seiner Stadt in der Mitte des 13. Jahrhunderts ist durchaus selbstverständlich, wenn ich etwa Münster und Paderborn nenne, auf die rheinischen Bischofsstädte nur hinweise. Wichtig ist jedoch die Frage nach den Gründen des Auszugs. Sie haben eine Reihe von Faktoren hervorgehoben, die etwa für Augsburg die Emanzipation der Bürgergemeinde signalisieren. Zu ergänzen wäre jedoch ein Urteil, wie sicher die bischöfliche Stadtherrschaft gegründet ist. Wir wissen aus dem Referat von Frau Ennen und zahlreichen Studien, daß geradezu ein Merkmal von mittelalterlichen Bischofsstädten die Konkurrenz, ja die Splittung der Herrschaft am Ort ist. Neben dem Bischof verfügen Adlige und geistliche Institute, häufig vor allem aber der König über Rechte in der Bischofsstadt, deren konsequente Nutzung etwa in Koalition mit der Bürgergemeinde die bischöfliche Ortsherrschaft durchaus gefährden kann. Kann man nun verfassungsrechtlich, aber auch topographisch die Stellung des Königs in Augsburg beschreiben? Es liegt nahe, zwischen dem bischöflichen Bereich im Norden, St. Afra und Ulrich im Süden und der Bürgerstadt in der Mitte zu unterscheiden, doch täuschen solche topographischen »Analysen« schnell, da sie ohne Kenntnis der verfassungsrechtlichen Situation und der wirtschaftlichen Möglichkeiten gegeben werden. Ist es möglich, zur »Verfassungstopographie« (Herrschaftsbereiche, Ämter wie Stadtvogt u.ä.) noch einige Erläuterungen zu geben und den Gedanken der Splittung von Herrschaft noch einmal aufzugreifen?

7 Herbert Zielinski, Der Reichsepiscopat in ottonischer und salischer Zeit (1002–1125), Wiesbaden–Stuttgart 1984.

Ennen: Es sind nur ein paar kleine Bemerkungen.

Sie spielten ja schon sehr zurückhaltend auf die von W. Schlesinger gegebene Interpretation an. Kennen Sie die Arbeit von Lauda[8]? Das wird Sie interessieren. Also Lauda hat auch die Notker-Stellen als Beweise für Konstanzer Burgrecht, frühes Stadtrecht usw. meiner Ansicht nach zurecht widerlegt. – Dann interessierte mich dieses Damenstift, das hat wahrscheinlich doch von Anfang an Pfarrechte gehabt. So kenne ich es aus dem Rheinischen. 1259 wird in Köln der Rat vereidigt, das ist ja der springende Punkt. Das spielt im selben Jahr eine große Rolle, als in Köln Albertus Magnus das als Kompromiß vorschlägt gegenüber dem Erzbischof, er solle den Rat zulassen, aber dann die Ratsherren vereidigen.

Vor allem müssen Sie bedenken, die Bischöfe sind ja Reichsbischöfe. Das sind ja nicht wie in Frankreich mal Herzogs-, mal Grafen-, mal Königsbischöfe, sondern Reichsbischöfe, die die Pflicht haben, den König mit Gefolge zu beherbergen und die wird in salischer Zeit allgemein sehr in Anspruch genommen. In Köln ist es so, die Merowinger haben in Köln gesessen – es gibt ja einen kleinen Teilstaat – wahrscheinlich noch in dem alten römischen Verwaltungsgebäude. Eine Königspfalz hat es in Köln auch einmal gegeben, aber die verschwindet und dann gibt es eben nur noch die Bischofspfalz und es gibt keinen eigenen königlichen Besitz, in dem der König sich in Köln aufhalten konnte. Wenn er dann nach Köln kommt, ist er Gast des Bischofs. Der Bischof ist verpflichtet zu dieser Gastung und man stellt auch fest, daß die Mensa, die Mensalgüter des Bistums im Lande, geringer sind als die der Stifter Gereon und Ursula usw. Ich möchte sagen, es zeigt sich immer wieder, daß nicht die Stärke der grundherrschaftlichen Position in den Städten die Grundlage für die Stadtherrschaft bildet. Das scheint mir doch in Augsburg und Konstanz auch so zu sein. Die Verhältnisse unterscheiden sich; der König zieht ja auch herum, er kann nicht präsent sein, weil er in keiner Stadt ständig präsent ist. Er hat ja seine eigenen Pfalzstädte, das gibt es auch in Frankreich nicht. Paris und Orléans sind eben immer beides, Königsresidenz und Bischofssitz. Aber der deutsche König hat ja Aachen, er braucht gar nicht so oft nach Köln, er muß ohnehin immer wieder nach Aachen. Er hat ja Tiel, da braucht er nicht nach Utrecht usw. Wir haben in Deutschland dadurch eine Aufteilung: Reichsorte, Pfalzorte, dann unter den Staufern Pfalzstädte einer- und Bischofsstädte andererseits und das hat die Stellung der Bischöfe auch so stark gemacht.

Hess: Herr Kreuzer, ich möchte nur eine kurze Anmerkung machen zu etwas, was bei Ihnen nur am Rande eine Rolle gespielt hat. Sie sagten: »in Augsburg ist der Markt im 11. Jahrhundert bezeugt« und »eine Münzprägung gibt es seit dem 10. Jahrhundert«. In der Pfennigzeit, also seit dem 8. Jahrhundert bis ins 13./14. Jahrhundert hinein, war eine Münzprägung nur möglich, wenn ein Markt zur Verfügung stand, denn der Währungszwang wurde auf den Märkten durchgeführt. Es waren übrigens auch dieselben Organe der Marktaufsicht, die den Währungszwang überwachten. Daraus ist also zu folgern, daß die Münzprägung in diesem Zeitraum der Pfennigzeit einen Markt voraussetzt, wobei dann noch hinzukommt: wenn eine Münzprägung stattfand, dann war das schon ein aus dem gesamten Rahmen herausgehobener Markt. Eine Münzstätte im 10./11. Jahrhundert war in der Regel ein Fernhandelsmarkt.

Jahn: Zum Referat von Herrn Kreuzer sind einige Anmerkungen zu machen: Sie haben vorhin gesagt, daß St. Stephan als Stift von Ulrich gegründet worden sei. Nun gibt es aber in der Vita Ulrichs einen Hinweis, daß sich bereits 955 »religiöse Frauen« im Bereich der Domburg versammelten, um dort vor den anstürmenden Ungarn Schutz zu suchen. Wie ist das zu interpretieren? Handelt es sich hier um eine religiöse Gemeinschaft, um eine Vorform von St. Stephan?

Ferner möchte ich darauf hinweisen, daß eine der wichtigsten Quellen zur Stadttopographie Augsburgs im 11., 12. und 13. Jahrhundert bisher in der Forschung kaum ausgewertet wurde, nämlich das Domnekrologium, das zwar nur in einer Abschrift des frühen 16. Jahrhunderts vorliegt. Hält man aber die ältesten »Urkunden« des Stadtarchivs aus dem 11. Jahrhundert daneben, dann kann man sehr schön zeigen, daß im Domnekrolog Schichten enthalten sind, die

8 Rudolf Lauda, Kaufmännische Gewohnheit und Burgrecht bei Notker dem Deutschen (= Rechtshistorische Reihe Bd. 34) Frankfurt am Main [u.a.] 1984.

eindeutig aus dem 11. und 12. Jahrhundert stammen müssen. Mit Hilfe dieser Quelle läßt sich dann doch sehr viel über die Topographie Augsburgs sagen. Nur ein einziges Beispiel: Das Judenviertel scheint unabgegrenzt oder fast unabgegrenzt vom wichtigen Kaufmannsviertel am Kesselmarkt gelegen zu haben, also bei St. Martin. Dann enthält das Domnekrolog doch ganz entscheidende Hinweise darauf, daß wir in Augsburg einen Königshof, aber keine Königspfalz hatten. Welchem Zwecken dieser Königshof im einzelnen diente, das sagt unsere Quelle natürlich nicht. Wenn sich der König mit seinem zahlreichen Gefolge hier in Augsburg traf und versammelte – oft und meistens mit dem Ziel, nach Italien zu ziehen –, dann hat man sich eben nicht in der Stadt niedergelassen, weil die Stadt zu klein gewesen ist, um dieses Gefolge zu versorgen. Es gibt darauf einen chronikalischen Hinweis, wo gesagt wird, daß der Augsburger Bischof den König und sein Gefolge nicht verpflegen wollte, was seine Pflicht gewesen wäre. Das Lager des königlichen Heeres scheint sich also andernorts befunden zu haben, und zwar wahrscheinlich auf dem Lechfeld. Ich konnte aber gerade zeigen, daß es in Augsburg einen Königshof gab, der später in den Besitz des Vogtes überging. Dieser Königshof lag an der Stelle des Hauses D 84 nach der alten Hauseinteilung (heute Hoher Weg).

Kirchgässner: Ich habe ein paar Fragen in diesem Zusammenhang, die den zeitlichen Rahmen des Vortrags zum Teil überschreiten, zum Teil aber auch dahin zurückreichen: Wie weit und wie lange haben diese Auseinandersetzungen angehalten? Im Bistum Konstanz kenne ich jedenfalls eine ganze Welle von Prozessen, Auseinandersetzungen und Kämpfen in den 1440er Jahren um die Einbeziehung kirchlicher Institutionen in das allgemeine Steuerrecht. Wenn ich recht sehe, ist das der letzte große Versuch des Bistums Konstanz bzw. seines Bischofs, über den ganzen Bereich des Bistums hinweg bis an den mittleren Neckar von den Städten noch einmal die Befreiung geistlicher Institutionen zu erringen. Ein solches Verlangen war um diese Zeit durch die tatsächliche Entwicklung natürlich längst überholt, aber diese Auseinandersetzungen tauchen auch in den Quellen des gesamten Bistumsbereiches auf.

Dabei scheint mir charakteristisch zu sein, daß der Steuerbetrag als solcher oft genug eine reine Rekognitionsgebühr gewesen ist. Es drehte sich also ganz offensichtlich nicht um die Höhe der Steuer, es drehte sich auch nicht darum, wie groß das Vermögen der jeweiligen geistlichen Institution oder Korporation gewesen ist. Charakteristisch hierfür ist eine Urkunde aus der Mitte des 15. Jahrhunderts, in der der Rat erklärt, die »Frauen in der Samnung« seien auf ihr Begehren hin (!) als Bürger angenommen worden und hätten sich verpflichtet, 10 Schilling Pfennig pro Jahr zu bezahlen. Hier wird eindeutig ersichtlich, daß es sich nicht um die Höhe der Steuer dreht, sondern um die Einbeziehung einer geistlichen Korporation in das, was Bernd Möller in seiner schönen Schrift über »Reichsstadt und Reformation« das Corpus-Bewußtsein nennt: Die Stadt will diese Inkorporation als Anerkennung ihrer Besteuerungshoheit und der rechtlichen Gleichstellung auch geistlicher Korporationen innerhalb des Stadtbereichs. Die Einsprüche des Bischofs gegen diese Vorgehensweise blieben in der Regel erfolglos.

DISKUSSION ZUM VORTRAG PRESS

Kirchgässner: Probleme des Absolutismus möchte ich nicht unbedingt vertiefen. Mir scheint aber doch, daß bei der Beurteilung des 17. und 18. Jahrhunderts nicht selten in den Publikationen unserer Tage Tenor und Sachinhalt der damaligen Dokumente verwechselt werden. Mir ist jedenfalls in mancher Quelle aufgefallen, daß man in Eingaben an Serinissimus im Ton sehr vorsichtig und höflich war, im Sachinhalt aber doch so mancher kurfürstliche Rat seinem fürstlichen Herrn Dinge vortrug, die heute kaum ein Landrat seinem Minister mit der drastischen Deutlichkeit vorhalten dürfte. Wiederum aufgrund der gerade durchgearbeiteten Quellen würde ich mit dem Begriff »Rekatholisierung« im ursprünglich reformierten Bereich vorsichtig sein. Nicht selten handelte es sich doch um die Anerkennung aller drei reichsrechtlich zulässigen Konfessionen, d. h. die bisher den Reformierten vorbehaltenen Privilegien galten jetzt auch für Lutheraner (und vice versa), und natürlich auch für die Katholiken. Gerade im Südwesten, in dem die reformierte Reformation ja lange Bollwerke ihres Einflusses hielt, spricht man gelegentlich von einer »Rekatholisierung«, während es sich in Wirklichkeit um eine Öffnung gegenüber allen drei großen Konfessionen handelt. Es brachte übrigens so manchem Stadtmagistrat so manche Schwierigkeit, denn er mußte jetzt in den bei ihm anhängenden Ehestreitigkeiten nicht mehr nur ein, sondern drei Rechtsverfahren kennen und zur Anwendung bringen.

Aus der Optik meines Faches, der Wirtschafts- und Sozialgeschichte, bin ich mir nicht sicher, ob und wie weit man wirtschaftliche Kraft und geistig-geistliche Ausstrahlung der Städte identifizieren kann. Konstanz hatte seine wirtschaftliche Blütezeit im 16. Jahrhundert entschieden überschritten; der Höhepunkt liegt in den 1440er Jahren – also nach dem Konzil, obwohl sich die Fama von den wirtschaftsvernichtenden Auswirkungen des Konzils immer noch hält. Für Speyer und Worms wird man Ähnliches annehmen müssen, wobei für die Beurteilung der Entwicklung von Worms der völlige Verlust der Frankfurter Schöffengerichtsbücher noch manche Frage offen läßt. Ich vermute aber doch, daß selbst Reichsstädte wie Nördlingen und Dinkelsbühl eine ähnliche Entwicklung genommen haben, d.h. sie alle haben im 16. Jahrhundert ihre wirtschaftliche Höchstblüte vermutlich hinter sich. Das alles hat aber doch wohl kaum oder höchstens am Rande mit konfessionellen Dingen zu tun; gewichtiger ist die gesamteuropäische Gewichtsverlagerung der wirtschaftlichen Zentren, die Franz Huter schon vor Jahren in seinem großangelegten Beitrag zur »Historia Mundi« als »Untergang der Mitte, Aufstieg der Randstaaten Europas« beschrieben hat. Es gibt natürlich andere Städte wie Memmingen oder auch Augsburg, die sogar noch von den Franzosenkriegen der frühen Neuzeit profitiert haben, weil die Straßen im Westen wie diejenigen im Osten, d.h. also im Einflußbereich der Türkenkriege, gefährdet waren. Manche dieser Städte dokumentieren bis zur Stunde in ihrer baulichen Substanz ja den Wohlstand der frühen Neuzeit.

Aber ich möchte annehmen, daß selbst Memmingen in den begrenzten Größenordnungen der frühen Neuzeit nicht mehr das wirtschaftliche Gewicht erreicht hat, das es im Spätmittelalter hatte. Die Entwicklung der Städte, ihre Entfaltung, ihre Potenz und insbesondere ihre Möglichkeiten in der hohen Politik kosten Geld; muß man nicht deshalb differenzieren nach der jeweiligen Stadtentwicklung, ob diese über den spätmittelalterlichen Stand hinausreicht oder hinter diesen zurückfällt?

Press: Ja, Herr Kirchgässner, das ist nun ein sehr weites Feld. Ich würde aber dazu neigen, daß wirtschaftliche Entwicklungen in der sehr festgefügten Verfassung des Alten Reiches recht retardiert zur Wirkung kommen, daß also die Städte ihre Position, ihre reichsstädtische Existenz im 18. Jahrhundert, noch lange festhalten – auch dann, wenn sie nicht mehr bezahlen können. Das ist ein allgemein bekanntes Phänomen. Betrachtet man aber nun die Situation im 16. Jahrhundert, wo trotz eines Zurückfallens der städtischen Bedeutung das Eintreten für die Reformation noch einmal eine glänzende Präsentation der Reichsstädte war, dann ist das bemerkenswert – die geistlichen Staaten wurden ja durch die Reformation in eine eklatante Versorgungs- und Finanzkrise gestürzt. Wenn man Konstanz nimmt und was seinem Bischof durch die Reformation alles entzogen wurde, dann stellt sich das katastrophal dar. Für 1540 habe ich selbst einmal gefunden, daß die Innsbrucker Regierung die Inkorporation von Petershausen und der Reichenau nach Konstanz durchdrückte, weil man sonst den Bankrott des Bistums befürchtet hat. Dann würde die evangelische Oberschicht der Reichsstadt Konstanz das Bistum an sich bringen – es wurde ausgemalt, was daraus folgte, Übergang der Ritterschaft im Hegau zur Reformation usw. Das heißt also, daß das Verhältnis Stadt gegen Bischof wiederum in sich zu differenzieren ist nach der Stärke der jeweiligen Partner bzw. Gegenspieler. Insgesamt sind im 16. Jahrhundert Reichsstadt und Bischof zwei Kontrahenten, die beide im 16. Jahrhundert relativ schwach sind. Der Unterschied ist nur, daß die bischöflichen Territorien sich dann doch wieder relativ gut regenerieren und sich der Methoden des Kameralismus bedienen können, die ja einen Flächenstaat voraussetzen. Dies scheint mir in der Tat ein Faktor zu sein, der mit zu bedenken ist. Wenn die Städte ihre starke politische und wirtschaftliche Position des 14./15. Jahrhunderts hätten halten können, hätten sie wahrscheinlich auch eine ganz andere Rolle gespielt. Der Sieg des Fürstenstaates, der sich ja seit der Mitte des 15. Jahrhunderts deutlich abzeichnet, hängt ja mit den von Ihnen beschriebenen Phänomenen zusammen, und man muß auch weiter sagen, daß wirtschaftliche Stärke nicht unbedingt Autonomie garantiert. Wenn Sie also Augsburg ansehen: Augsburg war natürlich weiterhin, auch wenn die großen Vermögen geschwunden sind, ein außerordentlich wichtiger

Finanz- und Handelsplatz. Aber gerade diese Rolle hat Augsburg doch von seinen Nachbarn sehr stark abhängig gemacht. Wenn meinetwegen also die Tiroler Landesfürsten oder der Kaiser als Landesfürst von Tirol Getreide sperrten oder wenn sie wirtschaftliche Verlagerungen manipulierten, dann hätte dies den Augsburgern sehr, sehr weh getan.

Ennen: Nur eine kleine Randbemerkung zur absolutistischen Ausprägung der geistlichen Staaten. In Kurköln blieben die Landstände bestehen bis zur französischen Revolution, also bis zum Ende des Kurstaates. Man kann das Erzstift Köln zu keiner Zeit einen voll absolutistischen Staat nennen, denn die Steuerbewilligung der Landstände besteht, und in der 2. Hälfte des 17. Jahrhunderts wird das ganze kurkölnische Steuerwesen – Kurköln war ein ziemlich schlecht organisierter Staat, muß man sagen, z. B. in der Art, wie die Zuständigkeiten bei den höchsten Gerichten durcheinander liefen usw. – durch die Landstände auf eine vernünftige Grundlage gestellt. Sie haben das sehr gut neu organisiert und sie waren immerhin noch so lebendig, daß sie 1786, also drei Jahre vor Ausbruch der französischen Revolution, den Modus per totum forderten, d. h. die gerechte Besteuerung aller Stände, also positiv gesagt Abschaffung der Steuerprivilegien von Adel und Klerus. Der damalige Kurfürst Max Franz von Habsburg-Lothringen, Vertreter des aufgeklärten Absolutismus, hat sich daraufhin auch bereiterklärt, seine Domänen zu versteuern. Nun war das nicht so abträglich für ihn, weil im kurkölnischen Staatshaushalt die Domäneneinkünfte keine so große Rolle spielten, die Zolleinkünfte u. a. waren wichtiger und auch die regulären Steuereinnahmen. Aber immerhin – der Adel und der Klerus, vom Kurfürsten abgesehen, haben sich gesträubt. Es gab also wohl absolutistische Bestrebungen, sie wurden aber durch die Effizienz der Landstände begrenzt.

Press: Frau Ennen, ich bin Ihnen sehr dankbar für diesen Hinweis. Die Diskussion des Absolutismus in Deutschland ist ja ein Problem, nämlich inwieweit es in Deutschland überhaupt einen Absolutismus gab. Absolutismus wird ja zunächst einmal definiert als Regieren ohne Landstände. In diesem Sinne war natürlich die Mehrzahl der deutschen Territorien, übrigens auch Preußen, nicht völlig absolutistisch. Preußen hat ja immerhin noch Reliktform der Landstände etwa in Ausschußwesen, Kreditkassen und derlei gehabt. Man muß, glaube ich, hier stärker differenzieren – vielleicht habe ich dies auch etwas kühn hingesagt. Aber meines Erachtens ist es im Bereich der konfessionellen Gestaltung den Landesfürsten, auch den geistlichen Landesfürsten gelungen, sich durchzusetzen, auch wenn ein Teil der Landstände opponiert hat. Es gab natürlich etwa in Westfalen einzelne nicht ganz so schwache Gruppen des Adels, die hinter der Reformation standen. Aber wichtig ist, daß das Durchsetzen des Landesstaates gegenüber den Autonomieversuchen der Städte die Regel war und daß hier – Ihr Vortrag heute früh hat mich bei meinen Überlegungen darauf gebracht – der Frage der Einbindung der Residenzstädte in die Landstände noch stärkere Aufmerksamkeit geschenkt werden müßte. Dies war ein Instrument, sie einzubinden in den Landesstaat. Das ist ein Punkt, den ich gern noch ergänzen möchte. Aber ich würde insofern, da sind wir uns wahrscheinlich einig, dabei bleiben, daß die geistlichen Staaten, die ja zum Teil keine Stände mehr hatten oder nie Stände hatten, sofern sie relativ klein waren, die konfessionelle Entwicklung doch mittels ihrer landesfürstlichen Autorität in den Griff bekamen. Damit konnten sie die städtischen Autonomiebewegungen, die sich teilweise mit Ansätzen der Reformation kombinierten, niederhalten. Aber den Begriff Absolutismus, das gebe ich zu, müßte man noch genauer definieren.

Naujoks: In Ihrem Vortrag ist mir aufgefallen, daß zwei Entwicklungen zeitlich nahe nebeneinanderstehen, die ein gewisses Nachdenken erfordern. Das eine ist der Rückgang der Städte und zwar gerade im Bereich der Reichsstädte, und auf der anderen Seite der Rückzug der Bischöfe aus diesen Städten. Also beide Gegner ziehen sich zurück. Ich würde mich dafür interessieren, wie dieses beiderseitige Zurückgehen usw. im einzelnen zu erklären ist, was bei Ihnen in der großen Entwicklung dargestellt worden ist.

Ich wollte nur zu einem Argument, das an sich sehr einleuchtend klingt, das Sie gebraucht haben, Stellung nehmen, zum Bau der großen schönen Rathäuser; gerade hier am Ort in Augsburg sind wir von dem Hollschen Rathaus besonders beeindruckt und das gilt auch für Memmingen.

Aber ich meine nicht, daß die Pracht des Rathausbaues im späten 16. Jahrhundert ein Beweis ist für den Wohlstand bzw. die Blüte der Reichsstadt als solche, sondern doch mehr dem Repräsentationsbedürfnis einer neuen Verfassungsform der Städte entspricht. Eigentlich müßten wir die schönsten und teuersten Rathausbauten früher erwarten in der Glanzzeit Augsburgs. Sie ist ja am Ende des 16. Jahrhunderts nach den großen Bankrotten schon etwas im Abklingen, wenn auch nicht ganz.

Press: Ja, das sind natürlich ein paar ganz diffizile Fragen. Es scheint ja für das 16. Jahrhundert so, Herr Najoks, daß die Bischöfe – die geistlichen Staaten haben im späten 15. Jahrhundert einen ausgesprochenen Schwächeanfall erlitten – zum großen Teil sehr schwache Partner gewesen sind. Die Städte dringen zunächst vor, sie haben hier wohl subjektiv noch einmal gemeint, den Bischöfen etwas abjagen zu können, aber letztlich konnten sie, vor allem die landsässigen Städte, hier doch nichts mehr erreichen. In diesem Zusammenhang habe ich auf den Bauernkrieg verwiesen. Es gibt frühe Äußerungen des Kardinals Albrecht von Mainz, die schon auf die Lösung von 1555, den Religionsbann der Territorien, die Lösung der Fürsten, abzielten. Das darf man nicht vergessen. Sie selbst haben ja so eindrucksvoll geschildert, wie die Reformen Karls V. letztlich die Städte mehr geschwächt hatten, als sie dem Kaiser zugute gekommen sind. Also: Ich glaube, es stellt sich hier das Problem der Ungleichzeitigkeit der schwachen Position beider, wobei sich die Bischöfe eindeutig erholen und eigentlich seit dem späten 16. Jahrhundert wieder anfangen, vorwärts zu dringen. Die Frage des 17. und 18. Jahrhunderts, die Frage des reformierten Bekenntnisses: Soweit ich sehe, ist keines der Bistümer unmittelbar in reformierte Hand übergegangen. Reformierte Tendenzen gab es sicher, etwa die Kräfte, die den Kurfürsten Gebhard Truchseß in Köln gestützt haben, waren überwiegend reformiert, aber nicht ausschließlich. Die Sache ist aber dann gescheitert, und die Reformierten waren in den Städten in der Regel in der Minderheit, soweit ich sehe. In Speyer etwa hat der Pfalzgraf seine Rechte an der Ägidienkirche benutzt, um dort den reformierten Gottesdienst durchzudrücken in der lutherischen Reichsstadt. Aber das fiel ja unter das Normaljahr und war somit unproblematisch. Ich glaube also, daß wir die Dinge, die wir für die Reformierten am Beispiel der Pfalz sehen, in den Bistümern kaum parallelisieren können. Was ich hier versucht habe, ist die Sicht von außen gewesen. Man wird wahrscheinlich, wenn man an die Kleinarbeit geht, in den einzelnen Bistümern manches noch sehr differenzieren müssen.

DISKUSSION ZUM VORTRAG WÜST

Kirchgässner: Die Frage geht von der gleichen Ausgangsbasis aus, die Herr Leiser angezielt hat: Wir sollten noch etwas über die Quellen erfahren, aus denen dieser Vortrag geschöpft ist. Ich selbst bin gerade an der Auswertung der Ratsprotokolle der Stadt Mannheim ab der Mitte des 17. Jahrhunderts. Gewerbepolitik wird hier vom Stadtrat betrieben, doch ist das in dieser Zeit natürlich keine bischöfliche, sondern eine landständische Stadt. Etwa ab 1700 wandeln sich diese Protokolle ohne irgend eine Änderung der Nomenklatur: Es werden in der Regel jetzt nur noch Streitfälle übermittelt bzw. deren Entscheidung festgehalten. Tatsächlich werden damit die Ratsprotokolle weitgehend Gerichtsprotokolle, in denen nun jede kleine – und oft auch jede kleinliche – Einzelheit festgehalten ist. Nach der Anerkennung aller drei reichsrechtlich zugelassenen Konfessionen kommen in erheblichem Umfange auch noch konfessionelle Streitereien hinzu. Insofern bin ich also nicht sicher, ob man aus den anhaltenden Auseinandersetzungen bzw. deren urkundlichem Niederschlag auf ein ununterbrochenes Streiten zurückschließen kann.

Eine Frage zur Verfassung hätte ich noch: Mir ist nicht ganz klar geworden, ob und wieweit man eigentlich Domkapitel und Bischof identifizieren kann. Oft genug haben sich doch – zumindest in anderen Bischofsstädten – die Domkapitel vehement quergelegt, wenn einer der Bischöfe Reformen durchführen wollte. Welche Macht hatte also der Augsburger Bischof des 17. und noch mehr des 18. Jahrhunderts gegen diese zumeist aus dem Adel kommenden Herren? Darf man aus der Identität der Standesinteressen auch undifferenziert Bischof und Domkapitel identifizieren?

Wüst: Beim Domkapitel ist in Augsburg, wie Herr Seiler, der eine Arbeit über das Domkapitel anfertigt, feststellte, eine Minderheit im Priesteramt. Da reichen ja die niederen Weihen im Domkapitel, also bis zur Subdiakonatsweihe, während wir bei den Bischöfen auch in Augsburg keine Fälle haben, daß sie ohne höhere Weihen zum Amt zugelassen würden. Also man könnte da anhand der Biographien des Domkapitels untersuchen, wieviele nun die Priesterweihe oder volles Theologiestudium hatten und wieviele nicht.

Herr Seiler hat in seinen Untersuchungen, die bald abgeschlossen werden, ausgeführt, daß etwa 20–30 Prozent der Domkanoniker in Augsburg Theologie studierten. Der Rest ließ sich die Möglichkeit offen, bei entsprechendem Erbgang auf die Dompfründe zu verzichten und das Seniorat auf den Hausgütern anzustreben. Eine Verehelichung war dann natürlich nicht ausgeschlossen.

Schimmelpfennig: Ich bin an sich heute auch irenisch, habe aber trotzdem eine Frage, nämlich ob die Fälle, die Sie genannt haben, alle Konflikte betrafen. Das würde ja bedeuten, daß die Reform des späten 16. Jahrhunderts vielleicht doch beim Klerus Erfolg gehabt hat. Das heißt, der Bischof ist auch Jurisdiktionsoberherr der Geistlichen in der Reichsstadt. Und Sie haben ja nur Konflikte mit der Bischofsstadt gezeigt. Gab es da keine anderen Konflikte zwischen städtischem Regiment und bischöflichem Regiment? Etwa wie Anfang des 15. Jahrhunderts, als vier Geistliche als Sodomiten vom Stadtrat verurteilt und am Perlach aufgehängt wurden, oder später, als ein Pfarrer von St. Ulrich, der ein Beichtkind verführt hatte, weder vom Abt noch vom Bischof bestraft wurde, weshalb es Konflikte mit der Stadt gab? Ist das alles im 17. und 18. Jahrhundert nicht mehr möglich? Kommt das nicht mehr vor? Wenn dieser Eindruck stimmt, dann ergibt sich doch ein sehr positives Bild vom Klerus in der frühen Neuzeit.

Roeck: Meine Frage führt etwas vom verfassungsgeschichtlichen und rechtshistorischen Aspekt weg. Besteht nicht die Gefahr, daß man zu sehr die Aufmerksamkeit auf den Konflikt, auf das also, was primär in den Quellen »hängenbleibt«, richtet? Gibt es nicht vielmehr kontinuierliche und sehr wichtige »Alltagsbeziehungen« zwischen Bischof und Stadt, Kommune und Umland, die sich reibungslos gestalteten – man denke z.B. an das Kapitel Versorgung. Die gesamte Getreideversorgung Augsburgs erfolgte in der frühen Neuzeit zum ganz großen Teil nicht aus Bayern, sondern aus dem südlichen, nördlichen und westlichen Umland, hochstiftische Anbaugebiete traten naturgemäß in den Vordergrund. Eine weitere wichtige Beziehung ergibt sich aus der Beobachtung von Migrationsströmen – Augsburg wurde nicht nur mit Lebensmitteln, sondern zeitweilig auch mit Menschen auch hochstiftischem Gebiet »versorgt«. Dies impliziert die Frage nach den wirtschaftsgeschichtlichen Folgen der Wanderung nicht weniger wie mentalitätsgeschichtliche Fragen; die Frage zugleich nach der seit spätestens 1635 deutlich wahrnehmbaren katholischen Überformung der ursprünglich weit überwiegend protestantischen Gesellschaft Augsburgs. Das Studium der Urgichtensammlung des Augsburger Stadtarchivs eröffnet zugleich interessante Einblicke in den Prozeß der Infiltration eigentlich »ländlicher« Formen der Frömmigkeit, die Begegnung der städtischen Welt mit vom Land kommenden Magie- und Geisterglauben: Es ist eine spezifisch Augsburgische Situation, da eben kein städtisches Territorium vorhanden ist, die Stadt in einer anders-konfessionellen Umwelt liegt.

Eine weitere Frage ist, ob die Konflikte zwischen Reichsstädtern und bischöflichen Untertanen, die das Referat so plastisch vor Augen geführt hat, ab der zweiten Hälfte des 17. Jahrhunderts – also in der Zeit der Parität – eine andere Qualität haben. So könnte man die These aufstellen, daß die Festigung der verfassungsrechtlichen Parität nach 1648 dazu führt, daß der Rat nun eine andere, vielleicht aggressivere Politik gegenüber dem Bischof wagen kann, weil die internen Konfessionsprobleme wenn nicht ad acta gelegt, so doch kanalisiert sind. Anders gesagt: Reichsstädtische Außenpolitik nach 1648 dürfte in konfessioneller Hinsicht immer weniger die innere, labile Spaltung in Parteien als Faktor berücksichtigt haben, da sie tendenziell entpolitisiert, weil verrechtlicht worden war. Läßt sich somit nicht auch im Verhältnis Stadt–Bischof eine Periodisierung deutlicher akzentuieren?

Lit.: Konfessionelle Aspekte von Stadt-Umland-Beziehungen im Hinblick auf Migration: Jean-Pierre KINTZ, La mobilité humaine en Alsace. Essai de presentation statistique XVIe–XVIIIe

siècles, in: Annales de Demographie Historique (1970, Beispiel Straßburg); Versorgung der Reichsstadt Augsburg: Bernd ROECK, Bäcker, Brot und Getreide in Augsburg (Bd. 31 der Abhandlungen zur Geschichte der Stadt Augsburg 1987).

Leiser: Wir haben einen interessanten Vortrag gehört, der die Menge der Konflikte zwischen den hier einander benachbarten Gewalten beschrieben hat. Die Frage ist aber, welches die Normalität der Konflikthäufigkeit ist – ohne Konflikte können Menschen ja nicht miteinander leben; wo nehmen wir den Maßstab her? – Man sollte auch nicht beim scheinbar Pittoresken des Einzelfalles stehen bleiben: Ein Domherr versuchte, ein Fäßchen Bier am Zoll vorbeizuschmuggeln. Bei meinen strafrechtsgeschichtlichen Forschungen fällt mir sowohl bei der Vermögens- wie bei der Gewaltkriminalität auf, daß die materielle Beengtheit früherer Zeiten eben auch zu völlig anderen Wertvorstellungen führte. Ich bin oft betroffen, wenn ich in den Akten lese, wegen welch geringer Beute ein Mensch ermordet wurde. Wir sollten uns hüten, aus unserer Situation des Überflusses Menschen anderer Epochen vorschnell Kleinlichkeit vorzuwerfen, wir sollten eher fragen: In welchen Verhältnissen lebte wohl dieser Domherr, daß er in die Versuchung kommen konnte, ein Fäßchen Bier zu schmuggeln?

Wüst: Herzlichen Dank für Ihre Beiträge. Ich darf vielleicht in der Reihenfolge beginnen, zunächst mit dem Beitrag von Herrn Roeck zur wirtschaftlichen Gesamtsituation.

Ich habe ja den wirtschaftlichen Aspekt in meinem Referat ausgeklammert. Trotzdem will ich aber darauf hinweisen, daß z.B. Wolfgang Zorn in einem Beitrag über Merkantilismus im Hochstift Augsburg doch aufgezeichnet hat, daß der fürstbischöfliche Staat bemüht war, innerhalb seines Territoriums eine – sagen wir mal – annähernde wirtschaftliche Autonomie anzustreben. Diese konnte er natürlich nicht erreichen, weil das Gebiet zu klein war und weil auch die wirtschaftlichen Verflechtungen zu vielfältig sind, als daß man das hätte durchführen können, aber der Bischof war zumindest bemüht, im Absolutismus hier sein Territorium auch wirtschaftlich abzugrenzen. Ich stimme Ihnen ganz zu, daß, und das haben ja zahllose Forschungen bisher schon ergeben – vom Verlagssystem angefangen bis zum reichsstädtischen Markt –, daß die Stadt Augsburg natürlich vom Umland in großem Stil abhängig war. Nur ergibt sich eben da keine Konfrontation, weil das Umland ja nicht nur aus bischöflichem Gebiet besteht, sondern hier auch weltliche Reichsstände vertreten sind und insofern würde der wirtschaftliche Aspekt eigentlich zu unserer Themenstellung, die ja auf das Verhältnis von Hochstift und Reichsstadt beschränkt war, wenig beitragen. Seit 1750 trat sicherlich auch wirtschaftlich eine gewisse Entspannung ein, da der Hof ja mit der Präsenz der Bischöfe in Augsburg natürlich auch wirtschaftlich angekurbelt wurde. Zuvor war der Hofstaat ja, und das wissen wir aus zahllosen Quellen, auf ein Minimum beschränkt, so daß auch die Bausubstanz in der Augsburger Pfalz sehr bedroht war und von daher waren eben kaum namhafte Aufträge für die Bauwirtschaft zu vergeben. Insofern haben wir auch hier eigentlich wenig Anlaß, über diese Dinge nachzudenken. Nach 1750 zieht allerdings der fürstbischöfliche Baumarkt, und zwar in sehr großem Maße, reichsstädtische Handwerker mit heran und von daher entkrampft sich sicherlich auch die rechtliche Situation im Gefolge der wirtschaftlichen Gesamtsituation.

Nun zur Frage von Herrn Schimmelpfennig, die Konflikte. Es ist ein ähnliches Problem, das Problem der Quantifizierung. Wir haben eben in Augsburg nur eine sporadische Anwesenheit der Fürstbischöfe, nachdem ja Dillingen in der Neuzeit die Hauptresidenz war. Von da her ist auch keine große Zahl sich sittenwidrig verhaltender Hofbeamter in Augsburg festzustellen. In einem Jahr freilich, wenn z.B. sich 1782 der ganze Hofstaat oder 1770 der Hofstaat mit bis an die 200 Personen in der Stadt aufhielt, haben sich natürlich notgedrungen die Strafdelikte, wenn wir davon sprechen wollen, gemehrt gegenüber den »mageren« Jahren, wenn Sie so wollen, in denen nun wenig Geistlichkeit in Augsburg anwesend war. Das verzerrt gewissermaßen das Bild und deshalb will ich hier auch nicht eine quantifizierende Aussage machen über den langen Untersuchungszeitraum hin. Nun das Problem der Quellen: Ich glaube, da kann ich die Beiträge von Herrn Kirchgässner und Herrn Leiser zusammenfassen. Es sind dies Akten des Bestands der Beziehungen der Reichsstadt zu auswärtigen Höfen, insbesondere also hier zum bischöflichen Hof, die ich herangezogen habe und die natürlich ein historisches Bild aus den Prozeßakten heraus verunschärfen können. Das ist ja immer das Problem, wenn man ein Thema untersucht, daß der Aktenanfall natürlich das Untersuchungsergebnis in eine gewisse Richtung präjudiziert und ich will nicht bestreiten, daß sich in vielen Bereichen – ich habe das auch angedeutet mit der Forst- und Jagdverwaltung – durchaus auch städtische und bischöfliche Gremien in Harmonie nebeneinander geeinigt haben. Aber die Fälle, vor allem die verwaltungsgerichtlichen Fälle, sind doch in meinen Augen so zahlreich in manchen Jahren, daß man die Konfliktstellung nicht a priori einfach abweisen kann, und daß man eben da mehr oder weniger sich auf einen Kompromiß wird einigen müssen. Man könnte, wenn man die Quellen betrachtet, vielleicht noch weitere Quellengattungen wie die Ratsprotokolle mit heranziehen. Aber auch die Ratsprotokolle bestätigen diese Ergebnisse, obwohl dies ein Bestand ist, der sowohl die bischöfliche Provenienzseite wie auch die reichsstädtische Provenienzseite von dem Aktenmaterial her umfaßt. Von da her haben wir ja schon zwei voneinander unabhängige Positionen, die im Vergleich ein schiefes Gesamtbild ergeben können.

Zur Frage der verfassungsmäßigen Trennung von Domkapitel und Bischof: Das Problem, wie ich schon angedeutet habe, war, daß in vielen Jahren, über Jahrzehnte hin ja nur das Domkapitel in der Stadt präsent war und deshalb sind hier nun die vielen Unterschiede, die sich zwischen Bischof und Domkapitel ergaben, etwas in den Hintergrund getreten. Ich habe versucht, auf der einen Seite die geistliche Herrschaft aufzuzeigen, wobei ich eben keinesfalls Domkapitel und Bischof in allen Bereichen so übereinanderwerfen will, aber wie gesagt, es ergibt sich gegenüber der Reichsstadt vor allem in der Ungeldbefreiung eine gewisse Interessenüberlappung. Ich will einmal so sagen, daß sowohl die hochstiftischen wie auch die domkapitelischen Beamten hier eben steuerlich begünstigt waren und dadurch, wenn Sie so wollen, eine gemeinsame Konfliktstellung oder eine gemeinsame Harmonie in Jahren, in denen es eben gut ging, bestanden hat. Aber verfassungsrechtlich sind hier sicherlich Unterschiede zu machen.

DISKUSSION ZUM VORTRAG BOEHM

Quarthal: Herr Press, zu Ihrer Bemerkung, das politische Leben sei eintöniger geworden, möchte ich ein Zitat aus einem Brief der Frau Rath Goethe vom 19. August 1806 hinzufügen, das illustriert, daß das Empfinden der Zeitgenossen ähnlich war: »Mir ist übrigens zu muthe als wenn ein alter Freund sehr kranck ist, die ärzte geben ihn auf mann ist versichert daß er sterben wird und mit all der Gewißheit wird mann doch erschüttert wann die Post kommt er ist todt. So geht es mir und der ganzten Stadt – Gestern wurde zum ersten mahl Kaiser und Reich aus dem Kirchengebet weggelaßen – Illuminationen – Feyerwerck – u.d.g. aber kein Zeichen der Freude – es sind wie lauter Leichenbegegnüße – so sehen unsere Freuden aus!« – Frau Böhm hat in Ihrem Referat plastisch sichtbar gemacht, wie einschneidend der Verlust an Behörden und kulturellen Einrichtungen in den Bischofsstädten durch die Säkularisation war. Man sollte jedoch auch sehen, daß diese Entwicklung schon Jahrhunderte vorher nach Spannungen zwischen den Bürgern der Bischofsstädte und den Bischöfen dadurch eingeleitet war, daß die Bischöfe ihre Städte verließen und eigene Residenzstädte errichteten – Dillingen, Meersburg, Bruchsal sind bekannte Beispiele. – An Ihre Ausführungen über die bischöflichen Universitäten möchte ich eine Frage anknüpfen. Es gibt Untersuchungen zur Sozialstruktur der Studentenschaft (z.B. Rainer A. Müller), die sichtbar machen, daß es erhebliche Unterschiede in der sozialen Zusammensetzung der Studentenschaft an Jesuitenuniversitäten und an protestantischen Universitäten gab. Sind die bischöflichen Universitäten in dieser Hinsicht den Jesuitenuniversitäten vergleichbar? Nehmen die bischöflichen Universitäten dann im 19. Jahrhundert an der allgemeinen Expansion der Hochschulen teil? – Zum Schluß eine kleine Anmerkung: Sie haben Konstanz als österreichische Stadt bezeichnet. Im Grunde ist es formal bis 1805 Reichsstadt und in den Reichsgremien vertreten, nur steht die Stadt unter einem österreichischen Stadthauptmann und ist insofern faktisch eine österreichische Stadt.

SCHLUSSDISKUSSION

Leitung: *Maurer*

Wüst: Erlauben Sir mir einige Anmerkungen zum Themenbereich Säkularisation, speziell unter dem Gesichtspunkt der vorhin erwähnten möglichen Relativierung der gestrigen Referate.

Mir scheint, daß die positiven Ergebnisse, die Frau Boehm aufgezeigt hat, die Impulse kultureller Art zu Beginn des 19. Jahrhunderts doch sehr stark aus dem Archivgut staatlicher Provenienz, insbesondere der Münchner Ministerien, zustandegekommen sind, soweit natürlich Augsburg und Bayern hier betroffen sind. Peter Fassl, der ja eine größere Arbeit zum 19. Jahrhundert erstellt hat, kommt hier eigentlich zu anderen Ergebnissen. Daß auch die evangelische Bürgerschaft mit fliegenden Fahnen zu Montgelas und den Aufklärern übergegangen ist, das kann ich nicht nachvollziehen, denn auch Major von Ribaupierre, den Sie andernorts erwähnt haben, schreibt sehr deutlich, daß der Großteil der evangelischen Bürgerschaft – insbesondere die unteren Bildungsschichten – sich stark der Reichsstadt um 1802/03 noch zugekehrt fühlte. Auch möchte ich in dem Zusammenhang an ihre wirtschaftliche Bedeutung erinnern. Augsburg sinkt ja im 19. Jahrhundert ab zur Provinzstadt und das trifft natürlich insbesondere auch das später industriell ausgerichtete evangelische Augsburg aufgrund der engen Beziehungen von Konfession und wirtschaftlichem Machtbereich. Herr Rudolf Holbach hat das Amortisationsgesetz vorhin angesprochen im mittelalterlichen Part. Auch dieses trägt m. E. dazu bei, den Gegensatz von Bischof und Stadt im 18. Jahrhundert noch zu verdeutlichen. Ich erinnere hier nur an jahrzehntelange Verhandlungen, die der Bischof führte, um seine Residenz in Augsburg (Stichwort Seidahaus) zu erweitern, die zwar schließlich zu einem Ergebnis geführt haben, aber nur unter Aufgabe eines Großteils der bischöflichen Zinslehen.

Kirchgässner: Die Frage nach der Zentralität läßt mich die zunächst einfach erscheinende Frage nachschieben, wann eigentlich die Übernahme des Begriffs der »Diözese« in den kirchlichen Bereich anzusetzen ist? Bei den aus antiker Wurzel herausgewachsenen Städten entwickeln sich die Dinge ja wohl aus der »Civitas« heraus, die sich als ursprünglich geographischer Begriff allmählich auf die Stadt selbst verengt. Wie hat man sich also hier eine mögliche Identität bzw. eine Rezeption dieses Verwaltungsbegriffs in den kirchlichen Bereich zeitlich vorzustellen? Wann taucht dieser Begriff auf und wie ist er aus der römischen Verwaltungseinheit in den kirchlichen Raum hineingewachsen?

Eine Frage noch zu Frau Ennens engagierten Charakterisierungen: Nach meiner Kenntnis der Dinge war Troyes doch zunächst bischöfliche Stadt, ehe es eine Stadt der Grafen der Champagne wurde?

Kreuzer: Es ist vorhin die Frage nach der Entwicklung gestellt worden. Zwei Dinge sind hier vermengt worden: Entstehung der Pfarrei in der Bischofsstadt und Trennung von Bischofssitz und domkapitlischem Besitz bzw. Bischofsbesitz und Kloster- oder Stiftsbesitz an einem Bischofssitz. In Augsburg ist dies bis weit ins Hochmittelalter hinein schwierig. Gestützt auf die Darstellungen, die es dazu bis vor zwei Jahren gab, meinte ich, es sei eindeutig, daß unter Bischof Simpert, also etwa um 800, eine Trennung zwischen den an der Bischofskirche tätigen Kanonikern und den Kanonikern bei St. Afra nachzuweisen sei. Nun hat Norbert Hörberg vor zwei Jahren festgestellt, daß wohl diese Darstellung eine spätere Fixierung, eine bewußte Verzeichnung der damaligen Situation von ulrikanischer Seite, also aus der Sicht des später entstandenen Benediktinerklosters St. Ulrich und Afra, darstelle. Interessant ist, daß in der Vita Udalrici zwischen Kanonikern am Dom und Kanonikern bei St. Afra unterschieden wird.

Frau Ennen, Sie haben mich bezüglich Augsburg auf eine interessante, bislang unbeachtete Fährte gebracht. Mir scheint, daß die nicht vollzogene Trennung zwischen Bischofsbesitz und Besitz des Domkapitels – wobei das Domkapitel zum Teil in Güternachfolge der Kanoniker von St. Afra stand – zu Streitigkeiten um die Schenkungen Bischof Heinrichs (973–982) und Bischof Brunos (1006–1029) führte. Der eine hatte Güter in Geisenhausen an die Domkirche geschenkt, der andere Güter in Straubing. Um diese wohl sehr ertragreichen Liegenschaften gab es Auseinandersetzungen zwischen Bischof und Domkapitel, die letztlich, wie ich gestern dargelegt habe, erst im

Investiturstreit ihr Ende fanden. Die Trennung zwischen bischöflichem und domkapitlischem Besitz wurde demnach in Augsburg lange Zeit nicht vollzogen bzw. blieb bis ins 12. Jahrhundert rechtlich unklar.

Herr Ehbrecht: Vielen Dank für ihre Fragen. Zur 1. Frage: »Wo ist in Augsburg der König?« Ich habe dieses Problem bewußt ausgespart. Ich habe mich damit schon einmal beschäftigt und bin eigentlich zu keinem Ergebnis gekommen. Walter Groos meinte, es habe einen Königsturm gegeben, der als königliche Bleibe diente. Aber dies ist eine Vermutung, die weder durch schriftliche noch durch archäologische Zeugnisse gestützt wird. Ich habe meine früheren Äußerungen, in denen ich darlegte, es sei weder eine Königspfalz noch ein Königshof in Augsburg nachzuweisen, überdacht und möchte sie nun etwas relativieren. Es hat wohl eine königliche Absteige in Augsburg gegeben, jedoch von sehr magerem Zuschnitt. Eine gefälschte Ottobeurer Urkunde scheint zumindest für die erste Hälfte des 12. Jahrhunderts auf eine curtis, also einen Königshof, hinzudeuten. Dies war allerdings lediglich eine Hebegrundherrschaft, also ein Hof, an den man Abgaben ablieferte. Es gibt jedoch keinerlei Hinweise dafür, daß der König an diesem Hof abgestiegen ist. Bemerkenswert ist, daß im Jahre 1184 die Verlobung Heinrichs VI. mit Konstanze nicht im Königshof, sondern in der Bischofspfalz gefeiert wurde. Wenn es also in Augsburg einen Königshof gegeben hat, wofür einiges spricht, so war er ein relativ ärmliches Domizil, das für repräsentative Zwecke nicht geeignet war. Das zur ersten Frage.

Zur 2. Frage: »Gibt es eine Differenzierung nach Herrschaftsbezirken, die sich in der Topographie Augsburgs nachvollziehen lassen?« Zumindest in der Frühzeit ist der Dombereich ein bischöflicher Bezirk. Später wird dies anders. Das Domkapitel hat, ähnlich wie es Otto Feger für Konstanz darstellte, wenig innerstädtischen Besitz, allerdings sehr reichen Streubesitz außerhalb des Stadtbereichs. Der größte Grundbesitzer in Augsburg und im sich direkt anschließenden Umfeld war das Benediktinerkloster St. Ulrich und Afra, wie Wilhelm Liebhart vor kurzem nachgewiesen hat. Der Bischofsbesitz in der Stadt war sehr klein, da mal eine Hufe und dort mal eine Hufe. Nach Prozentzahlen kann ich diese Besitzverhältnisse und Rechte nicht aufschlüsseln. Dafür sind die Belege, wenigstens für die Zeit, die ich überschaue, zu ungenau.

Herr Kirchgässner, ich kann natürlich aus meinen Kenntnissen dem, was Sie gesagt haben, nur beipflichten. Ich habe die Geschichte um »von der Bünd«, wo man ausgehend von einer Bürgerinitiative versuchte, für die Stadtentwicklung etwas zu tun, ausgelassen, weil sie einzigartig ist und es gleichzeitig (im Jahr 1252) für Augsburg keine Parallele gibt.

Dann zu dem Problem des Fernhandelsmarktes. Ich halte es für durchaus möglich und auch für denkbar, daß Augsburg in vorstaufischer Zeit schon einen Fernhandelsmarkt besaß, wenn uns auch Belege dafür fehlen. Erschließen können wir ihn erst 1156. Im sogenannten ersten Stadtrecht ist von Kaufleuten die Rede, die in Augsburg angesiedelt sind und nach Köln gehen, um Handel zu treiben. Von Kontakten dieser Kaufleute nach Italien ist noch nicht die Rede. Belege dafür stammen erst aus einer späteren Zeit.

Zu den drei Fragen von Herrn Jahn:

1) Ich halte es durchaus für möglich, daß schon 955 eine Gemeinschaft am Dom bestanden hat, die ein Vorläufer von St. Stephan gewesen sein könnte. Allerdings haben wir dann einen gewissen zeitlichen Abstand, obwohl natürlich in der Urkunde gesagt wird, eine Dame sitze schon an dem später gegründeten Damenstift St. Stephan und möchte dort bleiben und da auch sterben. Es muß also schon einen Vorläufer von St. Stephan gegeben haben. Ob dieser allerdings allein auf die Damen zurückgeführt werden kann, die sich 955 um den Dom niedergelassen hatten, muß offen bleiben; möglich wäre es jedoch.

2) Der Domnekrolog ist mir natürlich bekannt. Ich bin jedoch etwas vorsichtig bei der Auswertung von Quellen aus dem 15./16. Jahrhundert für viel frühere Zeiträume. Selbst wenn man annehmen kann, daß dem Domnekrolog ältere Nachrichten zugrunde liegen, möchte ich zur Zurückhaltung mahnen. Ich halte es für denkbar, daß man im 15./16. Jahrhundert Vorgänge aus zurückliegenden Jahrhunderten richtig wiedergeben konnte. Falls jedoch diese Nachrichten nicht durch zeitgenössische Zeugnisse – in unserem Fall aus dem 11./12. Jahrhundert – abgesichert werden können, habe ich gegenüber diesem Vorgehen Bedenken. Ich habe diese Bedenken schon mehrmals geäußert und möchte auch jetzt noch dabei bleiben. Deswegen bin ich hier etwas vorsichtiger als Sie.

3) Nun zum Königshof. Ich habe schon vorhin gesagt, daß ich dazu meine frühere Meinung etwas revidiert habe. Was die Qualität dieses Königshofes anlangt, möchte ich nach wie vor dabei bleiben, daß es sich hier um keine repräsentative Unterkunft gehandelt haben kann. Der einzige Beleg für einen Königshof ist eine gefälschte Urkunde für Ottobeuren (DO I 453) aus der ersten Hälfte des 12. Jahrhunderts: Diese Urkunde ist für die Zeit Ottos des Großen gefälscht worden.

Selbstverständlich war das Lechfeld der Hauptaufenthaltsort für die nach Italien ziehenden Heere. Das steht außer Zweifel und da stimme ich Ihnen auch zu. Ich habe eine Quelle, die bis in die jüngste Zeit als Beleg für eine Augsburger Bischofspfalz gedeutet wurde (DO I 236), entsprechend interpretiert. Es handelt sich dabei um eine Urkunde Ottos des Großen vom 21. 2. 962, ausgestellt in Riana/Italien. Otto I. nimmt hier Bezug auf eine Situation von 952, als er sich in Augsburg aufhielt. Hier wird von einem »palacium nostrum Augustburc« gesprochen. Damit ist kein Ort gemeint, sondern ein Personenverband, eine Körperschaft, eine Hofversammlung. Im Italienischen – und in Italien ist ja die genannte Urkunde ausgestellt worden – bedeutet »palacium« nicht selten Hofversammlung, Hoftag. Die Forschung ist, soweit ich sehe, meiner Interpretation gefolgt. In diesem Punkt stimme ich Ihnen voll zu.

Es gibt auch eine Kapelle, um die man nicht selten, wenn man nicht Gunzenlee als Aufenthaltsort der nach Italien ziehenden Herrscher und Heere annehmen will, den deutschen Heerbann lagern läßt: St. Afra im Felde. Diese Kapelle kann weit zurückverfolgt werden.

Auch einen Lagerplatz irgendwo sonst in der Lechebene kann man annehmen. Ich möchte jedoch darauf hinweisen, daß wir nicht genau wissen, wie der Lech in der damaligen Zeit verlief.

Press: Zunächst zu der Wortmeldung von Herrn Wenninger, weil sie ja im Grenzbereich liegt, dann kurz zu Herrn Graf und schließlich ein paar Anmerkungen zur Säkularisation.

Also, Herr Wenninger, ich glaube, daß man die Frage der Typisierung der Ausbildung oder der Lösung einer Stadt vom Bischof nicht diskutieren kann, ohne die Einflußregionen des Königs bzw. des Kaisers im Reich zu analysieren. Das ist ja der Hebel, der letztendlich für das Hineinwachsen in die Reichsunmittelbarkeit entscheidend war. Und zu all den Faktoren, die hier eine Rolle gespielt haben, kommt natürlich auch, daß der Kaiser eine Stadt, die sich von ihrem Bischof löst, abstützt, auf seinen Hoftag holt usw. – und das war, außer in Lübeck, im Norden nicht der Fall. Die norddeutschen Städte haben durch das ganze 16. Jahrhundert am Wiener Hof den Ruf gehabt, sie seien unzuverlässig, was wohl auch mit der Konfession zusammenhing. In den kaiserlichen Akten gibt es die berühmte Vierzahl der säumigen Steuerzahler, also jener, die die Reichssteuern nicht bezahlen wollten: Das sind die Juden, die Reichsritter, die Hansestädte und die Eidgenossen, also eine sehr löbliche Gesellschaft. Georg Schmidt hat in seinem Buch über den Städtetag den sehr späten Versuch einer Stadt, deren Name hier überhaupt nicht gefallen ist, einer Bischofsstadt, untersucht, zur Reichsunmittelbarkeit zu kommen. Ich meine Besançon, das noch unter Karl V. einen Konflikt mit seinem Erzbischof zum Streben in den Reichstag benützt hat.

Zu Herrn Graf ganz kurz: Das geht auch in die Frage Bildungsgeschichte. Es ist natürlich so, daß der sich entfaltende Territorialstaat eine sehr hohe Attraktion gehabt hat für das städtische Bürgertum, und daß dieses städtische Bürgertum, ich habe dies versucht, für beide konfessionelle Lager einmal zu zeigen, sich mit dem Hineinwachsen in das landesfürstliche Beamtentum, dies gilt für seine Spitzen, auch eine konfessionelle Identifikation gegeben hat. Dies ist ein Prozeß, der nicht zu unterschätzen ist. Dabei kommen wir auf die Bedeutung der Universität. Eine Universität am Ort ist ein ungeheurer Vorzug und Vorteil für eine Stadt, in der sie sich befindet, denn da gibt es für relativ billiges Geld erhöhte Karrierechancen. Das kann man überall sehen, wo Universitäten sich ansiedeln, und, Frau Boehm, was Sie gezeigt haben, ist sozusagen die Zurückspulung des ganzen.

Eine dritte Bemerkung, die ich nur antippen kann und die vielleicht die ganze Debatte von gestern über die Frage der Konflikte und von heute über das Säkularisationsproblem anschneidet: Es ist natürlich ein sehr weites Feld, in der Säkularisation die Frage Volksfrömmigkeit oder katholische Aufklärung zu stellen, eine widersprüchliche und komplexe Sache. Bei Studien fand ich jüngst, daß man in Reichsstädten, in Bischofsstädten mag es nicht anders gewesen sein, das Leben nach Mediatisierung bzw. Säkularisation als langweiliger empfand. Das ist ganz auffällig und verbindet sich mit dem Durcheinanderpurzeln sozialer Positionen in diesen Städten, dem

Untergang der alten Führungsschichten in manchen kleineren Reichsstädten, die natürlich wirtschaftlich an den Reichsstadtstatus gebunden waren. Die Rottweiler Oberschicht etwa lebte davon, daß sie das Landgebiet – Herr Hecht ist ja nicht da, dann darf ich das sagen – ausgebeutet hat. Zugleich empfand man die Eintönigkeit des modernen mediatisierenden und säkularisierenden Staates als höchst langweilig. Das galt mit Sicherheit auch für die Bischofsstädte, und es ist auch sehr interessant, wie die Reliktgestalten der Reichsstädte oder der geistlichen Städte damals geschildert wurden; etwa wie der Rektor des Rottweiler Gymnasiums, ein Geistlicher, zahlreiche Kutten billig aufkaufen konnte, die nach der Säkularisation sehr zahlreich im Handel waren, und damit sich für sein ganzes Leben mit billiger Kleidung versorgen konnte. Wir sind hier an einem Punkt, den man mitbedenken muß – die Konflikte im Alten Reich, Bürgerkonflikte und andere sind natürlich auch irgendwo zelebriert worden und hatten auch – das jetzt sehr verkürzt gesagt – Unterhaltungswert.

Boehm: Kurz eine Bemerkung zu den Ausführungen von Herrn Press. Ich würde alles unterstreichen, vielleicht mit dem Zusatz: das Verhältnis des städtischen Bürgers zum bürokratisierten Staat im 19. Jahrhundert war zweifellos ein anderes geworden, als das des Bürgers zum Staat des 18. oder 17. Jahrhunderts. Ein Einwurf zu Herrn Quarthal: Nicht nur die Verluste an kulturellen Einrichtungen sind hier zu nennen. Die Situation im 16. Jahrhundert ist nicht zu übertragen auf die Situation des 18. Jahrhunderts. Im 18. Jahrhundert spielten die Bischöfe gesellschaftlich durchaus eine Rolle, auch in der Stadt durch ihre Residenzen.

Was die Statistik und die Frage nach der Sozialstruktur von Studenten, andererseits der Sozialstruktur von Bischofsstädten angeht, so kann ich dazu keine direkte Antwort geben. Interessant aber erscheint dazu der neuerliche Hinweis von Hans Maier in zwei jüngeren Aufsätzen, daß sich in der konfessionellen Stadt-Land-Verteilung seit dem 16. Jahrhundert bis ins 20. Jahrhundert eine erstaunliche Kontinuität abzeichnet. Im Zusammenhang damit steht auch die seit dem späteren 19. Jahrhundert diskutierte Frage nach dem sogenannten Bildungsdefizit der Katholiken. Weitere statistische Daten kann ich jetzt nicht nennen, aber die Fragestellung ist jedenfalls anregend.

Noch eine Bemerkung: Wenn es den Anschein erweckt haben sollte, daß ich den Zäsur-Charakter der Säkularisation von 1803 herausgestellt hätte, so möchte ich nochmals betonen: ich sehe die Säkularisationsbestimmungen von 1803 insonderheit inbezug auf die Rigorosität der Durchführungen und der Auswirkungen als Zäsur. Jedoch Säkularisationen im Sinne der Enteignung oder Verstaatlichung von Kirchengut hat es längst vorher gegeben. – Die Säkularisation im Sinne von Umwidmung von Kirchengut zugunsten von Schulzwecken ist eine alte Sache, die auch schon vor der Reformation im Spätmittelater praktiziert wurde, z. B. bei Universitätsgründungen, allerdings mit Genehmigung des Apostolischen Stuhls. Um 1800 aber ist die Frage entscheidend: wurden die säkularisierten Kirchengüter tatsächlich für Schulzwecke zur Verfügung gestellt oder nicht? Im übrigen hat der doppelte Sachverhalt, daß um 1800 sowohl Privilegien der Kirche als auch Privilegien der Akademiker abgebaut wurden und daß damit die Universitäten die letzten Schalen ihrer jahrhundertealten, im Kern geistlichen Gerichtsbarkeit und überhaupt ihren Sonderstatus verloren, auch Rückwirkungen auf die Stellung in der Stadt gezeitigt.

Mich hat eine kurze Bemerkung von Ihnen elektrisiert, nämlich daß Sie die Frage der Zentralität einer Stadt verbunden haben mit der – wie Sie sie nannten – ideengeschichtlichen Frage des Patronats. Abgesehen von der ideengeschichtlichen Komponente war die Entstehung von Stadt-Patronaten und vor allem auch von Patronaten der Domkirchen im Früh- und Hochmittelalter oft eine knallharte politische und verfassungsrechtliche Angelegenheit. Für Domkirchen stand dahinter oft das Bestreben, den Rang innerhalb der kirchlichen Hierarchie bzw. innerhalb der Kirchenverfassung zu erhöhen, die Autorität dadurch zu steigern, daß man die wichtigsten, angesehensten Patrone erwarb oder durch Reliquienauffindungen deren Anwesenheit entdeckte. Es gibt ja unzählige Beispiele von zum frommen Zweck fingierten Translationsberichten, von Reliquiendiebstählen usw. Wenn wir hier im bayerischen Raum bleiben, denkt man an den Kampf Regensburgs, von St. Emmeram ausgehend, um den Hl. Dionysius von Paris. Man könnte den Aufbau so mancher hochkirchlicher Zentren im Zusammenhang angeblicher Reliquien von Aposteln oder Apostelschülern darlegen, etwa am Beispiel des Aufstiegs des Bistums Compostela mit Hilfe des Hl. Jacobus d. Ä. in Rivalität zu Toledo und Braga. Ich möchte damit nur sagen: zumindest mittelbar hatte die Entwicklung von Patronaten bzw. Patrozinien, speziell im Bereich der Kathedral-Patrozinien, sicherlich auch starke Rückwirkung auf die Geltungssteigerung und Hebung der Zentralität einer Stadt.

Ihre Fragestellung weist auf ein kleines Mißverständnis hin. Ich habe nicht gesagt, daß die Anwesenheit von Universitäten für die Städte weniger wichtig gewesen sei als die Residenz. Ich habe vom Verlust der Residenzen und vom Verlust der Teil-Universitäten (bei zu Lyceen degradierten Universitäten) gesprochen, das ist etwas anderes. Ich glaube aber, ich verstehe Sie: Sie vermissen die ideengeschichtliche Dimension. Ich stimmte Ihnen zu in der Auffassung, daß die Behandlung der eigentlich erziehungsgeschichtlichen Komponente im Verhältnis von Bischof und Stadt einer eigenen Tagung wert wäre; über die Thematik dieser heutigen Tagung geht das hinaus.

Ennen: Wir haben einen methodischen Fehler gemacht, wir dürfen die Zeitschichten und die regionale Differenzierung nicht außer acht lassen. Ich habe nicht von der Gütertrennung zwischen Domkapitel und Bischof in Köln gesprochen, sondern von der Gütertrennung des Bischofs und in und außerhalb seiner Stadt gelegenen alten Stiftern. Solche Stifter, entschuldigen Sie bitte, haben Sie hier in Süddeutschland nicht. Das sind die Stifter, die an den Märtyrergräbern erwachsen sind, wie Cassius in Bonn und Viktor in Xanten. Die gehen als Stiftskirchen, wenn Sie's schon Stiftskirchen nennen wollen, als Priesterstifte längst vor der Chrodegangschen Regel ins 7. Jahrhundert zurück. Sie bilden noch einen Vermögenskomplex unter dem Bischof und sowie sich dann später, als das Stift einen eigenen Vorsteher, den Propst, bekommt, im 11. Jahrhundert Propsteivermögen und Vermögen der Stiftskanoniker sondern – diese Sonderungen gehen immer weiter –, so sondert sich dann später Bischof und Domkapitel. Wir haben für die Entstehung der Domkapitel, jetzt müßte man sie heranziehen – ich habe sie auch nicht in allen Einzelheiten präsent – die Arbeit von Rudolf Schieffer[9]. In Köln haben wir zunächst zwar ein Domkapitel, aber die Bischofswahl liegt lange bei einem Priorenkollegium, das nicht auf Domherren beschränkt ist, zu dem noch die Pröpste von Xanten, von Cassius und alle möglichen Leute außerhalb der Bischofsstadt gehören. Wenn Sie in eine so alte Kirche kommen, wo ja auch eine Kontinuität von der Römerzeit gegeben ist, die ja hier in Augsburg nicht gegeben ist, dann dürfen Sie die Verhältnisse nicht zu schnell vergleichen mit Räumen, deren Entwicklung später liegt, dann bringen wir alles durcheinander. Also es ging mir 866 um die Aussonderung, um die Abtrennung in und außerhalb der Stadt Köln gelegener Stifter von der bischöflichen Vorsteherschaft und Vermögensgemeinschaft. Ich meine aber, daß zwischen St. Emmeram und dem Bischof von Regensburg ähnliche Verhältnisse geherrscht haben in der Frühzeit. Darum ging es und nicht um die Abtrennung von Kapitels- und Bischofsgut. Ich bin in meinem Vortrag auf das Verhältnis Domkapitel-Bischofsstadt nicht eingegangen, weil das noch einmal einen eigenen Vortrag erfordert hätte. Es gibt Städte, in denen es ein besonderes Kanonikerviertel gibt, noch im hohen Mittelalter das aus der bischöflichen Stadtherrschaft herausfällt, zweifellos. Man sieht nur leider, auf einen Generalnenner lassen sich die Dinge gar nicht so ohne weiteres bringen.

Ich möchte noch zu dem, was Herr Hollbach gesagt hat, etwas bemerken. Das ist nicht Bischof und Stadt, sondern Klerus und Stadt, Herr Hollbach, was Sie ansprachen, die wirtschaftliche Bedeutung. Darüber gibt es jetzt eine sehr gute Dissertation von Marianne Gechter[10] über Stadt und Klerus in Köln, da wird genau bewiesen, daß 25–30% von Wein und Getreide, die auf den Kolner Markt kommen, aus geistlichem Besitz stammen. Eine Karte zeigt, wieviel Besitz des städtischen Kölner Grund und Bodens in geistlicher Hand ist, und es gibt genaue Tabellen über die außerordentlich starke Beteiligung des Klerus am Rentengeschäft. Das ist eine Dissertation, die geradezu meisterhaft die Verhältnisse zwischen Stadt und Klerus herausarbeitet, das ist aber nicht Stadt und Bischof.

Die Fähigkeit des zentralen Ortes haben Sie vermißt. Ich habe bewußt nicht über die Zentralität der Bischofskirche gesprochen. Das hat meiner Ansicht nach mit der Bischofsstadt, mit

9 Bonner Historische Forschungen Bd. 43, Bonn 1976.

10 Kirche und Klerus in der stadtkölnischen Wirtschaft im Spätmittelalter. Beiträge zur Wirtschafts- und Sozialgeschichte hg. von H. Kellenbenz und J. Schneider Bd. 28, Wiesbaden 1983.

dem Verhältnis Bischof und Stadt, überhaupt nichts zu tun, sondern die Zentralität der Bischofskirche beruht darin, daß sie liturgische Dienste von der Zentrale aus an die nachgeordneten Taufkirchen leistet, und zwar geht es um die Darreichung der heiligen Öle, die am Gründonnerstag in der Bischofskirche geweiht werden und an die Taufkirchen verteilt werden müssen, damit sie die ihnen zustehende Taufwasserweihe in der Karsamstagsnacht vornehmen können. Das ist eine wichtige zentrale Dienstleistung und der Bischofssprengel ist ursprünglich ein Chrisamsprengel, ein Sprengel der Kirchen, Taufkirchen, die von der Bischofskirche die heiligen Öle beziehen. Ich habe das bewußt ausgeklammert, weil es ja nur das geistige, liturgische Verhältnis des Bischofs zu seinen Taufkirchen, aber nicht zur Stadt behandelt und ich habe auch bewußt ausgespart die Tätigkeit des Bischofs für die Aufgliederung der Stadt in Pfarreien, das ist dann aber in einem anderen Vortrag kurz erwähnt worden, nach mir. Die Aufgliederung der Bischofspfarrei, die ja ursprünglich die gesamte Stadt erfaßt (der Bischof ist der Pfarrer seiner Stadt) in Pfarreien, in Einzelpfarreien, setzt in Köln sehr früh im 9. Jahrhundert ein und ist unter Bruno bereits fast abgeschlossen. Sie liegt also auch vor der Zeit, wo das Verhältnis Bischof–Stadt sich mehr zu einem Gegeneinander zu entwickeln beginnt. Ich glaube deshalb, wer sich für diese zentralen Funktionen der Bischofsstadt noch interessieren sollte, müßte auf den Band »Zentralität« [11] in der Münsteraner Reihe zurückgreifen. Ich möchte aber doch noch einmal unterstreichen, daß ich in der Darstellung von Reinhold Kaiser eine ganz wesentliche Ergänzung unseres Bildes von Bischofsherrschaft und Stadt empfinde. Wir haben immer nur die deutschen Verhältnisse im Auge gehabt, in den früheren Arbeiten von Merzbacher und auch weitgehend in den Vorträgen, die damals in Münster gehalten worden sind. Man konnte auch nirgends nachschlagen, wo gibts denn nun städtische Bischofsherrschaft in Frankreich. Man wußte, es gibt sie nicht überall. Die Kirchenhoheit der französischen Könige erfaßt ja nur allenfalls ⅓ der ganzen Bischofsstädte, wie ich ausführte. Aber ich möchte diese Arbeit von Kaiser als ein Werk herausstellen, das uns eine europäische Region im Verhältnis Bischofsherrschaft als Stadtherrschaft ganz neu erschlossen hat. Da kann man nun wirklich exakt nachschlagen, wo gab es eine bischöfliche Stadtherrschaft und wo hat sie sich überhaupt nicht entwickelt. Wenn wir von der deutschen Reichskirche ausgehen und auch noch in dieser Form wie Zielinski, dann dürfen wir das unter keinen Umständen in den europäischen Rahmen übertragen. Wir müssen doch festhalten, daß es außerhalb Deutschlands weder in Irland, in England, in Skandinavien noch im westslawischen Bereich eine bischöfliche Stadtherrschaft gegeben hat, daß es in Frankreich ganze Regionen ohne solche gibt und daß gerade große französische Städte wie Rouen, Bordeaux, Toulouse nie eine bischöfliche Stadtherrschaft gehabt haben. Ich glaube auch auf diesem Hintergrund wird der Fall Deutschland in seiner starken Bedeutung, die ja auch dadurch nachwirkt, daß es dort geistliche Fürsten gibt, spürbar, das gibt es ja auch in Frankreich, das gibts ja auch sonst in Europa nicht. Also ich wollte diese Tatsache der Besonderheit der deutschen Entwicklung doch noch einmal nachträglich unterstreichen. Gerade aus dem französischen Negativ sozusagen, springt sie klar hervor.

Leiser: Frau Ennen hat eine Frage aufgeworfen, die mir sehr interessant ist, die ich aber nicht beantworten kann: Daß in der Antike der Bischof Pfarrer seiner Stadt war, ist mir bekannt, seit wann er es nicht mehr ist, weiß ich nicht. Wann erfolgt die Trennung, wann werden gesonderte Dompfarreien eingerichtet?

Ennen: Die Frage kann man nicht generell beantworten. In Köln beginnt 866 die Abschichtung mehrerer Kölner monasteria und der auswärtigen Märtyrerkirchen St. Cassius/Bonn und St. Viktor/Xanten vom erzbischöflichen Vermögen und was Bonn anbetrifft aus der Vorsteherschaft des Erzbischofs. In der 1. Hälfte des 9. Jahrhunderts waren die Erzbischöfe von Köln noch Äbte (sic!) des Cassiusstiftes gewesen [12]. Dann stehen eigene Pröpste der Stiftskirche vor. In Trier hatte der

11 Emil MEYNEN, Zentralität als Problem der mittelalterlichen Stadtgeschichtsforschung (=Städteforschung A 8), Köln, Wien 1979.

12 Fr. W. OEDIGER, Das Bistum Köln von den Anfängen bis zum Ende des 12. Jahrhunderts. 2. Aufl. Köln 1972. Dsb. Die Regesten der Erzbischöfe von Köln im Ma. (Publ. der Ges. f. rh. Geschichtskde XXI) I. Bd. Bonn 1954/61, Nr. 213, 866 Januar 15.

Herzog und spätere Bischof Liutwin gegen Ende des 7. Jahrhunderts das Kloster Mettlach gegründet[13]. Sein Sohn und Nachfolger Milo, gegen den Bonifatius (Milo et consortes) wetterte, ein Freund Karl Martells, setzte dort Vorsteher ein; den Abtstitel behielten sich bis ins 10. Jahrhundert die Erzbischöfe von Trier vor. –

Die Einteilung der Kölner Altstadt: Die Stadt innerhalb der Römermauern war die Pfarrei des Bischofs. Eigene Pfarrechte haben die suburbanen Stifter. Die Stadt innerhalb der Römermauern beginnt man im 9. Jahrhundert in Pfarreien aufzuteilen. Da entsteht die Pfarrei St. Columba und unter Erzbischof Bruno, das hat Hermann Jakobs[14] schon vor einem Jahrzehnt dargelegt, wird das Pfarrnetz der Innenstadt bereits weitgehend eingerichtet. Schon im 10. Jahrhundert ist in Köln das Pfarrnetz, von einigen späteren Ergänzungen abgesehen, da. Soviel ich weiß gibt es aber auch Städte, in denen eine alte einheitliche Pfarre – es ist der Fall Frankfurt, an den ich denke – nämlich die einzige Stadtpfarrei am Stift St. Bartholomäus das ganze Mittelalter hindurch besteht.

Ich möchte ganz schnell sagen: ich habe die Privilegiengrundlage für die bischöfliche Stadtherrschaft in Hamburg-Bremen, Osnabrück, Halberstadt, Merseburg, Verden, Minden, Magdeburg genannt. Ich habe nachher auch die Städte genannt, da gebe ich Ihnen recht, die sich der bischöflichen Stadtherrschaft entziehen, das sind Basel, Straßburg, Speyer, Worms, Regensburg, Augsburg, Metz, Toul, Verdun, es gelingt nicht in Mainz und Trier. Da ist ein klarer Unterschied zwischen den, ich würde sagen: rechtsrheinischen und rheinisch-donauländischen Verhältnissen. Das liegt aber an der früheren und stärkeren Entwicklung des Städtewesens, vor allem im Rhein-Mosel-Maasgebiet. Die Entwicklung eines Städtewesens, städtischer Bürgerschaften, stuft sich dann ab im Raum zwischen Rhein und Elbe. In Münster, in Osnabrück, in Paderborn ist die Bischofsstadt Vorort des bischöflichen Territoriums, aber sie schafft es nicht mehr, zur freien Reichsstadt zu werden. Wenn wir an Stadtgründungen wie Lübeck denken: im Moment, wo Lübeck deutsche Rechtsstadt ist und den im altstädtischen Gebiet entwickelten Rechtsstadtstatus bekommt, in diesem Augenblick ist die Zeit für den Bischof ja längst vorbei, da hat er keine entsprechende Stellung in der Stadt mehr. Deshalb haben wir also jenseits der Elbe keine Grundlage mehr für die bischöfliche Stadtherrschaft. Bis Magdeburg gehen immerhin noch die Privilegiengrundlagen der Ottonenzeit, aber die greifen ja nicht weiter, die greifen nicht in den damals noch heidnischen Ostseeraum hinein. Daß man hier eine Typologie aufstellen kann, das würde ich durchaus zugeben: 1. Die rhein-moselländische, donauländische Entwicklung in diesen sehr alten Bischofsorten, die aber gleichzeitig auch eine frühe Entwicklung zum städtischen hin haben, unterscheidet sich 2. von der westfälischen. Westfalen hat eine Mittellage, starke Stellung der Stadt, aber in bischöflicher Abhängigkeit und der Bischof behält noch die eigentliche Stadtherrschaft; die Städte werden nicht Reichsstädte. Dann 3. schließlich in Posen, Gnesen, in Lübeck spielt der Bischof bei der ganzen Stadtentwicklung keine ausschlaggebende Rolle mehr. Diese Dreiteilung würde man zugeben können.

Die Erziehungs- und Bildungsszene der Universitäten entspricht durchaus dem Zeitgeist. Die vom Kurfürsten Max Franz in Bonn gegründete Universität ist vor allem von seinem Hofkammerpräsident Franz Wilhelm von Spiegel zum Diesenberg eingerichtet worden nach dem Vorbild von Göttingen, also der damals führenden deutschen Universität im Geiste der Aufklärung. Man hat es gelegentlich klerikalerseits Max Franz auch übel genommen, wie stark er die Aufklärung geduldet hat an seiner Bonner Universität. Die Arbeiten von Braubach[15] haben ja gezeigt, das gilt nämlich nicht nur für Bonn, wie diese ganzen erzstiftischen Gebiete von der Aufklärung ergriffen werden und das hat sich an der Bonner Universität soweit gesteigert, daß es zu einer außerordentlichen Sympathie für die französische Revolution kam, und ein früherer Ordensgeistlicher, der aber säkularisiert worden war, Eulogius Schneider, der zur philosophischen Fakultät der Bonner Universität gehörte, nun zu einem solch aufrührerischen Vorsprecher revolutionärer Ideen wurde,

13 Theo RAACH, Kloster Mettlach/Saar und sein Grundbesitz (Quellen u. Abh. zur mittelrhein. Kirchengeschichte Bd. 19) Mainz 1974.

14 Verfassungstopographische Studien zur Kölner Stadtgeschichte des 10.–12. Jahrhunderts, in: Köln das Reich u. Europa (= Mitt. aus dem Stadtarchiv Köln 60) Köln 1971.

15 Max BRAUBACH, Die erste Bonner Hochschule. Maxische Akademie und kurfürstliche Universität 1774/77–1798. Bonn 1966.

daß der Kurfürst nicht anders konnte, als ihn auszuweisen. Er ist dann nach Straßburg gegangen, soll sich da als ein wahrer Wüterich in Revolutionsdingen erwiesen haben und ist dann bei einer der revolutionären Umschwünge selbst in Paris am 1. IV. 1794 guillotiniert worden.

Also die Bonner Universität war erfaßt vom Geist der Aufklärung und wie gesagt schon durch das Vorbild Göttingen in dieser Richtung hin ausgerichtet, zunächst in einem sehr guten Sinn.

Wenninger: Frau Ennen, Sie haben – scheint mir – bei Ihrem sonst ungemein reichhaltigen und informativen Vergleich der italienischen, französischen und deutschen Verhältnisse doch den Osten Deutschlands sehr stark ausgespart. Dabei liegen in diesem Bereich die Verhältnisse doch wesentlich anders, weil die Bischöfe hier im allgemeinen die Stadtherrschaft behielten, wenn es auch (... folgt Unterbrechung durch Frau Prof. Ennen) zu Konflikten zwischen Bischöfen und Städten durchaus auch in diesem Raum kam: Salzburg etwa hatte für einige Zeit eine quasi-reichsstädtische Stellung, auch in Erfurt gab es beträchtliche Schwierigkeiten zwischen Stadt und Bischof, in Bamberg und Würzburg war das Verhältnis ebenfalls nicht konfliktfrei; Regensburg ist ein Sonderfall, wie Sie ja erwähnt haben. Wie es sich weiter im Norden verhält, weiß ich nicht so genau. Läßt sich nun etwas über die Ursachen sagen, warum hier im östlichen Bereich Deutschlands die Bischofsherrschaft im wesentlichen bestehen blieb? Läßt sich darüber hinausgehend eine Art Typologie der Verhältnisse zwischen Stadt und Bischof aufstellen, zumindest für den deutschen Raum, die etwa so aussehen könnte:

Erstens Städte, die sich von der Bischofsherrschaft völlig unabhängig machen konnten, wobei das z.T. sehr lange dauern kann; wir haben ja, wie Sie auch selbst erwähnt haben, bei Köln die Unabhängigkeit nicht schon mit der Schlacht bei Worringen und dem daraus resultierenden Auszug des Bischofs aus der Stadt 1288 gegeben, sondern das zog sich noch bis ins späte 15. Jahrhundert hinein. Es gibt zweitens auf der anderen Seite Städte, die sich nach einer gewissen Zeit der Unabhängigkeit wieder der bischöflichen Herrschaft unterwerfen mußten, wie das bei Mainz der Fall war und im wesentlichen auch bei Salzburg. Dann gab es drittens an sich vom Bischof unabhängig gewordene Städte, in denen dieser aber trotzdem seine Residenz behielt, wie etwa Augsburg, und schließlich Städte, in denen der Bischof die Herrschaft ohne größere Schwierigkeiten behielt. Ist es Ihnen möglich, über die jeweils gemeinsamen Ursachen dieser unterschiedlichen Entwicklungen etwas zu sagen?

Hess: Ich möchte noch einmal auf die von Ihnen, Frau Ennen, eben angeschnittene Frage der Zentralität und zwar im wirtschaftlichen Bereich zurückkommen. Die Zentralität der Bischofsstädte zumindest im Hochmittelalter ist völlig deutlich. Ich brauche nur an das schon einmal vorgestern erwähnte Capitulare von Soissons, die Verordnung Pippins von 744, zu erinnern, wo den Bischöfen zur Pflicht gemacht wird, in ihrer Diözese einen Markt abzuhalten. Dieser Ort war in der Regel natürlich der Bischofssitz. Und dann hat uns ja Norbert Kamp gezeigt, wie im 10. und 11. Jahrhundert den Bischöfen im Rahmen ihrer Diözese das Recht oder auch die Pflicht der Münzaufsicht, vor allem die Verfolgung von Münzfälschern zuwächst. Das entwickelt sich in der Weise, wie wir aufgrund des Fundmaterials sehen können, daß die großen Währungsbereiche sich mit den Diözesen decken (es stimmt nicht überall, aber meistens). Dieses Recht wird z.T. soweit ausgebaut, daß z.B. Bischof Gero von Halberstadt (1160–77) in der Lage ist, bei Klage vor dem König und mit Hilfe eines Fürstengerichts zu erreichen, daß Münzstätten, die in seiner Diözese eingerichtet wurden und die nun für seine eigene Halberstädter Münze eine unliebsame Konkurrenz sind, niedergelegt werden.

Graf: Nicht noch ein weiteres Desiderat möchte ich jetzt aufzeigen, sondern eine kleine Ergänzung geben zu den Beziehungen zwischen dem Bischof und der städtischen Oberschicht. Ich wähle ein Beispiels aus dem niederdeutschen Raum, Osnabrück. Am Ende des 15. Jahrhunderts schreibt ein Osnabrücker Bürgermeister Ertwin Erdmann eine Chronik nicht seiner Stadt, sondern der Bischöfe von Osnabrück. Erdmann war zugleich Bürgermeister und bischöflicher Rat. Die Forschung hat mit Erstaunen bemerkt, daß die Geschichte der sonst so selbstbewußten Stadt Osnabrück in diesem lateinischen Werk eher am Rande vorkommt. In der Historiographie der oberdeutschen Bischofsstädte kenne ich kein Vergleichsbeispiel. Bemerkenswert erscheint mir die Doppelloyalität: einerseits das gute Verhältnis zum Bischof, andererseits die Einbindung in die städtische Führungsschicht. Ich erinnere in diesem Zusammenhang an die Diskussion über die Genese der städtischen Führungsschicht in den Bischofsstädten aus der bischöflichen Ministerialität. Im Spätmittelalter haben sich diese Bindungen fortgesetzt etwa über Lehensabhängigkeiten.

Ein Sprung in die Neuzeit: In Münster orientieren sich die Söhne der städtischen Oberschicht, die ein juristisches Studium absolvieren, noch vor der Unterwerfung der ebenfalls sehr selbstbewußten Stadt Münster durch den »Kanonen-Bischof« Christoph Bernhard von Galen 1661 auf landesherrliche, also bischöfliche Ämter hin. Das gehört natürlich zu dem von Heinz Schilling ausgemachten Wandlungsprozeß der städtischen Elite, die ihre Fixierung auf städtische Ämter aufgab zugunsten einer Tätigkeit als Beamte im territorialen Dienst. Also auch hier der »Sieg des Territorialstaates«, von dem Prof. Press gesprochen hat.

Reuter: Mir ist aufgefallen, daß im Verhältnis Stadtherr–Bürgerschaft im 17. und 18. Jahrhundert die negativen Gegebenheiten in den Bischofsstädten stark betont wurden. Es bestand jenseits von Recht und Konfession aber die Notwendigkeit, miteinander zu leben. Ich möchte das am Beispiel von Worms zeigen, weil ich das kenne. Neben der lutherischen Mehrheit gab es die katholische Minderheit. Man war miteinander vergesellschaftet, wohnte ungetrennt nebeneinander, war miteinander in den gleichen Zünften und dies alles, auch wenn die Katholiken nicht zur Stadtregierung zugelassen waren. Ein katholischer Kapitelsherr des Martinsstiftes konnte den Brunnen, der zufällig auf seinem Grundstück lag, mit einem Türchen versehen, das Türchen zuschließen und den Schlüssel einstecken. Die Brunnengenossenschaft aus lutherischen, kalvinistischen und katholischen Bürgern, die da ringsum wohnten, mußte jahrelang prozessieren, weil man ihr im wahrsten Sinne des Wortes das Wasser abgegraben hatte. Das mag wie Willkür eines »Bischöflichen« ausssehen, war aber in der Wirklichkeit eine innerstädtische Streiterei, die Bürger aller Konfessionen betraf. Im 18. Jahrhundert trat mehrfach der Fall ein, daß der Kaiser gestorben war und getrauert werden mußte, oder ein neuer gewählt war und gefeiert werden konnte. Die Stadt Worms hatte zwei Stadtmusikanten und die hatten wiederum drei Musikantengesellen. Diese fünf Musikanten konnten keine repräsentative Musik machen. Sie haben also geschaut, wo noch einer zu finden war. Das war eben der katholische Dommusiker mit seinen Lehrlingen. Dann saß man also in der lutherischen Kirche zusammen und hat gemeinsam den Kaiser musikalisch betrauert oder auf seine Wahl eine Gratulationsmusik geblasen. Das ist die Wirklichkeit gewesen. Als der Erzbischof von Mainz und Bischof von Worms, Karl Friedrich von Erthal, um 1790 versuchte, das Wormser Dominikanerkloster aufzulösen, um es in ein Altersheim für Weltgeistliche umzuwandeln, haben sich 36 katholische Männer und Frauen in Worms nicht etwa an ihren geistlichen Oberherrn gewandt, weil sie wußten, daß sie dort nicht weiter kommen würden. Sie wandten sich an die lutherische Stadtobrigkeit. Sie besaßen das Bürgerrecht und 22 von diesen 36 waren Mitglieder in den Zünften. So versuchten sie, die Stadt dazu zu bringen, diese Umwandlung zu verhindern. Die Sache hat sich dann erledigt, weil die französischen Revolutionstruppen gekommen sind. Man kann auch fragen, wie die Säkularisation und die Nationalgüterversteigerung auf dem linken Rheinufer vor sich ging. Haben jetzt Lutheraner und Kalvinisten versucht, alles Katholische zu beseitigen, um die Stadt »protestantisch« zu formen? Das hat sich ganz anders abgespielt: Diejenigen, die Geld hatten, ganz gleich ob das Lutheraner, Kalvinisten oder Katholiken waren, haben gekauft, verändert, neu genutzt oder abgerissen. Dieses Miteinander auf der bürgerlichen Ebene sollte man beachten. Manches, was sich kurios anhört, wenn etwa zwischen den beiden französischen Besetzungen der alte Streit zwischen der lutherischen Stadt und dem Bistum neu aufflammt, hat doch einen sehr versöhnlichen Zug dort, wo man als Bürger miteinander leben muß und miteinander leben will.

Holbach: Ich möchte einen Aspekt ansprechen, der mir insgesamt bei der Tagung ein wenig zu kurz gekommen scheint und den man in der Diskussion vielleicht wiederaufnehmen könnte. Dies sind die wirtschaftlichen Beziehungen zwischen dem Bischof, dem ihm zugordneten personellen Umfeld und dem ja nur in der Bischofsstadt vorhandenen Domklerus einerseits, den Bürgern und weiteren Stadtbewohnern andererseits. Dabei sei etwa genannt die Rolle des Bischofs und der Domgeistlichkeit als Auftraggeber und Kunde für das städtische Handwerk, wobei hier bekanntlich insofern ein Spannungsfeld gegeben war, als vom Klerus teilweise auswärtige Spezialisten für bestimmte Arbeiten herangezogen wurden, was nicht immer die Gegenliebe der Bürger gefunden hat. Bischof und Domherren als Inhaber hervorgehobener kirchlicher Stellungen und als geistliche Herrschaftsträger hatten ferner – wie jeder weiß – mehr oder weniger eintragreiche Posten und Pfründen zu vergeben, für die nicht nur Auswärtige, sondern auch gerade Stadtbewohner in Frage kamen, sei es im Bereich von Verwaltung und geistlicher Gerichtsbarkeit, bei den Vikarien und Altären am Dom oder in anderen Bereichen. Zu fragen wäre weiter nach der Rolle von Bischof und Domklerus als Kapitalgeber und -nehmer und als mögliche Reaktion der Stadt auf wachsenden Übergang bügerlichen Besitzes in kirchliche Hände nach Amortisationsgesetzgebungen sowie der eventuellen Reaktion des Stadtherrn hierauf. Schließlich wäre die Rolle des Domklerus als Naturalienlieferant weiter zu diskutieren. Wie wichtig dies gewesen ist, zeigt z.B. die Tatsache, daß kurz nach dem Regierungsantritt des Trierer Erzbischofs Balduin von Luxemburg, als dieser ein Bündnis mit dem Domkapitel gegen die Stadt schloß, die Domherren es sich ausdrücklich vorbehielten, Getreide und Wein dennoch an die Bürger verkaufen zu können. Umgekehrt wären deren Bedürfnisse und Interessen im Hinblick auf den Naturalienverkauf zu berücksichtigen.

Ein Komplex, der mir ebenfalls etwas zu kurz gekommen scheint, sind die Stiftungen. Inwieweit und wie lange sind von Bürgern Stiftungen an die Domkirche erfolgt? Zumindest in Trier scheint mir im Spätmittelalter die Entwicklung etwas zum Stillstand zu kommen. Ich habe dort auch die Beobachtung gemacht, daß sich der Personenkreis der Stifter ändert: Zunächst sind es Angehörige der Schöffenfamilien, die Stiftungen an den Dom tätigen, im 14. Jahrhundert dann stärker Mitglieder der mit dieser alten Führungsgruppe verschmelzenden, aufsteigenden Familien. Im 15. Jahrhundert habe ich in Trier kaum noch Belege für bürgerliche Stiftungen an den Dom gefunden.

Lange: Meine Damen und Herren, wenn Sie mir als jüngerem Teilnehmer eine Frage erlauben, so möchte ich zunächst meinem Vorredner aus Trier entgegnen, daß m. E. nicht so sehr die ökonomischen Grundlagen und Wirtschaftsbeziehungen zu kurz gekommen sind, sondern Fragen zur Ideengeschichte. Da die Vortragsreihe über Spätmittelalter und Neuzeit hinweg angelegt war, hatte ich in diesem Bereich mehr erwartet. Da auch kosmopolitische Entwicklungsaspekte angesprochen wurden, hätte ich bezüglich der Veränderungen im Erziehungs- und Bildungswesen gern etwas mehr zur Ideengeschichte gehört, insbesondere zu der Frage, in welchem Geist erzogen werden sollte und in welchem Geist erzogen werden konnte. Ich hatte angesichts des Themas von Frau Prof. Boehm gehofft, mehr dazu zu hören. Hinsichtlich der Bildungsziele stellten sich mir die Fragen, inwieweit verlagert sich das Bildungswesen, auf welche Institutionen verlagert es sich und welche Bedeutung kam den Universitäten in den Städten zu. Soweit zu meinen Fragen.

VERZEICHNIS DER VERFASSER UND DISKUSSIONSTEILNEHMER

Univ.-Prof. Dr. Laetitia BOEHM, München;
Dozent Dr. Wilfried EHBRECHT, Münster;
Univ.-Prof. Dr. Edith ENNEN, Bonn;
Univ.-Prof. Dr. Wilhelm GESSEL, Augsburg;
Klaus GRAF, Münster;
Dr. Wolfgang HESS, Irschenhausen;
Dozent Dr. Rudolf HOLBACH, Trier;
Dr. Joachim JAHN, Memmingen;
Priv.-Doz. Dr. Georg KREUZER, Augsburg;
Reinhold LANGE, Tübingen;
Univ.-Prof. Dr. Wolfgang LEISER, Erlangen;
Stadtarchivdirektor Prof. Dr. Helmut MAURER, Konstanz;
Univ.-Prof. Dr. Volker PRESS, Tübingen;
Univ.-Prof. Dr. Franz QUARTHAL, Rottenburg;
Archivdirektor Fritz REUTER, Worms;
Priv.-Doz. Dr. Bernhard ROECK, München/Venedig;
Univ.-Prof. Dr. Bernhard SCHIMMELPFENNIG, Augsburg;
Dr. Rolf SCHMIDT, Stadtbergen;
Dozent Dr. M. J. WENNINGER, Klagenfurt;
Archivrat Dr. Wolfgang WÜST, Augsburg.

ORTS- UND PERSONENNAMEN

bearbeitet von Klaus Meister

Vorbemerkung: Aus den Anmerkungen wurden Informationen, nicht aber Literaturangaben eingearbeitet.